鄞州区划变革 与 宁波经济社会发展

鄞之足迹

Yinzhou District, Ningbo City

毛海莹　汪居扬 ——————— 著

上海交通大学出版社
SHANGHAI JIAO TONG UNIVERSITY PRESS

内容提要

行政区划变革对地方经济社会发展影响很大。本书以宁波市鄞州区区划变革为考察对象，梳理鄞州区历史上的几次行政区划变革并总结做法与经验；同时从产业结构升级、文化教育发展、城乡管理建设、社会事业发展等方面具体分析鄞州区划变革对宁波经济、社会发展产生的深远影响。本书最后部分还对2016年鄞州区划变革的成效进行了总体评价，并构建了鄞州发展的远景目标与行动框架，同时绘制了融入宁波城市整体发展的宏伟蓝图。

本书适合社会各阶层尤其是地方工作研究者阅读。

图书在版编目（CIP）数据

鄞之足迹：鄞州区划变革与宁波经济社会发展 / 毛海莹，汪居扬 著.— 上海：上海交通大学出版社，2021.11
ISBN 978-7-313-25803-8

Ⅰ.①鄞… Ⅱ.①毛… ②汪… Ⅲ.①行政区划-体制改革-研究-鄞州区 Ⅳ.①D675.54

中国版本图书馆CIP数据核字(2021)第223106号

鄞之足迹：鄞州区划变革与宁波经济社会发展
YINZHIZUJI: YINZHOU QUHUA BIANGE YU NINGBO JINGJI SHEHUI FAZHAN

著　　者：毛海莹 汪居扬	
出版发行：上海交通大学出版社	地　　址：上海市番禺路951号
邮政编码：200030	电　　话：021-64071208
印　　制：上海锦佳印刷有限公司	经　　销：全国新华书店
开　　本：710mm×1000mm 1/16	印　　张：18.5
字　　数：310千字	
版　　次：2021年11月第1版	印　　次：2021年11月第1次印刷
书　　号：ISBN 978-7-313-25803-8	
定　　价：88.00元	

《鄞之足迹——鄞州区划变革与宁波经济社会发展》
编委会

顾　问：　戴光中

编　委：　傅怀锋 鲁霜霜 惠河源 肖康焕 胡佩涛 邬晨平 陈 喜

作　者：　毛海莹 汪居扬

序

　　在中国的字典中，"鄞"的本义就是地名，迄今有鄞县和鄞州之称，所以"鄞之足迹"就是指其行政区划在漫长岁月中增加或缩减的发展轨迹；而中国行政区划的变革，往往深受当时社会政治经济因素的制约，变革后又对区域的经济社会发展产生深远的影响。由于鄞县或鄞州的区划变革始终与宁波紧密相连，因而本书的副标题为"鄞州区划变革与宁波经济社会发展"。

　　鄞县作为行政区域，始于公元前 222 年秦始皇废除分封制、全面推行郡县制。此后，除了公元 621 年因面积大增而设为鄞州但四年即废这样一个小插曲，鄞县的行政区划没有重大调整，经济社会的发展亦波澜不惊。事实上，在以农为本的中国封建社会的超稳定结构中，尽管朝代更替、战火频仍，全国的行政区划从未超脱秦始皇郡县制的窠臼，只是名称有所差异而已，直到 20 世纪 20 年代出现"市"的行政建置，中国开始走向城市化。1927 年，浙江省政府采用"切块设市"的模式，将鄞县最繁华的城区划出来设立"宁波市"，二者同属省辖，互不管制。很显然，这个新生体制严重损害了鄞县传统势力的利益，引起宁属六邑公会豪绅们的不满。恰巧南京国民政府于 1930 年 5 月颁布了《中华民国市组织法》，宁波市的人口和税收均未达到新规定的标准，遂于 1931 年 1 月被撤销，市域复归鄞县，成为其区划变革的又一个小插曲。

　　中国城市化的真正发展，是在中国共产党解放全中国之后，中央决定全党把工作重心从农村转向城市，开始管理城市和建设城市。1949 年 5 月，浙东解放，浙江省政府再次采用"切块设市"的模式，将鄞县城区划出来设立"宁波市"，下辖海曙、镇明、江北、江东 4 区。这次区划变革，确立了宁波市的政治地位，奠定了经济社会发展的基础；然而对于鄞县的发展，则在客观上造成相当不利的政治经济因素。首先，出现了"有县无城"的尴尬局面，作为政治行政中心的县委县政府没有自己的驻地，只能在海曙和江东之间不断迁居。其次，划出去的是县域经济最发达的地区，几乎囊括了第二产业和第三产业，只剩下了农村农业。1952 年，鄞县又被划出最富裕的东郊乡和西郊乡作为市郊区，1958 年"大跃进"时期甚至整体被撤销并入宁波市，至 1962 年才恢复鄞县建置。这些变革，无疑使鄞县为宁波城市化作出了巨大牺牲。

但是，"为有牺牲多壮志，敢教日月换新天"，鄞县在此后的半个世纪中，变压力为动力，创造了辉煌的成就，为宁波经济社会发展再立新功，在全市 5 区 6 县中是当之无愧的"鄞老大"。在此期间，宁波的城市地位和能级也在不断提升。2001 年，宁波市经济总量在全国 15 个副省级城市中名列前茅。但是，宁波的中心城市建设、市域城市化整体水平却比较滞后，中心城区面积排在 15 个副省级城市的倒数第 2 位；市区的东、南、西三面被鄞县包围，规模偏小，格局不合理，束缚了宁波中心城市辐射带动功能的发挥，制约了城市化的进程。为了抓住新一轮发展机遇，宁波市决定采用"撤县设区"的模式，对鄞县再次进行区划变革。而鄞县则甘愿作出撤县的牺牲，积极支持设区、筑建宁波现代化都市的战略设想。2002 年 4 月，具有 2200 多年历史的鄞县改为宁波市鄞州区，宁波市中心城区的面积扩大一倍有余，人口也将近翻番，极大地开拓了城市发展空间，增加了巨额市级财政。2016 年，宁波又一次调整行政区划，以奉化江为界，把鄞州西部 7 镇 1 乡 1 街道划归海曙区管辖；同时撤销江东区建制，整体划归鄞州区管辖。于是，鄞州以缩减 532 平方千米地域面积的代价，让宁波各区的土地、人口数量变得相对接近，资源禀赋、承担的责任和任务相对均衡，形成公平合理的激励基础，从而更好地调动各区发展的积极性。

纵观鄞州区划变革与宁波经济社会发展的轨迹，不难发现，鄞州人民的顾全大局、无私奉献贯穿于宁波城市化进程的始终。而本书各章用于对比的数据，更是雄辩地昭示着"天行健，君子以自强不息"的民族精神。或许，这就是正在努力实现伟大复兴的中华民族的缩影！

人杰地灵的鄞州是我的故乡，我引以为豪，也一直想略尽绵薄之力。前几年我的学生陈萍萍出任鄞州区社科院院长时，邀我主持这一课题，以偿夙愿。只可惜年龄不饶人，心有余而力不足。幸亏另一位学生毛海莹教授伸出援手，带领团队出色地完成了这一课题，翻阅书稿，欣慰不已，特为之作序。

戴光中

于辛丑四月

目 录

第一章

鄞州历史上的行政区划变革

第一节

行政区划调整与"城市中国"的崛起

一、行政区划：作为政策手段和制度供给

行政区划是一个国家对行政区域的划分，包含了地域划分和权力划分，因此是国家公共管理过程中的空间架构和权力结构的载体。行政区域的边界调整对该区域经济社会文化的发展具有举足轻重的作用，影响到一个地方的政权建设、民族团结、经济发展、环境整治、资源利用等方方面面。可以说，行政区划是一种重要的制度供给，通过对地域划分和权力划分的厘定与协调，从而建立起区域发展的良性机制。因此，行政区划的优化调整成为政府推进各项事业的重要政策手段。

众所周知，现代经济与社会发展是一个结构性的变革，对社会资源优化配置的要求很高。如果资源配置不当，导致社会经济发展缺乏动力与后劲，出现一些明显的短板，从而拖了发展的后腿。因此，一个地方总会有对政区边界进行更改的周期性冲动，以便更好地调集力量，弥补短板、加快发展，在地区竞赛中脱颖而出。可以说，中国经济发展的潜力在于结构调整，而很重要的立足点在于跨区域的要素再配置，释放体制活力。就此而言，许多地方对行政区划这样的制度供给具有强烈的渴望。

行政区划调整包括四个方面：层级、幅员、边界和行政中心，往往涉及行政建制、行政区界、隶属关系、行政级别、行政治所、名称等等的变更，其中最核心的是行政建制的变更。最近二三十年来，中国行政区划调整的热点、重点在县级政权层面，主要是"撤县改市""撤县市改区""区区合并"等形式，并呈现为一种历史性的发展进程。

从我国政区的类型来看，一般分为"地域型政区"和"城市型政区"两个大类，实际上是依据土地和人口这两个参数而划分的。前者主要指的是省、府、州、县等单位，拥有广袤土地的乡村，以至于现在约定俗成地把"地域型政区"当做农村政区；而与之相对的就是"城市型政区"，即设"市"的人口聚落区。如果按照这样的类型进行观察，我们发现，当代中国的"地域型政区"逐步减少，"城市型政区"快速上升。这便是一个"城市中国"的崛起，也是一个颇为壮观的城市化的进程。

二、"城市中国"的崛起

城市化水平是一个国家或地区社会经济发展水平的重要标志之一。法国经济学家弗朗索瓦·佩鲁（Perroux）提出的"发展极理论"（Development Poles），把城市看作是区域发展的发展极，具有举足轻重的作用，让人们对城市加以重视。

在中华人民共和国建国初期，中国的城镇化率只有 10.6%，属于低度城市化阶段。因此，党和政府非常重视城市的作用。1949 年，中国共产党的七届二中全会决定了党的工作重心进行战略转移，即由乡村转移到城市，其至把二中全会视作"城市工作会议"："工作重心必须放在城市，必须用极大的努力去学会管理城市和建设城市……一步一步地学会管理城市。城市中的其他工作，都必须围绕着生产建设这个中心工作，并为这个中心工作服务。"所以，浙东刚一解放，就从鄞县析出城厢建立了省直辖的宁波市。

但此后的三十年，因为经济体制和户籍制度等因素，城市化进展缓慢。计划经济时代的中国，行政区划框定了区域与经济发展的边界，本质上实行的是城乡分治模式，社会的纵向控制严格、横向流动缓慢，因此，该时期的中国是一个"乡村中国"。

改革开放以后，自由流动资源和自由流动空间逐步出现，社会扁平化加强，工商业逐步繁荣，人口流动加速，因此，"乡村中国"逐步向"城市中国"变迁。这使得中国经历了人类历史上最大规模的城镇化进程，城镇化率从 1978 年的 17.92% 提高到 2011 年的 51.27%，即在 2011 年，城市人口首次超过农村人口，城市数量达 658 个。到了 2018 年，城市化水平达到了 60%。

经济全球化对中国城镇化的影响在 2001 年中国加入世界贸易组织之后表现得更为突出，2001—2011 年，中国的城镇化率平均每年提高 1.9 个百分点，是城镇化速度最快的十年，许多城市得到了爆发性发展。在经济发达的东部地区，城市化水平更高。2001 年，浙江省的城市化水平为 42%，2010 年已经达到 61.6%；同时，2010 年，宁波市城市化水平达到 68.6%。2018 年，宁波城市化水平达到 72.9%。可以说，一个"城市中国"开始崛起。

从区划的角度看，如果说在"乡村中国"时期以"地域型政区"为主，区划调整主要是省、地区等比较高级政区单位的话，那么，在"城市中国"的时期，则侧重调整以城市为中心的政区。可以说，中国社会进入一个城市发展与政区调整相互支撑、相互作用的城市化时期。

首先，社会主义市场化改革以来，我国行政区划调整的阶段与特征都与城市化进程密切相关。所有的区划调整中，城市行政区划调整占了一半以上，包括县改市、县市改市辖区等。原因在于，城市化进程内生的空间与治理需求，在现行国家体制中只能通过行政区划调整来得以解决。可以说，城市化"倒逼"着行政区划。因此，各种行政区划调整的类型、频率与城市化发展阶段紧密联系在一起。城市化发展到哪一步，区划调整也会发展到哪一步。当城市化发展产生不同的需求时，行政区划调整的主要方式也不相同。比如，在小城镇为主发展的八九十年代，主要采用"县改市"办法，一直到 1997 年被中央政府叫停；而到了大城市化阶段，则是大量设"市辖区"，向都市区、都市带发展。这在 2000 年后尤其明显，上文已经提到，2001—2011 年，城镇化率迅速提高，是中国城镇化速度最快的十年。

其次，行政区划对城市发展具有重要的影响，可以较好地解决城市化进程中的局部性、地域性问题。城市的实质是人口、财富和权力的空间聚集，行政区划的实质是国家权力在地理空间中的调配，在"空间"问题上，二者天然地具有矛盾统一性。国家治理必定有一定的行政区划，但后者往往会天然地制造一些体制与机制的障碍和阻隔。因此，任何的区划调整与区域发展都是在争取一种"优化"的暂时平衡状态。当行政区划与当地经济发展、城市规划和人员流动产生矛盾的时候，往往倾向于调整行政区划这种公共政策的。可以说，行政区划调整作为一种政策工具，其调整周期、主要类型和动力源泉来自城市为提升竞争力所采用的发展战略和治理方式。

进入全球化时代，全球竞争以全球城市为单位，区域竞争以区域城市为单位展开。因此，城市在任何一个地方的分量越来越重，"城市是我国经济、政治、科学、技术、文化、教育的中心，在社会主义现代化建设中起着主导作用"。城市就是区域的"发展极"，是现代化建设的重要引擎。通过调整行政区划推动城市化进程是中国社会发展的一个显著特色。不难发现，经济繁荣的中国东南沿海地区的区划调整频次和强度更高，城市化水平也更高，生产要素自由流动的行政壁垒和体制机制障碍消除得相对彻底。

当然，区划调整并非推进城市化的有效终极手段，根本上还是要依赖系统的制度创新。

再次，行政区划的调整，不单单是边界的重划或机构的调整，更是相关城乡体制机制的深刻变革。1980 年代以来，中国的市制从原来的切块设市变为整体设市，主要的考虑是带动广袤乡村地区的发展，用"城市中国"改变中国的面貌。2000 年之后大规模设区、改区等区划调整，实际上还是在努力推进中国的城市化水平，在更高层次、更高能级上推动城乡的融合。关键在于，从乡村中国走向城市中国，再从分散的城市化走向集中的城市化，从数量的城市化到质量的城市化，这样背景中的区划调整必须和政府职能转变、财政税收体制、政府绩效考核体制、区域管治模式等的变革相匹配，才能够释放区划调整的制度活力。

三、宁波城市发展

改革开放以来，中国经历了快速的经济发展和社会变迁，城市与区域的空间格局也发生了剧烈变动。尤其是 20 世纪 90 年代之后，为了加快城市发展，优化城乡发展格局，全国 150 多个城市进行撤县建区（含县级市改区）。在经济社会发展迅速、水平较高的东部地区，行政区划的变动尤其频繁。浙江省 11 个地级市和副省级市，其中就有 8 个城市进行了撤县建区。

在宁波，早在 20 世纪 80 年代中期就已经完成了镇海、北仑二地的撤县建区；进入 2000 年之后则是鄞州区和奉化区的设立以及江东区的撤并。在这短短四十年中，每一次行政区划的调整，都极大地推动了宁波这座城市的跨越式发展，让宁波从资源小市走向经济大市、从河港小城走向海港大城、从腹地狭小之城走向新一线枢纽城市。目前，宁波城市化水平已经达到 72.9%，综合实力在全国领先。不难发现，通过突破行政区划制约，实现城市空间的融合与实力的提升，是改革开放以来浙江等省在区域经济发展与城市化进程中的成功实践经验。

近年来，国家和省级层面密集推出《国家新型城镇化规划（2014—2020 年）》《关于培育发展现代化都市圈的指导意见》《2019 年新型城镇化建设重点任务》《浙江省委省政府关于深入推进新型城市化的实施意见》等，这无不显示：深入推进城市群发展、培育发展现代化都市圈、做大做强中心城市并带动区域发展已成为国家与社会的共识。

目前，宁波的城市定位是：长江三角洲南翼的区域经济中心城市和现代化国际港口城市。简而言之，就是要积极参与地区和国际分工。那么，如何落实中央、省市的城市化目标和规划？宁波都市区该如何建设？

加快提升宁波城市化的水平与质量固然涉及众多因素，但进行区划合理调整却是其中一个重要的因素。从城市长远发展目标定位，充分运用行政区划的杠杆作用，发挥市、区两级在建设中心城市中的积极性，这样才能把宁波建设成为长三角南翼中心城市和现代化国际港口城市。

通过区划调整，推进农业转移人口的市民化，解决人口城市化滞后于土地城市化的问题。推进城镇基本公共服务向常住人口覆盖，从而改善民生福祉。这是以人的城市化为第一要义的真正体现。

通过区划调整，释放区划调整的制度活力，以战略创新实现全市域统筹发展、实现资源配置优化、实现城乡总体布局的优化，即把城市化布局作为提高城市化质量的空间依托，以实施主体功能区战略统筹市域空间布局，塑造都市区格局。

通过区划调整，促使经济有序发展与资源有序流动，各类资源向区域的"发展轴"聚集。"行政区经济"的体制下，各种要素空间布局往往受到行政区划的制约，分割性很强，容易导致无序发展和无序竞争。这就需要推进人口、土地、财税等重点领域改革，完善规划、建设、投融资等管理体制，增强城市综合承载能力。

通过区划调整，提升高效的区域行政管理。不管是城市级别还是行政隶属关系，都要求减少管理层次，消除行政壁垒，优化治理结构，提高行政效率，其方向无疑是建立规模合理、管理高效的行政区划体制。

准确把握并遵循社会历史发展包括城市化的方向并作出一定的前瞻性判断，是行政区划优化设置及评估的重要依据，进而推动中国城市高质量发展。换言之，科学合理的区划调整是一个挑战，也是一个机遇。从这一点来说，非常有必要回顾一下鄞州（宁波）百年来的区划变动历史，期望能够从中发现一些历史的底色与启发。

第二节

鄞州行政区划的百年变革

鄞县具有悠久的建制史，秦代就已有鄞、鄮、句章的县名，其属地分别是后来鄞县的一部分。公元 771 年，鄮县县治迁至三江口，后来明州的州治亦迁往三江口，开始了宁波造城的历史。公元 909 年，鄮县因为避讳而改名为鄞县，治所依旧选定三江口，从此，"鄮"这个名字就淡出了历史。而鄞县和明州开启了州县同治的漫长历史。1381 年，明朝为了避讳，又把明州府改为宁波府。清朝时期，宁波府属宁绍台道，下辖鄞、慈溪、奉化、定海（后改名为镇海）、象山五县。1912 年，废宁波府，留鄞县。

总的来说，"宁波"这个名称，既指宁波府（郡），也指以三江口为中心的鄞县城厢。因此，鄞县作为倚郭县，政治地位高，区位条件优越，工商业繁荣，人文荟萃，历来就是各朝各代州、路、府、道的治所，实乃浙东之首县。

进入 20 世纪，国运多舛、政局动荡，区划变动频繁，但正面效应并不显著。1980 年代以来，伴随着改革开放和经济社会的快速发展，区划变动才逐步走上正轨，并与经济社会的发展呈现出良性的互动。本书把百年来鄞县和宁波的区划变动情况大致划分为三个阶段（见表 1–1）。

表 1–1 鄞州百年区划变更

	1919	1927—1931	1947	1949	1961—1963	1983	1984—1988	1992—1993	2002	2016
变更的内容	鄞县划 19 区	划鄞县城区及近郊设省属宁波市,撤销宁波市,复入鄞县	撤区合并 56 个乡镇	划鄞县城区及近郊设省辖宁波市	撤销鄞县并入宁波市——恢复鄞县	撤销地区专署实行市管县体制	县区级层面的行政区调整	大规模撤镇、扩镇、并乡	撤县设区	划入江东区,划出鄞西 9 乡镇

一、第一阶段（1911—1949 年），以县政为主的时期

宁波开埠很早，鸦片战争后，宁波作为通商口岸，三江口甬江北岸就开始了城市化进程。民国时期则是我国现代市制的奠立期，往往采用在府县的中心治所切块设市的方式，使城市建成区独立出来，从而形成市域被周边县域包围的"汤团结构"。

1911 年，辛亥革命成功后，全国废府设道，宁波属会稽道，道尹行政公署驻鄞县宁波城。1919 年，鄞县改乡为区，一共划出了 19 个区。1927 年，北伐成功后，南京国民政府废除了"道制"，实行"省—县"二级制。同时，为显示新政，浙江省政府划出商业繁荣的鄞县城厢即宁波以及近郊设立了省属宁波市，这是历史上宁波首次设市，市政府下设 5 个区和区公所（后来增至 6 区），人口约 20 万，包括鄞县城厢和郊外六七里地，面积约 45 平方千米，主要任务是进行市政建设与管理。这就出现宁波市和鄞县首次在政区上的并置现象，二者互不管辖。但不久，因宁波市城市化水平不高，工业薄弱，财政困难，加之部分顽固士绅废市之议，到 1931 年 1 月省政府就撤销宁波市，辖区复入鄞县。这是宁波在近现代一次有益的城市化尝试。

以县为主的行政区体制，一直是传统中国基层区划的主要特点，实际上与农业经济和农业人口占绝对多数有密切的关系。因此，在撤销了宁波市之后，20 世纪的三四十年代，浙江省只有一个杭州市，其余皆为县。

1932 年，鄞县全境被划分成 10 个区，区下设乡或镇，共有 350 个；在宁波城区划出 5 个区，各区共建立 73 个镇（大约现在的社区大小）。1935 年，废区，宁波城区重设了包括湖东、湖西、唐塔、灵桥、县东、县西、江东、江北在内的 11 个镇，后来又减为 8 镇（大约如今街道办事处大小），一直持续到 1949 年。

二、第二阶段（1949—1983 年），县市并置的计划经济时期

早在中国共产党七届二中全会，中央就要求全党把工作重心向城市转移，用极大的努力去学会管理城市和建设城市。这就开始了由城市领导乡村的时期，也成为建国初期的城市和城镇化工作的指导方针。

1949 年 5 月，鄞县解放，按照中央方针，浙江省设立了省辖宁波市及宁波专区，其中宁波市行政区域为原鄞县县城及近郊，原宁波所辖的 8 个镇合并为镇明、海曙、江东、江北 4 区。而鄞县管辖宁波城区之外的乡村，行政上归宁波专区管辖。这与全国大规模设市、设专区工作相呼应。

这样，鄞县划出了工商业经济最集中最发达的县城宁波，也是历史上宁波第二次设市，而且造成了鄞县五十多年"有县无城"的尴尬历史。为了接近和服务广大农村地区，鄞县人民政府一开始设于泾东乡松下漕村，同年又迁至姜山，最后为方便东西乡干部群众办事，鄞县党政机关搬到江东区城郊接合部的潜龙漕地块，县委办公地迁至虹桥巷，县政府则设在了划船巷。后来几经辗转，一直到 2002 年，鄞州区成立后驻地才迁至鄞州新城区惠风东路。

1952 年，为保证城区人民生活供应，经浙江省人民政府批准，宁波市的近郊（包括原鄞县东郊乡、西郊乡）成为建制型郊区，成为宁波市所辖的第 5 个区，并建立郊区人民政府。可见，此时人们对"城市"的理解还是人口密集"建成区"的狭义概念。

到了 1958 年，鄞县被撤销建制，整体并入了宁波市（另外还撤并了镇海县）（见图 1-1），试行"农业生产委员会""市委农村工作部"等组织形式。这是鄞县历史上第一次被撤并。不过，这次非正常的城市化并非经济社会发展的理性结果，夹杂着政治因素，结果带来了工作无序、粮食供应紧张等一系列问题。另外，随着人民公社兴起，大量乡镇消失，导致生产、流通、生活出现问题，宁波市开始在鄞县和镇海农村恢复部分市镇，实行双重领导。

到了 1962 年初，因为市级行政管理力有不逮，在全国压缩城镇及人口的方针下，鄞县和镇海县恢复了建制，改归宁波专区管辖。有意思的是，进入 80 年代后，为了

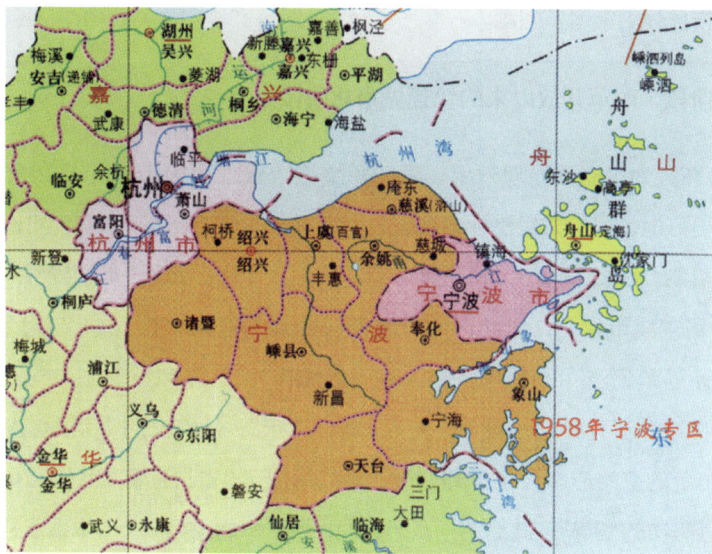

图 1-1 1958 年宁波市和宁波专区图

注：粉色区域是合并了鄞县、镇海县的宁波市

发展宁波港口航运，还是镇海县最早被撤，分成两个区并入宁波市，然后是鄞县设区。这从地缘的角度讲也是历史发展的必然，只不过背后支配的逻辑不一样。在当时，鄞县恢复建制后，在县内划分了 8 个区作为派出机构，下辖约 53 个公社。鄞县县委县政府办公地点设在海曙区战船街女中。1968 年，县委办公地再一次迁回潜龙巷。总之，鄞县、宁波市、宁波地委同城而治，比较尴尬。1976 年前，偌大的一个鄞县连自己的人民大会堂、影剧院也没有，许多国营工厂都设在海曙、江东地界上，身份是宁波市户籍。

改革开放后，"政社合一"的公社体制撤销，恢复了乡镇体制，于是构成了"地区（市）—县—区—乡镇"的地方政区格局。

值得指出的是，1980 年代以前的"市"是狭义的，仅仅指城区聚落，是完全意义上的城与市的空间，而不是现在的包含大量乡村的广义"行政市"。因此，当时宁波市也仅仅管辖海曙、江东、江北三个城区以及慈城、庄桥等郊区，而鄞县的辖区几乎全部是乡村，城市人口（宁波市户籍）仅仅是部分县政府工作人员和少数县营企业的职工。

这一阶段是典型的"市县并置"阶段，强化了"市区—郊区—郊县"的"汤团"型政区体系，体现出强烈的城乡分割的二元社会特征，也形成了今后城市化的一系列桎梏，引发了市区空间拓展与资源配置受阻、市与县的行政中心同城难以带动县域发展以及市县分割等诸多问题。

三、第三阶段，改革开放以来的快速城市化阶段

1983 年，为了提升治理效率，降低多个行政管理层级带来的"交易成本"，使地方政府更好地领导地方经济社会建设，国家决心改革"地区"体制，建设新的地方治理体制机制。在此方针下，浙江省撤销宁波地区专署，实行"市领导县"体制，鄞县再次归属宁波市管辖，但此时的宁波市已经是一个地级市（1987 年经国务院批准，成为计划单列市，1988 年升格为副省级城市），下辖 11 个区县。这一改革，导致了中国的"市制"从"切块设市"变为"整体改市"，从狭义的市变为广义的市，从而导致"市"的空间形态发生剧烈变动，最终形成了"省与直辖市、副省级市、地级市、县和县级市的格局"。此后的十多年时间，各地总体上是一个"体系建构"的阶段，主线是设置地级市和县级市。

1990 年代以来，虽然鄞县的区划经历多次大大小小的变动，但是，背后的军事政治因素基本消失，取而代之的是强烈的经济和社会动因。本书把宁波市和鄞州区改革开放以来的区划变更划分为小城镇化阶段和大城市化阶段（见表 1-2）。

表 1-2 宁波市和鄞州区 1980 年代以来区划变更的两个阶段

	小城镇化阶段	城市化和大都市区化阶段
主题	体系建构与城镇化	体制突破与优化
主线	设地级市和县级市、调整乡镇区划	县市改设区

（一）小城镇化阶段（1983—2001 年）

改革开放后，经济体制搞活，浙江的乡村工业化蓬勃发展，大量农民进入乡镇企业就业，非农化的发展带动了一批小城镇的崛起。虽然，在行政体制上，浙江省设置了许多地级市，贯彻了中央"市管县"的要求，但是，浙江省的独特之处在于经济上一直执行"省直管县"的体制，不断进行"强县扩权"，这样就带动了县域经济的腾飞。1980 年代，宁波乡镇企业经济总量跃居全省首位，占到全省总量的五分之一。作为宁波的龙头，鄞县的社会经济发展也非常快速。1989 年全县乡村有 4 178 个独立核算工业企业，产值近亿元和亿元以上的行业有 10 个，这 10 大行业产值比重占全部乡镇工业产值的 80%。1990 年，乡镇企业数量达到 4 500 家，工业产值 50 亿元，占工农业总产值的 95%。与此同时，一些小城镇开始快速发展，尤其是经济实力强

大的邱隘、姜山、五乡等镇开始崛起，人口开始聚集。

虽然从整体上看，鄞县的综合实力很强，但在当时，余姚（1985）、慈溪（1988）、奉化（1988）纷纷撤县设市，推进区域的城镇化，而鄞县由于太靠近宁波市区的地缘因素，且有县无城，不可能获得撤县改市的机会。所以，鄞县的区划变动主要是在县域内部展开。从县域历史看，20世纪的大多数年份实行的是"区—乡"二级制，实际上是民国时期体制的一种延续。"区"作为县政府的派出机构管辖乡和镇。这就是交通通信技术落后、行政管理力量薄弱所形成的一种地方政区体制。

但随着地方经济和非农产业的蓬勃发展，包括交通和通信条件的极大改善，城市化的内在需求越来越强烈，而管理层级过多的体制问题开始显现。针对"受区一级管辖，影响了乡镇政府的功能"问题，鄞县开展了"撤区、扩镇、并乡"工作，县属8区全部撤销，52个乡镇并为20镇3乡。后又于1995年、1998年分别撤销塘溪乡、洞桥乡建立塘溪镇和洞桥镇。从这个时候开始，"镇"便成为中国县以下政区的主体，做大做强一些中心镇也是乡村城镇化的第一步。当时，进入宁波城市总体规划的中心镇有集士港、姜山、鄞江和咸祥等镇。

众所周知，在工业化的初级阶段，往往是一个"要素驱动"的阶段，比如以土地、能源、劳动力大量投入为主，于是就会出现各个乡镇工业化和独立发展的局面，但是，这种发展模式与人口流动趋势、市场化资源配置方式和发达国家城市化经验相违背，缺乏聚集效应和规模优势，发展前景并不乐观。

但是为了避免所谓的"大城市病"，当时国家城市化的方针主要以发展小城镇为主，而大城市的发展严格受控——"控制大城市规模，合理发展中等城市，积极发展小城市"。一直到2002年党的十六大才确立"坚持大中小城市和小城镇协调发展"的方针。因此，从整体上看，在很长一段时期内，鄞县的城镇化裹足不前，由江东、海曙、江北三区构成的宁波城市空间范围狭小，与1949年前的老宁波城几无差别，80年代建立的镇海北仑两个区又距离较远，这凸显出的是"切块设市"模式的局限性，如城市空间小、人口少、功能弱、发展潜力不足等。早在1983年和1984年，为了给宁波市老三区拓展一些发展空间，鄞县邱隘的福明乡、潘火乡的仇毕村、矮柳村划归江东区，石碶镇的段塘村、望春村、西郊乡划归海曙区。这种现象典型地反映了"计划经济体制"和"行政区经济"的特点。宁波市政府既管理海曙、江东、江北等"老三区"，也管辖鄞县，因此，政府对驻地城区的偏好直接影响一系列的区划调整行为。但是整体而言，受严格的户籍管理等制度的影响，城市政区的调整还属于比较小的规模。因为，改革开放初期最紧迫问题是城市经济体制的改革，其所面临的问题比农村更复杂、更尖锐，甚至会上升到意识形态层面姓"资"还是姓"社"的争论，而市场的力量并没有显现出来。因此，大范围推进城市政区改革与调整的时机尚未成熟。

（二）侧重大都市区的城市化阶段（2002年至今）

如果说，乡镇企业的发展、户籍制度的改革是八九十年代中国城镇化的动力来源的话，那么，进入21世纪之后，经济全球化所带来的资本、技术、产业的跨国转移，成为中国发展的良好机遇，不但推动中国的工业化，也加速了中国的城镇化进程，特别是中国沿海城市如上海、北京、广州、深圳等国际化水平得以大幅提升。人们认识到，依靠乡镇工业化推动城市化的阶段基本结束，而中大城市的集聚和辐射功能越来越突出，加快中心城市的发展是城市化的现实选择。因此，浙江省的城市化战略逐步从小城镇向大中城市转变。1998年，浙江省第十次党代会率先在全国提出"不失时机地加快城市化进程"的战略决策，明确提出要把城市化作为浙江经济社会新发展的突破口。随后，推出的《浙江省城镇规划体系》《浙江省城市化发展纲要》，把强化宁波中心城市的功能、大力培育都市区作为主要目标，通过集聚城市要素、增强城市辐射，实现城乡协调与融合，并出台了涉及户籍、土地等一系列配套政策。

城市化的强烈诉求导致行政区划的高频次调整，而且调整的内容往往以县级单位为主。我国目前县级行政区划调整的类型主要有"撤县（市）设区""区县合并"和"区界重组"三种。鄞州在短短十几年时间内，经历了这些类型的区划调整，力度不可谓不大。甚至可以说，宁波百年区划变更，主要与鄞州发生联系，这与其作为倚廓县的地缘特征密切相关。

1.鄞县设区

进入21世纪，全国掀起了一股"县市改区"的浪潮取代了以前的"县改市"模式。这些改区的县市往往在地理上靠近中心城区，结果是直接扩大了城市的空间范围。2002年2月，经国务院批准，撤销鄞县，设立宁波市鄞州区，保持其原有行政区域不变。与此同时，现代化鄞州新城区在钟家庙崛起，结束了其有县无城、一城多府的半个世纪历史。

鄞州设区后，围绕鄞州中心城区，又开展了一系列的"撤镇改街"区划调整工作：从邱隘镇划出15个行政村，建立梅墟街道；撤销下应镇、石碶镇、钟公庙镇，分别建立三个街道。到2008年，又重组了街道，即把下应街道和钟公庙街道拆分重组为下应、钟公庙、中河、首南等四个街道。这些街道的析出，是鄞州城市化进程中的必然选择，城市建成区急速扩大，城市化水平快速提高。可以说，这是宁波市时隔17年之后的第二轮设区，其意义与作用完全不同于80年代中期所设的镇海、北仑二区。如果说镇海的撤县设区开启了宁波的临港工业化发展之路的话，那么，鄞县设区则开启了宁波城市化的发展之路。

首先，鄞州区设立后，宁波都市建成区面积快速扩大，实力增强。2001年，宁波经济总量在全国15个副省级城市中排在第6位，但是中心城区面积仅1 033平方千米，排在倒数第2位。要知道，2000年前的长三角除上海外主要城市中，杭州、苏州、无锡、南京等市区面积都小于或相当于宁波，但2001年不少城市进行区划调整后，宁波市区面积规模就明显偏小（见表1-3）。这样的格局，不光在城市竞争中落后，还束缚了宁波中心城市辐射带动功能的发挥，制约了城市化的进程。

表1-3　宁波市与长三角其他城市市区面积比较（单位：平方千米）

	宁波	杭州	南京	苏州	无锡	上海
2000年	1 033	683	1 026	392	325	3 924
2001年	1 033	3 068	2 599	1 650	1 112	5 299
2002年	2 560	3 068	2 599	1 650	1 112	5 299

资料来源：宁波市历年统计年鉴及各城市官方网站统计数据

而鄞县设区后，使得宁波市区范围急遽扩大，从1 033平方千米增到2 560平方千米，都市建成区随之也大幅增加，更主要的是鄞州新城区与原来的宁波三江口中心城区可以无缝联结；同时，户籍人口从原5区的121.0万人（2000年）增至206万人。用老百姓通俗的话来说，这样就获得了造地铁的资格——申建地铁城市的要求是：地方财政一般预算收入在100亿元以上，国内生产总值达到1 000亿元以上，城区人口（市区常住人口）在300万人以上。

其次，鄞州区的产业得到升级和转型，公共服务得到提升，避免了"发展断裂"。在撤县设区后，鄞州区一方面能享受大量的优惠政策，承接老市区的大量城市核心功能，全面推进经济转型、城乡统筹，等于让鄞州插上腾飞的翅膀，成为宁波科教、金融、商业、居住中心；另一方面，由于教育、医疗、警力等公共资源一般按照户籍人口配置，乡镇独立财政力量显然无法支撑公共服务可及性和便捷性，因此析出街道由区级财政进行更大范围的统筹并侧重公共管理和服务功能，才能从根本上解决民生问题。可以说，鄞州区的设立是一次凤凰涅槃的机会，此后，鄞州区的发展进入了快车道。也可以说，区划调整的红利完全释放出来（见表1-4）。

表1-4 鄞州区与宁波市部分经济指标之比

2002年	宁波全市	宁波市区	鄞县	中心城市贡献率	市区与鄞县之比
GDP（亿元）	1312	581	170	44%	3.4
人均GDP（元）	24 159	46 088	23 206		1.99
地方财政收入（亿元）	99	60	9.58	61%	6.32
全社会固定资产投资（亿元）	350	215	25	61%	8.59

资料来源：宁波市历年统计年鉴及鄞州区历年统计年鉴

第三，"市—区"合作共赢。一些地方撤县市设区后，产生了不少矛盾，原因在于一些中心城市为了壮大自身实力，往往对下面的县市以收权"抽血"为主。而鄞县设区后，当然也多少会遭遇"市—县"体制的障碍。但是"宁波—鄞州模式"的特点在于做到了"统""分"结合、功能互补、形态融合、政策对接、设施共享，正确处理"市—区"关系，获得了"市"之于"区"的巨大溢出效应，甚至是承接了城市核心功能。比如，鄞州区承接了大量"市—区"共建项目，实现利益共享。撤县建区之前，宁波与鄞县仅有零星几个共建项目；撤县设区之后，这一数量提高到包括共建宁波高教园区（鄞州）图书馆、宁波（鄞州）博物馆等在内的二十多个。再比如在财政上，从过渡期结束后的2005年至2009年，市、区财政实行"比例分享"体制，2010年起进一步实行分类统筹，兼顾市与区的利益关系，适当平衡负担能力，向市辖区财政体制转换后的鄞州财力并没有减弱。2011年，全区的财政收入首次突破200亿元大关，2015年全区财政收入突破300亿元，公共财政预算收入连续8年位居全省各县（市）区第一。

可以说，撤县建区后的15年是历史上鄞州大地经济社会发展最快最好的时期，是城乡面貌变化最大最多的时期，也是居民群众获益最多最广的时期。

2.区界重组：鄞州区划再调整

"区界重组"是指以市辖区为主体的行政区划调整。由于"区"与"区"之间的管理体制整合比"区"与"县"之间相对容易一些，因此，区界重组达成预期目标的效果一般要优于撤县设区。近些年来，随着我国城市化发展从规模扩张进入到城市功能与内涵提升的新阶段，以及城市管理能力提高能够增加管理幅度，还由于"撤县设区"遗留了一些矛盾与问题，需要再次改革才能调整到位。因此，2010年以来，区界重组正在取代撤县（市）设区和区县合并（后二者的案例平均每年不到3例）成为我国县级行政区划调整的新趋势。区界重组呈现出多样化、高频率的发生状态，不论是大范围、整建制的区界重组，还是局部范围的微调都时有发生。它既可以说是中小城市"撤县设区"的一种政策延续，也可以说是大城市空间改造后对管理幅度的需求，其调整的真正目的在于通过空间优化与治理的重组从而释放都市区的发展潜力。

鄞县一直以来都是浙江的强县。早些年在不断的"强县扩权"背景下，已经享有较大的经济社会管理权力。比如，1992 年已经享有扩大固定资产投资项目审批权等权限。2002 年,已经设区的鄞州区还进一步获得计划、经贸等经济管理权限。2008 年,浙江省第 5 轮扩权，443 项社会经济管理权限下放至各个区县。而"市辖区"则属于城市内部的一级管理单元，是大城市不可分割的有机组成部分和主要的管理层次，为分担城市管理职能而创设的，具有行政分治区的性质，因此，"市辖区"在其职权上不太具有一般地方行政单位的独立自主性，其财权、事权范围远小于县或县级市（后者财政收入 80% 自留，前者只有 50%），通常是按照市政府部署，承担城市发展、社会管理、公共服务的职能。这样一来，从县到区的转变，意味着失去较大的自主管理权。因此，从中国行政传统的角度看，为了安抚地方和减少矛盾，一般会采取比较稳妥的过渡的办法。2001 年杭州市撤并萧山、余杭的时候，就用这一办法。2002 年，鄞州区成立后，除了机构改名外，也基本保留了原鄞县的财政、土地、规划等权限。这就出现了一些转轨的遗留问题。

第一，产生了过渡成本。为了撤并工作的顺利开展，被撤县（市）往往得以保留原县级政区的大部分权限，如项目审批权、财政权、人事权等,这种"双轨制"造成市—区间管理体制不顺，并未完全实现撤县设区的预期目标和区域统筹协调发展的初衷。

第二,制造了体制摩擦。市本级对区的统筹不够，新区与老城区之间没有完成（体制、机制）真正的融合。比如，原江东区和原鄞州中心区虽然毗邻，但是，政区的分割造成了一系列的问题：区际交通不畅，多有断头路；原鄞州区的教育资源与老城区基本没有共享，独立实施中小学十二年免费教育。而老三区户籍的居民虽然在鄞县中心区买房，但很多人都不愿意把户口迁入鄞县中心区，怕小孩不能享受老三区优秀的教育资源。鄞州区自己的一些公务员、事业单位的人事招考,基本上都限定为鄞州区 少数是限定鄞州或江东区户籍）考生。

第三，公共服务不对等。正因为存在体制差异，因此宁波的老三区和新三区分得很清楚，造成了同城不同待遇。鄞州有自己独立的电视台和日报，鄞州的电力、电信、网络、煤气、市政道路、给排水、户籍、教育、医疗、房地产等各方面都有着与宁波老三区不一样的系统，造成了公共服务的地域差异和身份差异。

第四，空间失衡明显，各区发展不均衡。宁波6个市辖区的区域面积、人口规模和经济实力极不均衡，尤其是江东、海曙的行政区划自1984年之后就未做调整，区域面积偏小，发展空间已十分局促，行政效能不高，其中鄞州（1481平方千米）与海曙（29平方千米）的辖区面积比达到了惊人的49倍。另外，鄞州区在重点发展南片区和东片区的时候，西片区相对落后，成为发展洼地，虽然与海曙大范围接壤，但是行政分隔的桎梏，城市空间、功能、基础设施布局和资源要素无法做到整合优化，不利于城市新经济的发展。

为此，2016年，宁波再次进行了较大规模的区划调整与优化，主要内容是撤销宁波市江东区建制，整体划归鄞州区管辖（见图1-2）；而鄞州区西片区的集士港镇、古林镇、高桥镇、横街镇、鄞江镇、洞桥镇、章水镇、龙观乡、石碶街道划归宁波市海曙区管辖。这就是所谓的区界调整。此外，还撤销了奉化市，新设了奉化区。这样一来，使得宁波各区的土地、人口数量相对接近，资源禀赋、承担的责任和任务相对均衡，面积最小的江北区也有208平方千米，形成公平合理激励基础，更好地调动各县市区发展的积极性。

不难发现，党的十八大以后，全国基本上进入一个为了实现新战略而进行大规模区划调整的新时期（2012—2017），年均调整县级单位达24例，比2000—2011年的年均10例高出一倍多，其中2016年是高峰，达40例。这样看来，宁波这一次的区划大变更应该是谋划已久，而且乘上了国家战略调整的东风。

截至2020年，新鄞州区下辖10个镇、15个街道办事处（新增聚贤街道），区域总面积为814平方千米，虽然地域面积比以往缩减了532平方千米，但是新增8个街道，户籍总人口增加至87万人，其中城镇人口68万人，乡村人口19万人，农村人口大量减少，城镇人口大量增加。因此，新鄞州区的城市化水平进一步提升。同时，为了保持区划调整后各地平稳过渡与良好衔接，还是预留了三年过渡期。

总体上看，1911—2016年这百余年间，虽然鄞县的区划发生了多次的变动，但是我们发现，其不可逆性越来越强。1927年，宁波从鄞县首次析出设市仅仅3年就复入鄞县，1958年，鄞县并入宁波市也维持了3年不到的时间。在1961年的许多档案中经常能发现"恢复XX县"字样，一定程度上说明之前的区划变更是不成熟的。但是如今工业化和城市化的巨大进展，将不可能产生如此复杂和曲折的历史了，在合并了原江东区的新鄞州，作为都市政区的典型性、完整性越来越强，也是不可逆转的。

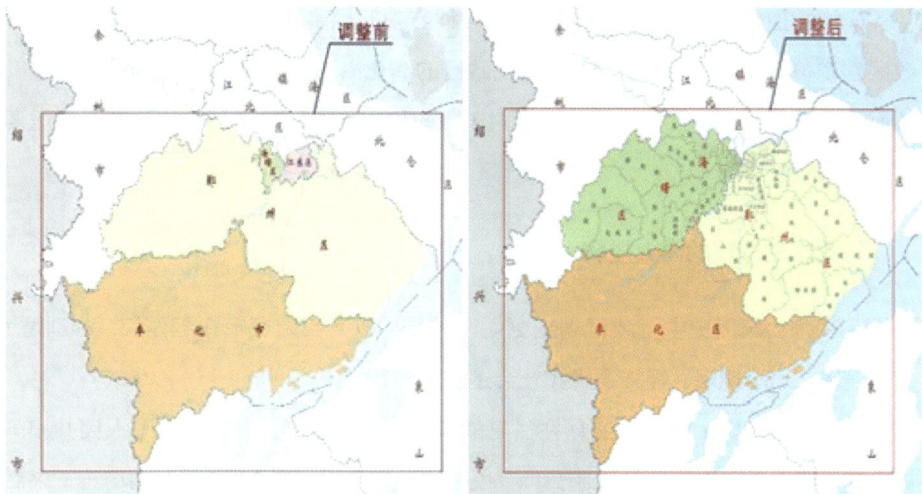

本轮行政区划调整着眼于
优化整个中心城区生产力布局

图 1-2　区划调整后的鄞州区、海曙区

第三节

行政区划调整的逻辑与现实要素

　　行政区划调整是一个复杂的系统工程。揭示影响政区演化的多元因素及复杂关联，是行政区划优化设置探索的重要基础。随着时代的发展，宁波—鄞州的行政区划调整百年里从未停止。那么在其背后，究竟遵循着怎样的逻辑？我们从中又可以得到怎样的启示？

所谓的逻辑，就是事物发展变化的一种客观的规律。行政区划调整的逻辑是行政区划调整目标背后的力量，不同时期政区的演化由不同逻辑组合而产生合力作用，从而推动政区的演变。理解这种逻辑对于当前和未来的行政区划体制改革具有重要的指导和启示作用。

一、行政区划调整的四大逻辑

从鄞州百年历史中行政区划变更可以总结出以下四大逻辑在起作用，分别是：军事逻辑、政治逻辑、经济逻辑和社会逻辑。

（1）军事逻辑：政区的变动往往是战争和革命的结果。比如，中华人民共和国成立前后所设的六个大行政区制，具有很强的军事意义，到1954年全国稳定下来后就被撤了。再如，1969年，针对边疆紧张局势，国家将内蒙古靠近东北的三个盟划入了东北三省，将西部地区划入了甘肃和宁夏等，都是军事与战争逻辑所推动的。

（2）政治逻辑：即权力导向的逻辑。本质上而言，行政区划制度、区划调整等概念是政治学领域的词汇，是国家权力的空间显现。在政治权力和行政目标的变动中，往往会导致区划的变动。比如，1958年，为了保证粮食和蔬菜供应，中央把江苏省的松江等10个县划给了上海市，这在计划经济年代政治权力主导的区划调整中是一个典型案例。显然，进入市场经济的年代，这种省际的区划调整就非常少见了。

（3）经济逻辑：是指市场经济天然地产生对空间内资源要素配置的诉求，希望打破行政壁垒，获得发展，用宁波籍区划学家刘君德的话说，就是要突破"行政区经济"。具体而言，经济发展推动下的市场化、工业化、城市化是区划调整的主要逻辑动力，目标是形成产业集群、统一市场、优化资源分配等。这个逻辑在当代中国体现得非常明显。可以说，现在绝大部分的区划调整主要是出于经济发展的目的，如重庆直辖、海南建省、上海建立浦东新区，都是如此。

（4）社会逻辑：主要包含文化心理归属、社会交往、对公共服务的诉求、社会治理的要求等。社会逻辑并不会单独决定一次区划的调整，但是，它会衡量每一次区划调整的成功与否。比如，1957年，萧山县曾一度划归宁波地区管辖，这是不遵循社会逻辑的体现：不但空间距离遥远，而且文化心理差异较大，因此，两年后就划归杭州。再如，1961年舟山嵊泗人民公社划归上海市，但第二年又划了回来。

上述这四种逻辑，在不同的时代又有不同的组合与表现。总的看来，包括鄞县（宁波）在内的中国城市行政区划调整经历了一个从"军事—政治"逻辑到"经济—社会发展"逻辑的变迁。

1927 年北伐成功后,国民政府设都南京。宁波第一次从鄞县析出设市,这就是"军政逻辑"的一个结果。到了 1949 年,宁波再次设市,同样还是"军政逻辑"作用的结果。

1949 年以后的二三十年间,宁波和鄞县的区划经历多次变更,总体而言,则是政治因素单独起主导作用,每一次政治潮流都影响了区划的调整,如"大跃进"时期,鄞县、镇海划归(狭义)宁波市管辖;人民公社时期的乡镇建制消失。区划变更频繁而无序。

所以说,从 1927 年到 1983 年这半个世纪中,主要是"军政逻辑"推动着区划的变更;而从 1983 年至今,随着党和国家工作重心的转移,行政区划变更则主要是"经济社会的逻辑"在起作用。换言之,改革开放以来,不管是撤县设市、撤县设区还是区界重组,基本上是由工业化、城市化的快速发展所推动的。行政区划调整服务于国家经济建设的目标,从而被视为一项方便实用的公共政策工具。的确,正如有人研究指出,进入 21 世纪,撤县(市)设区发生的概率与经济发展水平及城市所在区域的关联度较高。

当然,各种区划背后的逻辑有时候是混合的,单个逻辑起作用的状况并不多见。但在深层次上,政治逻辑始终不曾淡出城市行政区划调整的核心,发展逻辑和治理逻辑也从未真正成为城市行政区划调整的决定性标准。作为国家权力的空间配置方式,城市行政区划调整的本质永远都是政治的决策与权力的重置。问题的关键在于,如果缺乏经济的基础逻辑,则大部分的区划调整不容易成功。

更值得指出的是,"军政逻辑"对行政区划的影响往往是单向度的,而经济社会逻辑对区划的影响则是双向互动的关系。换句话说,军事力量确实对行政区划变动有很大的影响,但行政区划却很少对军事产生大的反作用力,政治逻辑会直接决定行政区划,但行政区划的变动对政治的影响也并不是很大,比如某一项区划调整的失败并不会带来政治上的失败。可是,行政区划对经济社会的影响却很大,同时,经济社会状况也会反过来影响区划的再次调整。因此,二者之间会出现频繁互动的状况,尤其是进入工业化、城市化的阶段,联系更为密切、互动更为频繁。

毫无疑问,政区体系与城市(经济)体系具有互动性。政区体系是上层建筑,城市发展则是经济基础。城市为里,政区为表,城市发展决定政区演变,而政区演变从根本上而言是城市和经济发展的结果与表现。反过来,尤其是在政区和城市体系同构的体制模式中(如中国),政区体系在一定时期内制约着城市的发展。这便是所谓的"行政区现象和行政区经济"。因此,行政区划的调整对城市发展具有重大的影响和作用，在必要的时候，行政区划制度应当加大供给，最大限度发挥其促进经济社会发展的作用。

二、区划调整的现实要素分析

区划变更的各种逻辑是否能够成功起作用，还要观察隐藏于其背后的各种现实的、具体的宏观、中观和微观要素（见表1-5）。

表1-5　区划调整中的现实因素及评估

	微观	中观		宏观	
	社会意愿	地方政府能力	城市化水平	各种政策与法律	交通通信技术要素
1927 年首次设宁波市	弱	弱	低	弱	差
1949 年第二次设宁波市	强	强	低	较弱	差
1958 年鄞县并入宁波市	弱	弱	低	强	差
2002 年鄞州设为宁波市辖区	强	强	低	强	强
2016 年鄞州区和海曙区进行区界重组	强	强	高	强	强

（一）宏观要素：国家制度与政策体制、经济发展水平、人文地理环境等

（1）国家宏观政策是发展小城镇还是发展大城市，是倾向于省管县还是市管县，这对区划调整影响很大。

（2）经济发展水平与行政区划调整密切相关，事实上，经济发达的东南部沿海省份区划调整更为频繁。

（3）空间形态是否合理，自然区与行政区的吻合有利于地区发展的，就是周振鹤先生所讲的"山川形便"原则。

（二）中观要素：政府能力、城市化水平、居民生活交往圈径的大小、交通通信手段等现代化技术要素

这些中观因素主要影响行政区的管理幅度以及城市的辐射能力。如果城市化水平低、辐射力弱，生活交往圈径小、交通通信手段落后，那么，行政区的管理幅度就会缩小，辐射能力弱，区域整合就容易松散。因此，当前许多城市非常重视一小时交通圈所能覆盖的空间。这是区域一体化的重要维度。湖州市长兴县、台州的黄岩县等地方的撤县设区工作遭遇到一些阻力，究其原因，许多地方原本多为"一市一区"结构，县强、市弱、区小，容易产生了市—县之间公开的利益博弈，不但没有产生收益，反而产生了风险与损害。因此，中心城区必须对新设区有足够的辐射力和补偿机制，否则，的确是会产生"市"与"区"不可调和的矛盾。

（三）微观要素：文化心理要素、民众意愿、历史传统

微观要素来自社会个体，主要是社会心理文化要素等。假如，民众在心理情感上持拒绝的态度，那么，区划的调整是具有风险的。由于鄞县历史悠久，在宁波人尤其是广大鄞县干部群众的心目中，"宁波即鄞县"的观念根深蒂固，对保持鄞县行政区划完整性的愿望十分强烈，若强行拆分，广大干部群众在感情上难以接受。因此，保留"鄞"字，把鄞县整建制改为鄞州区，这应该顺应社会民意。而早在1958年，把鄞县并入宁波市的时候，把鄞县南部的部分公社并给奉化，显然这是违背民众的文化心理的。

1927年，宁波第一次从鄞县析出设市，虽然具有强大的军政逻辑，但仅仅维持了3年。究其原因，可以归结于时代环境不成熟、经济水平落后、士绅阶层反对等原因。可以说，这一次的设市始于军事，败于经济和民众心理。

1949年，宁波再次设市，此后的一段时间是飞快的工业化进程。而且，国家还没有出台限制城乡关系的政策，是相对健康的城市化时期。但是，1959年撤销鄞县并入宁波市，实际上是犯了一个冒进的错误。当然这是全国"大跃进"路线所致。这次合并仅仅维持了两三年就宣告终结。其原因是在计划经济年代，脱离实际的城市化缺乏工业化的基础，而且行政管理能力偏弱，无法有效统领农村经济的发展。从鄞县城厢切块所设的宁波市，原来是管理城区和郊区为主的，地域面积不大。而在并入鄞县和镇海县后，体量扩大好几十倍，农村区域面积和人口远超城区，而宁波市只能以"市委农村工作部"的组织形式管理两个县的广大农村地区，城区各方面的管理能力、带动能力不强，脱离当时经济发展水平，造成顾此失彼的尴尬局面。可以说，这种政府主导下的超前的城市化是不成功的，带来了"假性城市化"的问题。

而2002年的撤县设区，则是符合历史进程的选择。

其内生力量则是鄞县民营经济高度发达阶段所形成的不可阻挡的城市化诉求。1995年，鄞县的国内生产总值达到92亿元，民营经济则是鄞州区发展的中流砥柱，它贡献了鄞州60%以上的GDP，民众的生活水平很高，非农化的社会力量越来越强大，期待着社会的回应。

其外生力量则是国家的城市化大战略。早在1990年代中期，鄞县便着手在钟家庙一带规划兴建一个8平方千米大小的县城地块（以鄞县电视台的建成为标志）。鄞

州区成立后，核心区规划面积达到 33 平方千米，总规划面积达 80 平方千米。

这种"造城"运动显然是城市化政策开放、人们生活富裕、非农产业占据主导地位后的必然选择。

从经济上来说，鄞县的人均 GDP 越来越高，非农产业占比越来越高，是从"农业经济—工业经济—都市经济"转变的必然归宿。

从制度上来说，户籍制度的藩篱基本上被打破，农民进城几乎已经没有障碍，市民化是不可抗拒的潮流。

从空间上来说，鄞州拱卫着宁波市区，绝大部分地区都进入了一小时交通圈之内，鄞州新城区能接纳各种城市的功能，从而避免了离散性和某种"伪城市化"。

从建制上来说，虽然鄞县经济发达、人口稠密，但是不可能像余姚、慈溪和奉化那样设为一个县级市。因此，鄞县的道路只有设区，融入宁波中心城区。

2016 年，宁波市所推动的区界重组，主要是鄞县撤县设区工作的一次延续，意味着宁波从城市空间扩展阶段转入城市质量提升阶段。虽然鄞州区划出了西部诸多乡镇并给了海曙区，鄞州的地理空间历史上第一次被大规模切割，但是谁也不可否认，站在城市空间优化和质量提升的高度，这样的区界重组优化是合理的。在这一次的区划调整中，基础是经济空间、社会空间的散乱以及民间形成的意愿，突出的要素是政府的能力，我们的评估是宏观、中观和微观都有利于区划的调整。

总而言之，区划调整要做到逻辑和历史（现实）的统一，即尊重逻辑，顺应历史。凡是做到了逻辑与历史的统一，那么行政区划的调整也是能够成功的。反之，则会遭遇失败，如湖州长兴县的设区计划遭到了全县上上下下的反对而夭折。由此可见，区划调整过程中逻辑与历史的统一是至关重要的。

本章参考文献

1. 吕以春：《浙江省建制沿革表》，浙江人民出版社 1983 年版。

2. 俞福海主编：《宁波市志》，中华书局 1995 年版。

3. 卓勇良：《浙江制度变迁与经济发展》，中国社会科学出版社 2004 年版。

4. 浦善新：《中国行政区划改革研究》，商务印书馆 2006 年版。

5. 顾益康主编：《共创共富的鄞州道路：1978—2008》，中共中央党校出版社 2008 年版。

6. 李强：《政策创新与浙江发展》，浙江人民出版社 2009 年版。

7. 程刚主编：《中国撤县建区的新探索：宁波鄞州模式的实证研究》，经济科学出版社 2011 年版。

8. 冯俏彬：《新型城镇化进程中的行政层级与行政区划改革研究》，商务印书馆 2015 年版。

9. 鄞州区地方志编纂委员会：《鄞州区志（1978—2008）》，浙江古籍出版社 2016 年版。

10. 林拓、申立等：《中国行政区划改革再出发》，人民出版社 2019 年版。

11. 罗浩：《地域型政区和聚落型政区刍议》，《中国方域》1999 年第 5 期。

12. 王国定：《城市化：鄞县面临的挑战和抉择》，《浙江经济》2000 年第 9 期。

13. 寿永年：《鄞州：全面建设创新型城区》，《今日浙江》2006 年第 9 期。

14. 王贤彬等：《区域市场的行政整合与经济增长》，《南方经济》2012 年第 3 期。

15. 林拓、申立、虞阳：《撤县建区：从政区调整到战略创新——以宁波鄞州为例》，《宁波大学学报》
    2013 年第 1 期。

16. 殷洁、罗小龙：《从撤县设区到区界重组——我国区县级行政区划调整的新趋势》，《城市规划》
    2013 年第 6 期。

17. 高玲玲、孙海鸣：《行政区划调整如何影响区域经济增长——来自中国地级以上行政区划调整的证
    据》，《经济体制改革》2015 年第 5 期。

18. 国务院：《关于加强城市建设工作的意见》，1978 年，参见《中国共产党历史上召开的历次城市工
    作会议》，《党史博采》2016 年第 7 期（上）。

19. 罗惠侨：《我当宁波市长旧事》，《宁波文史资料》第三辑。

20. 倪敏东、祝明明等：《大数据初解宁波城市空间体系现状》。

21. 于志强：《大城市撤县设区经济绩效的异质性研究——基于合成控制的实证分析》，《上海城市管理》
    2016 年第 6 期。

22. 鄞州区经信局：《鄞州工业用水效率全市最高》，《宁波节能》2016 年第 3 期。

23. 林拓：《国家治理现代化下的行政区划重构逻辑》，《社会科学》2017 年第 7 期。

24. 鄞州区科学技术局：《鄞州：谋布局强主体搭平台，为建设"名城强区"提供支撑》，《今日科技》
    2018 年第 10 期。

25. 王兆波：《宁波市鄞州区第十八届人民代表大会第四次会议上的工作报告》，2020 年 5 月 8 日。

26. 数据宁波：https://www.sohu.com/a/277402182_650480

27. 聚焦杭州湾：https://www.sohu.com/a/278396171_100165354

28. 任斌斌、张文胜、林银海、王凯艺：《GDP2211 亿！跃上新台阶的鄞州何以持续发力》，https://
    zj.zjol.com.cn/news.html?id=1414659

第二章

鄞州区划变革与产业结构升级

第一节

区划变革前后的工农业

根据宁波市鄞州区国民经济和社会发展第十三个五年规划，原鄞州区和江东区全面贯彻落实中央和省、市各项决策部署，大力实施"名城强区"和"两强两品"战略，经济实力进一步壮大，城市功能进一步增强，城市品质进一步提升，民生福祉进一步改善，为未来发展奠定了坚实的基础。2016 年 9 月，经国务院批准调整鄞州区行政区划，鄞州区面积 817.1 平方千米，户籍人口 84.2 万人，下辖 10 个镇、14 个街道，全区发展基础、产业结构、空间格局发生了重大而深远的变化，鄞州发展由此掀开新的历史篇章，站在新的历史起点。

一、工业发展

就区域经济而言，鄞州区综合实力雄厚，全市的政治中心、经济中心、科教中心集聚在鄞州，坐拥东部新城、南部新城，功能平台特色明显，楼宇经济、总部经济发展全市领先。经济实力不断增强，2016 年，地区生产总值达 1 358.8 亿元，位居全省同级区域第三。但经济发展已经迈入"新常态"，鄞州要聚焦创新驱动的主引擎。在新一轮世界科技和产业革命大潮中，欧美发达国家纷纷启动"再工业化"进程，中国亟须从"世界工厂"向创新型国家转变，中国经济进入减速换挡的"新常态"阶段，低消耗、高质量的增长方式成为必然趋势。鄞州过去依靠要素投入、中低端竞争的路子难以为继，必须主动适应新常态新要求，聚精会神地走创新发展路子，以"中国制造 2025"试点示范城市和国家服务业综合改革试点城市建设为契机，增强科技创新、服务创新、协同创新能力，打造成为区域创业创新高地，构筑经济健康可持续发展的新动力。

面对严峻的发展形势和经济下行压力，行政区划调整为鄞州新一轮跨越发展提供了千载难逢的机遇。鄞州借助区划调整这一转型机遇，立足综合优势，提出新的发展要求，发展首位度进一步提高，经济保持中高速增长，产业迈向中高端水平。产业结构更加协调，先进制造业提质增效，现代服务业高端拓展，新经济业态蓬勃发展，形成全市的智造创新、金融服务、航运物流、文化创意、现代商务"五个中心"，成为全省乃至全国的智能经济、服务经济强区。要素集聚、活力迸发的创新先行区，使创新成为经济增长的重要驱动力。基于新的机遇和挑战，鄞州区工业积极进行传统产业优化升级、培育战略性新兴产业和高新技术企业，建设智造强区。

（一）产业结构调整，传统产业优化升级

由图 2-1 可见，为适应新经济发展，第二产业比重持续下降，且清晰地能看出第二、第三产业在 2016 年产生了质的变化，第三产业持续高于第二产业。工业作为第二产业的重中之重，在产业调整之后，产业比重逐步下降的趋势下，为了保持工业产值的稳步增长，首先是发展优势产业，加快传统产业改造提升，引导企业面向关键技术突破和核心零部件研发生产；其次是加大技术改造力度，促进生产方式和组织管理模式创新，全面提升高端汽配、时尚服装、智能电器等优势产业核心竞争力，积极跻身全球产业链、价值链的中高端；再次是持续培育优势企业梯队，综合运用兼并重组、上市融资、品牌创建等手段，鼓励龙头企业和骨干企业扩大产能、拓展市场，进一步引领行业发展。2014 年和 2015 年的节能降耗行动也为接下来的传统产业进一步优化升级发展打下了坚实的基础。

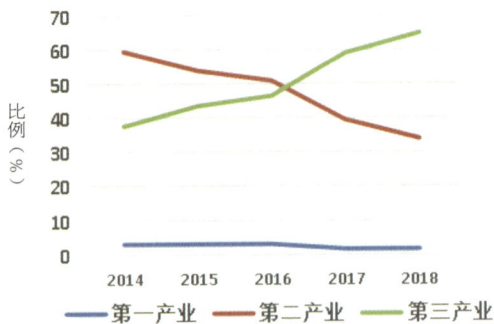

图 2-1 鄞州区三大产业结构图

资料来源：《鄞州年鉴》

2014 年，鄞州区的"腾笼换鸟"专项行动以钢铁、轧钢、铸造、印染等行业以及使用落后工艺和设备、产业附加值较低的企业为重点，整体关闭金属熔炼企业 5 家、砖瓦厂 3 家，淘汰不锈钢热连轧加工生产线 2 套、涂布白板纸生产线 1 条以及 15 家铸造企业电阻炉等落后设备，完成全社会 S7 变压器淘汰任务，盘活存量土地 133 公顷，腾出用能空间 2.87 万吨标煤。推进重点区域整治提升，对 54 家专业铸造企业和含有铸造生产环节企业的主要经济技术指标、能源消耗情况、生产原材料及工艺、主要熔炼设备等逐一排摸，实施铸造企业差别电价和铸造企业全面治理试点工程。2015 年，鄞州区从严控制高能耗、高污染项目审批，全年批准工业投资节能审查项

目 70 项,总投资 61.75 亿元,总能耗 10.4 万吨标准煤,平均单位工业增加值能耗 0.29 吨标准煤／万元。推进清洁生产和能源审计监察,实施节能(节水)改造项目 103 项,开展企业能源审计监察 50 家、清洁生产 21 家,淘汰改造燃煤锅炉 75 台。清理结算墙改专项基金,为企业争取专项扶持资金,落实墙改专项补助资金 675.5 万元。在重点领域淘汰落后产能,排查区内铸造企业的主要经济技术指标、能源消耗情况、生产原材料及工艺、主要熔炼设备等,采取差别电价手段进行治理。淘汰 45 家企业 347 台无磁轭铝壳中频炉,淘汰吨位 112 吨。关闭宁波雅戈尔日中纺织印染有限公司、宁波华电铸钢有限公司、宁波长丰针织印染有限公司、鄞州康宏特种钢厂 4 家落后产能重点企业,腾出用能空间 7.89 万吨标准煤,节水 223 万吨。关停咸祥镇、姜山镇、鄞江镇黏土砖瓦窑 4 家,累计关停黏土砖瓦窑企业 37 家,削减黏土砖产能 10.55 亿块标砖,腾出土地 140 余公顷。2015 年,鄞州区将酸洗拉丝和蔺草确定为全年整治提升重点项目。大行业关停企业 100 家,整治提升 82 家。

2014 年和 2015 年的节能降耗对工业企业的整改和更新换代,取得了显著的效果。从鄞州区规模以上企业对比图中可以看出(见图 2-2),企业数量是呈逐年下降趋势的。落后产能企业的淘汰为接下来传统企业的优化升级腾出相应的空间,减轻了优化升级的负担。对其他传统企业的审查和企业技术和管理模式创新的推广和扶持也进一步对传统优势产业的升级提供了有力支持。经过前两年的清算淘汰落后产能企业,鄞州区开始实施对传统优势产业进一步改造的计划。

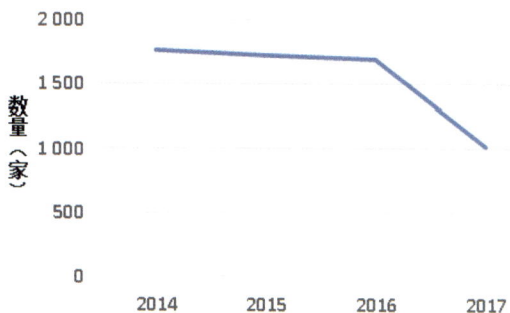

图 2-2　鄞州区 2014—2017 年规模以上企业数量变化

资料来源:《鄞州年鉴》

从 2015 年伊始,鄞州区开始对传统产业进行大力扶持,力求打造纺织服装、汽车配件、家用电器、金属制品、文教文具五大传统优势产业,并且积极促进企业进行技术创新。2015 年,鄞州区将五大传统优势产业(纺织服装、汽车配件、家用电器、金属制品、文教文具）作为产业扶持重点，其中传统优势产业中重点突出纺织服装、汽车配件两个产业，传统优势产业产值1 207.94亿元，并实施技改项目508项，计划总投资343.56亿元，工业投入181.05亿元，技改投入164.83亿元。技术改进与创新获得可观效果。如同年6月，宁波圣龙汽车动力系统股份有限公司（见图2-3）、圣龙股份高效能汽车泵设计中心和广博集团股份有限公司广博文具设计中心获评第二批省级工业设计中心。

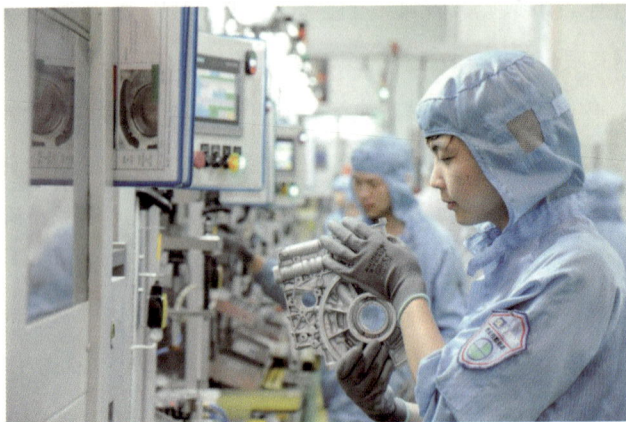

图2-3 宁波圣龙（集团）有限公司工人在无尘车间6F装配线上

宁波奥克斯空调有限公司由"全球环境基金节能房间空调器推进项目"综合评审获得"房间空调器参赛企业节能优秀奖"，奥克斯高能效变频空调获"变频房间空调器参赛产品节能优秀奖"。2015年6月初，宁波杉杉股份有限公司搬迁原有时尚产业园的生产性企业至宿迁，在原有地块引进多个新能源产业，转型为新能源产业园。其中，投资13亿元的3.5万吨杉杉锂电池负极材料扩产项目开工建设；投资35亿元的新能源汽车动力总成项目投入厂房建设。

2016年，鄞州区继续推进对传统产业的大力扶持，产业扶持重点为纺织服装、汽车配件、家用电器、金属制品、文教文具五大传统优势产业。其中，传统优势产业中重点突出纺织服装、汽车配件2个产业。五大传统优势产业实现产值1 233.62亿元，增长3.30%。技改投入153.49亿元，下降13.60%，技改投入占工业投入比重的87.20%（千万元以上技改项目424项，工业投入172.19亿元，技改投入149.96亿元）。建立稳增促调专项资金，出台《宁波市鄞州区稳增促调专项资金管理办法》，拨付第一批补助资金2.07亿元，补助企业3 359家。2016年3月12日，开展了新能源"千人计划"专家宁波（鄞州）行活动。20余名省内外"千人计划"专家围绕新能源展开交流，并进行项目推介。其中，国家"千人计划"人才、杭州聚达能源科技有限公司董事长万斌介绍聚光太阳能蝶式斯特林热发电技术的产业化趋势；国家"千人计划"专家、中国科学院工程热物理研究所研究员、美国印第安纳大学教授林峰主讲新能源时代的热功转换新技术；国家"千人计划"特聘专家、浙江联谊电机股份有限公司总工程师金一旼介绍新一代电动汽车专用变速器；华电电力科学研究院火电技术及经济运行研究所所长阮炯明、北京低碳清洁能源研究所实验管理中心主任翁力分别介绍高速径向透平余压发电技术、醇醚燃料在柴油机上的应用。鄞州当地企业及有关投资机构与专家、人才展开了对接交流。

由图2-4可见，2014年和2015年淘汰部分落后高污染能耗企业后，传统产业和工业总产值都有所下降，但随后2015年开始对传统产业进行大力扶持，并通过不断鼓励促进企业进行技术、管理革新等手段，使得传统产业产值进一步回暖，至2016年五大传统产业产值高达1 207.94亿元，工业总产值达到3 031.01亿元，约占工业产值的40%。2016年行政区划调整后，对传统产业进一步细分，使得传统产业的发展迈向了新阶段，逐步提升核心竞争力，开始跻身于全球产业链、价值链的中高端。

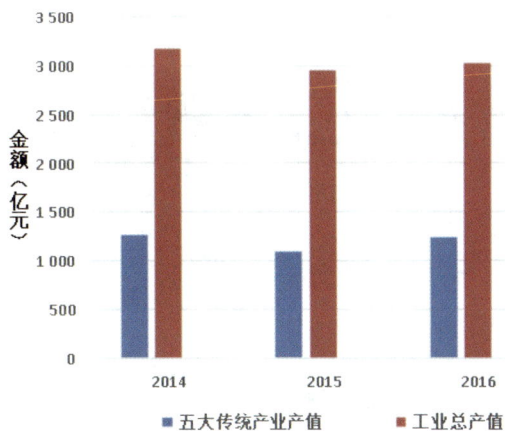

图2-4 2014—2016年鄞州大传统产业产值和工业总产值统计

资料来源：《鄞州年鉴》

2017年，鄞州区基于此前几年对传统产业的改造升级，开始对传统产业以及战略新兴产业进行产业细分，形成五大细分行业。其中三大传统优势产业完成产值711.02亿元，比上年增长24.90%；五大细分行业完成产值1 285.74亿元，增长18.89%，占规模以上工业产值的比重为76.27%，并且引领传统企业走向国际。例如，

2017年，奥克斯集团有限公司营业规模649亿元，总资产557亿元，利税59亿元；有员工2.50万人。全年参与国家和行业标准12项，累计拥有专利2634项。产业涵盖家电、电力设备、医疗、地产、金融投资等领域，在宁波、南昌、天津以及巴西、印尼建有七大制造基地；拥有上市公司2家，为国家级企业技术中心、技术创新示范企业，奥克斯空调位居行业第三，智能电表、电力箱行业第一，连续多年位列中国企业500强。杉杉集团有限公司于2017实现产值220亿元，营业收入422亿元，利税42亿元；有员工1万余人。主营业务为新材料、新能源、商贸、服装、城市综合体等板块。仅锂离子电池材料板块获各项专利近百件，有国家企业技术中心，自主产品研发中心，并率先进入全球新能源企业500强榜单。宁波博威集团有限公司营业规模83亿元，总资产81亿元，利税6.40亿元；有员工6000余人，其中各类专业技术人员800余人。在全球范围拥有制造基地6家、资本合作平台1个，成为集新材料、新能源、精密切割丝、精密零部件、高端卫浴、资本合作六大产业于一体的科技型、资本型、国际化企业集团，旗下拥有博威云龙、博威滨海、博德高科、博威越南、德国霍伊黑尔海姆、德国赫尔伯恩六大工业园区。

其中奥克斯集团有限公司凭借"基于多电商模式（B2B/B2C/O2O）的空调产品精准营销能力"入选2017年两化融合管理体系贯标示范企业名单（见图2-5）。

图2-5 奥克斯空调数字化智能工厂建成

2018年，鄞州区三大优势产业完成产值528.10亿元，比上年增长1.57%。五大细分行业完成产值1282.48亿元，增长5.18%。进一步加大重点细分行业支持力度，将该批行业领域内的技改项目补助比例上限由6%提高至10%，额度由最高300万元提高至500万元。对首次被列入国家单项冠军示范企业（产品）及培育企业、市级单项冠军示范企业的，给予最高 100 万元、50 万元、20 万元的补差奖励。对首次被列入省、市级培育试点示范的制造业"三名"企业，分别给予最高 100 万元、20 万元的补差奖励。并为全区有意愿技改的规模以上工业企业提供智能化改造"一对一"诊断服务，破解制造业企业在实施智能化改造中存在的技术、人员、管理等难点问题。规模以上工业企业全员劳动生产率同比提高 5.70%。2018 年 9 月，宁波市制造业与互联网融合创新中心、鄞州区智慧办承办的工业大数据与两化融合高层论坛在鄞州区召开。153 家区制造业、20 家区软件和信息服务企业参加。论坛邀请行业内专家与国内先进制造龙头企业，围绕工业大数据、两化融合、先进制造等议题，解读中国工业大数据的发展趋势、梳理产业发展现状及问题、分享先进企业在工业大数据领域的实践、探讨工业大数据前沿技术等。鄞州各大工业园区在 2017 年以后也逐步在引进拥有更先进技术的传统企业。例如 2018 年 5 月，宁波圣龙智能汽车系统有限公司汽车动力系统及新能源汽车关键零部件项目开始施工。主营自动变速箱核心部件、轮毂电机和变速器项目。规划建立"数字化 + 智能化车间"汽车核心零部件生产智能制造示范基地，投产后年产值 65 亿元，年创利税 2.60 亿元。浙江中车新能源科技有限公司在宁波鄞州成立。该公司采用"两厂三地"的经营格局，以宁波基地为总部，以常州基地为单体制造中心，并在北京设分支机构，从事系统研发、市场销售和售后，建设超级电容储能器件及储能系统解决方案的一流供应商。

（二）培育壮大战略性新兴产业，增强创新驱动力

传统产业在经历了落后产能淘汰、产业扶持这两轮升级改造之后，发展逐步走向正规，基本实现技术的初步更新换代。自此，利用 2016 年行政区划调整这一时代契机，整合前三年的改造成果，进一步制定了全新的发展模式。2017 年以后，将此前的五大传统产业升华为三大优势产业，并对传统产业进行行业细分，做到发展更加精细化。实现了一批龙头企业引领传统产业走向国际，走上全球产业链、价值链的中高端。并进一步加大对细分行业的扶持奖励力度，为进行技术改进的企业提供改造诊断服务。注重召开各类高峰论坛，引进先进技术。也逐步大力引进经过技术改造、技术创新和新能源的传统产业进园区。相较于区划调整之前改造传统产业的政策手段，显然区划调整之后的更为多元化，全面化。尤为突出的是更加重视两化融合，重视更为全面的科技知识对企业优化升级的重要作用。

培育战略性新兴产业，增强企业创新驱动力是工业转型发展更为重要的组成部

分。2014 年，鄞州区在扶持五大传统产业的同时，也首次将新装备、新材料、新能源与节能环保、新一代信息技术、生物医药这五大战略新兴产业作为今后重点扶持对象。新兴产业发展壮大的前提是企业创新驱动力的增强、高新技术企业的扩大。

从 2014—2017 年战略新兴产业的产值对比（见图 2-6），可以很清晰地看到，经过相关政策的扶持，战略新兴产业在短短几年时间里实力快速增强，到 2017 年止，已经与高新技术企业产值相差无几。鄞州区工业紧跟时代科技浪潮，大力狠抓企业创新能力和动力，高新技术企业产值始终处于稳步增长状态，发展势头强劲。当然，在前几年的战略新兴产业和高新技术产业发展的确是取得了很好的成效，为接下来的发展做了充足的准备。首先我们来看，2014 年到 2016 年的发展情况。

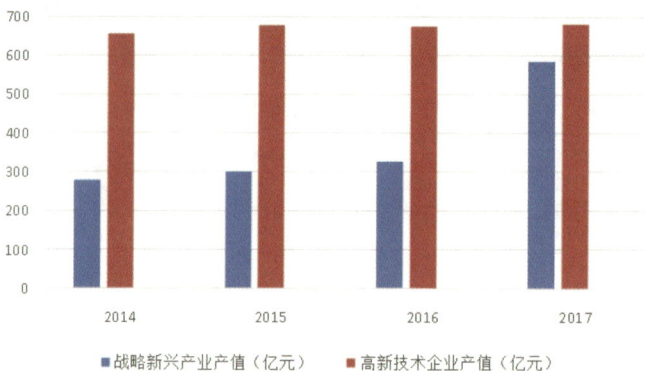

图 2-6 2014—2017 年战略新兴产业和高新技术企业产值对比

资料来源：《鄞州年鉴》

自 2014 年首次将五大战略性新兴产业列入重点扶持对象后，给予了新兴产业更大的发展空间和坚实后盾。2014 年五大战略性新兴产业完成产值 279.51 亿元。高新技术行业产值 1 004.5 亿元，高新技术企业产值 656.6 亿元。并在各大工业园区大力发展科技。如宁波望春工业园区实施"科技兴园"战略，园区实现科技投入 1.32 亿元，获各类科技经费补助 2 642.57 万元。完成市创新型初创企业备案 28 家，高新技术产品确认 47 个。加强中国南车产业基地建设，基地产业涉及超级电容、城轨整车、现代有轨电车、超级电容无轨电车、轨道交通电气设备、新能源电机、电机超导材料、城市管网施工装备与环保工程装备、总包平台等，超级电容为核心的现代储能装备产业成为基地发展主线。

2015 年继续将五大战略性新兴产业作为产业扶持重点，其中战略性新兴产业中重点突出新装备、新材料两个产业。五大战略性新兴产业产值 298.65 亿元、高新技术行业产值 1 083.22 亿元、高新技术企业实现产值 677.88 亿元。其中鄞州工业园区将宁波时代全芯科技有限公司相变存储器项目、北斗卫星导航产业化生产基地、宁波明州生物质发电有限公司一期、东睦新材料集团股份有限公司汽车关键零部件项目、宁波汇华电子有限公司年产 2 亿只通信继电器项目、宁波日和新材料有限公司年产 500 吨磷酸锂铁和年产 11 000 万平方米高档新型纸质弹性材料项目 6 个项目列入区级重点工程。同年 4 月，中国南车超级电容储能式现代电车全球发布暨宁波首用签约仪式在宁波南车产业基地举行，主题为"创新驱动、绿色未来"。

2015 年 6 月，新一代存储技术（中国）论坛在鄞州举行。论坛由 IBM、北京大学、米兰理工大学等国际产业界、学术界、技术研究领域的 8 位专家，围绕新一代存储技术的先进性、稳定性、可发展性进行阐述和探讨，介绍集成电路设计技术、集成电路工艺制程以及集成电路产业发展趋势。11 月底，宁波望春工业园区望春科技创业中心主体装修基本完成，有各类科技型企业 12 家、电商企业 77 家。

2016 年鄞州区产业扶持重点为新装备、新材料、新能源与节能环保、新一代信息技术、生物医药五大战略性新兴产业。战略性新兴产业中重点突出新装备、新材料 2 个产业。其中，五大战略性新兴产业实现产值 327.27 亿元，增长 10.20%。高新技术行业产值 1 137.07 亿元，高新技术企业实现产值 682.60 亿元。鄞州工业园区研究与试验发展经费占 GDP 比重为 21.03%，高新技术产业增加值占规模以上工业增加值比重为 17.80%。鄞州工业园区博格华纳排放系统（宁波）有限公司年产 1 000 万件汽车发动机关键零部件项目、宁波时代全芯科技有限公司年产 10 万片相变存储器项目、宁波英诺梅乐涂装科技有限公司年产 100 万只高压无气喷涂机项目、宁波宁江粉末冶金有限公司年产 4 000 吨汽车零部件粉末冶金制品项目被列入区级重点工程。望春科技创业中心累计引进企业 120 余家，其中科技型企业 17 家、"精英引领"企业 2 家、电商和商贸企业 77 家、其他企业 26 家。鄞州经济开发区签约项目 8 个，涉及新材料、汽车零部件、新业态等产业。宁波中车新能源科技有限公司的"超级电容器实施方案"被列入工业和信息化部 2016 年中央工业转型升级 中国制造 2025)"工业强基工程项目"，浙江南车电车有限公司的"中车电车新能源客车柔性制造智慧工厂"被列入 2016 年中央工业转型升级（中国制造 2025）"智能制造综合标准化与新模式应用项目"。

从 2014 年以来的发展情况来看，主要集中在产业扶持、工业园区建设者两大板块。一方面，五大战略新兴产业进行大力度建设，近三年的技术投资都在一百亿以上。

三年来，每年都会优先将新兴产业和创新型企业项目作为园区重点建设工程。一方面在工业园区逐步建立起各类型科技中心，大力引进高新技术企业。如2015年宁波望春工业园区望春科技创业中心主体装修基本完成。有各类科技型企业12家，2016年增加至17家。并建立中国中车产业基地，专门发展新能源、新材料、电车装备等。

2016年区划调整以后，基于此前战略性新兴产业和高新技术产业的稳定发展，鄞州区进行了以下新的4项调整和规划。一是将原先的五大战略新兴产业调整为突出发展新材料、高端装备、新一代信息技术三大产业。二是进一步培育光电、医药健康等高成长性产业和工业创新设计、科技研发等生产性服务业，聚焦新型材料、智能终端产品、关键基础件、高端电子、信息软件等细分行业。三是引进先进科技，加大对企业创新扶持力度。打造产学研创新联盟，与高校院所建立紧密的产学研合作关系，促进新兴科技与新兴产业深度融合。四是提升科技创新平台能级，进一步提升中物院宁波军转民科技园、浙江清华长三角研究院宁波分院等高端科创平台能级，加快优质创新资源集聚，以区域产业转型升级需求为导向，打造集科技研发、项目孵化、成果转化为一体的高端创业创新综合体。

从图2-7中2017、2018两年"3+3"产业在规模以上企业产值占比看出，新兴产业和传统产业在工业发展方面的比重逐步增大，其中稳步增加新兴科技在工业的比重表明工业内部的产业结构调整更加合理，工业经济的发展逐步转向质量的发展。同时，也表明新的发展规划自2017年开始实行后，也逐步取得初步效益。当然新规划的成果也体现在其他方面。例如，2017年11月8日，宁波微电子创新产业园启动仪式举行。仪式上举行宁波微电子创新产业园首批落户企业授牌（签约）仪式。首批签约企业12家。该产业园位于鄞州南部新城，由区政府、中芯国际集成电路制造（上海）有限公司和宁波芯空间集成电路有限公司共同发起创建，以中芯国际创新设计服务中心为核心，引进一批集成电路设计、系统设计、软件设计、芯片应用及封装测试等企业。至年底，产业园签约落户企业21家。2017年9月，智能经济与人工智能高峰论坛在鄞州区举行；11月，首届中国集成电路产业资本峰会在宁波南苑环球酒店举行，峰会通过主题演讲和研讨交流的方式，探讨集成电路产业在全球化过程中面临的机遇和挑战，资本与产业紧密结合带来的产业并购、整合大潮、新形势和新机会，探索集成电路产业合作共赢。闪闪集团逐步与清华大学、浙江大学、中南大学、厦门大学等高校机构进行合作，率先进入全球新能源企业500强榜单。浙江一舟电子科技股份有限公司与西安电子科技大学、宁波大学、浙江大学宁波理工学院等高

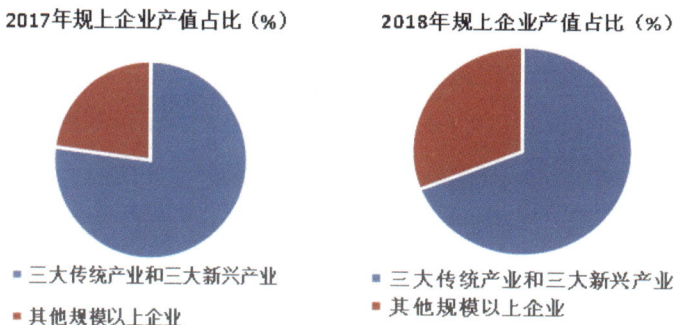

2017年规上企业产值占比（%）
- 三大传统产业和三大新兴产业
- 其他规模以上企业

2018年规上企业产值占比（%）
- 三大传统产业和三大新兴产业
- 其他规模以上企业

图 2-7 2017 和 2018 年鄞州规模以上企业产值占比对比

资料来源：《鄞州年鉴》

校建立产学研合作关系。公司被评为国家知识产权优势企业、中国线缆行业百强企业。2018 年 1 月 26 日，鄞州区创建为省级集成电路产业基地。2 月 14 日，宁波市政府办公厅发文公布 2017 年度宁波市推进"中国制造 2025"试点示范城市建设工作先进单位名单。全市共有 15 个单位获综合考评先进，其中鄞州区作为 6 个先进县（市、区）政府之一，获先进单位三等奖。鄞州区自 2017 年起坚持以助力宁波市推进"中国制造 2025"试点示范城市建设为核心，推动工业经济从"总量主导"向"质量优先"转变，先后创建成为省两化深度融合国家示范区域、省首批省级军民融合创新示范区和省级集成电路产业基地。8 月 30 日，宁波市清算下达 2018 年度第二批小微企业创业创新基地城市专项资金，共 17 831.78 万元，鄞州区有 274 家企业获得市级小微企业创业创新基地城市示范专项资金，包括小微企业创业创新空间载体建设补助、小微企业公共服务平台建设补助、小微企业科技成果吸纳转化补助等，金额计 2 747.38 万元。

二、农业发展

自 2016 年 9 月，《国务院关于同意浙江省调整宁波市部分行政区划的批复》正式印发，标志着鄞州发展步入新阶段。鄞州区将在产业结构升级、发展质量提升、空间结构优化、城市功能增强、核心竞争力提高等方面发生"质变"，经济社会各领域将呈现"强强"联合之势，形成"1＋1＞2"的影响力和辐射力。为新鄞州区农业转方式、调结构、拓展发展空间奠定了坚实的基础，也提供了强有力的支撑。鄞州有丰富的农田、水系、林地和人文资源，但此前缺乏相关规划，乡村特色有待挖掘，乡村产业有待整合，乡村布局有待优化，整体环境也有待提升。随着区划变革的开展，将进一步整合调配农业资源，将鄞州建设成为历史底蕴深厚、人文特色鼎盛、生态环境优美、产业特色鲜明的浙江省美丽乡村示范区。

从整个第一产业历年来的产值可以看出（见图 2-8），2016 年鄞州区划调整对鄞州区的农业还带来了比较大的变化。2016 年区划调整后，鄞州区农业占地面积大幅度减少，2018 年相较于 2015 年鄞州区农作物播种总面积减少了将近一半，其中畜牧业所占比重逐年降低。农业资源环境约束日益趋紧，农业经营规模偏小，效率不高、农业抵御自然灾害能力较弱，农业生产组织化、规模化程度不高，农业优势产业和特色品牌仍是短板，农业科技创新能力不足，农业的品质与效益提升不快等，农业市场风险依然突出，农业支持政策空间有限，给农业持续稳定发展带来了很大挑战，但总体上 2016 年以后三年农业产值处于稳定增长状态。

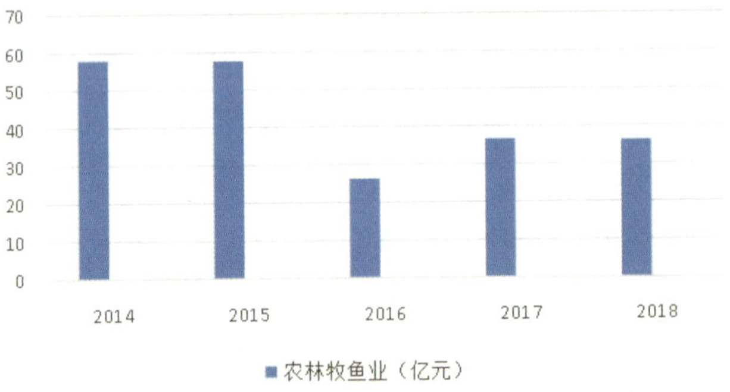

图 2-8 鄞州区 2014—2018 年农林牧鱼业产值统计

资料来源：《鄞州年鉴》

以 2017 年为分界点，此前的农业发展主要还是以传统 + 转型为基础，新的农业发展模式基本还处于尝试的初级阶段。例如 2015 年，鄞州区开展蔺草外销加工企业转型升级。至年底，全区 93 家外销加工企业根据自身情况，67 家企业选择关闭、转型或搬迁，26 家企业自愿选择整改提升。位于鄞州区的骉马新能源科技有限公司首次生产环保节能型锂电池无刷电动园林机械产品。2015 年，鄞州区召开秸秆禁烧与综合利用工作推进会，推进秸秆禁烧与综合利用试点县建设。以及相应的农村经营方式改革，鄞州区推进农村股份合作制改革；鄞州区按照城乡一体化改革发展决策部署，推进各项配套改革。2016 年 6 月，鄞州区 27 家蔺草外销加工企业完成转型升级工作。全区 93 家蔺草外销加工企业根据自身情况，自愿选择关闭、搬迁或转型升级，其中关闭或搬迁 66 家。2016 年，鄞州区探索农资销售实名制工作，在 140 余家农资经营单位中筛选 27 家作为第一批试点单位。2016 年，鄞州区建立立体式复合型现代农业经营体系，启动农民合作经济组织体系改革。还相继开展低收入农户产业开发、创业就业、异地搬迁、金融服务、社会救助"五大"帮扶行动。以"一户一策一帮扶"活动为载体，建立健全扶贫帮困机制。

自 2016 年 10 月区划调整后新鄞州区依托持续增强的综合经济实力以及互联网＋发展机遇，加之区划调整的现实情况着力进行农业转型，改变传统的农业模式大力发展现代农业。围绕提高农产品有效供给、提升农业综合竞争力这个主题，优化现代农业结构，健全现代农业经营体系，强化社会化服务，加快发展"互联网＋农业"，打造都市现代农业示范区。

（1）优化农业产业结构。以粮食生产、生态循环、现代农业园为重点，进行产业基地规范改造，加快打造三大特色区域，即都市生态农业区、林特休闲产业区、滨海休闲水产区。进一步提升农业园区化水平，加强农牧结合生产功能区、全要素蔬果生产功能区建设。促进农业装备现代化，进一步完善农机购置和作业补贴政策，拓展农机社会化服务领域，推动农机装备总量稳步增长，重点发展水稻、蔬菜、畜牧等主导产业全程机械化生产。

（2）创新农业发展模式。持续推进农村一二三产融合发展，大力发展农产品加工业、农家乐休闲旅游业和农村电商产业，提升农工贸旅一体化发展水平。大力发展智慧农业，推广和应用智能生产、智能加工设备，建设一批智慧农业应用平台，推动农业全链条、全产业、全过程智能化。鼓励农业多业态高效发展，加快培育休闲观光农业、创意农业、体验农业等新型业态，打造一批田园综合体和农旅结合精品线路。延伸农业发展产业链，鼓励相关企业进军农业装备业、农业生物技术产业和农业高技术服务业。

（3）构建新型农业经营体系。一是积极培育与现代农业发展相适应的农业经营主体。通过对内培育、向外引进的方法，不断推动家庭承包农户经营向家庭农场经营方向提升，不断培育各类现代农业经营主体。着力构建"家庭农场—农民合作社—农业龙头企业"宝塔型组织体系构架。二是推动土地流转发展适度规模经营。以"稳定总量、盘活存量、提高质量"为目标，积极引导和鼓励采取委托流转、股份合作等方式，推进整村整组整畈连片集中长期流转，推动土地向专业大户、经营能手、新型农业经营主体集中。三是强化绿色农产品经营。建立产地质量证明和质量安全追溯制度，推进产地准出和市场准入，健全区、镇、村和企业四级农产品质量安全检测网络，不断强化农产品检测力度，让老百姓吃得放心。

（4）强社会化服务体系。一是加快"互联网＋农业"发展。以农村电子商务示范建设为契机，充分利用第三方电商网络平台，加快建设农产品电子商务交易大平台，打造"互联网＋"生态农业、休闲农业、农产品配送等网络营销体系，构建线下农产品储运、配送体系，努力建设以批发市场、商贸中心、物流调度中心和商品集散地为依托的农业电子商务服务系统，形成城乡社区生鲜农产品供应网络。二是加强农业公共服务平台建设。建立农业科技资源共享平台，健全人才资源数据库、农业技术资料库，推进现代农业综合服务中心建设。大力发展集农产品收购、加工储藏、物流配送、展示展销、电子商务"五位一体"的新型农产品物流业态。

自2016年农业转型发展以来，新鄞州区现代农业发展取得新成效。尤其是各级现代农业园区以及农业机械化方面取得良好绩效（见图2-9）。自2016年区划调整以后，在划走大量面积的基础上，现代农业产业园区的数量依旧有60家，且园区功能逐步多元化，面积也在逐步增大。2017年现代农业园区建设总规模3 266.67公顷，涵盖现代种源、高效水产、有机蔬菜、生态畜牧等产业。全区19家市级及以上龙头企业实现产值约49亿元，增长18%。2018年全区有各级现代农业园区60家。其中，省级现代农业综合区1家，市级主导产业示范区5家，市级、区级和镇级现代农业精品园分别为16家、9家和29家。农业机械化的程度相对较高，农业生产效率逐步提高。2017年全区农机总动力18.36万千瓦。新增各类农机具229台套，耕种收综合机械化水平88.90%，其中机耕率、机收率均在99%以上。实现机插面积7 500公顷，其中早稻机插2 206.67公顷、中晚稻5 293.33公顷，机插率63%。粮食烘干装机容量1 831吨。粮食烘干7.69万吨，其中小麦0.18万吨、稻1.58万吨、

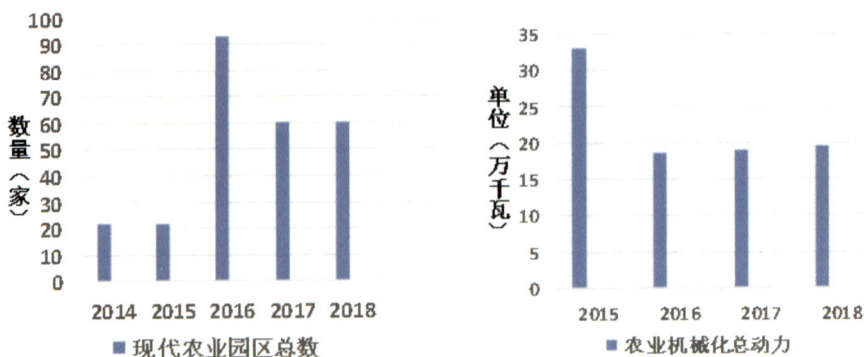

图2-9 鄞州区现代农业园区以及农业机械化方面的绩效

资料来源：《鄞州年鉴》

中晚稻 5.93 万吨，烘干率 82.40%。2019 年全区农机总动力 18.51 万千瓦。新增各类农机具 237 台（套），耕种收综合机械化水平达 90.85%，其中机耕率、机收率均在 99% 以上。粮食烘干装机容量 1972 吨，基本满足全区早稻粮食烘干的需求。

在农业创新发展和构建农业新型经营体系方面也取得突出成绩。如 2017 年，鄞州区开展美丽生态牧场建设，选取符合创建条件的牧场 4 家（横溪八十湾生猪养殖场、瞻岐鹰山牛场、红竹生态畜禽养殖场、健朗畜禽专业合作社），列入美丽生态牧场建设计划。

2017 年，鄞州区获"全国第二批率先基本实现主要农作物生产全程机械化示范县（市、区）"称号。2017 年，鄞州区规范农村产权流转交易行为，出台《鄞州区农村产权流转交易市场管理办法（试行）》，成立鄞州区农村产权交易中心。推进"三位一体"（农民专业合作、供销合作、信用合作）新型农村合作体系改革，3000 万元的农民合作基金到位，资产经营公司暂由宁波华盛实业总公司（区供销社全资企业）代行，区农民合作经济组织联合会（简称"区农合联"）及区现代农业服务中心启动设计工作，出台《关于加快推进镇级农合联现代农业服务中心建设的实施意见》，与宁波市甬丰农业生产资料股份有限公司合资合作筹建宁波市鄞州区鄞丰农资有限公司，并由宁波市甬丰农资股份有限公司委托经营。2017 年，鄞州区推进美丽乡村合格村和示范村建设。加快 2016 年启动创建的市级美丽乡村风景线（"乐行太白"风景线）、示范镇（东吴镇）和示范村（东吴镇的勤勇村、小白村、童一村）建设，确定 2017 年美丽乡村合格村创建 21 个，并通过市级验收。2018 年 1 月 18 日，区农林局召开组建鄞州区茶叶合作社筹备会。该合作社将全区茶企业整合，实行"统一品牌、统一营销、统一质量标准、统一经营管理"，由区茶叶规模企业主、茶业销售企业主等自愿组成联盟，在平等互利、技术交流、资源共享、合作共赢的原则下，促进产品质量符合国家标准，适应市场准入和竞争需要。2018 年 12 月 29 日，鄞州区获评浙江省农业农村厅公布的 2018 年农业"机器换人"示范单位，是宁波市唯一上榜的县（市、区）。全区农业机械化发展较快，农机化水平提升。52 个村（社）通过改革完善方案，占应深化完善村总数 98.11%。开发"易农贷""乐农贷""支农宝"等无抵押信用贷款，全区银行业金融机构完成涉农贷款 988 亿元，新增贷款 60.82 亿元，农信机构普惠金融签约率 102.76%。实现全区镇级农合联现代农业服务中心全覆盖。完成产业农合联 2 家、新型庄稼医院 5 家、9 个镇级现代农业服务中心和农合联组织的规范化建设任务。

结合区划调整之后的农业发展来看，农业两区建设不断推进，全区粮食播种面积 21.8 万亩，完成了 10.2 万亩粮食生产功能区标准化提升任务。建成省级现代农业综合区 1 个、市级主导产业示范区 5 个、各级现代农业精品园 54 个。现代农业经营主体持续发展，拥有市级以上农业龙头企业 19 家；农民专业合作社 81 家；家庭农场 103 家。农业服务体系不断完善，一批先进适用技术和优质品种大面积推广应用，水稻全程机械化加快推进，现代农业提质增效，获全国粮食生产先进县等称号。

第二节

区划变革前后的旅游业与服务业

在经济的快速发展前提下，鄞州区紧抓新一轮国家科技革命和产业变革的机遇期，对第三产业结构进行了巨大的调整，并使其在近几年的发展中一跃成为三大产业的主力军。其中现代服务业和旅游业的发展在第三产业逐步占据主导地位。鄞州区现代服务坚持先进制造业、现代服务业双轮驱动，推动产业层次从中低端向中高端拓展，全面振兴实体经济，着力构建以智造经济为引领、服务经济为支撑、现代农业为基础的产业新体系。旅游业经过几十年的快速发展，也正在进入提高管理服务水平、提升旅游品质的大众旅游新阶段。

一、旅游业

旅游是新时代人民美好生活和精神文化需求的重要内容，是人民群众获得感和幸福感的重要体现，也是展现宁波鄞州良好形象的重要窗口。鄞州区划调整后给鄞州旅游业的发展也带来了重大变化。原本 23 家旅游景区（点）缩减至 16 家。但由图 2-10 可见，鄞州区景点虽有所减少，但旅游业总收入也是逐年增加且保持良好的增长状态。正是因鄞州区抓住此次机会进一步开发了东钱湖、四明金融小镇、特色乡村民宿等多元创新的旅游新景点，拓展了旅游业发展空间。且在 2018 年后，根据市委市政府关于旅游业提质增量的要求和《中共宁波市委宁波市人民政府关于推进全域旅游促进旅游业改革发展的若干意见》，全面启动《鄞州区全域旅游发展总体规划》，进一步开展新的旅游投资和项目建设，从而保证鄞州区旅游业始终欣欣向荣。

图 2-10　2014—2018 年鄞州区旅游经济发展情况

资料来源：《鄞州年鉴》

从 2014 年至 2016 年鄞州区总体情况来看，有旅游景区（点）23 家，其中国家 ＡＡＡＡ 级旅游景区 4 家（五龙潭、梁祝文化园、天宫庄园、宁波博物馆）、国家 ＡＡＡ 级旅游景区 2 家（浅水湾乡村欢乐世界、横溪风景旅游区）。旅游经济强镇 4 个（龙观、高桥、横溪、章水），省级旅游特色村 11 家（下应湾底村、姜山走马塘村、姜山黎山后村、横溪梅山村、塘溪童夏家村、塘溪上周村、章水李家坑村、咸祥南头村、龙观龙峰村、横街大雷村、龙观龙谷村）。旅行社四十多家，其中五星级旅行社 2 家（宁波中旅集团、中国国旅（宁波）旅行社）、四星级旅行社 4 家（宁波海外旅行社、宁波蓝天旅行社、宁波雄狮旅行社、宁波国际旅行社有限公司）、三星级旅行社 1 家（宁波海仑旅行社）。旅游发展的主导板块有两个，第一板块是开发建设，第二板块是节庆活动。

首先，在开发建设方面，2015 年鄞州区投资旅游项目 22 个，完成项目投资 22.32 亿元。其中，罗蒙环球乐园、环球银泰城开业；二期梁祝天地开业；华侨城欢乐海岸一期建设推进，四明山谷一期山内主环路完成施工，黑森林小镇开工建设；组建它山堰文化旅游发展有限公司，鄞江古镇开发建设全面启动；鄞州公园二期湿地公园水系与驳岸基本完成；中坡山半山伴水度假区建设推进；"龙观禅那"精品民宿项目进行施工；飞越时空大剧院裙楼结顶，主楼 6 楼建成；鄞江攀岩公园建成，李家坑古村入口广场项目建设启动。完成全区交通道路指引标志项目政府采购；增建（改建）旅游厕所 10 座，录入国家厕所管理系统；基本完成四明山观景平台项目方案；区财政配比市财政资金对四明山区域乡村旅游项目进行资金投入 562 万元。

2016 年，宁波东钱湖旅游度假区开发建设。华茂希尔顿酒店、钱湖宾馆、心宿福泉开业，君澜田园酒店、庙弄精品酒店结顶，官驿河头民宿主体完工，中东欧十六国论坛酒店项目推进，凤凰山居、首旅寒舍开工，湖景酒店摘牌。上水小隐国际房车营地开业，上水特色休闲街区开工；游艇俱乐部主体完工；韩岭老街、水街进行施工，花间堂完成装修，美术馆完成设计。上水区块以"东钱湖乐活小镇"为概念，完成规划编制，并入围市级特色小镇培育名单。下水湿地公园（一期）和单车主题公园项目建成。宁波东钱湖旅游度假区通过浙江省旅游度假区年度考核，创建为浙江省运动休闲旅游示范基地，被评为浙江省第二届最受欢迎运动休闲地。四明山村旧村拆迁协议签订工作启动，签订拆迁协议 488 户，涉及拆迁建筑面积 63 652.74 平方米。四明山村安置小区主体工程完工，实施电力、通信、自来水、广电、天然气等工作，完成投资 2 亿元。《宁波市鄞州区旅游发展总体规划》通过区政府评审。《宁波市鄞州区旅游发展总体规划》由区文广新局（旅游局、体育局）编制，规划范围为鄞州区行政管辖区域，包括鄞州区下辖的 7 个街道、17 个镇、1 个乡，总面积 1346 平方千米。规划期限为 2015—2030 年，其中近期 2015—2020 年、中期 2021—2025年、远期 2026—2030 年。定位为把鄞州建设成为生态环境优美、旅游氛围浓郁的华东地区一流的都市休闲与生态度假旅游目的地，构建"一心、两翼、五板块"发展格局。其中，"一心"即以中央生态休闲中心为核心；"两翼"即东部沿海旅游发展翼、西部沿山旅游发展翼；"五板块"即都市休闲板块、梁祝文化体验板块、东南佛国养生板块、人文乡野休闲板块、山水生态度假板块。3 月 29 日，鄞州梁祝爱情小镇项目启动。该项目邀请专业公司规划、创建，距宁波城区核心区 7 千米，区域规划总面积 3.07 平方千米，规划范围东至学院路、庙洪路，南至后塘河，西至规划路，北至姚江、环城北路。计划投资 58 亿元，建设梁祝爱情公园、时尚婚庆服务区、爱情公寓区、浪漫生活体验区、爱情时尚产业区、婚庆智造园、时尚梦想区、浪漫花谷区 8 大片区，成为全镇域爱情时尚小镇、国内一站式爱情全产业链示范基地和长三角知名的东方爱情旅游目的地。至年底，以梁祝公园、中国梁祝博物馆和梁祝画院为核心的文化旅游基地一期建成，对外营业；以薇拉宫邸、喜宫一站式婚庆会馆、婉纱仙妮婚纱集合店为核心的婚庆婚宴服务基地开业；浪漫花谷区开放；以梁祝大摄汇为主的婚纱摄影与微电影拍摄基地基本形成规模；以梁祝精品主题酒店、慈铭体检和国际青年旅舍为主要载体的休闲度假基地开工建设；小镇客厅选址完毕，进行装修。

在节庆活动方面，2015 年，鄞州区开展以"任性游"为主题的美丽鄞州系列活动，分春、夏、秋、冬 4 个篇章，推出华侨城"亚洲论坛"、罗蒙环球乐园开业季、童星小模特大赛甄选"美丽鄞州"系列活动形象代言人等活动。组织辖区内旅游企业开展惠民活动，接待惠民游客 8 万余人次。注重新媒体营销，以"狂欢摇动游鄞州·红包门票任你抢"为主题，开展为期 4 个月的第三届"玩转鄞州网络狂欢节"活动。中央电视台《美丽中国乡村行——走进宁波》开机仪式在下应街道湾底村鄞州区非物质文化遗产馆举行，时任市委常委、区委书记的陈奕君和中央电视台编委、CCTV-7 农业频道总编辑赵泽琨共同为《美丽中国乡村行——走进宁波》电视片开机。

2016 年，鄞州区连续 11 年举办欢乐游系列活动，推出欢乐健康体验、山海美景休闲、民俗文化熏陶、田园乡村采摘 4 个板块，全年欢乐城乡游活动吸引游客 120 万人次，旅游总收入 1500 余万元。组织辖区内旅游企业开展惠民活动。整合鄞州旅游资源，形成 6 个系列折页，展现 6 个主题；在汽车南站和轨道交通 2 号线的宁波火车站、客运中心站、鼓楼站、栎社国际机场站等重点站点投入 100 万元租赁广告位，分系列、分主题推广鄞州旅游形象；开发鄞州 App 旅游平台，利用"鄞州旅游"官方微博、微信开展营销活动。

从这两年旅游业的发展模式来看，2016 年以前的旅游开发建设并没有太多的创新和拓展，多以传统的节庆活动来吸引游客，在宣传方面也并没有充分利用互联网来广泛传递信息。当然，在 2016 年对东钱湖度假区的开发是一次新的拓展，在开发建设方面，除传统的风景欣赏和酒店住宿外，增添了许多民宿和水上娱乐设施等多元化的形式，充分利用了东钱湖的自然资源。更值得一提的是，2016 年启动的特色民宿发展办法更是给鄞州区旅游业的发展注入了新鲜空气，盘活了大量山乡资源，将度假区从城郊延伸至乡村，带动城与村整体旅游线路发展。

自 2016 年以来，鄞州区景点鄞州区有旅游景区（点）十余家，其中ＡＡＡＡ级旅游风景区 4 家（天宫庄园、海洋世界、宁波（鄞州）博物馆、科学探索中心），ＡＡＡ级旅游风景区 4 家（横溪风景旅游区、浅水湾农庄、鄞州四明金融小镇、庆安会馆）；旅游经济强镇 1 个（横溪镇），省级旅游特色村 7 家（下应街道湾底村、姜山镇走马塘村、姜山镇黎山后村、横溪镇梅山村、塘溪镇童夏家村、咸祥镇南头渔村、塘溪镇上周村);旅行社（分社）百余家，其中，五星级旅行社 3 家（中国国旅（宁波）国际旅行社有限公司、宁波中国旅行社集团有限公司、宁波中青旅旅游有限公司）、四星级旅行社 7 家（宁波光大国际旅游有限公司、宁波新世纪国际旅游有限公司、宁波江南国际旅行社、宁波海外旅游有限公司、宁波国际旅行社有限公司、浙江阳程国际旅行社有限公司、宁波万达国际旅行社有限公司），三星级旅行社 4 家（宁波远大国际旅行社有限公司、宁波市扬名国际旅行社有限公司、宁波凌通商旅有限公司、宁波卓越国际旅行社有限公司）。

区划调整后，鄞州旅游景点有所缩减，但从旅行社的数量来看却是大大增加了。这也反映了近几年旅游事业处于高速发展时期。不仅仅是鄞州区，从全国第三产业的发展来看，旅游业始终占据了很大的比重，旅游业进入高潮阶段。在这样的时代氛围中，旅游业的发展也会面临诸多问题与新的挑战。在新时期鄞州区只有不断提升旅游业的质量和水平才能在这股浪潮中脱颖而出。当然，就区划调整后的这几年来看，鄞州区的旅游业也在逐步提升水平，打造品牌景区，全域旅游，更加注重利用互联网的宣传和大数据的带动作用以及对旅游纠纷问题的处理和协调，呈现出更加规范、严谨的模式，使得鄞州区旅游业朝着更加多元健康的道路发展。

自2017年以后，鄞州区旅游业根据宁波市全域旅游发展的新规划，在发展方向较此前有了很大的变动。开发建设方面，更加注重三大产业的融合发展，度假村与海洋产业、农业、工业相结合，举办各具特色的节庆活动。例如，2017年10月15日，2017宁波海洋世界海洋文化节开幕式在宁波海洋世界举行。文化节由鄞州区文广新局（风景旅游管理局、体育局）主办，宁波海洋世界和市海洋与水产学会承办，以"弘扬海洋文化，共建和谐家园"为主题，受众约30000人次。2017年5月13日，2017都市农业"仙耕养生文化旅游节"在易中禾仙草园启动。旅游节由市旅游局、市农业局、区文广新局（风景旅游管理局、体育局）主办，易中禾仙草园（见图2-11）、宁波易品影视文化传媒股份有限公司、宁波东钱湖旅游度假区易中禾健康养生休闲中心承办，以"回归自然、认识传统、快乐养生"为主题。其间，游客可在园内观石斛仙草，种植铁皮石斛，通过"锦囊妙礼"等互动游戏接触中药材，全程了解仙草文化及养生知识；

图 2-11　易中禾仙草园

在"仙耕七坊"自己动手制作养生食品和铁皮石斛香皂，在"长寿府"品尝有机药膳；垂钓，喂石斛鸡，体验亲子游戏，听中医讲座，参观国内书画名家作品展等。

2017年12月29日，横溪镇被评为浙江省休闲农业与乡村旅游示范镇，横溪镇处鄞州、象山、奉化三地要冲，全镇有古镇、古村、景区、古道、水库、古寺等旅游资源，开发"民宿、民食、民游"乡村旅游项目，试运营精品民宿1家、在建4家；扶持樱桃、杨梅、葡萄等精品水果基地，新增市级徒步休闲基地3家、区级以上古道5条，成立古道协会，募捐古道维护资金160余万元；举办"中国好风光"摄影比赛、樱桃节、杨梅节、茶文化节、古道文化节等节庆活动19场；全镇有各类民间文体团队56个，境内传承有国家级非物质文化遗产朱金漆木雕工艺，朱金漆木雕工艺的万工轿和民间文艺东海长龙曾获中国民间文艺"山花奖"金奖，全域获评国家ＡＡＡ级旅游景区。

2018年9月16日，由鄞州区政府主办，区农林局、区农办、区文广新局（风景旅游管理局、体育局）、区妇联、区农合联、下应街道办事处承办，区旅游协会、鄞州日报乡恋创意工作室协办的"丰收鄞州·情满大地"中国农民丰收节暨2018鄞州区美丽乡村庆典活动在下应街道天宫庄园举行。时任区委副书记、区长陈国军，市农业局局长李强，市旅游发展委员会副主任周明力等参加活动。开幕式上，主办方推出"美丽乡村·食在鄞州"鄞州区美丽乡村厨娘技能邀请赛，并举办鄞州和延边特色农产品展以及鄞州茶文化展；鄞州区对区农业生产先进工作者、区农业科技先进工作者、区十佳创业致富女能手等进行表彰。活动共计6000余人参加开幕式。自2018年起，中国将每年农历秋分设立为"中国农民丰收节"（见图2-12），这是第一个在国家层面专门为农民设立的节日。

图 2-12　农民丰收节

　　同时，也注重对东钱湖度假区的纵深开发，致力于产业的精细化发展，打造东钱湖会奖旅游基地（图2-13）。加快建设对接国际标准的会议中心，依托东钱湖高端国际品牌酒店和"车行、骑行、步行、舟行"湖泊休闲资源，承办重要的国际性、专业性和商务性会议。启动"会议大使"聘任计划和"会奖旅游策划师"项目，到2020年，产生一批包括宁波籍院士在内的会议大使和300名"会奖旅游策划师"，逐步培育形成东钱湖会奖旅游基地。2017年后，东钱湖地区总体规划实施评估与优化提升、东钱湖打造宁波城市客厅路径研究、东钱湖小城镇综合整治规划及建设、利民和殷湾历史文化名村保护规划完成，东钱湖区域餐饮行业发展专项规划出台并实施，新城核心区城市设计工作启动。新城文化精品酒店开工，庙弄精品酒店、君澜田园酒店、柏庭养老项目结顶，游艇俱乐部启动室内装修；下水湿地公园、官驿河头民宿、国际帆船港湾一期建成开放；环湖北路、紫金北路、莫古路、自行车道南岸线段提升工程等项目竣工；鄞县大道（镇岚路—环湖北路）、田螺山市政配套道路、庙弄精品酒店配套道路、十里四香配套道路等项目基本完工；白石北路、仙坪东路、环湖西路等项目推进；韩岭改造项目完成老街前段房屋修缮90%、景观河道30%工程量，历史建筑和水街房屋修缮工程全面启动，累计投入1.26亿元。实施东钱湖美丽乡村和乡村全域旅游建设"十三五"行动计划，开展特色旅游村星级创建，累计投入1600万元。象坎村被评为浙江省示范文明村；城杨村获宁波市"最洁美乡村"提名奖，并被初评为省级AAA级村庄景区示范村。投入1000余万元，开展绿化美化和风景林建设，面积近120公顷。湖滨公园及陶公岛等重点区块夜景提升一期工程、"三线三门户"生态整治提升一期工程、环湖公路生态洼地截污治理工程完工，区垃

图2-13 东钱湖景观

垃转运站、AAA 级旅游厕所投入使用。在小普陀及茶亭等沿湖山体完成 100 公顷林相改造，种植枫香、浙江楠、红豆杉、赤皮青冈等彩色树种。实施森林抚育面积 200 公顷。举办第九届中国湖泊休闲节、2017 中国铁人三项联赛东钱湖站赛事、国际篮联大师预选赛、亚太皮艇球俱乐部锦标赛以及全民帆船体验赛、东钱湖健步大会、国际青年体验营、"钱湖家宴"魅力展等赛事活动，其中铁人三项赛被列入浙江省重点体育品牌名录库。东钱湖被国家旅游局、国家体育总局列为国家级体育旅游示范基地创建单位。

近几年，鄞州区更加注重在景区引进高效互联网络体系，并加强对旅游纠纷、安全等问题的管理，提升人性化公共服务水平。例如，实施旅游厕所建设管理新三年行动计划。按照"数量充足、分布合理，管理有效、服务到位，环保卫生、如厕文明"的目标，扎实推进旅游景区、旅游线路沿线、交通集散点、乡村旅游点、旅游餐馆、旅游娱乐场所、旅游街区等区域厕所改造提升，鼓励使用和推广厕所环保技术，建立健全科学有效的管养机制。自 2018 年起，印发《鄞州区旅游厕所专项资金管理办法》，明确旅游厕所业主单位补助标准。确定全区 A 级、AA 级旅游厕所平面布局图和立面图基本样式，为镇村提供参考。完成新建改建旅游厕所 20 座。2017 年，开展市场秩序整治"春季行动""暑期整顿"和黄金周旅游市场检查等行动，重点整治"不合理低价"游、强迫或变相强迫购物、自费活动、虚假旅游广告、不规范签订旅游合同。全年出动检查人员 135 人次，检查旅行社 50 余家次、星级酒店 10 家次、景区 6 处次，检查各类旅游合同和旅游广告约 200 份，开展行政约谈 3 起，行政处罚 1 起。开展旅游投诉案件受理处理工作，受理旅游投诉 107 件，为游客理赔 40 余万元。12 月 13 日，区法院与区文广新局（风景旅游管理局、体育局）联合发布《关于推进司法服务旅游消费，联动维护旅游者权益的实施意见》，在区法院建立旅游纠纷诉调对接工作室，在区文广新局（风景旅游管理局、体育局）成立区旅游纠纷巡回法庭审判点。2018 年，开展大小长假安全专项检查，重点检查旅游企业消防安全、特种设备安全、食品安全等情况。与所有旅游企业签订安全责任书，组织参加各类演练和培训。开展旅游安全宣传月。落实导游、领队业务工作和文明督导"一岗双责"制度，开展《旅行社管理与服务规范》达标工作和海外领事保护创建工作。开展节能宣传月工作，专项督查重点用能单位。组织辖区旅游企业到长三角各重点客源市场进行专场推介。

再者，完善"i 宁波"全域旅游服务体系，建设大数据全域旅游平台。加强旅游设施、产品、服务、监管等数据的采集力度，充分共享旅游、交通、气象、环境、公安等公共数据资源，完善旅游大数据平台的信息管理和发布功能，实现监测、预警、安全保障和信息服务全流程管理。整合形象展示、信息咨询、交通集散、旅游预订、便民服务等功能，打造多层次的网络化、集约化、智慧化的全域旅游服务中心体系。2017年，设计制作《鄞游记——鄞州旅游指南》等鄞州旅游宣传品2万份。通过鄞州旅游官方微博、微信等平台，开展旅游资讯介绍、有奖知识问答、宣传口号征集等营销活动，发放价值10万元免费门票、餐券、旅游纪念品等。2018年4月，鄞州区智慧旅游示范工程建设项目启动；5月18日举行项目开工启动会，项目分为天宫庄园部分和横溪部分，整体经费312万元，其中建设费293.77万元；9月14日，通过初步验收；12月14日，通过竣工验收。天宫庄园智慧景区应用示范建设主要包括智慧旅游公共服务系统、旅游营销平台、智慧旅游流量控制平台、广播系统、鄞州区旅游监控中心大屏显控系统、网络改造提升及云服务等内容。通过改造天宫庄园景区现有电子票务系统、网站及营销平台、广播系统等，实现基于互联网的营销和推广，逐步形成以商务、网络营销平台、旅游服务平台和手机等便携式智能移动终端应用为核心，以信息主动推送为特色的旅游信息服务体系。横溪镇游客体验中心智慧展厅应用示范建设主要包括展厅多媒体技术应用、远程监控中心建设和展厅装修工程等建设内容。整个项目基于横溪镇游客服务中心的建筑整体空间场地，采用多媒体、高清投影、智慧人机互动、VR/AR应用体验等数字科技化手段，以游客的需求及景区智慧运营为目标，以展示内容为主导，进行创新多媒体体验展示。

二、服务业

国民经济的快速发展，民众生活水平的日益提高进一步促进全国第三产业的快速崛起。在近些年鄞州区产业结构调整中，第三产业占比逐渐超过第一、二产业占据主导位置，成为国民经济发展的中流砥柱。如图2-14所示，鄞州区近几年的服务业在生产总值中占比逐年上涨，自2017年起在三大产业中占比过半并仍在攀升，且在2018年度增加值更是突破千亿元大关。服务业的繁荣是国家经济快速发展和扶持政策的共同成果，也是世界经济发展的必然趋势。当然，服务业的迅猛发展也使得业内的发展产生了很大的变化。

2016年是鄞州服务业发展的转折年，在此之后的服务业不仅发展势头迅猛取得大好收益，现代服务业较之传统服务业在结构上有了许多的变动。在2016年以前，服务业主要还是以传统的商贸流通、供销合作、粮油供销、烟草专卖、盐业经营、医

图 2-14 2014—2018 年鄞州区第三产业占比及年度增加值综合图

资料来源：《鄞州年鉴》

药购销、石碶市场区、宁波南部商务区（宁波广告产业园区）、现代物流为主导。由于区划调整，石碶市场区被划出去，传统盐业经营、医药供销也相继取消。根据经济发展趋势从 2016 年开始，加大对电子商务、服务贸易的支持力度。根据《宁波市鄞州区国民经济和社会发展第十三个五年规划纲要（修编）》（2016—2020），在服务业方面，发展重点在以下两个方面：一是做大做强优势服务业。主要方向在：①强化金融中心地位；②深化航运服务集聚区建设；③谋划建设现代商贸发展示范区，重点发展商圈经济和新零售；④加大特色电子商务园区建设力度。二是提速发展新兴服务业。包括大力发展信息服务业和壮大文化创意产业。在发展优势服务业方面，首先重点强化金融中心地位。近几年也在逐步健全多元化金融生态体系，发展安全边际高、产业融合强的金融产业。进一步加快宁波国家保险创新产业园核心区建设，着力构建国际金融服务中心、四明金融小镇、保险科技产业园等产业发展平台，推动企业在多层次资本市场挂牌上市，上市公司通过兼并重组做强做大。

例如，2016 年，鄞州区出台《鄞州区政策性小微企业财产保险项目实施方案》，全区 1205 户企业参保，符合条件企业参保率超过 80%，企业只需自行担负 10% 或 20% 的保费。区政府出台《鄞州区推行食品安全责任商业保险指导意见》，计划用三年时间安排不超过 150 万的保费补贴，引导推进食品生产经营单位开展食品安全责任保险。全区累计上市公司 15 家，首发上市 12 家，控股收购 3 家。2016 年，第三届中国宁波私募投资基金峰会和全球共享金融 100 人论坛峰会在鄞州举行。四明金融小镇增加各类金融类企业近 200 家，注册资本 300 余亿元，小镇企业总数 530 家，注册资本总额 500 亿元，宁波海外，金融创投创业创新大赛暨鄞州四明金融小镇推介会在美国新泽西州举行，四明金融小镇"5+5"高峰论坛在宁波南苑环球酒店举行。

2017年，鄞州区有金融机构262家，市县金融业增加值161.70亿元，比上年增加2.80%，金融业增加值占GDP比重为10.70%。全区有银行机构106家，其中总行四家，包括宁波银行、鄞州银行、通商银行、东海银行。分行21家，一级支行67家，营业部14家；银行业本外币存款余额6014亿元，本外币贷款余额6661亿元，不良率0.9%。与国家开发银行、农业发展银行、进出口银行合作融资支持余额265.50亿元。两家科技支行为101家科技型中小微型企业发放贷款3.24亿元。全区有保险机构72家，其中，中财险38家法人机构，寿险17家分公司，12家中介机构，17家法人机构，实现保费收入66亿元，增长15%。全区有营业部及以上证券机构56家，证券交易总额15 922.65亿元，期货公司代理交易总额25 462.93亿元。2017年鄞州区促进多家公司上市，全区上市公司总数达到19家，其中，境内上市14家，境外上市5家。在全国中小企业股份转让系统挂牌7家，在宁波股权交易中心挂牌企业83家，全区累计直接融资规模234.54亿元，其中三家上市公司首发上市融资11.70亿元。

2017年，鄞州区也进一步开展了宁波国家保险创新产业园核心区的建设。在载体建设方面，确定以东部新城金融中心、鄞州四明金融小镇、保险科技产业园为三大保险产业聚集体，其中重点建设保险科技产业园区，政府安排位于下应街道两幢建筑面积五万余平方米，投资五亿元的启程大厦作为保险科技产业集聚地区。并创新管理体制和招商办法，对园区实行封闭运作、全额激励的园区财政扶持。并且本年宁波国际金融服务中心聚集银行、保险、证券公司等具有法人性质的各类金融机构总部和地区总部以及资信评估信用担保律师事务所和会计师事务所等金融配套服务机构43家，办公人数约4000人。鄞州四明金融小镇在本年重点打造私募基金财富管理、量化投资等新型金融业态，产融结合、人才聚集的特色金融小镇，小镇规划占地面积3.2平方千米，分特色金融示范区、生态公园景观区、创业孵化动力区、金融商务核心区、经营人才生活、财富管理总部六大区块，聚集类金融企业1135家，注册资本1500余亿元，引进培育"千人计划"等各类高端金融人才团队，聚集金融人才3000余人。

在2018年金融机构和银行机构等各方面均较前一年有所增加，金融机构共277家，银行机构11家，实现金融增加值199.70亿元，金融增加值占GDP比重为12.33%。区政府出资两亿元，成立政府性担保公司，为小微企业融资服务。根据区政府与国家开发银行签订的战略合作协议，对全区基础设施建设、"军民融合""中国制造2025"企业和项目融资支持439亿元，引导区内银行保险公司扩大开展"金贝壳"小额贷款保证, 保险业务融资余额 7.42 亿元。2018 年全市上市公司总数达 19 家, 境内 14 家, 境外 5 家, 14 家 A 股上市公司上半年实现营业收入 384.02 亿元, 实现净利润 74.30 亿元。2018 年, 鄞州区印发鄞州区人民政府关于实施凤凰行动鄞州计划, 加快推进企业参与, 利用多层次资本市场的意见, 重点为引导区内企业通过资本市场实现资源优化配置和制度创新, 发挥资本市场对区域经济转型升级的促进作用。该计划到 2020 年全区境内外上市公司达到 26 家, 新三板及宁波股权交易中心累计挂牌企业达到 350 家, 通过资本市场累计直接融资达到 8800 亿元, 全年直接融资占社会融资规模比例在 40% 以上, 60% 以上的上市公司开展并购重组, 平均并购重组金额在 50 亿元以上, 主要并购标的为高端技术人才、品牌和营销渠道等。鼓励企业实施规范化股份制改造, 对各类企业进行奖金资助。在鄞州经济开发区推动设立占地 66.67 公顷左右的企业上市, 重点培育多层次资本市场, 资本市场工作领导小组和上市专家服务团为企业提供各类服务。此外, 还开展了第二届全国保险财务创新论坛以及中外保险科技战略合作论坛。

2019 年, 对各类金融行业加大了扶持力度, 根据《2019 年鄞州区商贸流通业发展扶持专项资金使用管理办法》出台鄞州区商贸流通业发展扶持政策、电子商务扶持政策、商务楼宇扶持奖励政策。根据 2019 年度鄞州区金融及类金融机构小额贷款风险补偿专项资金分配方案, 发放金融及类金融机构小额贷款风险补偿专项资金 70 万元。开展一系列会展活动, 主要有: ①境外传统市场展: 德国柏林亚洲服装服饰展、德国科隆五金工具展、美国拉斯维加斯服装博览会 (magic)、法国巴黎国际服装采购展、美国拉斯维加斯消费品礼品展 (春 / 秋等); ②境外新兴市场展会: 土耳其 (伊斯坦布尔) 国际汽车零配件及售后服务展览会、中国 (波兰) 贸易博览会、中国品牌产品中东欧展览会 (布达佩斯) 等 21 场次; ③境内展会: 中国 (宁波) 外贸库存商品展销会、AMR 北京国际汽车维修检测诊断设备、零部件及美容养护展览会、中国国际建筑博览会 (上海 / 广州) 等。从以上几年的发展可以看出金融服务业一直在不断扩展新领域, 加快了金融总部集聚, 加大了区域性、功能性金融机构总部引进力度, 逐步培育了一批具有国际竞争力的综合性金融龙头企业; 并且推动各类创新型、专业型、特色型保险法人机构、国内外再保险法人机构鄞州区落户, 引进和培育了融资 (金融) 租赁、商业保理等新型金融组织。

在深化航运服务集聚区建设上, 依托宁波国际航运服务中心, 进一步壮大航运服务产业集群, 打造宁波港航资源配置服务中心。航运物流也是近几年逐步壮大的产业，从 2016 的情况来看处于起步阶段，这一年鄞州区有各类型物流企业 300 余家。其中，5 辆以上普通货运企业 130 家，普通货运车辆 12 949 辆；集装箱运输企业 10 家，集装箱运输车辆 103 辆；危险品运输企业 12 家，危险品运输车辆 163 辆。全区交通运输、邮政及仓储业企业实现增加值 22.13 亿元，比上年增长 6.80%；42 家规模以上企业各项税金实缴 1.21 亿元，增长 39.60%。全区有电商物流企业 80 余家，顺丰速运、邮政速递、DHL、TNT 等国内外知名物流企业在鄞州设立区域总部。投资 1 200 万元的栎社机场货运冷链库及配套设施工程项目完工，投资 1.20 亿元的必利盛水陆中转物流配送中心项目和投资 2.10 亿元的顺丰宁波快件转运中心项目开工建设。并且，区发改局联合区财政局梳理物流企业政策措施，通过贷款贴息、项目补贴等方式扶持物流企业发展。鼓励物流企业采用先进设备、技术提高效率，降低物流成本；鼓励第二、第三产业联动，降低企业物流成本；搭建传统工业企业与现代物流企业的交流沟通平台，鼓励专业物流企业承担工业企业仓储、物流活动，降低工业企业仓储、物流成本。全年下拨针对物流企业专项奖励资金 3 395 万元。

但到 2017 年后发展非常迅速。2017 年鄞州区有注册航运物流企业高达 1 600 余家，涵盖国际国内海运、空运、货运代理和报关报检代理等传统领域的各个细分产业，包括航运金融、航运保险、航运咨询、供应链管理等高端、新兴的航运服务功能。其中，纳入规模以上服务业统计调查范围的航运服务产业企业有 165 家。以宁波环球航运广场、宁波国际航运服务中心为核心，融合东南物流大厦、汇银国际等新兴、优质航运楼宇的现代航运物流集聚区初具规模，集聚度在 90% 以上。马士基、地中海、达飞航运等世界 20 强航运巨头和挪威船级社、中国船级社等 3 家世界十大船级社落户，集聚宁波舟山港集团有限公司、利丰供应链管理（中国）有限公司宁波分公司等优质企业。宁波航运交易所的海上丝路宁波出口集装箱运价指数（NCFI）在波罗的海交易所发布。2018 年，鄞州区成立"鄞州港航物流招商突击小分队"，推进航运物流业的招商引资工作。全年新引进航运物流及相关企业 142 家，规模以上航运物流企业总数达 195 家，新增航运业营业收入 15.20 亿元，航运集聚区的集聚度达到 90%，波兰船级社、"港口圈"港航创新创业平台项目、纽约航交所远期订舱合作项目、北麓海事服务公司项目、宁波墨客区块链公司、小米供应链金融区域总部、赛保航运保险科技区域总部等大项目落户鄞州。

从近三年的航运情况来看，鄞州航运物流充分发挥宁波舟山港集团等龙头企业的带动作用，吸引了国内外知名航运公司区域总部等核心机构入驻，并且积极培育发展航运经纪、船舶管理等高端航运服务业。进一步依托宁波航运交易所平台，丰富完善宁波"海上丝绸之路指数"体系，力求打造全球市场认可的标准和产品。

商圈和零售一直是服务业的传统行业，是与人民息息相关的行业。根据时代发展潮流，也在逐步谋划建设现代商贸发展示范区，重点发展商圈经济和新零售。2016 年，万达广场建设智慧生活 O2O 开放式电商平台——飞凡网，印象城导入智慧商圈系统，环球银泰城广场在全市首个应用逛街神器"喵街"App。举办购物节、美食节、店庆等活动，杉井奥特莱斯广场获评宁波市特色夜市街区，"青春公益·人才夜市"获评宁波市月光经济重点活动，舟宿夜江街区"多彩舟江·品牌长丰"品牌活动、万达广场"流光溢彩·月光万达"系列活动、钱湖天地"海上丝路城市音乐节"获评宁波市夜市街区品牌活动。开设连锁便利店、连锁超市 3 家，建成金桥水岸、丽江苑和东方丽都等邻里中心 5 个。2016 年 7 月 22 日至 8 月 7 日，宁波购物节鄞州区活动举行。购物节期间（见图 2-15），鄞州各大商圈人流量普遍提升 15% ~ 20%，销售增长 12% 以上，其中万达广场、杉井奥特莱斯广场、印象城等增长均超过 15%。

图 2-15　2016 年购物节现场

2017 年，鄞州区实现社会消费品零售总额 837.30 亿元，比上年增长 13.20%，规模列全市第一位；批发零售业商品销售额 4408.10 亿元。全省批发零售转型试点工作聚焦商贸企业、老字号企业和特色社会服务企业三大领域，安排专项资金予以支持，推进新江厦"社区商业中心"、鹰龙休闲度假酒店等 9 个首批试点项目。修订商贸综合体"一企一策"，海港城（见图 2-16）和东部新城银泰城开业，宏泰广场试营业；鄞州万达广场阿拉宁波餐饮街开业，集聚 24 家餐饮品牌，全年实现销售额 26.20 亿元；世纪东方广场开展民谣文化季广场活动，日均客流量 8 万余人次，7 家主力店营业额 1500 万元；环球银泰城单月客流量 140 万人，全年实现销售额 7.70 亿元。举办 2017 宁波购物节鄞州区活动，鄞州美食节升格为宁波美食节。全区餐饮业营业额 87.90 亿元,列全市第一位。鄞州第八届汽车博览会以"城市车展"为主题,在环球银泰城和东部银泰城举办。推动"平安商场"创建,针对营业面积在 5 000 平方米以上的商场(超市),重点围绕诚信经营、食品安全、治安稳定等内容开展创建,累计创建"平安商场"12 家、标准化达标商场 10 家。落实特殊行业监管,制订《鄞州区非法加油站集中专项整治行动方案》,排查全区注册登记的 70 家加油站点,聘请第三方服务机构排查商贸领域安全生产隐患,排查并整改各类隐患 300 余起。

图 2-16 海港城全貌

2018 年,鄞州区实现社会消费品零售总额 811.10 亿元,规模居全市第一位;批发零售业商品销售额 4 677.20 亿元,规模居全市第二位。推进省批发零售业改造提升试点工程,以宁波爱默隆生鲜连锁有限公司、银泰鄞州店、银泰江东店、新江厦超市、利时百货、世纪百联超市、天伦百货、攸品邻里中心等 11 家公司为试点单位,在商品市场转型、零售模式创新、特色商圈改造、商贸品牌振兴等五大方面开展批发零售业改造提升试点。加强现代商圈建设,增强核心商圈竞争力,成功打造万达(包括万达广场、联盛广场和明州里)、印象城(包括印象城、钱湖天地、巴丽新地)和东部新城(包括东部银泰城、宏泰广场、文化广场)三大商圈,提升舟宿夜江、甬上传说·文化餐饮街、下应北路汽车 4S 大道、惊驾路餐饮一条街、南部商务区水街、东裕里和集盒七大特色街区,为占据新零售优势奠定基础。2018 年 10 月 27 日,为期 4 天的第十一届宁波美食节在宁波文化广场开幕。"宁波美食节"获中国节事与旅游大会评选的"纪念改革开放四十年"中国优秀节事奖,成为全国最具代表性的节庆活动之一。2018 年 8 月 4 日,首批"智慧溯源电子秤"在鄞州区市场中心下属联心菜市场投入使用,商品称重后可直接通过银联 POS 付款,该款电子秤软件原理为菜品放置于秤盘上时,称头上自带摄像头会自动使用闪光灯拍摄图片,拍摄后的图片信息传送至服务器后会自动识别菜品品种，并把信息反馈到称头上以及打印的小票中，消费者就可以根据这个小票，了解菜品所对应的追溯信息。

从上述新三年的商圈经济发展来看，万达综合商圈、中河时尚等商圈的影响力在逐步增大，也在推进东部新城商圈、核心滨水商圈等建设。开始倡导智能化、体验式、休闲式等消费模式。并创新发展特色商业街（区），结合轨交站点布局，通过各色节庆活动打造了一批融餐饮娱乐、购物消费、旅游休闲、文化演艺为一体的特色商业街和夜市街区。拓展商贸发展新模式的同时，也在加大相应的特色电子商务园区建设力度。仅 2016 年建成并挂牌各类电商园 10 个，面积 50 余万平方米，集聚企业 500 余家，跨境出口企业 200 余家。增设农村服务点 40 个、社区智能柜 50 个，累计建成农村服务点 116 个、社区智能柜 130 个。鄞州区有宁波马骑顿儿童用品有限公司等传统服装企业电商，"我要印"、海商网、汇金大通等垂直电商网站和大宗商品交易平台，大道商诚网外贸电商平台，搜布、阳光管家、淘宝特色宁波馆、欧美淘等垂直电商平台，恒达高电商园、麦中林电商园、旷世电商城、富港电商城等电商园。实现网络零售额 226.40 亿元，比上年增长 43.70%；重点监测的 53 家电商企业实现网络交易额 144.30 亿元，增长 24%，其中奥克斯电商网上零售额 48.40 亿元，增长 111.70%。2017 年相继举办了几场大型电商会议。如：3 月 30 日，"汇金大通杯" 2017 电商武林大会；9 月，2017 宁波跨境电商高峰论坛；12 月的第四届中国 B2B 电子商务大会暨宁波首届产业互联网高峰论坛。2018 年，鄞州区实现网络零售额 456 亿元。"电商武林大会"连续举办三届，涵盖杭州、深圳、宁波三地，成为全市电商领域最具影响力的活动之一；中国产业互联网大会连续举办两届，成为国内产业互联网领域规格最高的大会；亚马逊全球开店卖家峰会首次落地。亚马逊宁波跨境产业园正式落户，北京"大朴"家居纺织品交易平台、上海"海智在线"工业品采购平台、汉升区块链物联网设备共享平台等国内产业领先平台先后引进，其中大朴家居平台和汉升区块链物联网设备共享平台成功入选市"泛 3315"电商类项目。电子商务的发展提升了跨境电商发展水平，促进专业市场、传统门店等线上线下融合互动发展，也进一步带动了商圈、商贸的发展。

在提速发展新兴服务业方面，主要包括大力发展信息服务业和壮大文化创意产业这两部分。现代社会的高速发展离不开信息与大数据，因此也催生了信息服务这一行业同时连带着文创广告产业的繁荣。在 2016 年以前，新兴服务业并未纳入服务行业，在区划调整后才逐步侧重发展这一行业。2017 年，鄞州区引进注册资本 300 万元以上文化创意企业 950 家，注册资金总额 146.10 亿元，其中注册资本 500 万元以上企业 854 家。开展特色平台建设，宁波广告产业园区集聚企业 706 家，实现广告经营产值 38.70 亿元，占宁波市整体经营产值的 42.30%，被认定为国家级广告产业园区。和丰创意广场营业收入 12 亿元，成为中国工业设计示范基地、省级重点文化产业园。宁波微电子创新产业园开园，全区 34 家众创平台面积 50 余万平方米，其中众创空间 27 家、孵化器 6 家，集聚高端技术、高端人才和高端产业。全区有市级创新型初创企业 1400 余家，其中在孵和毕业企业 400 余家、"创客" 5000 余人，成为全省唯一一个入选第二批国家双创示范基地的行政区。宁波南部商务区（宁波广告产业园区）有入驻企业 3801 家，实现财政总收入 18.50 亿元（大口径）、5.64 亿元（小口径），限额以上批发零售业销售额 600.11 亿元。引进宁波拿趣文化传播有限公司、宁波川合创意设计有限公司等优质文化创意企业，增加广告创意产业 188 家，入驻园区广告及关联企业累计 706 家，其中明创大楼引进入驻企业 16 家，入驻率 100%。实现广告经营产值 38.70 亿元。广告产业园区组织参加第 21 届香港国际影视展、第二届宁波文博会，指导主办第 57 届法国昂西国际动画电影节中国赛区活动，协办 2017 中国宁波青年大学生创业大赛数字文化创意行业赛、2017 宁波国际城市艺术博览会及第六届世界华人美术教育大会等活动。

截至 2018 年，宁波广告产业园区共有入驻企业 4128 家，从业人员 38000 余人，实现财政总收入 21.30 亿元，其中归属南商 6.97 亿元，完成招商引资实到资金 31.70 亿元。依托国家级广告产业平台，成立宁波鄞州区广告文创协会，新引进宁波荧火虫影视文化传媒有限公司、宁波新生活方式设计院有限公司、浙江艾沃文化传媒有限公司等文创企业 147 家，共有广告及关联企业达 878 家。3 月 29 日，"影视与时代同行，产业与文化融合——鄞州区影视文化产学研基地揭牌暨影视产业发展论坛"在宁波开元名都大酒店举行（见图 2-17）。南部商务区的"佰事通"众创空间为鄞州区唯一一家国家备案的众创空间，"佰事通"众创空间为浙江佰事通商务服务有限公司创办，集创客服务、创业孵化、政策服务、创业沙龙、投资融资等于一体。引进会计师事务所、天使投资机构、律师事务所、人力资源公司等服务机构，累计服务创客超过 5000 人。宁波鄞州影视文化产学研基地落户园区；"衢江区·鄞州区山海协作'飞地'平台项目"签约，"衢江·鄞州上市企业产业协作联盟"成立，衢州衢江飞地平台落户南部商务区大海大厦。

新兴服务业是年轻产业，发展潜力大，近两年在大力地发展大规模集成电路、物

图 2-17　鄞州区影视文化产学研基地成立

联网等软件与信息服务技术以及着力推进的云计算技术创新和大数据应用，为接下来预期在 2020 年建设的一批重点面向工业领域的云服务平台打下基础。并着手培育下一代互联网、移动互联网、物联网等环境下的新兴业态。同时，通过积极引进和举办各类高端展览、会议和论坛，拓展展示交易、跨境贸易等功能，增强了对高端制造、商贸流通、住宿餐饮等产业的带动效应。继续依托宁波文化广场、和丰创意广场、宁波广告产业园，培育壮大了工业设计、广告制作、时尚创意等业态。接下来到 2020 年将逐步推动创意要素集聚，形成产业品牌特色，提升国家级工业设计及研发服务示范区影响力，打造区域性创意中心。发展以内容和创意为核心的文化服务业，加大文化创意、演艺娱乐、数字出版、动漫游戏等供给，培育艺术品市场，发展艺术品拍卖消费业态。

第三节

区划变革前后的房地产业与建筑业

房地产市场与建筑业既是满足群众住房的需要，也是持续改变城镇形象的需要，还是保障政府财政收入的需要。近年来鄞州区的高速发展最先在这两大产业中凸显出来。从持续飙升的房价看出房地产开发当前房地产热度有增无减，但在近几年政府通过严格商品房预售许可制度、住房销售价格备案制度等多重调控手段，房地产市场也始终保持平稳发展。建筑业在 2016 年后也开始了建筑市场的转型升级。通过积极建立政策导向机制，助力完善装配式建筑政策和技术支撑体系，推广装配式建筑示范试点来不断转变发展方式，推进产业转型升级。

一、房地产业

房地产业一直在我国经济发展事业中扮演重要角色，对于经济发展有举足轻重的影响。房地产市场热也随之带来了相应的问题，房价高涨给民众带来巨大的生活压力，全国民众都在观望房价的涨跌。近年来国家对房地产市场进行管控也使得这一行业逐步规范和平稳。鄞州区政府积极响应国家号召，认真贯彻执行宁波市政府相关政策，通过制定相关政策制度、严格调控、科学管理、加强监管等方式确保了该区房地产市场的稳定发展、物业的精细化管理以及房屋安全管理。对于安置房住宅建设以及租赁住宅加强监管，确保居民的住房保障问题得以落实。

从 2015—2018 年的房地产行业总投资看出（见图 2-18），行政区划调整后鄞州区对全区经济社会发展进行了系统谋划。在此新形势下，为打造宁波都市核心区首善之区——长三角创新经济基地、国家生态文化示范区、国际品质宜居城区，根据《鄞州区近期建设实施规划（2017—2020）》对城乡土地进行了新的整合规划，逐步开展新一轮开发建设，拓展了区域发展面积。就右图来看，鄞州区房价持续走高，2018年后平均房价在 2 万元 / 平方米以上，在整个宁波市鄞州区房价保持最高。商品房年度成交面积保持在 200 万平方米以上。总体上，通过房地产业的发展情况可以清晰地反映鄞州在区划调整后有了新一阶段的发展，经济发展一片向好。

图 2-18　2015—2019 鄞州区房产年度投资对比、房价及商品房成交面积综合图

资料来源：《鄞州年鉴》

房地产业近几年的重点落在房地产开发以及棚户区和老旧危房改造、住房保障这两方面。从2014—2015年房地产开发、棚户区和老旧危房改造情况来看，2014年鄞州区房地产开发完成投资250.38亿元，比上年增加27.7%，商品房交易量227.4万平方米，其中，住宅交易177.4万平方米。新开盘商品住房项目以价换量特征明显，价格明显下调，年底住宅成交均价1942元每平方米。相关部门严把企业资质关，加强项目现场的检查力度，规范预售许可资格资料，根据施工进度填写房地产开发项目预售、实地踏勘表，为预售许可证的发放提供依据，取消层高限制和企业担保的硬性要求，降低准入门槛，促使区内房地产业企业向更优更强方向发展。开展房屋安全常态化网格化监管工作和城镇住房安全信息建档工作，全区建立23个大网格，447个中网格，1247个小网格，配备房屋安全监管员1719人，审核录入房屋信息6500条。及时掌握全区住宅房屋使用安全状况及信息，推进危房解危工作。全区有近12.5万平方米危房。2014年全年危房解危70处，建筑面积59164平方米，受理房屋安全鉴定申请90项，实际勘测面积21.2万平方米，出具鉴定报告41份，鉴定面积20.78万平方米。全区有23个老旧住宅，对小区开展整治，整治总面积151万平方米。其中12个小区基本完成整治工作，完成整治面积131万平方米，区政府区财政累计投入整治资金1.33亿元。

2015年，鄞州区房地产完成投资267.3亿元；商品房开工面积191.5万平方米，下降54%；全区发放预售许可证224万平方米。鄞州区商品房交易量264.5万平方米，增长16.3%，供按照鄞州区2015年住宅平均去化量1530套/月计，库存住宅可供销售1年左右。2015年解危危房46处，建筑面积74241.61平方米，仍有在册危房70490.39平方米。鄞州区开工城市棚户区改造安置房（含货币安置）8841套，占市考核任务6000套的147.35%；计划启动危旧房改造面积7万平方米，启动危旧房改造10.64万平方米。争取保障性安居工程各项补助资金，获各项补助资金15117万元，其中棚户区改造补助资金9617万元、保障性住房工程补助资金5500万元。13个老旧住宅小区基本完成整治，整治面积36万平方米。并在本年鄞州区与保险公司合作，探索危旧房立体监管方式，由保险公司对全区2000年底前竣工的城镇老旧住宅楼进行商业保险，并通过保险公司委托专业机构对老旧房屋实施房屋安全动态监测、应急加固维修、房屋安全动态监测系统软件开发和维护等，建立健全老旧住宅安全社会保障机制。

根据管理需要，鄞州区整合区房地产管理处和区房屋安全鉴定办公室，设立区房管中心，全称为宁波市鄞州区房屋管理中心。主要职责：承担全区房产交易、抵押合同备案、租赁管理、房屋使用安全管理、房屋安全鉴定、部分直管公房管理、房产数字信息管理、房产中介管理、白蚁防治、房地产评估资质审核管理等工作。区房管中心为区住建局下属公益二类事业单位，经费形式自收自支，机构规格相当于行政副处级，内设办公室、交易管理科、信息档案科、中介监察科、房屋安全管理科、白蚁防治站6个职能科室，下设9个房屋管理所。

在2016年后，房地产开发、棚户区和老旧危房改造依旧在进行，但房地产业开发占投资的主要部分。2016年，鄞州区房地产开发完成投资313.30亿元；商品房施工面积874.30万平方米；商品房新开工面积350.60万平方米，增长83.10%。领取预售许可证项目57个，领取商品房面积209.66万平方米。商品房销售342.10万平方米。其中，住宅304.90万平方米25 249套；住宅均价每平方米14 953元。住宅月均去化25.20万平方米。批准23家公司为房地产开发暂定三级资质企业，办理房地产企业资质年检81家审核绿化方案49个，绿化备案68起。2016年，鄞州区创新性提出电梯安全综合保险制度，引入"保险＋服务"机制，在电梯日常维保过程中，保险公司要求维保单位通过PICC自主研发的"电梯卫士"手机App系统与后台运行监督系统，按照国家相关标准完成维保工作，运用信息化管理系统提供维保质量监督和管理服务。8月31日，电梯安全综合保险签约仪式暨"PICC电梯卫士"系统上线发布会召开，都市森林小区一期、二期业主委员会委托雅戈尔物业与宁波仁捷电梯设备工程有限公司、中国人民财产保险股份有限公司宁波市分公司共同签订电梯维修保养合同，由雅戈尔物业作为被保险人与中国人民财产保险股份有限公司宁波市分公司签订电梯安全综合保险保单。按照"政府推动，市场运作；试点先行，分步推进；立足当前，突出实效"的总体目标与基本原则，首批9家维保单位、10家物业单位和15个住宅小区677部住宅电梯纳入试点工作，区财政对参加试点的电梯保险费及维保费用每部给予550元补贴。

2016年，鄞州区开工城市棚户区改造安置房（含货币安置）10 893套。其中，货币安置745户，货币安置住宅面积8.30万平方米；新开工安置房项目10个，住宅面积96.68万平方米，住宅套数10 148套；25个续建项目中9个竣工，建成住宅面积61.90万平方米，住宅套数6 218套。首南街道棚改一期项目等15个棚户区改造项目获国家开发银行棚改贷款，授信贷款指标178.50亿元，涉及改造户数2.27万户，建设安置房面积361万平方米，其中住宅面积255万平方米2.75万套，总投资241

亿元，累计放贷资金 81.52 亿元；下应街道和长丰开发建设指挥部 2 个棚改项目获专项建设基金 1.50 亿元。与邮政储蓄银行等金融机构对接，争取其他金融机构对区棚改资金支持，集士港镇棚户区改造二期项目获邮政储蓄银行棚改贷款，授信贷款指标 7 亿元。全年获棚户区改造各项补助资金 17331 万。在棚户区改造过程中鄞州区启动危旧房改造 22.85 万平方米，改造下应街道、邱隘镇、集士港镇、鄞江镇等零星危旧房 2.63 万平方米。增加危房 15 处 40 幢，建筑面积 41383.20 平方米。其中，C 级危房 7 处，建筑面积 9779.87 平方米；D 级危房 8 处，建筑面积 31603.33 平方米。解危危房 33 处 51 幢，建筑面积 17895.70 平方米。解危方式为拆除或改建；20 处 36 幢危房面积 7004.15 平方米，解危方式为停止使用或处理使用。2016 年 2 月起，区住建局与中国人民保险集团股份有限公司宁波分公司签订"保险 + 服务"合同，对 2000 年底前竣工的城镇老旧住宅楼进行商业保险，并通过保险公司委托专业机构（即第三方监测单位）对老旧房屋实施房屋安全动态监测、应急加固维修、房屋安全动态监测系统软件开发和维护等。3 月 1 日起，通过借助第三方监测单位的技术，对 2000 年底前竣工的城镇住宅楼（按宁波市建委标准，经排查确认的 1 ~ 4 级房屋和历年鉴定为 C 级局部危房、D 级整体危房的多层住宅）开展动态监测，5 月起对三级房屋进行一季一次巡查。

2017 年，鄞州区房地产开发投资完成 463.76 亿元，比上年增长 9.89%；商品房销售面积 344.30 万平方米，税收约 39 亿元。住宅全年平均价格每平方米 23200 元，交易量 256.56 万平方米 19665 套。商品房新开工面积 406.50 万平方米，增长 15.90%。预售许可商品房 45951 套，面积 318.17 万平方米；合同网签备案 44375 套，面积 311.11 万平方米，总金额 669.34 亿元。实行房屋交易、税收、不动产登记三部门联合窗口并联办理，完成存量房交易 23840 套，面积 259 万平方米。批准 14 家公司为房地产开发暂定三级资质企业，办理房地产企业资质年检 85 家。审核绿化设计方案 44 个，绿化面积备案 38 起。2017 年 2 月 19 日、6 月 28 日，区住建局分两批与中国人民保险集团股份有限公司宁波分公司签订"保险 + 服务"新合同，投保房屋 3192 幢 772.12 万平方米，合同总价 1013.98 万元。至 12 月，全区列入信息动态建档的城镇住宅楼共有 8043 幢，建筑面积 2978.89 万平方米，实现日常巡检 28643 幢次，入户检查 4287 户；可用城镇房屋维修加固保险费用 40 万元，维修加固百丈南路 14 号等项目 3 个，完成 2 个，理赔加固维修费用 2 万元。2017 年 9 月，鄞州区首批住宅小区 14 个，共计住宅电梯 611 部被纳入既有建筑电梯加装试点。按电梯保险费及维保费用每部 550 元的补助标准发放财政资金 33.60 万元。11 月 9 日，经业主申请、部门联合审查等前期筹备，孔雀小区贺丞路 188 弄 14 号楼道电梯加装工程开工，成为全市首例多层住宅加装电梯的小区。12 月，鄞州区率先在全省制定发布《住宅违规装修结构修复通用图》。对住宅违规装修后的结构修复进行规范指导，涵盖砖混结构、框架结构、剪力墙结构等住宅类型。具体操作中，结合实际情况参考图集，免去违规业主委托设计环节，直接委托有资质的施工单位按图实施结构修复，提高房屋修复安全性和精准性。至 12 月底，试点 3 个小区、5 户业主，平均每户缩短时间 7 天，按照精装修标准每户节省资金约 5 000 元。

2017 年，鄞州区列入棚改计划的棚户区改造项目有 23 个，其中 8 个为 2017 年新增项目，涉及改造户数 3.30 万户，改造住宅面积约 330 万平方米（其中危旧房改造面积约 91 万平方米），涉及新建安置房项目 22 个，计划新建安置房住宅面积约 245 万平方米 2.58 万套，总投资估算约 392 亿元。至年底，改造住宅面积 208 万平方米 1.87 万户，安置房项目开工建设 18 个 198 万平方米 2.04 万套，其中竣工项目 8 个，建成安置房住宅面积 74 万平方米 0.75 万套；全区获批国家开发银行和中国银行棚改政策性贷款棚户区改造项目 22 个，总授信贷款指标 300.46 亿元，累计放贷资金 179.55 亿元。鄞州区城市棚户区改造货币化安置户数及新开工城市棚户区改造安置住房套数 3 907 户（套），全部货币化安置。续建项目 13 个，续建住宅面积 166 万平方米，续建住宅套数 1.71 万套。鄞州区计划启动危旧房改造面积 30 万平方米，计划完成危旧房改造面积 12.50 万平方米。年内启动项目 13 个，涉及被征收总户数 4 713 户，住宅建筑面积 30 万平方米，签约 4 159 户。至 12 月底，百丈街道雷公巷地块、潜龙社区（二期）、百丈东路 104 号地块 AB 项目、东胜街道曙光片区、白鹤街道王隘一二村区块、姜山镇唐家新村、菜场新村和五乡镇核心区块 3 号地块等新改造项目启动改造；徐戎区块、工人一期区块等续改造项目实施扫尾"清零"工作，全年完成危旧房改造面积 17.72 万平方米。

2018 年，鄞州区房地产开发完成投资 346.95 亿元，商品房施工面积 1 255 万平方米，新开工面积 128.50 万平方米。商品房交易量为 278 万平方米，其中住宅交易量 196.48 万平方米 14 168 套，可销售商品房房源 205.49 万平方米（住宅 53.79 万平方米 3 646 套，商业、办公 120.10 万平方米）。发放预售许可证 56 个，共计预售面积 196.90 万平方米，其中预售住宅面积 150.10 万平方米。新批 15 家房地产开发暂定三级资质企业。办理房地产企业资质年检 130 家，注销 9 家。纳入鄞州区管理共 182 家房地产企业。绿化设计方案指导 25 个，绿化竣工项目资料备案 48 个。计划完成城中村改造面积 5 万平方米。至年底，完成城中村改造面积 6.35 万平方米。其中，首南街道三里村完成拆迁签约，完成城中村改造面积 5.25 万平方米；姜山镇唐家新村、菜场新村完成拆迁签约工作，完成城中村改造面积 0.43 万平方米；五乡镇核心区块 3 号地块已完成拆迁签约工作。

2018 年，鄞州区计划棚户区改造新开工安置房及货币化安置 2 000 套（户），其中计划新开工棚户区改造安置房 2 个，新建住宅面积 10.20 万平方米，其余为货币化安置户数。续建安置房项目 10 个，续建住宅面积 124 万平方米。自启动以来，改造住宅面积 245 万平方米 2.30 万户，18 个安置房项目开工建设，建设安置房住宅面积 198 万平方米 2.03 万套，其中 8 个安置房项目竣工。22 个棚户区改造项目获批国家开发银行、中国银行棚改贷款授信指标 290.79 亿元，累计放贷资金 202.30 亿元。全年完成新开工安置房及货币化安置 2 144 套（户）。其中，2 个新开工安置房项目为五乡镇泰和五期新开工住宅面积 7 万平方米 705 套，云龙镇云龙村新村建设二期新开工住宅面积 3.20 万平方米 350 套。完成货币化安置 1 089 户，百丈街道潜龙二期区块、东胜街道曙光区块和白鹤街道王隘区块完成拆迁改造续签工作，完成货币化安置 842 户；首南街道石家村、三里村完成可安置面积货币回购，完成货币化安置 480 户；姜山镇唐家新村、菜场新村完成拆迁签约工作，完成货币化安置 29 户；五乡镇核心区块 3 号地块完成拆迁签约工作，完成货币化安置 3 户，七塔禅寺周边区块启动征收工作。计划完成危旧房改造面积 9 万平方米。至年底，完成危旧房改造面积 9.52 万平方米，其中百丈街道潜龙二期区块、东胜街道曙光区块和白鹤街道王隘区块完成拆迁改造续签工作，完成危旧房改造面积 4.41 万平方米；姜山镇唐家新村、菜场新村完成拆迁签约工作，完成危旧房改造面积 4.65 万平方米；五乡镇核心区块 3 号地块已完成拆迁签约工作，完成危旧房改造面积 0.46 万平方米。

为打造鄞州区新形象，为跻身全国一级强区，房地产开发和棚户区的改造工作始终是 2016 年以来的工作重点。这项工作也预计在 2020 年基本完工，实现鄞州区的现代化。但良好的房地产市场不光有开发改造，还需要保障好居民的合法权益。在区划调整后鄞州区政府加大了对住房保障的管理力度。2016 年，鄞州区公共租赁住房二期项目馨悦家园举行 3 次摇号配租，入住家庭 1 095 户。区住房保障管理中心对鄞州区公共租赁住房一期项目和悦家园入住合同到期家庭开展续租申请审核工作，取消 74 户不符合保障条件家庭的保障资格。其中，因住房面积超标不符合保障资格的家庭有 34 户，因财产、收入超标的家庭有 23 户，因未办理年审复核手续、申请人死亡等其他各种原因被取消的有 17 户。公共租赁住房租金补贴在保家庭 446 户，累计保障家庭 1 005 户，全年发放租金补贴 207 万元。3 月 15 日，中国勘察设计协会公布 2015 年度全国优秀工程勘察设计行业奖评选结果，由宁波市鄞州建筑设计院设计的宁波市鄞州区人才公寓获全国优秀工程勘察设计奖住宅与住宅小区二等奖。区人才公寓位于鄞州高教园区，于 2011 年 5 月 22 日建成，总建筑面积 114 330 平方米，可提供约 1 000 户中小型单身公寓。该项目由政府开发，企业购买。公寓保温系统采用外墙内保温，保温材料选用圣戈班—纸面石膏板，防火、隔热、抗震性能优越；在立面处理上运用面砖、涂料、玻璃幕墙、铝合金百叶、防腐木、天然石材、金属穿孔板、耐候钢板等材料。

2017 年 1 月起，区房管中心开展违规装修排查整治。接到投诉 959 起，投诉热点集中在破坏房屋结构和"群租"装修时扩建、新建卫生间等行为。对举报投诉和信访件，房管中心均安排专人到现场实地查勘，收集数据资料。至年底，完成违规整改 14 起，未整改移交区城建监察大队 40 起，住宅房屋装修备案 4 280 份。区住建局开展公租房常态化申租工作，受理申请家庭 1 274 户，分配公租房 951 套，新增租金补贴 201 户，发放租赁补贴 1 594 万元。及时通过月度、年度审查复核，取消不符合保障条件的 165 个家庭的保障资格；收取公租房租金 1 899 万元，租金收缴率 95%。

2018 年，鄞州区开展公共租赁住房常态化申租工作，受理申请家庭 1 564 户，全年共分配住房 910 套。新增保障公租房租金补贴家庭 158 户，馨悦家园、和悦家园、和顺家园、和泰雅苑、和塘雅苑等区级公租房共配租公租房家庭 5 388 户。在保家庭 1 551 户，取消 508 户不符合保障条件家庭的保障资格（其中 71 户由廉租房补贴转为公租房实物配组）。

二、建筑业

传统建筑市场的运行主要在于加工程质量监督以及安全生产监督。但区划调整后至 2020 年，鄞州处于全面深化改革、加快转型升级的攻坚时期，更是全面建设都市核心区，打造品质新鄞州的关键时期。因此建筑业也需要加快市场转型，目前鄞州区建筑业存在集而不群，缺乏龙头企业等问题。因此需要进一步鼓励企业做大做强，积极实施企业"走出去"扶持政策，加强建筑业企业"走出去"经验交流。充分发挥产业协会作用，为加强沟通交流、引导企业联合整合提供平台；鼓励一级资质企业发挥龙头作用，带动中小企业加快发展。

为进一步跟上鄞州区划变革的步伐，建筑市场也在大力引进新企业，截至2018年建筑企业有270余家，比区划调整前有明显上升（见图2-19）。更重要的是建筑业的总产值在2018年高达844亿元，是区划调整前的两倍。由此也能看出建筑业在区划调整后得到了更好的发展，转型升级也有了坚实的经济基础。建筑市场在2016年后的重点主要落在三方面：一是工程质量监督；二是安全生产监督；三是建筑市场转型升级。

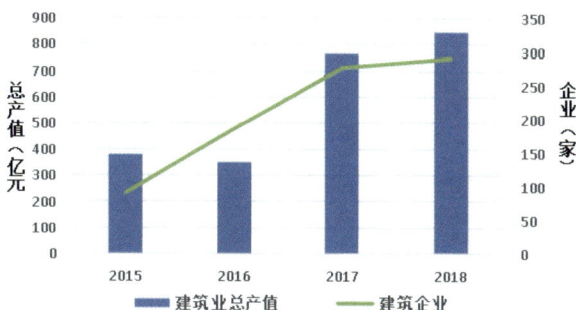

图 2-19　鄞州区建筑业产值及企业综合图

资料来源：《鄞州年鉴》

总体情况来看，2015年，鄞州区有资质以上建筑施工企业91家，实现建筑业总产值378.9亿元，其中省外产值167.9亿元，竣工产值277.4亿元。房屋建筑施工面积3226万平方米。安全生产监管巡查抽查房屋建筑工程项目322个，发出限期整改通知书501份，停工整改通知书117份；市政项目56个，发出整改通知书30份，整改隐患数约4800条，对10家企业提交行政处罚；受理拖欠农民工工资有效投诉222起。建设监察巡查检查项目163次，发出整改通知书97份；房地产综合验收项目27个，查处房地产、建筑业等各类违规行为72起；受理各类投诉案件114起，投诉类型主要集中在家庭违规装饰装修方面。备案区招标文件302个，实行建设工程招投标项目294个，中标造价75.92亿元，其中财政性投资项目254个，中标造价46.16亿元。建设项目合同备案421个，面积478.16万平方米，造价112.66亿元。从建设项目合同备案情况分析：备案件减少81起；备案金额减少81.97亿元。办理质监登记303项，建筑面积505万平方米；工程竣工备案1200项，竣工面积792万平方米。

2016年，鄞州区有资质以上建筑施工企业185家，实现建筑业总产值350.80亿元，其中省外产值157亿元。竣工产值207.90亿元。房屋建筑施工面积255.90

万平方米。办理安监登记项目 254 个，面积 841.60 万平方米，造价 164.70 亿元。在建房屋建筑和市政工程 259 个，累计施工面积 1200 余万平方米，使用塔吊、人货电梯等大型起重机械设备 1800 余台。办理施工许可项目 259 个，面积 856.90 万平方米，造价 171.50 亿元。处理建筑市场各类违法违规案件 53 起。备案区级招投标文件 275 个、乡镇招标文件备案 77 个；开展招投标活动 249 项，中标价格 65.92 亿元，其中财政性项目 219 项，中标价格 63.63 亿元。办理招标合同备案 259 项，建筑面积 399.80 万平方米，造价 136.72 亿元。增加受监建设项目 272 个，开工面积 814 万平方米，工程造价 179 亿元；竣工备案 1583 项，竣工面积 1010 万平方米，其中住宅 670 万平方米。受理工程质量投诉 143 起。建设监察大队开展日常检查 142 次，稽查巡查各类项目 122 个，接待处理各类群众信访及移交案件 246 件，办结行政处罚案件 78 起，罚款 657.19 万元，其中建筑业违规案件 38 起、房地产业违规案件 40 起（包括装饰装修违规案件 5 起）。

2017 年，鄞州区有资质以上建筑施工企业 278 家，实现建筑业总产值 765.20 亿元，其中省外产值 374.30 亿元；竣工产值 409 亿元，房屋建筑施工面积 4651 万平方米。办理安监登记项目 163 个，面积 474.80 万平方米，造价 119.40 亿元。在建房屋建筑和市政工程 178 项，施工面积 1175 万平方米，使用塔吊、人货电梯等大型起重机械设备 800 余台。办理施工许可项目 165 个，面积 496.30 万平方米，造价 131.40 亿元。增加质量受监建设项目 202 个，建筑面积 526.60 万平方米，工程造价 162 亿元；完成工程竣工备案 850 项，竣工面积 668 万平方米，其中住宅 478.50 万平方米。监察大队开展日常检查 143 次，稽查巡查各类项目 93 个，处理各类群众信访及移交案件 186 件，完成十四届人大、政协议案提案答复 3 件，办结行政处罚案件 70 起，罚款 1030.56 万元，其中建筑业违规案件 26 起、房地产业违规案件 41 起、装饰装修案违规案件 3 起、行政诉讼应诉 1 起。

2018 年，鄞州区建筑业产值 844 亿元，办理安监登记项目 141 个，面积 385 万平方米，造价 124.40 亿元。在建工程 156 个，建筑面积 980 万平方米，塔吊等大型起重机械设备 648 台。办理施工许可项目 153 个，面积 396.30 万平方米，造价 124.20 亿元。通过企业申报，经区建筑业发展领导小组审定，评选出优秀建筑业企业 37 家、优秀建筑业企业家 27 人、"走出去"发展先进企业 32 家。新增有资质建筑业企业 26 家、劳务企业 6 家，其中总承包资质 34 项、专业承包资质 48 项；引进总承包企业 8 家、专业承包企业 4 家，迁出 9 家，专业承包二级升一级 3 家。企业技术中心申报 2 家；审核 30 家企业 163 人申报 2017 年度建筑业人才培育经费补贴资料。完成一级注册建造师初审 104 人，完成二级建造师继续教育培训 406 人，"三类人员"继续教育培训 517 人。

从工程质量监督方面来看，政府严抓严管始终保持对工程质量与安全的高度重视，相继开展各类活动，采取行动大力整治。建立"执行严格、方法科学、手段先进"的工程质量监督运行保障机制，建立规范高效的工程质量巡查、抽查制度，把工程质量检查与各方责任主体质量行为结合起来，把施工前预控、施工中巡查与竣工验收结合起来，通过巡查与层级督查相结合、行为监督与实体监督相结合等手段有效防范质量事故的发生。例如，2016 年 9 月，鄞州区"工程质量治理两年行动"完成。该行动于 2014 年 9 月启动，2014 年 10 月至 2016 年 6 月组织实施。其间，出台文件 32 个，组织培训 25 次，培训人员 1 万余人次，处罚违规项目 59 起。在行业监管中，开展建筑市场监督执法检查次数 65 次，下发监督执法检查整改通知单 150 份，检查项目 210 个，检查建设单位 52 家，工程质量治理整改率 100%。5 月，鄞州区开展建筑施工领域"打非治违"专项行动。成立建筑施工领域"打非治违"专项行动领导小组，下发《2016 年鄞州区建筑施工领域集中开展"打非治违"专项行动实施方案》，重点集中打击和整治建设工程项目不履行基本建设程序、建筑工程施工转包及违法分包、项目部关键岗位人员配备履职不到位、监理企业无资质或超资质范围承揽业务、检测机构出让挂靠资质、工程建设相关责任主体拒不执行整改指令等行为。至 12 月，处理建筑市场各类违法违规案件 19 起。

2017 年 4 月，鄞州区启动"全区建筑施工领域安全生产专项整治"工作。6 月，部署开展建筑施工"安全生产月"各项宣传教育活动，并在宁波仇毕安置房三期开展全区生产安全事故塔吊倒塌应急处置演练暨"安全生产月"活动启动仪式。7—12 月，开展建设系统消防安全隐患排查整治工作。全面检查全区房建项目 175 个、市政基础工程 27 项，发出停工整改通知书 6 份、限期整改通知书 34 份，要求涉及企业尽快按照要求整改到位。5—12 月，鄞州区开展建筑施工领域"打非治违"专项行动。加大对施工现场安全生产隐患排查和违法违规行为查处力度，巡查抽查项目 2000 余人次，下发限期整改告知书 288 份、停工整改告知书 34 份；9 家施工、监理企业因安全生产管理不力被警示约谈，8 家施工企业被实行安全生产重点监管；查处安全生产违法违规案件 3 起。查处无证施工、违法分包、挂靠等建筑市场违法违规案件 35 起。

从安全生产监督方面来看，政府始终保持高度重视，落实好企业安全生产主体责任和政府监管责任，完善业主负责、企业自控、行业自律、政府监督的工程安全保障体系，加强安全责任体系、隐患排查治理体系和安全预防控制体系建设，有效防范遏制较大事故，坚决杜绝重特大事故。并且要进一步完善企业隐患排查自查机制，加强重大危险源管控及重点区域安全风险控制，着力推进"智慧安监"，同时开展以"标化工地""平安工地"创建为抓手的安全标准化建设工程。例如，2015年6—7月，区住建局开展以"加强安全法治、保障安全生产"为主题的第十四个建筑施工安全生产月活动。活动由安全生产事故警示教育周、安全文化周、安全生产应急预案演练周三个环节组成。组织开展为期半年的建筑工程"文明施工"提升专项行动，行动由施工工地环境整治、安全生产文明施工标准化建设、安全生产文明施工"树标杆、学标杆"示范三大提升行动构成，引导各方主体开展各级标化工程创建活动，优化《宁波市建筑工程施工现场信用评价手册》的应用，逐步推广建筑起重机械"黑匣子"的应用。5月，区住建局在全区范围内开展"吊篮施工安全管理"专项整治行动。整治范围包括全区房屋建筑施工现场吊篮的安拆、使用、维护、检修等安全生产情况以及有关吊篮的台账资料情况。

2016年4—11月，鄞州区开展建筑施工安全隐患排查治理工作。成立区住建局建筑施工安全隐患排查治理工作领导小组，排查治理在建房屋建筑和市政工程，包括建设工程法定基本程序履行情况、施工安全法规和标准规范及规章制度的贯彻执行情况、安全生产费用的提取和使用情况、危险性较大分部分项工程安全管理情况、安全教育培训落实情况、应急救援工作开展情况、施工现场安全隐患检查和整改落实情况、施工现场消防安全情况、平安工地建设情况、"G20杭州峰会"和世界互联网大会等重大活动期间安全管理情况、事故报告和处理情况等。

2017年，鄞州区开展工程质量治理三年提升专项行动。对新增建设项目要求五方主体在办理质监登记手续时，提交法人授权书和项目负责人质量终身承诺书，在竣工备案时严格把关。建立质量信息档案，设置永久性责任标牌。至12月底，"二书一牌"覆盖所有在建工程202项。督促各方主体严格遵守基本建设法定程序，打击"三包一靠"（建设工程中的分包、转包、内包、挂靠）等违法行为，签发限期整改通知书395份、停工通知书17份，对违反建设程序等违规项目提请建设行政部门实施处罚29起。全面检查全区房建项目175个、市政基础工程27项，发出停工整改通知书6份、限期整改通知书34份，要求涉及企业尽快按照要求整改到位。

建筑市场转型升级是近几年的重点方向，2016 年 8 月 1 日起，鄞州区辖区范围内新开工的参加质量创优夺杯活动的房屋建筑工程开始实行质量"样板引路"制度。"样板引路"工作内容包括工程概况与特点、执行规范标准、组织机构、需制作实物质量样板的工序和部位（含样板间）、制作实物质量样板的技术要点与具体要求、工程实体样板制作的时间节点及施工组织要求、样板质量验收要求，以及根据工程项目特点所制定的其他相关内容。至年底，全区有 4 家参加质量创优夺杯活动的房屋建筑工程实行质量"样板引路"制度（见图 2-20）。

图 2-20 区质监站观摩"样板引路"制度实施情况

2018 年，区住建局从装配式建筑管理、民用建筑节能审查、建筑业企业发展政策兑现、施工图审查、既有公共建筑节能改造、经济运行监测、建工城建专业职称评审等七方面展开建筑行业管理工作。全年鄞州区装配式建筑项目共 33 个，总面积 213.40 万平方米。其中，民用建筑项目 24 个，面积 118.50 万平方米；工业建筑项目 9 个，面积 15.30 万平方米，合计 133.80 万平方米。组织新型建筑工业化设计、施工、监理和构配件生产等企业人员参加装配式建筑 BIM 技术应用、装配式建筑示范基地及企业创建经验交流会和装配式建筑管理及技术人员培训。鄞州区城镇新建民用建筑 100% 实施绿色建筑标准，完成 44 个新建项目的节能审查，面积达 179.50 万平方米，其中预评估二星级和三星级项目共 24 个，面积 99.30 万平方米。鄞州区建筑业企业发展政策兑现申报工作完成，申报企业共 68 家，申报建筑业企业发展政策兑现奖励金额共 2 153.17 万元，符合奖励条件的企业有 41 家。其中，获得资质晋升奖励的有大荣建设集团有限公司等 5 家企业，奖励 150 万元；获得做强做精奖励的有宁波建工工程集团有限公司等 27 家企业，奖励 1610 万元；获创优夺杯奖励的有浙江沧海市政园林建设有限公司等 24 家企业，奖励 271.50 万元；获科技创新奖励的有浙江新中源建设有限公司等 6 家企业，奖励 121.67 万元。

整合优化施工图审查环节，施工图联合审查实施"一窗受理、集成服务"和"多审合一、结果确认"，完成政府买单的项目共 179 个，其中房建项目 30 个、市政工程项目 14 个、专项设计项目 131 个、改扩建项目 4 个、共支付费用 401.93 万元。结合老小区整治、宜居小区创建，开展既有公共建筑节能改造，包括惠风书院扩建工程项目、宁波市职业技术教育中心学校（荷池校区）改扩建等项目，完成既有建筑节能改造 18.17 万平方米。针对区住建局涉及的建筑业总产值增速和房地产业的商品房屋销售面积增速、"四上单位"房地产业从业人员增速、"四上单位"房地产业从业人员劳动报酬增速以及建筑劳务企业产值的增速进行实时监测。引进建筑服务业企业 4 家，建筑劳务企业 3 家，监理综合资质企业 1 家。全区建工城建专业初、中级技术职务任职资格评审会共 179 个申报对象。

区城市环境综合整治行动领导小组办公室成立，建立问题项目库，实时反映围挡问题项目的整改进度和完成情况。116 个前期确定的问题项目中，共有 62 个项目完成整治。其中，"久拆不动"的"拔钉清零"项目 5 个、完成率 12.20%，市库任务完成率为 50%；"供而未建"建设用地 37 宗，完成率 75.50%，市库任务完成率80.40%；"建而不快"项目 21 个、完成率 80.70%，市库任务完成率 100%。综合整治第二批完成情况：第二批有市库任务 28 个，其中"久拆不动"的"拔钉清零"项目 3 个，"供而未建"建设用地 11 宗，"建而不快"项目 14 个。共 20 个项目完成整治，占任务数的 71.40%。其中，"久拆不动"的"拔钉清零"项目 2 个,完成率 66.70%；"供而未建"建设用地 5 宗，完成率 45.50%；"建而不快"项目 12 个，完成率 85.70%。推广《宁波市建设工地围挡指导及标准范例》，完成围挡提升的建筑、市政工地项目共 185 个，围挡整治提升总长度约 42300 米。共收到问题线索 340 条，共签发各类督查单 283 份。

从建筑市场的发展来看，在传统的工程质量监督与安全生产监督的这两方面继续保持严抓严管的前提下，最突出的发展即放在转型升级这部分，且 2018 年从装配式建筑管理、民用建筑节能审查、建筑业企业发展政策兑现、施工图审查、既有公共建筑节能改造、经济运行监测、建工城建专业职称评审等七方面所展开建筑行业管理工作，也足以说明建筑业的转型已经取得相应的成功。

本章参考文献

1. 林拓、申力等：《中国行政区划改革再出发》，人民出版社 2019 年版。

2. 宁波市鄞州区人民政府地方志编研室：《鄞州年鉴》，方志出版社 2015—2019 年版。

3. 宁波市鄞州区人民政府地方志办公室：《鄞州年鉴》，浙江人民出版社 2014、2015 年版。

4. 叶敏峰：《中国行政区划变革研究》，上海交通大学硕士论文，2009 年。

5. 黄金秀、彭庆、熊雅丽：《区划调整对农业产业结构的影响分析》，《中共南昌时委党校学报》2018 年第 1 期。

6. 查志强：《区划调整与城市产业规划》，《现代城市研究》2002 年第 6 期。

7. 蒋晓岚、夏琦：《区划调整后巢湖空间资源整合战略与产业发展》，《合肥学院学报》2013 年第 2 期。

8. 陈锦其、盛世豪：《推动县域经济向城市经济转型发展》，《浙江经济》2014 年第 21 期。

9. 薛维海：《转型升级是鄞州经济发展的根本出路》，《宁波经济》2010 年第 6 期。

10. 吴剑：《奋力谱写"名城名都"建设的鄞州篇章》，《宁波通讯》2017 年第 6 期。

11. 张丹萍：《宁波城市化对鄞州区产业结构的影响》，宁波大学硕士论文，2013 年 6 月。

12. 张泽鹏：《基于 GIS 的鄞州区小城镇绿地景观格局分析与评价》，浙江农林大学硕士论文，2012 年 6 月。

13. 宁波市人民政府 http://www.ningbo.gov.cn/

14. 鄞州史志 http://yzsz.nbyz.cn/?tdsourcetag=s_pcqq_aiomsg

15. 鄞州区人民政府 http://www.nbyz.gov.cn/

16. 宁波市鄞州区大数据发展服务中心 https://www.nbxinxi.com

第三章

鄞州区划变革与文化教育发展

第一节

区划变革前后的文化传媒

2016 年区划调整将原江东区管辖的行政区域划归宁波市鄞州区管辖，将宁波市原鄞州区西部的集士港镇、古林镇、高桥镇等九个乡镇街道划归宁波市海曙区管辖。区划调整之后，鄞州区的区域版图缩小，但文化资源分配更加集中，文化事业发展目标更加明确。鄞州区文广局吸取十九大报告关于文化建设的建议、积极对接国家文化发展战略，结合本区文化发展现状迅速制定了相关发展计划。鄞州区国民经济和社会发展第十三个五年规划纲要指出要"提升文化实力，合力创建文化名城，坚持社会主义先进文化前进方向，深入挖掘地域文化基因，推进文化改革发展，加强精神文明建设，全面提升城市文化软实力和影响力"，区划变革后，区文广局以此为新鄞州区文化事业的发展目标，聚焦"六争攻坚、三年攀高"行动，围绕"名城强区"战略，从多方面推进文化工作：一是深化国家公共文化服务体系示范区创建成果，二是加强文化遗产保护，三是提升文化产业发展水平，四是推动新闻媒体健康发展。

一、公共文化事业

鄞州区文化事业主要由鄞州区文化广电新闻出版局（风景旅游管理局、体育局）负责，在区委区政府和市文广新局的正确领导下，区文广局紧跟时事政策，尤其是抓住 2016 年区划变革的良机，实施了一系列行之有效的文化改革策略，使得鄞州区文化事业发展呈良好态势。

多年来，鄞州区致力于区内公共文化的创建与研究、文化惠民工程建设，努力提升本区公共文化服务水平，取得了可喜的成绩。2015 年至 2018 年，在全省 90 个县（市、区）基层公共文化服务评估指标测评中，鄞州区分别以 81.33 分、85.66 分、81.33 分、84.43 分名列第一，其中，2015—2017 年鄞州区均是全省唯一总分达 80 分以上的县（市、区）。值得一提的是，自 2008 年"基层公共文化服务"首次开展评估以来，鄞州区已连续 10 年（截至 2018 年）蝉联全省公共文化服务综合评估第一，达成了"十连冠"的佳绩。2019 年，鄞州区公共文化建设继续领跑全省，连续 11 年蝉联全省公共文化服务综合评估第一，荣获"最美中国文化旅游区""文化软实力提升优秀城市""2019 文旅融合影响力节庆""中国最美乡村旅游目的地"等称号。

通过评估数据的变化（见图 3-1），可以从侧面看到区划变革对鄞州区文化事业的影响：2014 年至 2016 年鄞州区基层公共文化服务评估指标评分稳步上升，且截至 2016 年，鄞州区已经连续 9 年蝉联全省公共文化服务综合评估第一，可知在新一轮区划调整前的十年间，鄞州区在基层公共文化事业发展方面已经投入了大量的努力且取得傲人的成绩，区划调整后，鄞州区在相关方面面临的问题是，如何在资源打破重组的新局面下，继续维持此前获得的成绩且进一步得到质的提升。

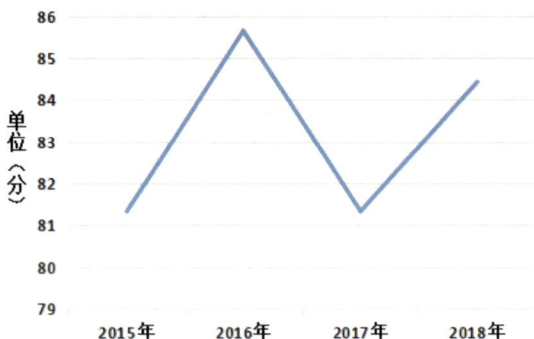

图 3-1 2015—2018 年鄞州区基层公共文化服务评估指标测评

资料来源：《鄞州年鉴》

从数据中可以看到，2017 年鄞州区基层公共文化服务评估指标测评分数由 2016 年的 85.66 降至 81.33（但仍为该年度省公共文化服务综合评估第一），这直接地受到新一轮区划变革的影响。区划调整将鄞州区西部的几个重要乡镇、街道（集士港镇、古林镇、高桥镇、横街镇、鄞江镇、洞桥镇、章水镇、龙观乡、石碶街道）划归海曙区管辖，实际上，鄞州区多年来对这些乡镇文化事业的发展注入了大量的精力。为着力推进镇乡（街道）公共文化设施集约化、特色化、科学化建设，2011 年鄞州区启动"公共文化明珠镇创建"工程，分城区街道、中心镇（卫星城）、近郊镇和特色镇乡四类对创建工作展开分类指导，至 2013 年，已经完成了 10 个乡镇（街道）的创建工程，另外有 5 个乡镇（街道）即将完成创建，5 个乡镇（街道）启动创建，这其中就包括后来被划分出去的集士港镇、古林镇、横街镇等重要乡镇。此外，鄞州区在各个乡镇也着力建设文化惠民工程，而这些努力在原先的各个乡镇已卓有成效，2016 年的区划变革将鄞州区西部的多个乡镇全数划归海曙管辖，这也意味着相关文化事业成果也发生转移，那么势必对鄞州区整体公共文化事业建设形成一次小型的冲击。

区划调整给鄞州区的公共文化事业带来的是一次挑战也是一次机遇。早在 2015

年，相关部门便提出了开展构筑"新城区文化圈"对策研究：为加快鄞州文化发展从增量扩张到品质提升的转型，鄞州积极开展构筑"新城区文化圈"对策研究，通过加强规划设计引导、空间集聚和功能整合，推动建设七大文化功能区，打造文化大道、数字文化功能圈等重点任务，整体提升城区的文化形象、内在品质和对外文化吸引力，发挥文化建设对推动区域转型升级的独特作用。可见，集中力量发展城区文化圈早已是共识，而本轮区划调整后鄞州区的区域管辖更加集中，划掉西部各乡镇后，可以加大对东部文化产业发展的力量投入，这也吻合本轮区划调整鄞州区的总体目标，即着眼于优化整个中心城区的生产力布局，形成东部新城、南部新城"双核驱动"之势，集中力量加快鄞东和鄞东南地区的发展。按照以上发展目标，区划调整后的几年里（2017—2019 年），鄞州区在公共文化事业方面又取得了新进展。

第一，完成多项市级公共文化示范区（项目）的创建。鄞州区"一个镇、两个项目"通过了市级第二批公共文化示范区（项目）验收，是全市入选数量最多的县（市、区）；获得 3 个市级第三批公共文化示范区（项目）创建资格等。

第二，文化研究实现创新突破。鄞州区承担的浙江省公共文化服务体系制度设计研究课题《数字文化馆总分模式研究——以鄞州区为例》成为全省唯一一个"优秀"等次的研究课题；《鄞州数字文化馆总分馆制——提高基层公共文化服务效能的有效途径》入选 2018 年度省文化厅公共文化大调研重点课题等。

第三，项目创建成绩喜人。鄞州区以《构建"总分馆 +"模式，提升"为民惠民"服务效能——鄞州区数字文化馆总分馆体系建设》为题申报浙江省第四批公共文化示范项目，并以全省第三名的高分获得了创建资格；瞻岐镇成功创建为浙江省文化强镇，百丈街道中山社区成功创建为浙江省文化示范村（社区）；瞻岐镇、东吴镇顺利通过了宁波市第三批公共文化示范区验收；下应街道的"周日文化"顺利通过了宁波市第三批公共文化示范项目验收；姜山镇、五乡镇成功获得了宁波市第四批公共文化示范区创建资格等。

第四，加强建设文化惠民工程。继续推进以"天天演"为龙头的"天天系列"文化惠民工程；推进"基层公共文化菜单式补助"项目，面向区内三类镇及考核优秀镇（街道）提供针对性的"公共文化补助菜单"；启动鄞州区"艺起来"全民艺术普及试点工作；创新全民阅读服务、推广平台，搭建起"你选我买"图书荐购、"扫码悦读"数字阅读和"网约书"配送平台等。

第五，进一步打响区级文化活动品牌。举办第七届至第九届王应麟读书节（见图

3-2）、第十二届至第十四届科普电影节；开展"梨园雅韵"群众自创自演文艺节目（戏曲类）汇演；举办全国少儿阅读峰会等活动；进一步打造"音乐之城"品牌，承办"立德树人美育启智"高雅音乐普及暑假大师公开课等。

图 3-2 鄞州区第七届王应麟读书节开幕

第六，加强开展相关文化交流活动。开展"音系中美友谊，乐动一带一路"——马氏团队携纽约青少年交响乐团返乡巡演、"红牡丹"文化交流活动；加强与鄞州籍著名小提琴演奏家、《梁祝》首演者、现定居上海的俞丽拿先生合作，成立位于姜山镇新张俞村的宁波小提琴音乐馆等。

基于以上成果，2017 年至 2019 年，鄞州区基层公共文化服务评估指标测评分数有所回升，并牢牢捍卫本区十多年来全省基层公共文化服务评估冠军的头衔。区划变革后新鄞州区公共文化事业发展的优势在这一阶段逐步体现。

二、文化遗产保护

区域文化是彰显一个地区人文魅力的重要因素，因此推进区域文化保护势必是区划改革背景下文化工作调整的重点之一。2016 年鄞州区第十三个五年规划纲要指出区文化发展要"凸显城市人文魅力"，具体措施一是"加强城市文化品牌建设"，二是"彰显地域文化特色"。前者主要通过弘扬地域名人、历史、传统文化，以各类文化活动的形式来推动鄞州区文化宣传与发展，同时注重在城市建设中融入传统文化元素，来促进城市外在形象与文化品位相结合，积极宣传城市品牌、传播城市形象，充分展示鄞州文化魅力。后者则需要进一步保护好、传承好、利用好优秀历史文化，要加大对物质文化遗产的保护和开发利用，加强历史文化资源、历史建筑保护，实现保护与开发利用相互促进、相得益彰。可见，文化遗产保护也是推进区划变革后新鄞州区文化工作的重中之重。

区划变革后，鄞州区加强了物质文化遗产与非物质文化遗产工作的齐头推进。

（一）物质文化遗产保护

区划变革后，鄞州区的物质文化遗产在归属上发生了一定的变动，例如，位于鄞江镇它山堰村的国保单位"它山堰"随着区划调整不得不从鄞州区所属的物质文化遗产名单中去除，随之而来的则是相关非遗文化精神与鄞州区历史文脉的"断裂"，这对新鄞州区的物质文化遗产保护事业提出了更高的要求。如何在区划调整的背景下，对物质文化遗产保护作出新的布局，修补好文化遗产转移后"文脉断裂"的伤疤，并继续加强本区其他重点物质文化遗产的保护力度，是相关工作的重点。

面对相关事业所受到的冲击，鄞州区加强物质文化保护力度，取得了突破性的成绩。根据 2017 年公布的浙江省文博事业发展水平评估数据，鄞州区名列全省第一，在文物资源量、文物事业保障水平、文物业务工作水平等方面树全省标杆。2018 年、2019 年则继承了区划变革第一年物质文化遗产保护工作的良好态势，进一步向前发展。相关成绩的取得离不开工作的扎实推进，在区划变革后几年里，鄞州区在"文物工程建设""夯实文物基础""保障文物安全""开展文物宣传""提升队伍素质"等各方面均付出了不懈的努力。

推进文物工程。2017 年，考古发现了五乡鄮县旧址、东吴古窑址、天童舍利塔和《天童寺舍利塔记》碑等物质文化遗产，一定程度上弥补了区划调整后本区重要物质文化遗产转移的缺憾；完成茅山县立初级师范学校、横溪杨氏宗祠、万安桥修缮工程；完成王应麟墓及墓道环境清理工作，有序推进翻石渡复建工程。2018 年至 2019 年，继续推进文物考古勘探，协助市考古研究所进行东吴镇古汶潭窑址调查、勘探工作，完成天童寺义兴祖师塔考古勘探；开展五乡镇、古鄮县等地田野调查、地下文物勘探工作；推进实施文保工程，完成李惠利故居迁移工程地基图纸会审工作；完成咸祥走马楼、天童寺万工池、药师殿、玉佛殿、舍利殿修缮工程；完成余隘祠堂周边环境整治工作；签订陈鑑桥成房文保协议，确定成房合理化利用方案；继续推进天童寺罗汉沟防水工作，七塔寺、沙耆故居的保养维护工作；继续推进海丝申遗工程，并开展一系列相关宣传活动等。

第一，夯筑文物基础，加强库房可移动文物管理，开展一普以后的藏品登记账册的整理与补充工作；核对区划调整而引起的可移动文物与不可移动文物数据变动；初步完成省保单位蔡氏宗祠、大嵩所城遗址、七塔寺、和丰纱厂四有档案的编制工作。

第二，保障文物安全。一是采取日常巡查和专项巡查相结合的文物安全检查制度，按季度定期对区内国保、省保以及其他重点文物保护单位、点进行日常安全巡查，及时发现、排除安全隐患，实现文保安全动态监管。二是启动各级文保单位监控系统安装工程，对文物安全进行实时监管，实现人防与技防的结合。

第三，开展文物宣传。2017年，以"5.18"博物馆日和"文化与自然遗产日"为契机，开展文物保护宣传教育活动，营造全社会重视、关心、支持、参与文物保护的良好氛围。2018年至2019年，继续有力开展文物宣传，落实《鄞地遗珍》《鄞地丰碑》《太白天童》等编辑出版工作；完成宁波市一普成果系列丛书编制工作；推进善园、天童寺海丝史迹展陈设计工作、沙耆故居日常保养和展陈设计方案修改；完成宁波走书基地陈列方案修改工作；举办宁波（鄞州）博物馆《骏犬啸天——戊戌新春狗文物联展》《海上丝路——天童寺、阿育王寺罗汉画像碑刻拓片展》等展览。

第四，提升队伍素质。加强业余文保员队伍建设，重新签订业余文保员责任书，完善"区、镇（街道）、点"三级网格化管理队伍，提高文物工作队伍的整体素质，为文物事业发展提供强有力的人才支撑。

（二）非物质文化遗产保护

2016年区划调整后将原鄞州西部基本上划归海曙管辖，而鄞州西部实际上是鄞州区历史文化积淀较深厚的区域，也是鄞州区非物质文化遗产较为集中的区域，例如位于原鄞州西部高桥镇以梁山伯墓遗址为中心而形成的梁祝传说非物质文化遗产（原鄞州区因此称作"中国梁祝文化之乡"），又如原鄞州西部千年古镇鄞江镇的十月十庙会文化 是宁波庙会文化的重要代表），等等。这些文化遗产原先也是鄞州区非物质文化工作的重点，是老鄞州文化的"珍宝"，而新一轮区划调整后，鄞西的一些文化保护成果全数划归海曙，这显然对鄞州区的非物质文化遗产保护形成了一次不小的挑战。

从图3-3可得知，区划变革前后，鄞州区在国家级、市级两项非物质文化遗产名录数量上有所减少，省级非物质文化遗产名录数量持平，区级非物质文化遗产名录有所增加。从非遗名录数量来看，区划调整对鄞州区文化保护事业形成一定的冲击，国家级、市级两项名录数量的减少是最直观的表现，而区级非遗名录数量的增加则显示了区划变革后的第一年鄞州区在申报非遗名录上所作的积极工作。此外，对相关工作成果的冲击也体现在区划变革前后鄞州区在浙江省非物质文化遗产发展指数评估中的表现：2016年，鄞州区以75.46分位居浙江省县（市、区）非物质文化遗产发展指数评估第一名，而在2017年的评估中鄞州区受区划调整影响较大，综合指数的排名掉出前三行列。伴随区划调整而流失的非物质文化遗产项目（除上文提到的"梁祝文化"遗产、鄞江十月十庙会文化遗产，还有原鄞州区古林镇的非物质文化遗产"渔翁捉蚌"舞蹈和草席编织技艺等等）是导致评分下跌的最重要因素。在大范围的区域划割后，这种"表层"的成果冲击是必然的，但是必须认识到的是，这种暂时性的冲击并不会遏制鄞州区非遗保护的良好发展前景。

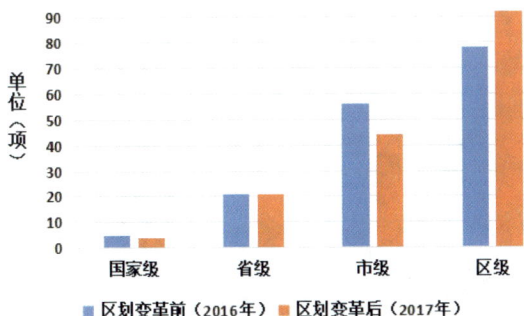

图 3-3　2016—2017 年鄞州区非物质文化遗产名录数量

资料来源：《鄞州年鉴》

第一，区划调整后新鄞州区还拥有较为丰富的非物质文化遗产资源。像咸祥镇、邱隘镇、瞻岐镇等均是新鄞州区非物质文化遗产保护的重镇，具体项目内容有：邱隘咸齑制作技艺；瞻岐镇的高跷表演技艺；咸祥的"抬阁"文化、"彩船"制作工艺、渔船制作工艺；横溪镇的"大峤布龙"，等等。

第二，区划变革后鄞州区加强推进非物质文化遗产保护工作，取得众多成果：

（1）推动现辖乡镇非遗成果保护。2017年，瞻岐镇依托"元宵灯会"这一习俗，获"浙江省民间文化艺术之乡"称号。横溪镇获得宁波市首批"非遗特色小镇"创建资格。彩灯《竹编组灯》获浙江省民间文艺映山红奖彩灯大赛创新类银奖、彩灯《金鸡报晓》入选浙江省元宵彩灯展示活动。鄞州区朱金漆木雕保护利用设施列入国家"十三五"时期文化旅游提升工程。2018年，开展第六批非遗传承项目、传承基地、传承人的评审工作；启动新一批国家级、省级、区级项目申报准备工作。横溪镇参加第二批非遗主题小镇、第三批民俗文化村授牌。完成了2018年度暑假各大高校非遗课题调研活动。2018年，宁波帮严氏建筑群（善园）入选省不可移动文物保护优秀案例。

（2）开展精彩纷呈的非遗活动。举办"薪火相传"第二届非遗文化节（见图3-4）、第九届"我们的节日——端午看云龙"大型民俗活动、"山海瞻岐，古邑新城"——瞻岐镇元宵灯会、宁波曲艺走进非遗馆等大型活动，提升鄞州非遗文化知名度。2017年，区非遗项目参加各类大型展示活动60项，举办"鄞州非遗公益课堂"培训12期，非遗馆游览人数超9万人次。2018年，举办了"东海蓝湾，鲜美咸祥"咸祥镇第四届海洋民俗文化艺术节、鄞州区"文化自信乡村振兴"第三届非物质文化遗产节暨第十四届"灵秀横溪"文体艺术节活动开幕、"一地一韵""甬上老腔调"宁波地方曲艺专场演出。金银彩绣、朱金漆木雕、骨木镶嵌、泥金彩漆项目代表宁波《温故》非遗展访问保加利亚，参加索非亚中国文化中心举办的"宁波文化周"系列活动。

图3-4 2017年"薪火相传"鄞州第二届非遗文化节开幕

（3）推动非遗文化交流工作。英国中华传统文化研究院、全英华人华侨中国统一促进会、英国伦敦越剧协会联合主办的"戏曲文化寻根之旅"访问团走进鄞州非遗馆。与中国港口博物馆合作在鄞州非遗馆举行"我与港博同成长"青少年教育体验活动。朱金漆木雕代表性作品宁波"万工花轿"代表中国入选中国与哥斯达黎加建交十周年建交封，见证中哥两国10年友谊。

（4）非遗保护工程有序推进。鄞州区积极开展"宁波评话"抢救保护工程，已完成传承人张少策表演艺术的摄像工作。浙江民间音乐纪录片《宁波马灯调》开拍，进一步扩大鄞州马灯调的传播力和影响力。塘溪邹溪庙稻花会传承基地的《邹溪庙志》付梓问世，被宁波天一阁、宁波市档案馆、宁波市图书馆等单位收藏。

区划调整后，鄞州区做出的以上一系列保护工作使得本区非遗保护发展迅速从2017年的"低迷"恢复过来，在浙江省文化和旅游厅最新发布的2019年度《浙江省非物质文化遗产保护发展指数评估指标数据》中，鄞州区以73.2的分数重回浙江省县（市、区）非物质文化遗产发展指数评估前三行列，名列全省第二。

历史文化保护是各个区域区划调整后所必须面对的重要议题，政府必须在区划调整的新背景下针对新形式而调整相关工作策略，一方面接受区划调整后所带来的管理新优势，另一方面则必须承担区划调整后相关资源的损失并积极应对，以抓住区划变革带来的新机遇。而对于历史文化的保护和发展有别于区域经济的发展，它更需要领导者、规划者在"谋篇布局"时注入浓郁的人文情感。文化是"软实力"，因此需要对其投入更多的人文关怀。必须看到，每一次的区划调整均会使相关区域面临着历史文脉断裂和居民归属感缺失的双重风险，鄞州区本轮区划调整更是在这方面面临着重大的考验。首先，原鄞州西部是鄞州传统文化根脉扎根之地，此次区划调整将鄞西划分给海曙，这使得一部分鄞州传统的文化内容从归属上脱离了鄞州，如何能在未来的发展中巧妙地将那些传统文化根脉"移植"到新鄞州区的土壤上，不得不说是一个巨大的考验，需要相关部门、人员的深入探索和研究。其次，原鄞州西部的"老鄞州人"在此次变革之后从行政归属上变成了"新海曙人"，原江东区的居民则变成了"新鄞州人"，这种变化对于居民来说必定会产生一种归属感的缺失，而区划调整后社会待遇的调整也会或多或少地对居民形成一定的影响。那么如何应对这些困难，也有待新鄞州政府的积极工作，并且在开展工作时必须要帮助居民在历史长河中寻找自己的心灵归属，要注重人文历史的延续。需要提出的是，文化调整有其内在的适应周期，历史文化根脉的移植、居民内心归属感的培育也是有其发展过程，需要有较长的时间去解决这些问题。

三、文化产业与文化市场

（一）文化产业发展

党的十八大以来，以习近平同志为核心的党中央高度重视社会主义文化建设，中央始终强调，推动文化事业全面繁荣和文化产业快速发展，能够为实现中华民族伟大复兴梦提供思想保证、精神力量和道德滋养。鄞州区始终紧跟中央文化发展战略，一方面努力推进公共文化事业发展，另一方面始终坚持推进文化产业发展。在2016—2017年度浙江省文化产业重点县（市、区）名单中，宁波市鄞州区入选15强。值得一提的是，2011年至2016年，文化产业增加值年平均超过60亿元，居全市第一。可见，在新一轮区划调整前，鄞州区的文化产业发展已经走在全市前列。而区划调整后，鄞州区更加重视把发展文化产业作为加快经济转型升级、提升区域综合竞争力的重要抓手，坚持项目带动和创新发展"双轮驱动"，制造业和服务业"两翼齐飞"，文化产业规模居宁波市第一，先后获评全省文化产业重点县（市、区）、省级软件和信息服务业产业示范基地等荣誉。在"政策引领""文化项目发展""文化企业扶持""产业内涵提升"等方面均取得不凡的成绩。

第一，做好政策推动文章，搭建产业发展框架。区划调整后，相关部门根据当前鄞州区文化产业发展现状以及中央、市政府部门相关指示修订了《2017 年鄞州区文化演艺、影视传媒、新闻出版、工艺会展等文化创意产业扶持实施细则》，有针对性地加强对企业上规模、实体书店、优质项目等方面和文化＋多领域融合发展新兴产业的扶持与引导力度。鄞州区在文化产业政策上，进行大力倾斜，努力构建充满活力、富有效率的文化产业发展的体制机制，成立区文化创意产业指导委员会并设立办公室（见图 3-5），把文化产业发展列入镇（街道）部门年度目标考核范围，2017 年还把文化产业从宣传思想文化中独立出来考核。在资金保障上，设立每年 2 000 万元规模的专项资金，在产业导向上，制订《十三五文化创意产业发展规划》，重点培育发展高端文化用品制造、广告传媒、软件信息等六大产业门类，努力使鄞州区跻身全省文化经济发展创造力与影响力第一方阵。

图 3-5 和丰创意广场

第二，做好项目带动文章，实现产业层次升级。一是引进外来投资。坚持用项目引资金、聚人气、出效益，宁波华侨城等大项目对指标推动作用明显，欢乐海岸项目累计完成投资 29 亿元，计划投资 100 亿元的石家村文化旅游小镇项目完成意向性签约，浙江蓝城文旅小镇项目正在与东吴镇、横溪镇积极洽谈中。二是培育本土企业。宁波数字传媒产业基地、鄞州书城、宁波三江印务有限公司等一批本地企业投资项目先后落地，成为新的增长点。三是激活新兴项目。大力扶持有创新引领作用的文化产业项目与相关产业融合项目，对优质新项目给予最高 20 万元的补助。

第三，做好企业驱动文章，夯实产业发展基础。一是鼓励引导民营资本投资文化产业、建设文化设施；二是鼓励小微文化企业积极拓展业务，全区现有 7 号梦工厂、科技信息孵化园等国家级众创空间 6 个，国家级孵化器 3 家，累计培育创新型初创企业达 1300 余家；三是重点扶持一批基础较好、实力较强的本地文化企业，并对营业收入增速达到要求的高成长企业给予最高 20 万元的奖励，形成了一批好口碑、显特色、树标杆的文化品牌。

第四，做好产业联动文章，推动产业内涵提升。一是推进文化产业与制造业联动发展。积极培育和丰创意广场强化打造工业设计品牌，入驻广场的创客工业设计、明锐工业设计等诸多工业设计企业荣获工业设计红点奖、红星奖等，工业制造与设计品牌进一步凸显。二是推进文化产业与旅游业联动发展。打造罗蒙环球城等大型休闲旅游综合体，开发"天宫庄园""山海瞻岐""鄞州非遗"等一批都市文化娱乐互动游、特色文化名镇游、博物馆文化游特色旅游线路，核心文化旅游产品集聚效应显现，文化旅游消费扩大。三是推进文化产业与文博产业联动发展。积极挖掘作为"中国博物馆文化之乡"的优势，推动文化产业与文物博物事业融合发展，出台关于文博单位开发、销售文创衍生品的奖励政策，对文博单位开发衍生品按销售额给予最高 50 万元的奖励，激发文博单位开发文创产品的热情，促进文化事业与产业同步发展。

近年来，鄞州区积极壮大特色文化产业，优化文化产业结构，推动文化用品制造业转型升级，这实际上是社会经济转型发展的内在要求。从另一个角度来说，做好文化产业也是社会经济转型发展的强有力推手。在社会经济转型发展的大背景下，宁波市适时施行区划变革，是为社会经济向更高层次发展搭桥铺路。

（二）文化市场

推进文化产业的发展必然引起文化市场的壮大，如何使文化市场获得良性发展，撇清市场内部的"杂质"，是区划调整新形势下需要考虑的问题。近年来，鄞州区重视本区文化产业的发展，同样也重视文化市场的监管。区划调整后，区文化产业发展进入一个积极发展的新阶段，为市场文化监管带来了新挑战，面对挑战相关部门也作出了积极的应对。

第一，推进审批改革，优化服务质量。"提升服务质量"是多年来鄞州区一直所强调的，区划调整的实质也是推动政府职能的转变，使政府真正优化其服务水平。

因此，新一轮区划调整后，鄞州区进一步推进审批改革，以优化服务质量。2017年，鄞州区政府继续积极打造服务品牌，推行"减程序、加服务、乘效率"惠民便民举措，对93件办理事项的工作流程作了重新设计，全部达到了"最多跑一次"的要求。窗口共办结各类行政审批事项1558件，开展各类上门指导、服务1216家次，提前办结率达100%。2018年，继续深化推进"最多跑一次"改革，一是全力打造"微审批"品牌，二是大力推进网上通办，深解审批服务"减程序、加服务、乘效率"三道数学题，推出了模拟审批、图示指南、容缺审批等八大特色项目。2018年，鄞州区文化广电新闻出版局窗口共受理事项1323件，审批办结1323件，提前办结率达99%，群众满意率100%。

第二，完善事前事后指导服务。针对审批前后的常见问题，重点抓好审批辅导、入行规范、安全管理三项培训。重新制作网吧、歌舞娱乐、印刷、电影放映等项目办事指南，清晰、简洁展示所需材料及工作流程。针对某些跟风下海、对市场经营风险不甚明了的投资人，推行风险警示服务，对初次经营网吧等行业的从业者，在领取许可证的同时，赠送经营指导手册及安全生产宣传册，告知日常经营管理要求及对应的罚则。

第三，提升审批服务水平。加强审批队伍建设，开展对审批人员职业道德、专业知识的教育培训，实行"每月一法"学习制度。规范文书档案制作，各有一份案卷分别被市局、区法制办评为2017年度"十佳许可案卷"。在全市文化行政审批系统技能比武中取得团体第一的成绩。

第四，扎实推进"扫黄打非"。部署开展"扫黄打非"专项行动，区扫黄办被评为全省扫黄打非先进集体。公安部门侦办了一起全国"扫黄打非"办和公安部联合督办的网络传播淫秽物品案。"扫黄打非"进综治网格工作取得初步成效，各镇（街道）共梳理上报涉及文化经营场所的综治网格367个。2018年，全年结合阶段性工作要点组织部门联席会议、联合执法、文化站长会议等十余次，围绕重点时段、节点制发相关专项工作方案。推进基层站点规范化、标准化建设，到年底基本实现全区"扫黄打非"基层站点全覆盖；鄞州区文化和广电旅游体育局被浙江省"扫黄打非"工作领导小组评为2018年全省"扫黄打非"工作成绩突出集体，五乡镇被评为省级示范点，十家单位被评为区级基层示范点。

第五，加强市场监管力度。2017年，日常巡查落实到位。严格按照省市两级日常检查规范要求，坚持每天安排执法人员进行日常巡查，共出动执法检查2630人次，检查文化市场经营场所3945家次，关停取缔各类无证照场所6家，"大篷车演出"3家次。为切实做好2017年全国城市文明程度指数测评的迎检工作，及时制定《文明城市创建"六大行动"的实施方案》。以网吧、歌舞娱乐场所为工作重点，发动力量进行不间断巡查，重点查处接纳未成年人、超时经营等违规经营行为，劝导光膀、架腿、长时间上网等不文明行为。结合两会保障、文明指数测评等要求，开展文化市场僵尸企业排查工作，专项行动期间清理出140家僵尸网吧、印刷、出版物零售企业等，完善了市场退出机制。印发《鄞州区文化市场义务监督员队伍规范化建设实施意见》，进一步规范了义务监督员"五个一"管理制度。开展网吧、歌舞娱乐场所等级管理评定，探索印刷行业分级管理，积极创建市区平安文化经营场所。

第六，落实安全生产任务。结合"安全生产月"活动，组织开展了消防安全培训、应急演练、技能比武等八大系列活动，营造了浓厚的宣传氛围。组织各行业法律法规和安全生产培训班13期，与娱乐场所、网吧负责人签订了2017年度安全生产承诺书。局领导带队开展夏季和节假日期间安全生产大检查，共出动机关检查人员307人次，检查场所479家次。2018年，牵头组织召开全局安全生产会议，设立局安全生产委员会，颁布局《安委会组织结构设置及工作规则》和《2018年度安全工作任务分解》，明确组织结构设置及工作规程。完成人大"一法一条例"督查工作，制定全局节假日期间安全生产检查及安全生产月活动实施方案。坚持"管行业必须管安全"的理念，全年组织各文化经营行业安全生产培训班22期，参与人次达2800人次，与娱乐场所、网吧负责人签订了2018年度安全生产承诺书。鄞州区文化和广电旅游体育局还编写了安全教育读本，在每个网吧建立安全工作信息栏，《建立鄞州区星级'平安文化经营场所'》还被区总工会评为"优秀金点子"。

文化产业发展依托于良好的文化市场氛围，只有优化文化市场的环境，才能反过来推进文化产业的发展。区划变革后，鄞州区政府加强对本区文化市场的管理，为本区市民营造了安全、整洁的文化环境，为本区文化产业发展减少了障碍。

四、新闻传媒

新闻媒体是传播历史文化、引领文化创新、弘扬人文精神、宣传正面思想的重要载体，也是关注民生、反映群众诉求、促进社会良好发展的重要媒介。良性而健康的媒体环境对城市建设起到营造氛围、搭建桥梁的重要作用。新一轮区划变革对鄞州区各项事业发展提出了更高的目标，也为鄞州区的新闻媒体事业发展提出了更高的要求。只有促进新闻媒体的健康繁荣发展，才能营造良好的城市舆论氛围，才能促进鄞州区各项事业往更好的方向发展。

（一）电视广播

区划变革后，新鄞州的各方面都有了新的变化，需要电视媒体以积极的姿态落实宣传，以便民众及时了解到新鄞州的发展状况与未来规划。2017 年，区广播电视台时政新闻《鄞视报道》开展"新鄞州新机遇"主题报道，播发稿件 30 余篇。开设"谋新篇布新局"特别报道，刊播经济运行、社会融合、产业发展、文化协调等方面内容10 篇。"新鄞州新机遇"主题报道的及时开展体现了区广播电视台对于新鄞州区发展的积极跟进，体现了媒体人对民众负责的态度，同时也有利于营造良好的社会舆论氛围。

关注民生是新闻媒体的首要职责。这也是区广播电视台一直以来秉承的工作理念，多年以来，区广播电视台策划播出了多档民生节目，为区人民群众排忧解难。区划变革后，区广播电视台加强对民生的关注。2017 年，民生新闻《你拨拨灵》栏目策划编排"寻找最美治水人""支教奶奶爱洒湘西"等系列报道 18 个。参与各种公益活动报道，组织策划多起公益活动。《平安新鄞州》《桥头老三》两个栏目围绕平安、党建、社会治理与服务及配合全国文明城市创建等方面进行报道。同年，区广播电视台开设电视问政栏目《民情面对面》。节目围绕区委、区政府中心和热点工作及舆论热点，邀请区级机关及镇（街道）的嘉宾到演播室，对话题材涉及镇开发、行政审批、医疗卫生等政府重视、百姓关注的热点话题，获得了区人民群众极大的喜爱与肯定。2018 年，《桥头热线》改版为《鄞视聚焦》，围绕一个题材做足做深，节目关注"城市牛皮癣"顽疾、违规养犬行为专项整治、老旧小区改造、小区绿地改停车位引争议、"坑老"的保健品"陷阱"等社会和民生热点，集中时间重点抓，高频次开展动态、深度报道及评论，形成舆论高压。同年，由鄞州广播与鄞州区人大常委会共同推出的《105阳光鄞州·代表在线》互动交流节目暖心上线。节目以互动交流的方式展开，运用新媒体方式收集群众建议以进一步提高群众知晓率，集群众监督、舆论监督和部门监督于一体，真正实现让透明的阳光政府走进每一位百姓生活中。这些建设性新闻工作使区广电找准工作着力点，扩大影响，获得了新鄞州百姓一致的肯定，为新鄞州民生健康发展营造了良好的环境。

（二）《鄞州日报》

《鄞州日报》是中共鄞州区委机关报，是鄞州区委、区政府的喉舌，报纸坚持正确舆论导向，坚持贴近实际、贴近生活、贴近群众原则，认真及时地做好新闻宣传工作，是反映鄞州区政治、经济、文化和社会生活的重要舆论宣传阵地。鄞州日报自1993年创办以来，始终坚持"当好喉舌，争创一流，坚持正确舆论导向，讴歌改革开放，弘扬正气，维护稳定，紧紧围绕县委、县政府中心工作，不断提高舆论引导水平"的宗旨，全心全意为鄞州区群众百姓服务。

近年来，随着网络的普及、自媒体时代的来临，《鄞州日报》作为鄞州区老牌报纸，不得不顺时作出新一轮变革，以适应激烈的媒体竞争，同时也能更好地为区划变革后的新鄞州服务。事实上，早在区划变革前，相关的变革就已展开。2016年，鄞州日报社改革办报机制，实施"每日谈版会"制度。调整出版流程，做强当地新闻，获评浙江省县市区域报最佳媒体奖中的"媒体影响力奖"。区划变革后，鄞州日报社重点实施报网媒体融合改革。2017年，全面改版《鄞州日报》，开辟"行知""经济新闻""鄞州影像"等版面，制定新的版式规则；重组管理体系，设立全媒体采访、发布中心；创新内部考核机制、采编运作机制、报网互动机制，建立和完善全媒体审核把关和绩效考核等各项制度，融媒体中央厨房架构初步成形并开始运行。"鄞响"新闻客户端5月起试运行，8月30日上线，"鄞响App上线打造'新闻+服务'综合体"获2017年度鄞州区宣传思想文化创新大奖。2018年，鄞州日报社实施《鄞州日报》、"鄞响"新闻客户端"双媒体"战略，提高新闻报道质量，主抓重大主题报道，改进领导会议活动报道，5月中旬重点对《鄞州日报》头版进行改革，突出地方头条，强化经济报道，发掘暖心故事，增设深度报道，增加图表制作，加强时评社论。对鄞响新闻客户端加大软件投入，建立绩效考核制度，成立网评队伍，努力打造融媒体产品，全力抢占区域话语权。

以上可见，区划变革后，《鄞州日报》进行了大刀阔斧的改革，重点落脚于打造"融媒体"产品。在这个经济社会全面转型的时代，传统纸媒也在不断地寻求突破，力求与社会经济发展并轨而行。实际上，对于媒体行业来说，在这个全民自媒体时代，作出顺应潮流的变革是继续生存发展的必然选择。区划变革后，鄞州区广播电视台也进行了一系列试水，包括推出App、微信公众号、进一步完善网站设置等，总体思路是：依托传统媒体，做强新媒体、最终打好融媒体"组合拳"，实现传播效应更大化。2017年发布《关于进一步加强政务新媒体发布工作的意见》，拟定"双微"和网媒合作积分量化考核细则，建立第三方数据监测评估反馈机制。建设全媒体"中央厨房"，推动"鄞响"上线，用户数达到15万人。培育"鄞光溢彩"10+网络主播，开展"行走鄞州"系列活动。全区有政务微博 165 个、政务微信公众号 261 个。办好鄞州新闻网和"鄞州发布"微信公号。2017 年 5 月起,"鄞响"新闻客户端试运行,8 月 30 日上线。至年底,安装注册粉丝量约 15 万人,总发稿 9500 余条,日均发稿约 100 条,总点击量 380 万人次。其中,当地原创资讯超过八成,如独家采访"风云四号"总设计师董瑶海,到湖南溆浦采访"支教奶奶"周秀芳,发稿 17 篇,总阅读量 30 000 余人次。2018 年 4 月,鄞 +App 上线。鄞 + 手机客户端由鄞州区广播电视台倾心打造,1 月中旬试运行。鄞 + 客户端发挥广电优势,在资讯、视频、活动、直播等方面进行重点打造,具备新闻资讯发布、音视频直播点播、投票、活动报名、互动问答服务以及民生服务、政企号等多项功能。至 2018 年底,客户端有用户 8 万余人。

综上所述,传统媒体需要创新思路、理顺机制、发挥优势,逐步建立起适合全媒体时代的机制和队伍,才能在这个全民自媒体时代,确立自己的"一席之地"。从深化国家公共文化服务体系示范区创建成果、加强文化遗产保护,到促进产业革新、提升文化产业发展水平,再到新闻媒体各方的全面改革发展,可见,区划变革并不是一件将行政区划进行简单调整的工作,其间涉及了整个区域社会发展的各个细致层面。总体而言,2016 年宁波市区划变革是鄞州区一次迈入新时代、新社会的大胆革新,既符合了宁波大市现阶段的发展目标,又顺应了中国进入新时代发展阶段的具体要求。

第二节

区划变革前后的科学技术

科学技术是推动现代生产力发展中的重要因素和重要力量。当前,面对复杂的世界政治、经济形势,大力推动科学技术发展是我国面临的首要任务,也是区域发展需要着重应对的挑战。新一轮区划调整后,鄞州区重整资源,并制定了一系列新发展目标,尤其是注重新一轮的产业革新,要求集中力量发展高新技术产业,变"制造"为"智造",推动经济社会的转型。新一轮区划变革以来,政府相当重视鄞州区的高新技术产业发展;推进"双创"事业发展,积极构建、引进科研机构,搭建科技创新服务平台;重视科技成果的奖励与保护,积极推动知识产权保护工作。

一、高新技术产业

"十二五"以来，面对严峻复杂宏观形势带来的新挑战，面对经济社会转型提出的新要求，鄞州区坚持以科学发展观为统领，围绕打造"三城三区"和"质量新鄞州"的目标，大力实施"四大优化升级"和"五大质量提升"战略，较好完成了"十二五"规划确定的目标任务，全区经济社会保持平稳发展态势和领跑领先优势。"十二五"时期，鄞州区经济社会发展取得了长足的进步，但同时也面临着深层次的矛盾和问题，突出表现为：自主创新能力不够强，新产业、新业态、新技术、新模式成长较慢，经济下行趋势较为明显等。而这些问题的背后则是科学技术创新能力滞后这一根本问题，因此在宁波市新一轮区划调整暨"十三五"规划开展之际，着力推动鄞州区科学技术事业的发展是鄞州区各项事业发展的重中之重。

区划变革后大力扶持发展高新技术产业主要是基于当前世界、本国发展的总体趋势以及区域发展的现实因素。

第一，从世界范围来看，世界经济整体将继续保持复苏的势头，但是复苏过程依旧十分艰难，不确定性和不稳定性增加。随着新一轮科技革命的加速推进和工业发展进入4.0时代，人工智能、基因工程、新材料、新能源、移动互联网等成为全球产业发展重点，全球产业分工和生产模式加快重构。国际经贸规则发生重大变化，全球新一轮贸易谈判广泛开展，各种区域性贸易投资安排不断涌现，世界经济秩序和开放格局加快。第二，从国内环境看，我国仍然处在一个可以大有作为的战略机遇期。经济发展进入新常态后，发展速度变化、结构优化、动力转换特征更加明显，经济增长保持中高速、产业迈向中高端。改革和创新将成为中国经济社会发展的主要驱动力，市场主体内在活力有效激发，大众创业、万众创新成为时代主旋律。第三，从区域环境看，浙江省积极参与"一带一路"、长江经济带建设，大力实施海洋经济发展示范区等国家战略，全面推进区域合作与发展。宁波按照跻身全国大城市第一方队的要求和建设现代化国际港口城市的目标，着力打造港口经济圈，进一步集聚高端要素、高端产业以及带动周边县市统筹发展，形成更具集聚辐射能力的宁波都市区。这将推动鄞州区在更大范围、更广领域、更高层次融入省、市发展战略，在新一轮的区际分工、融合中抢占先机。

鄞州区新一轮区划调整正值世界经济环境大变革的时期，对于鄞州区的经济发展来说此次变革既是挑战也是机遇。可以判断，创新发展模式，积极培育增长新动力，加快推进以提质增效为中心的转型发展已经成为鄞州区发展"迫在眉睫"的任务。

2016年，宁波市进行了新一轮的区划调整，同时提出了新的五年发展计划，在此发展的关键之际，鄞州区抓住时机，积极面对行政区划调整和艰巨繁重任务带来的严峻考验，积极面对增长阶段转换和刚性制约加剧带来的转型阵痛，加大对本区高新技术产业发展的支持力度，加快产业转型升级、构建高端特色产业体系、加快建设智造强区、强化创新驱动、培育经济发展新动能，取得了一定的成效。

2014年，鄞州区高新技术产业产值为1004.5亿元，占规模以上工业比重达43.4%；2015年，鄞州区高新技术产业产值1083.2亿元，占规模以上工业比重达到45.8%；2016年，鄞州区高新技术产业产值为1137亿元，占全区规模以上工产值的比重为47.10%。区划调整后，区相关部门加强对高新技术产业的投入与扶持，且卓有成效。2017年、2018年鄞州区高新技术产业产值呈上升趋势，且升幅较大。2017年，鄞州区高新技术产业实现产值893.93亿元，比上年增长13.40%，占规模以上工业产值的53.02%；高新技术产业增加值171.40亿元，增长7.38%，占规模以上工业增加值的54.20%；全区限额以上科技服务业增加值14.72亿元，增长3.51%，高新产业和科技服务业成为主导产业。2018年，结构调整积极推进，规模以上工业中，全年高新技术产业产值为1872.1亿元。

从图3-6中的数据可以直观看到，2014—2018年，鄞州区高新技术产业产值一直处于上升态势，且区划变革后的高新技术产业产值增长速度远高于2016年区划调整之前，这与区政府、相关部门的大力扶持密切相关。

首先，区政府提供了明确的指导思想与发展目标。鄞州区"十三五"社会经济发

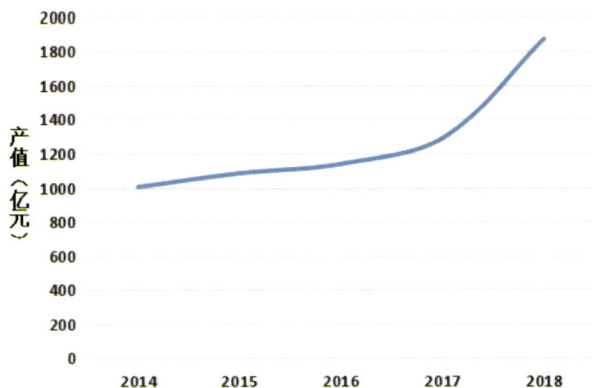

图3-6 2014—2018年鄞州区高新技术产业产值

资料来源：《鄞州年鉴》

展规划中明确指出，"十三五"时期全区上下要围绕打造"浙江两富两美先行区、宁波港口经济圈核心区"的目标，大力实施"名城强区"战略，着力建设产业强区、创新强区、服务强区和魅力名城、文化名城、幸福名城。针对建设"产业强区"和"创新强区"区政府主要立足产业创新升级这一重点，提出的具体要求是：提高研究与试验发展经费、加快提升高新技术产业增加值、发挥科创平台带头示范作用；加快产业结构调整，促进制造业不断向高端升级，加快崛起新产业、新业态等。"十三五"规划为鄞州区科学技术、新兴产业发展提供了强有力的指导思想与明确的定量要求，这也促使鄞州区在 2016 年区划改革后在推动高新技术产业发展方面有了更明确的发展方向、更强劲的改革动力。

其次，区政府不断加大企业研发投入，为产业创新发展增添动能。2017—2018 年鄞州区高新技术产业占规模以上工业增加值的比重增长速度较前几年迅速，可见，区划变革后，鄞州区相当重视高新技术产业的投入与发展。2017 年以后，鄞州区不断加大研发机构的政策扶持力度，对于新增国家级、省级和市级企业工程（技术）中心、研发中心、重点实验室，分别给予 300 万元、80 万元和 20 万元的资助；新增省级、市级企业研究院，分别给予 200 万元、100 万元的资助；企业近两年收购或设立海外研发机构，按不超过合同金额或实际投入的 5% 给予最高 100 万元的资助。同时，区科技局进一步加强各级研发机构的建设和管理，充分发挥其在科技成果转化和高新技术产业发展中的作用，加速创新体系建设，促进经济结构的战略性调整和产业结构的优化升级。另外，近几年，为了做大高质量企业集群，鄞州区不断强化"资金链"，加强财政资金支持企业力度。针对区"3311"产业体系，完善了百强企业评选办法和龙头骨干企业扶持、单项冠军培育、智能产品研发制造、工业创新设计等政策，并对重点项目、重点企业实行"一企一策"，鼓励其进一步做大做强。接下来，鄞州区将深入实施单项（隐形）冠军培育计划，择优遴选一批长期深耕于某一行业领域且发展潜力大的企业纳入培育库，加强动态培育管理。

区政府在指导思想、政策、资金投入等方面为变革后鄞州区高新技术产业的发展保驾护航，在区划调整后的几年时间里，以高新技术企业为核心、创新型初创企业为两翼的"雁阵式"创新企业梯队逐渐形成并且逐步成熟，为高新技术产业发展创造源源不断的发展动力，使得鄞州区在"十三五"规划期间能够较好地落实相关任务。主要任务与相关成果有二：一是加快产业转型升级，对传统产业进行提升与改造，重点培育战略性新兴产业；二是在产业升级的基础上，努力变"制造"为"智造"，加快建设"智造"强区。

区划变革以前,原鄞州西部区域主要发展农业与低端制造业,新兴优势工业主要集中在鄞州东部,这导致原鄞州区东西产业经济发展不平衡,优势资源无法集中。区划变革以后,原江东区并入鄞州区,原鄞州西部划归海曙区,这使得新鄞州区行政管辖范围更为紧凑,优势资源能够相对集中,可以集中力量发展高新技术产业。鄞州区也牢牢抓住了 2016 年区划调整的良机,把握全球产业分工大调整和新一轮科技革命的机遇,全力推动产业发展模式整体转型,加速构建以新兴产业为先导、以先进制造业和现代服务业为支撑、以现代农业为基础的现代产业体系。促进传统优势产业高端发展,持续推进企业技术改造,引导企业加快设备更新和新技术应用,全面提升设计、制造、工艺、管理水平,推动产品创新升级,促进传统优势行业跻身全球产业链、价值链中高端。围绕加快发展五大战略性新兴产业(高端装备产业、新材料产业、新一代信息技术产业、新能源与节能环保产业、生物健康产业),聚焦细分行业,实施重大产业项目,加强关联产业培育,着力在高端装备、新材料、新一代信息技术三大产业上率先突破,打造一批新兴产业集群和"百亿"制造基地。

在良好的发展势头下,鄞州区已经培育出一大批优秀的冠军企业。2019 年 1 月 28 日,第二批宁波市制造业单项冠军示范企业名单公布,6 家鄞州企业入选,数量全市最多。截至目前,鄞州区国家级、市级单项冠军示范企业数量均位居全市第一。区划变革后,鄞州区依靠雄厚的产业基础,通过传统产业改造升级、优质主体培育、企业家素质提升等一系列有力举措,涌现出一批名副其实的冠军企业。目前鄞州区拥有"德鹰""东睦""博德高科"3 家国家级单项冠军示范企业,"得利时"获评国家级单项冠军培育企业,另外有 15 家宁波市单项冠军示范企业。冠军企业在各自领域用工匠精神,全力打造"专精特新",迅速成长为所在行业的领头羊。"博德高科"精密切割丝年产 1.6 万吨,产销规模全球第一(见图 3-7);"得利时"凭借凸轮式转子泵的技术优势,国内市场占有率达 62%,排名第一,国际市场占有率 15.4%,排名第二,占据市场绝对主导地位。这些鄞州制造尖兵助推工业经济从"总量主导"逐步向"质量主导"转变,实现实体经济发展质量和效益双提升。这些企业通过自主创新、品牌塑造,为鄞州区经济转型升级发展注入强劲动力,强有力地推动了鄞州区"智造"强区建设任务。

依托智能制造,不断打造企业新的增长极是鄞州区当前经济发展的核心课题。2019 年 10 月 10 日,《宁波市新一代人工智能发展行动方案(2019—2022 年)》正

图 3-7 博德高科智能制造

式发布,宁波将围绕智能石化、智能网联汽车、智能光电、自主智能装备、智能家电等五大特色产业链条,实施人工智能技术攻关、人工智能产业培育、智能应用场景建设、创新平台支撑、创新企业培育和发展生态优化等六大任务工程,推动人工智能助力实体经济发展,为打造"246"万千亿级现代产业集群提供支撑。根据这一行动方案,宁波将着重突出宁波制造业场景应用市场较广、终端产品研发生产基础较强、创新资源集聚能力较好等特点,围绕应用场景、应用技术和终端产业,推进人工智能在先进制造、生产服务、民生和城市治理中的场景应用,围绕五大特色产业链条,发展人工智能关键器件、智能软件和智能终端,形成具有宁波特色的"三横五纵"新一代人工智能产业体系,打造具有国内影响力的人工智能产业集群。此方案的推出势必带动全市人工智能产业发展迈向更高的层次,这也为鄞州区区域产业经济革新营造了良好的氛围,同时鄞州区作为宁波市高新技术产业发展的高地,势必能够为整个宁波市的产业革新事业添砖加瓦。

二、"双创"事业与科技载体建设

为进一步推进鄞州区高新技术产业发展、推动本区"双创"("创新创业")事业的全面开花,鄞州区积极创设相应科技载体,搭建优良的服务平台。

2014 年,鄞州区将重大创新平台作为区域经济转型发展的核心载体,启动建设"两创基地"。自 2014 年启动"两创基地"建设以来,鄞州区的"双创"平台建设取得了较为可观的成绩。但表 3-1 和图 3-8 显示,区划变革前(2014—2016 年),鄞州区"双创"平台数量基本持平,可以判断这一阶段鄞州区"双创"事业进入了一个瓶颈期。区划变革后,"双创"平台数量总体增加,尤其是 2016 年至 2017 年,在孵企业数量增长

表 3-1 2014—2018 年鄞州区"双创"平台在孵企业数量

年份	2014	2015	2016	2017	2018
在孵企业数量（家）	229	240	218	670	509

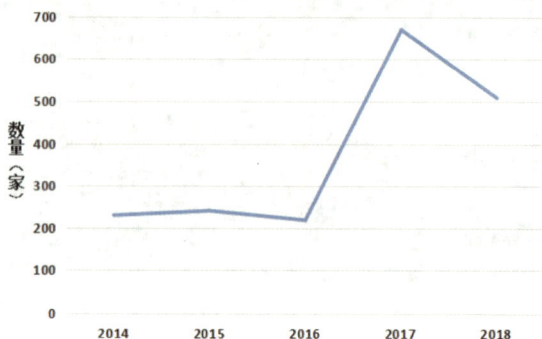

图 3-8 2014—2018 年鄞州区"双创"平台在孵企业数量

资料来源：《鄞州年鉴》

明显，这得益于区划改革后新鄞州区为本区各项事业发展营造的良好氛围以及政府对"双创"事业的大力扶持。

2017 年是新一轮区划变革后的第一年，也是鄞州区"双创"平台建设有巨大突破的一年。2017 年，全区在册"双创"平台载体 41 家。获评国家级科技企业孵化器 1 家，累计 3 家（专业型 1 家）；国家级众创空间 1 家，累计 7 家；省级众创空间 4 家，累计 5 家；市级众创空间 3 家，累计 3 家；区级科技企业孵化器 3 家，累计 3 家；区级众创空间 5 家，累计 9 家。"双创"平台有在孵企业 670 家（2016 年"双创"平台在孵企业仅 218 家），毕业企业 129 家，孵化企业年产值逾 10 亿元。33 家企业获 6 655.50 万元融资，17 家孵化企业在宁波股权交易中心挂牌。图 3-9 为鄞州科技信息、孵化园。

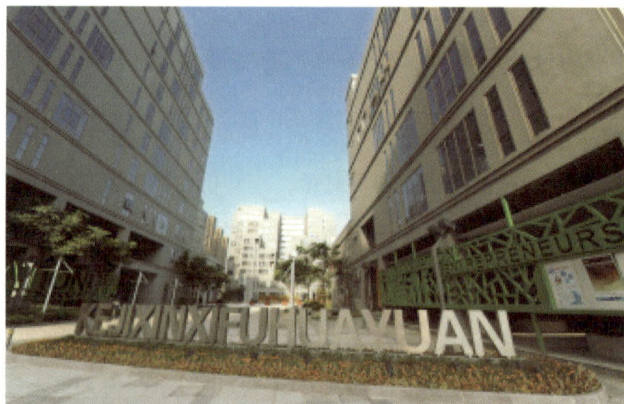

图 3-9 鄞州科技信息孵化园

紧跟 2017 年科技平台搭建与"双创"事业发展的良好态势，2018 年至 2019 年鄞州区顺流而上，不断取得新成绩。

2018 年，鄞州区在册各类双创平台载体 48 家（较上年增加 7 家）。其中，国家级科技企业孵化器 3 家（专业型 1 家）；国家级众创空间 7 家；新增省级众创空间 2 家，累计 7 家；新增市级众创空间 2 家，累计 3 家；新增区级科技企业孵化器 3 家，累计 6 家；新增区级众创空间 6 家，累计 13 家；新增区级加速器 4 家。"双创"平台拥有在孵企业 509 家，毕业企业 135 家，孵化企业年产值逾 15 亿元。值超千万元孵化企业 40 家，其中超亿元企业 3 家。

2019 年是中华人民共和国成立 70 周年，也是鄞州"二次创业"再出发、"两高四好"勇攀高的起步之年。这一年，鄞州区继续挑战艰巨的任务，在既有成果的基础上更创高峰。根据《2019 年浙江省宁波市鄞州区双创指数研究报告》显示，从 2016 年上半年到 2018 年下半年（也即区划变革后的两年关键期），鄞州双创总指数从 84.92 持续上升至 124.34，每半年的平均增幅接近 10 个百分点，呈现良好态势。指数提高的背后，是鄞州不断优化提升双创环境的不懈努力。鄞州致力于打造"热带雨林式"双创生态系统，全区上下联动，竭力给予"双创种子"成长养分。目前，鄞州区集聚了中物院宁波产业园、清华长三角研究院、宁波城南智创大走廊等一批高端科创平台；连续 7 年举办科技人才智创周、百名鄞州企业家走进中科院上海分院等活动；出台了"人才新政 22 条"，扶持力度步入全省最优行列。截至 2019 年，鄞州各类双创载体面积达到 45 万平方米，国家级众创空间和孵化器数量、孵化面积均居全市第一。

鄞州区对于"双创"事业的重视切实、高效地对接了宁波大市的发展目标。2019 年，宁波市政府印发《关于推动创新创业高质量发展打造"双创"升级版的实施意见》，这被视为宁波为推动创新创业从政策层面添的"最新一把柴"，该《意见》明确将通过 6 个方面 26 条举措，全力推动宁波创新创业迈上更高水平，力争到 2022 年，全市数字经济核心产业增加值突破 1200 亿元。近年来，宁波抓住国家小微企业创业创新基地城市示范这一"点火器"，全力激发全城创新创业热情，推进创新创业载体建设、公共服务体系完善、税费普惠金融助推、体制机制改革创新、市场创业活力倍增、小微企业升级加速等六大工程，全速优化小微企业"双创"环境、激发小微企业"双创"活力，形成了服务支撑创新、创新支撑创业、创业带动就业的良性互动发展格局。在此良好格局之下，鄞州区积极发展本区的"双创"事业，积极搭建各项服务平台，为全市创新创业发展注入强劲的动力（如图 3–10）。

图 3-10 2019 全国双创周宁波鄞州分会场系列活动

具体来说 2017 年以来鄞州区对于本区"双创"事业的引导工作可以总结为如下几项。

第一，搭建众创空间。利用"互联网+"，积极发展以众智促创新、以众包促变革、以众扶促创业、以众筹促融资的"四众"新模式，形成内外结合、企业与个人协调的大众创业、万众创新大格局。发挥行业领军企业、创投机构作用，抓紧构建一批全要素、开放式的"众创空间"，为广大创业者提供良好的工作空间、网络空间、社交空间和资源共享空间。利用宁波南高教园区高校资源，积极推广"创业苗圃+创业咖啡吧+创客空间"三创共同发展的孵化模式，引进创客学院、举办创客大赛，汇聚一批创客服务机构和专业人才。

第二，构建创新生态环境。积极倡导敢为人先、宽容失败的创新文化，加强各类媒体对大众创新创业的新闻宣传和舆论引导，在全社会形成理解创业创新、支持创业创新、服务创业创新、参与创业创新的良好风尚。提升公众科学素养，推动科普事业发展，激发青少年献身科学、踊跃创新的兴趣。扩大天使投资引导基金、创业投资引导基金规模，培育风险投资、股权投资等新兴业态，加快引进一批科技研发、知识产权、创业孵化服务等科技中介服务机构，形成支撑区域创新发展的生态系统。

第三，健全创新政策体系。优化科技资源配置，构建普惠性创新支持政策体系。加大财政对科技的投入力度，创新财政科技投入方式，综合运用贷款贴息、股权投入、风险补偿、融资担保、奖励补助等多种手段，提高财政资金使用效益和杠杆效应。推进重大科技基础设施建设和开放共享，全面落实企业研发费用加计扣除、扩大固定资产加速折旧实施范围、高新技术企业税收优惠等激励政策，引导企业加大创新投入力度。组织实施重大科技项目,建立健全企业研发投入与项目申报、补助挂钩机制。

第四,壮大创新企业群体。完善健全帮扶机制,深入实施科技创新型企业培育"311工程",择优确定 3 家科技主导型领航企业、10 家科技创新型标兵企业和 10 家科技成长型小微企业,连续三年进行重点扶持,培育一批"高、精、尖、特"领军型企业。强化企业技术创新能力建设,大力推进规模以上企业建立研究院、工程技术中心、院士专家工作站等各类研发载体。加快全芯科技、中车新能源等项目建设,集中资源要素引进一批技术密集型优质项目,做大鄞州创新型企业群体。

第五,深化企业制度创新。推进传统优势行业组织创新,鼓励行业龙头企业开展并购重组或者产业联合,共同设立行业研发联盟或研发中心,促进人才、资本、技术集聚,提高产业链协作配套水平。加强企业家培训,激发企业家创新精神,提高企业管理水平。引导民营企业实施股份制改造,探索技术入股、股权激励等分配机制,健全法人治理结构,激活企业内部活力。

表 3-2 鄞州区重大科技创新平台

鄞州科技信息孵化园	位于首南街道,建筑面积 12 万平方米。集聚科技政策、高层次人才、科技服务资源、创意文化等要素,打造成为全区孵化器的"大本营"和"领头羊"、国家级留学人员创业园和具有区域影响力的海外高层次人才创新创业基地
中物科技园	位于潘火街道,建筑面积 8.5 万平方米。以中物激光与光电技术研究所为核心,集聚海内外科技资源、创投资本、科技创新创业团队,打造具有区域影响力的军民融合光电专业孵化器引领者
浙江清华长三角研究院宁波科技园	位于潘火街道,建筑面积 25 万平方米。打造集人才引进、技术创新、科技成果产业化等诸多功能于一体的综合性平台
摩米创新工场	位于鄞州科技信息孵化园,建筑面积 1.7 万平方米,另外在首南街道建设 3 万平方米的摩米先行实验区。以电子科技大学光电信息技术团队为依托,推动智能装备、物联慧通、创智人生新型专业孵化器发展,打造现代科技产业创新服务平台

创业创新激活了一座城市的活力。区划变革后的几年内,鄞州区对本区"双创"事业大力扶持,积极搭建科技载体和服务平台,相关成果也取得了国家的认可。2019 年 5 月初,鄞州受到国务院通报表扬,入列成效明显的区域"双创"示范基地名单。2019 年 6 月,2019 全国双创周宁波(鄞州)分会场成功举行,活动围绕2019 全国双创周"汇聚双创活力,澎湃发展动力"的主题展开,包含"智鄞未来"中国智能制造高峰论坛、资本创享会、企业服务对接会三大系列活动,此次活动更是将鄞州区创新创业的氛围引到高潮,为"十四五"鄞州区"双创"事业发展开了好头。

从 2017 年区划变革后"双创"事业的再出发到 2019 年列入国家"双创"示范基地名单,显示了鄞州区区划变革后对于全区创新创业发展的重视,也显示了区划调整对于鄞州区发展新活力的刺激与培育作用。区划调整本就是谋求地域发展新突破的一种手段，鄞州区适时适当地把握住此次变革机遇，为本区未来发展添置了新引擎、注入了新活力。

三、科技成果与知识产权保护

区划调整后，鄞州区积极搭建科技载体与服务平台，一方面主攻产业升级、构建智能制造新产业，另一方面加大力度推进本区"双创"事业的发展，取得了亮眼的成绩，获得了丰硕的成果。鄞州区十分重视加快科技成果转化，不断完善以企业为主体、市场为导向、政产学研用相结合的创新体系，围绕本区优势产业和企业需求，以委托开发、联合攻关、科技成果转移等方式突破技术瓶颈，大力推进科研成果的产业化。鼓励企业借助科研院所力量建立各类科技合作平台和战略合作关系，形成技术上互动、资源上互补共享的合作创新机制，促进企业与科研院所精准对接和深层次合作。此外，强化知识产权保护，推进知识产权转化交易也是鄞州区近年来不断努力的方向，重视推进企业知识产权保护，为本区科技事业发展营造良好、健康的环境。同时，鄞州区大力支持企业主动引进科技成果并在区内落地转化，提高消化吸收再创新能力。

（一）科技项目与成果

2014年，鄞州区开始实施区级科技创新型重点企业培育"311工程"，优选3个层次通过绩效考核滚动重点支持，首批"311工程"企业主营业务收入年均增长率高达22%。2015年，鄞州区完善区级重大科技创新项目培育机制，重点扶持自主创新强、风险系数大的项目，5个项目获得500万元区科技专项资金支持。实施新一轮区级科技创新型重点企业培育"311工程"，优选3个层次通过绩效考核滚动重点支持。引进铁塔机器人、易能科技、智慧专家系统、大气离子源和启迪孵化器等8个高端项目。2016年，鄞州区参与国家重点研发计划项目2项、市重大科技专项15项、区重大产业技术创新专项6项，总金额810万元。

从以上可见，区划变革以前鄞州区在科技项目与成果方面已经取得了不错的成绩。区划变革以后，鄞州区一方面加大引进科技项目的资金支持（2015年相关项目获批专项基金500万元；2016年获批810万元；2017年获批894万元）；另一方面2017年以后鄞州区重点引进人工智能等高端项目，例如引进宁波蓝明信息科技有限公司（基于人工智能诊断系统的糖尿病视网膜病变早期筛查及检测项目）。当年累计引进高端项目 23 个，实现产值 8.83 亿元。10 家企业分别获宁波市科技进步一等奖 2 项、二等奖 1 项、三等奖 7 项。

2018 年，鄞州区继续推进科技项目引进落地，继续推动科技成果转化。2018 年，根据《宁波市"科技创新 2025"重大专项实施方案》，市科技局启动宁波市"科技创新 2025"重大专项第一批项目的组织推进工作，经专家实地核查和评审（技术挑战），推荐 107 个项目（课题）列入宁波市"科技创新 2025"重大专项项目立项计划。12 月，宁波市"科技创新 2025"重大专项第一批立项项目公布，鄞州区有 14 个项目入选。2018 年，鄞州区新引进新材料创业项目—宁波大学光电功能材料团队项目（此项目获得国家技术发明二等奖）；全年申报"3315 计划"20 余项，其中进入答辩 3 项；申报"创业鄞州·精英引领计划"36 项；至年底，实现产值 11 亿元（较 2017 年有所提高）。

此外，区划变革后，鄞州区积极开展科技成果交流，举办了一系列有影响力的活动：2017 年，鄞州区组织 70 余家企业参加 2017 中国（宁波）高新技术成果交易洽谈会、2017 年中国浙江·宁波人才科技周、2017 浙江省技术成果拍卖交易暨网上技术市场活动周。同年，建立"企业开单、院校答题、成果转化"模式，与市内外 40 余所高校建立走访机制，实现技术合同成交额 8.12 亿元，增长 14.90%。2017 年 9 月 17 日，鄞州区 2017 年首届人才科技智创周子活动——"遇见未来"人才科技成果展在宁波博物馆举行。2018 年，鄞州区深化科技合作机制，加强科技合作项目管理和提升科技大市场建设，与市内外 20 余所高校形成常态化走访机制，结合区内产业需求对市内外高校的重点优势领域进行筛选和梳理，有效把握重点高校的创新技术和成果，依托鄞州科技大市场与区内企业深入开展科技合作与交流。企业申报科技合作项目 17 项，其中国际合作项目 4 项；实现技术交易额 13.66 亿元，比上年增长 68.64%，技术交易额总量位居全市第二。

（二）知识产权保护

鄞州区的知识产权保护工作在全市范围乃至全省范围来看一直保持比较高的水平（见表 3–3）。截至 2018 年，鄞州区授权专利数连续 9 年居全省第一。2014 年，鄞州区实现专利申请量 17 224 件、授权量 12 081 件，发明专利申请和授权量分别为 3651 件和 697 件。增加省、市级专利示范企业 22 家，累计有市级以上专利示范企业 108 家。2015 年，鄞州区专利申请量和授权量分别为 16 297 件和 12 746 件。发明专利申请量和授权量为 4564 件和 1444 件，分别比上年增长 25.0% 和 107.2%，居全市第一位。全区发明专利申请量占专利申请总量的比例为 28%，提高 6.8 个百分点；授权发明专利占专利授权总量的比例为 11.3%，提高 5.5 个百分点。2016 年，鄞州区专利申请量和授权量分别为 20 774 件和 12 223 件，发明专利申请量和授权量分别为 5181 件和 1509 件，分别比上年增长 13.50% 和 4.50%，4 项数据位居全市第一。发明专利申请量占专利申请总量的 24.90%，下降 3.10 个百分点；授权发明专利占专利授权总量的 12.30%，提高 1 个百分点。2017 年，鄞州区专利申请量和授权量分别为 15 205 件和 9065 件，其中发明专利申请量和授权量分别为 4558 件和 1404 件，4 项数据位居全市第一。2018 年，鄞州区专利申请量和授权量分别为 17 550 件和 9945 件，其中发明专利申请量和授权量分别为 7201 件和 1524 件。发明专利申请量和授权量占比分别为 41.03% 和 15.32%。每万人有效发明专利拥有量 47.42 件，有独立专利代理资质的专利代理机构 8 家。

表 3-3 鄞州区 2014—2018 年专利、发明情况统计 （单位：件）

名称 年份	专利申请量	专利授权量	发明专利申请	发明专利授权量
2014	17 224	12 081	3651	697
2015	16 297	12 746	4564	1444
2016	20 774	12 223	5181	1509
2017	15 205	9065	4558	1404
2018	17 550	9945	7201	1524

资料来源：《鄞州年鉴》

从图 3-11 可直观看到的是，2017 年鄞州区各项数据（专利申请量、专利授权量、发明专利申请、发明专利授权量）较 2016 年均有所下降。可见，区划变革后的第一年，鄞州区知识产权保护的相关成果数量受一定的冲击，就实际情况而言，这种区划调整后的暂时性影响是不可避免的。从另一个角度来看，这种冲击也刺激了鄞州区接下来对于本区知识产权保护工作的投入，2017 年以后各项数据又有所回升。

2017 年鄞州区在知识产权保护方面做了如下工作：2017 鄞州区通过国家知识产权强县工程示范区复核验收。全区有独立专利代理资质的专利代理机构 7 家。成立省内首家知识产权律师事务所（雷文律师事务所），开发建设中小企业知识产权托管服务平台。认定国家级知识产权优势企业 2 家、省级专利示范企业 4 家、市级专利示范企业 5 家，累计培育国家级知识产权示范企业 1 家、国家级知识产权优势企

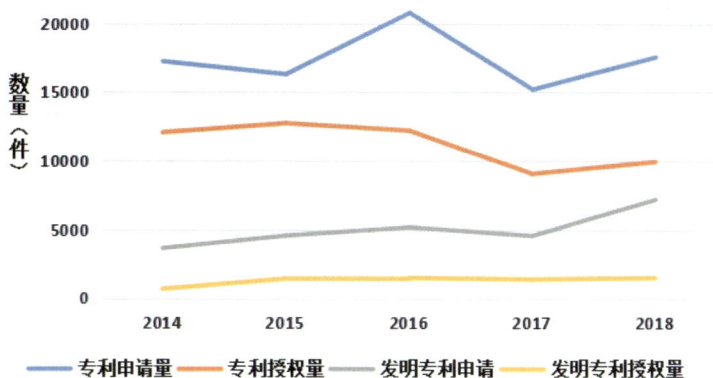

图 3-11 2014—2018 年鄞州区专利申请与授权变化

资料来源:《鄞州年鉴》

业 13 家、省级专利示范企业 34 家、市级专利示范企业 35 家。在企业贯标认证方面,2017 年,鄞州区建立以专利、商标、版权等知识产权制度和相关法律法规为基础,以政府部门、中介机构、大学和研究机构、知识产权事务服务中心、行业协会等各类组织为服务载体,以高新技术企业等创新主体的知识产权权利人为主要服务对象的知识产权服务体系。此外,2017 年,鄞州区启动企业运营类专利导航工程,拓展专利保护、申报范围,鼓励企业开展专利导航,进行专利战略分析、重点产品专利技术分析、专利布局策略研究、产品技术路线图编制等,将专利导航分析融入产品研发、市场开拓等环节;推动企业、高校院所、知识产权服务机构合作,引导企业构建高价值专利创造与专利组合新模式。其中 7 个项目被列入市企业运营类专利导航项目,4 个项目被列入高价值专利组合培育项目,1 个项目被列入知识产权运营机构培育项目,占全市总项目的 31%。

2018 至 2019 年,鄞州区继续投入相关工作,取得可观成效(从图 3-11 中也可直观看到 2017 至 2018 年鄞州区专利申请四项数据均有大幅度回升)。具体表现在:2018 年 12 月 20 日,国家知识产权局公布第二十届中国专利奖名单,鄞州区 3 件专利获奖。宁波圣龙汽车动力系统股份有限公司的“一种变排量叶片泵”、奥克斯空调股份有限公司的“一种变频空调系统及其控制方法”和宁波市轨道交通集团有限公司的“一种矩形盾构机及其控制方法”获中国专利优秀奖。此外,在知识产权运营方面,2018 年,鄞州区新增华瓷通信专利质押融资 500 万元,为 196 家高新技术企业的 1817 件国内有效发明专利、25 家高新技术企业的 108 件国外发明专利实行专利侵权责任和专利执行保险。2018 年,鄞州区继续鼓励企业开展专利导航,进行专利战略分析、重点产品专利技术分析、专利布局策略研究、产品技术路线图编制等，将专利导航分析融入产品研发、市场开拓等环节；推动企业、高校院所、知识产权服务机构合作，引导企业构建高价值专利创造与专利组合新模式。其中7个项目被列入市企业运营类专利导航项目，4个项目被列入高价值专利组合培育项目，1个项目被列入知识产权运营机构培育项目，占全市总项目的31%。2019年，建立知识产权质押融资平台，健全知识产权综合管理服务体系和保护协作机制，专利授权量达到11000件，其中发明专利1600件。稳步推进"民参军"，军民融合产业产值达到130亿元。

可见，区划变革后，鄞州区政府相当重视本区的知识产权保护。只有为创新创业者营造出一个安全、健康的环境，才能让他们在投入工作与付出心血时更有安全感，才更能激发他们自身的创造活力。"双创"事业的全面开花是本区高新技术产业发展的有力保障，也是保持新鄞州区社会新鲜血液流动的永动机。

2020年鄞州区政府工作报告中指出，"立足鄞州有突破、省市能推广、全国可借鉴'要求，在融入上级重大战略、深化关键领域改革中，充分发挥鄞州改革先锋、开放先行、创新先发优势，全力争创省制造业高质量发展体制机制改革创新实验区，拿出更多立得住、叫得响、推得开的'鄞州解法'"。秉承着这样的发展理念，区划变革至今，新鄞州的科学技术事业发展一直走在全市前列，一直推敲并精进着所谓"鄞州解法"。事实证明，在鄞州区政府一系列革故鼎新、奋进攀高的举措下，新鄞州一直保持高质量发展领跑领先，确保高水平全面建成小康社会和"十三五"规划圆满收官，加快跻身全国综合实力百强区前三，为宁波唱好"双城记"、当好浙江建设"重要窗口"模范生交出鄞州答卷。

第三节

区划变革前后的教育与体育

鄞州素有崇文重教、耕读传家的优良传统，王安石曾在鄞县办学，南宋词人吴文英、学者王应麟、史学家万斯同、全祖望等人都是鄞县人氏，且在古代思想文化史上留下了浓墨重彩的一笔，近代书法家沙孟海、画家沙耆、生物学家童第周、昆虫学家周尧等也都是鄞县人。鄞州不仅有深厚的教育文化积淀，同时具有顺应时事变革教育的创新传统。明末清初，著名启蒙主义思想家、浙东学派大儒黄宗羲在"甬上证人书院"讲学，打破"以农为本"的传统观念，提出"工商皆本""经世致用"的观点，这种进步思潮的兴起促使鄞县的封建教育较早得到改革。县城宁波开埠后，西方传教士纷至沓来设教堂，办学校，西学东渐，县人风气开通，率先兴新学，废旧学，引进西方现代教育制度和教育内容。这种自古有之的顺应潮流改革教育的先见和勇气一直影响了一代又一代鄞州教育工作者，督促他们大胆创新、顺应时代潮流、依据现实需要大胆对教育进行革新。

在教育先行、大胆革新传统影响下的鄞州，教育工作一直走在全省前列，千百年来培育了大批在国内外有重要影响力的人才。鄞州教育之所以取得如此成就，一方面与鄞州的经济、地理、历史发展密切相关，另一方面也与鄞州人民的尚学之风、历代教育工作者的耕耘、地方政府的重视分不开。放眼当前的鄞州教育发展，也正处于一个重要的发展转折点。2016年宁波市新一轮区划改革不仅在经济方面给鄞州区带去新的发展机遇，而且也对鄞州区教育文化事业的发展构成重大的影响。新一轮区划调整后，鄞州区教育局一方面面临基础教育资源整合问题，例如理顺教育管理体制、重新调整学区、优化学校资源与生源的配比等；另一方面也要解决全局性、方向性问题，例如区划调整后如何根本性地提升本区教育发展质量。这一系列的问题给新鄞州区的教育事业发展带去巨大的挑战与机遇，需要区教育局迅速地做出动作，以应对区划调整后的新形式。纵览区划变革后几年内鄞州区教育工作的开展，可以判断，在此次挑战中，鄞州区教育局秉承传统，紧抓变革机遇，使得本区教育事业向更高的层次发展。

一、基础教育

教育是国之大计，办好基础教育，更是区域寻求长远发展的根基。新一轮区划调整后，鄞州区根据本区基础教育发展的现实情况，首先把握教育发展的大方向，重新调整新鄞州区的教育方针、目标，其次着重在拓展教育资源、提升教育质量等方面动员工作，取得了良好的成效。

2017年是区划调整后的第一个完整年，这一年区教育局的整合和部署工作对今后新鄞州基础教育发展起着"承上启下"的重要作用，一来是重整改革后的教育体制、教育资源问题，二来则是要提升新鄞州教育发展质量，开启鄞州教育发展的新元年。教育方针是各项教育工作开展的基础。区划调整以前，鄞州区已经提出"三个为本"

的教育理念（即以"学生为本、教师为本、学校为本"），这也是近十年来鄞州区打造品质教育的根本指导理念。区划调整后，区教育局继续深入贯彻这一基本教育理念，同时提出了顺应时代发展的教育新方针。

2017 年，鄞州区教育局紧紧围绕"创建省教育现代化区"发展目标，着眼"品质教育、学在鄞州"发展定位，大力实施"名校强师"发展策略，深入贯彻"三个为本"发展理念，力争办好每一所学校、成就每一位教师、教好每一个学生，着力打造区域基础教育品质示范区。2018 年，鄞州教育全面学习贯彻党的十九大和全国教育大会精神，以习近平新时代中国特色社会主义思想为指导，以高水平推进教育现代化发展为目标，以融合发展为重点，以队伍建设为根本，继续以"品质教育、学在鄞州"为定位，推进教育事业发展。2019 年是新中国成立 70 周年，是深入贯彻落实全国教育大会精神的开局之年，也是鄞州"二次创业"再出发、"两高四好"勇攀高的起步之年。2019 年鄞州教育工作围绕"学精神、补短板、促均衡、创特色、提质量"五个方面，深入实施 10 项具体行动，推动鄞州教育高水平建设、高质量发展。

总体而言，区划调整前后，鄞州区的教育目标实现了从夯实基础转向提升质量，加强打造"名校强师"，努力提升本区教育水平。这也符合区划调整的本质要求，即打破旧体系，建立新机制，为鄞州教育灌输新鲜血液，使得区域发展向更高的层次发展。在具体的教育方针指导下，新鄞州区加紧开展其他教育工作，首要工作便是基础教育资源的扩容。

如图 3-12、图 3-13 所示，行政区划调整前（2016 年 10 月前），原鄞州区共有普通中学 43 所，在校学生 42 279 人，其中初中 29 所，高中 14 所，在校人数分别为 29 980、12 299 人；小学 71 所，在校学生 81 536 人；幼儿园 175 所，在校人数50 722。行政区划调整后（2017 年）鄞州区共有普通中学 27 所，在校学生 27 707 人，其中初中 25 所，高中 2 所，在校人数分别为 27 378、329 人；小学 60 所，在校学生 67 581 人；幼儿园 137 所，在校学生 41 513 人。从对比数据可见，在此次行政区划调整后，由于行政管辖范围的缩小，鄞州区学校数量和在校生人数（指学前教育与义务教育两个阶段）都有大幅度的减少。表面来看，行政区域面积的减少会缓解人口与就学压力，但实际上，学校数量的大量减少、2015 年开放的普遍二孩政策、户籍制度改革等早已经使得地区就学压力增大。区划调整后，新鄞州区也不可避免地面临这样的教育基础性问题。因此，2017 年以来，鄞州区着重拓展基础教育资源，加强推进学校建设（尤其是推进幼儿园建设来缓解适龄儿童的就学压力），具体可参见

表 3-4 中近年来鄞州区学校建设情况。

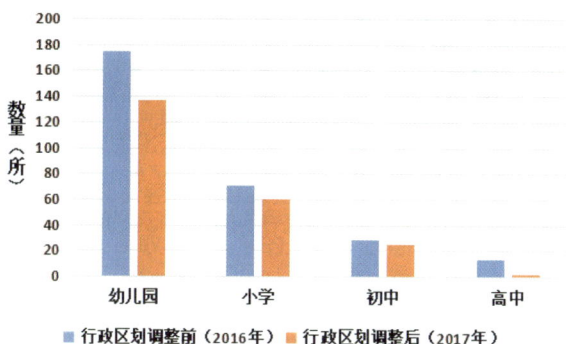

图 3-12 2016—2017 年鄞州区基础教育统计

资料来源：《鄞州年鉴》

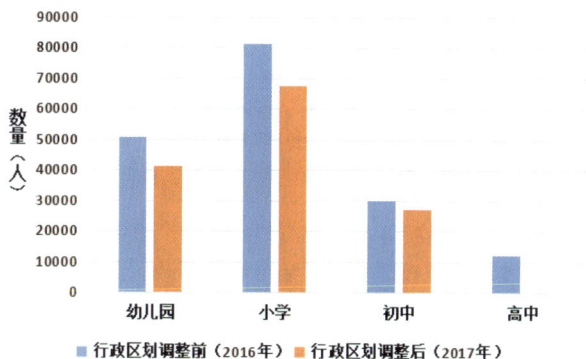

图 3-13 2016—2017 鄞州区义务教育阶段在校学生数量统计

资料来源：《鄞州年鉴》

从表 3-4 可以看到，为缓解就学压力，幼儿园建设是这几年来鄞州区教育投入的重点工作之一。

表 3-4 2017—2019 年鄞州区基础教育学校建设情况

2017	华泰小学东校区、宁波艺术实验学校东校区、瞻岐镇中心小学、格兰晴天幼儿园、金域传奇幼儿园、江山万里幼儿园、好时光幼儿园 7 所学校（幼儿园）投入使用，鄞州托幼实验园、李惠利幼儿园新都园、紫郡幼儿园、东杰幼儿园、世纪花园幼儿园及分园 6 所幼儿园完成改建
2018	推进潘火实验中学、蓝青小学、长丰小学、学士小学建设，董山小学南校区、邱隘镇明湖幼儿园、东部新城中心园、市机关二幼保利印江南园、姜山雅旭花苑幼儿园、区实验幼儿园郡庭园、潘火德培幼儿园香园园 7 所校（园）投入使用，增加学位 1600 个
2019	加快建设中河初中、钟公庙第二中学等工程，启动建设波波城区块学校、首南保障房配套学校等项目，建成 4 所学校，10 所幼儿园

2017 年，鄞州区出台《鄞州区第三轮学前教育行动计划》，开展幼儿园省一级

园、二级园发展性评估工作和二级园三年发展规划制订工作，获评省一级幼儿园1所、二级幼儿园7所。同年，出台《鄞州区薄弱幼儿园整改提升实施方案》，通过撤并、置换园舍、设施修缮、设备投入、内涵建设等举措，全面整改提升准办幼儿园、三级幼儿园。探索紧密型、松散型等形式的集团化办学模式，首批组建12个紧密型学前教育集团，首批促成31对结对幼儿园。鄞州区优质学前教育资源覆盖率75.30%。2018年，鄞州区第二轮学前教育行动获市政府表彰，出台第三轮学前教育行动计划，启动幼儿园课程改革，举办幼儿教育课改论坛反响良好。2018年8月26日鄞州区印发《鄞州区第三轮学前教育行动计划（2018—2020年）》该计划到2020年，全区新（改、扩）建公办园、普惠性民办园40所以上，撤销、整改提升薄弱园29所；公办园和普惠性民办园比例在95%以上，招生覆盖率在97%以上，建成25个以上的品牌学前教育集团，优质品牌集团化覆盖率50%；实施薄弱幼儿园整改提升工程，全面排查三级以下薄弱幼儿园，通过专项资金投入、园舍置换、设施设备增添等方式促进硬件提档升级，通过规范办园行为、优化管理机制、建强师资队伍等途径提升薄弱幼儿园的保教质量；区域学前教育发展品质和均衡度明显提升，省等级幼儿园招生覆盖率在99%以上，省二级及以上幼儿园招生覆盖率在80%以上。2019年，鄞州区继续保质保量加快推进在建校园项目，结合户籍新政、全面二孩等因素，提前谋划"十四五"学校、幼儿园的布点，摸清学龄儿童底数，争取满足群众家门口上好学的需求。

在着力推进基础教育资源扩容的同时，鄞州区教育局也十分关注"均衡教育资源"的问题。2016年的新一轮区划调整，为鄞州区带来了重组教育资源的良机。一方面，行政区域面积的减少、重组（原鄞西区域划归海曙，江东区并入新鄞州，这使得新鄞州在区域管辖范围更为紧凑）有利于集中优化教育资源配置。但另一方面也要关注到本区教育事业发展中的现实问题：第一，基于深厚的教育文化历史积淀，鄞州区向来重视本区教育发展，为教育发展投入大量资源。但从近几年鄞州区对幼儿园建设事业的投入来看，区划变革后新鄞州区的教育资源仍旧比较紧张。第二，区划变革使得鄞州区城区面积变大，加速鄞州区城市化速度，这也对教育资源的布局提出了新的要求，必须加快教育资源配套与精准投放，这对鄞州区整体教育事业来说是个巨大的挑战。此外，城乡之间、区域之间、校际教育发展不均衡，部分区域教育资源紧缺，民办教育发展还相对受限等问题也仍然存在，这与鄞州区政府对鄞州教育事业的发展定位也是不相符合的，相关工作的开展依旧任重而道远。

鄞州区教育局对这些教育基础问题相当重视。2019鄞州区教育局召开班子专题会议，会议提出要着力破解教育发展不平衡、不充分问题，着力缩小城乡间、地区间、校际差距，整体提升城乡学校教育质量和办学水平，持续推进城乡教育一体化。面对这些复杂形势，鄞州区教育局要始终保持定力，讲政治、守规矩，牢牢把住办学方向；始终保持初心，干事业、谋发展，踏实做好本职工作；始终保持斗志，争一流、创先进，确保鄞州教育领跑领先。

从根本上看，区划变革旨在为区域发展注入新活力。因此，相关教育工作不仅需要着力解决本区基础的教育问题，满足群众基本的就学需求，更要将眼光放远，关注当前全市乃至全国的教育形势，着力推进基础教育改革，提升本区基础教育质量。党的十八大以来，我国经济发展已由高速增长阶段转向高质量增长阶段，教育作为国之根本，理当顺应时代潮流，进行改革创新。2018年全国教育大会的召开更是昭示着教育发展的新阶段的到来，习近平总书记在大会中指出，"改革创新是时代发展的不竭动力，更是教育发展的时代主题。深化教育改革创新、推动新时代教育改革发展，就是对新时代新形势下更高远的历史站位、更宽广的国际视野、更深邃的战略眼光的及时呼应，是改革开放和社会主义现代化建设、促进人的全面发展和社会进步对教育提出新的更高要求的持续响应，不仅是中华民族复兴的力量源泉，也是教育自身提升发展的方向与路径。"可以判断，2016年区划变革之后，鄞州教育事业既站在本区发展的转折点，同时也迎来了全国教育发展的新时代。鄞州区教育局牢牢把握这个时机，着力推进本区教育改革、创新教育方式、提升基础教育的质量，其主要工作有以下几点。

第一，深化义务教育改革。区划调整后，鄞州区教育工作持续推进义务教育改革工作（见图3-14）。2017年深化义务教育改革主要做了以下工作：调整义务段学校作息时间，出台学生作业管理意见，切实落实"三个更重要"育人思想。以项目制形式，推进课堂教学改革、课程改革、导师制、学生综合评价、家校共建等重点改革工作，积极引进STEM、戏剧、创客、OM等课程资源。出台《推进基础教育集团化办学实施意见》，充分利用一批名校资源，做大做强现有优质教育品牌。出台《进一步加强初中学校建设的工作意见》，在人员、物资、经费等方面予以保障，引领区域基础教育发展。2018年，鄞州区持续深入推进课堂、课程、作业作息改革，加强专项督导力度。组织召开课程改革成果展示会、STEAM课程推进会、分层教学推进会等会议，筹备沪甬小学教育论坛。完善深化教学"五认真"。深入推进评价改革，全面实施学校发展性评价，切实转变单纯以升学、成绩评价学校的导向，积极创建全国基础教育优质均衡区。围绕师德、师风、师能，改革完善教师评价机制。充分借鉴上海等地做法，建立学生综合素质评价体系。

图 3-14 "浙江省基础教育课程改革工作会议"召开

第二，深化集团办学，扩大名校名园覆盖率。为进一步提高本区基础教育水平，带动乡镇教育发展，区划调整以后，鄞州区着力推进"集团化办学"，加强"名校名园"建设，发挥名校名园的带动作用。2017 年，出台《推进基础教育集团化办学实施意见》，鄞州区组建了 6 个初中、9 个小学、12 个幼教教育集团，形成名校规模效应，并把优质教育资源向农村和薄弱学校辐射。同年，鄞州区基础教育集团挂牌成立大会在华泰小学东校区举行。强调在集团化办学中实施"强校 + 新校""强校 + 普通校"等模式。将集团化办学发展专项经费纳入预算管理，专款专用，每年至少安排 260 万元。2018 年，继续着眼强质量，落实《加强初中学校建设的工作意见》，实施初中强校工程，组织沪甬初中教育论坛，深入推动初中学校质量提升。2019 年，继续大力实施初中强校工程，进一步深化集团化办学工作，对第一批教育集团进行扩容，组建第二批集团，实施捆绑式考核。推进薄弱校园整改，抬高发展底部。深化教师校长交流，开展教研员定点帮扶薄弱学校，推进名师、名班主任工作室等资源向农村偏远学校覆盖，深入推进教育均衡优质发展。

第三，做强智慧教育工程。区划调整后，加强智慧教育建设是鄞州区提升整体教育质量水平的基础工程。2017 年，鄞州区召开"互联网 + 教育"工作推进会，组织实施义务段学校智慧教育建设项目，三年共安排近 2400 万元经费着力推进区域智慧教育建设。江东中心小学获评第二批省数字化示范校，邱隘实验小学等 4 所学校通过市"智慧校园"示范校评估。稳步推进"空中课堂"建设，暑期学生报名总人数 8000 余人，报名率 51%，成为鄞州智慧教育的一个重要载体。2018 年，鄞州区加强"千校结好"工作，推进智慧教育，获评省教育技术装备规范管理示范区。推进智慧教育，加强基于大数据应用的学情监测、分析、反馈、管理系统建设。加快推进智慧教育发展，打造一批未来教室、云教室、空中课堂，推广自动阅卷系统，形成一批基于"互联网+"应用的课改特色项目。

2019年，钟公庙中学投入100万元和北京师范大学联合启动"智慧课堂环境下的常态化创新教学模式"项目，实现光屏互动的开放性教学。学生在线答题、上传答案，系统自动批改、统计正确率，学生能马上拿到成绩单和错题分析，老师也能在后台直接看到成绩单和分析报告，并及时进行讲评，课堂效率显著提升。"以学生为中心，把课堂还给学生，实现个性化学习"。智慧课堂将为鄞州区智慧教育改革起到表率示范作用。钟公庙中学的智慧教育是鄞州区常态化创新智慧课堂的一个缩影。近三年来，鄞州区借助"电子白板、即时反馈系统（IRS）、平板电脑和自动录播系统"等信息技术，打造智慧化课堂教学。深入推进智慧教育"空中课堂"和"名师讲堂"建设，通过远程交互平台，开展同步网络视频教研活动，实现名师网上送教、网上课堂诊断、网上教学观摩、网上教学指导、网上教研等，让城乡师生可以跨越时空限制共享优质教学资源。

2019年，鄞州入选浙江省"互联网+义务教育"实验区。全面推进信息技术与教育教学深度融合的区域性探索，进一步探索城乡义务教育一体化发展的体制机制，研究"互联网+义务教育"结对帮扶中的深层次问题。率先在江东中心小学和天童小学、宁波市第七中学和横溪镇中学组建"互联网+义务教育"帮扶结对教学联盟。成功对接衢州市衢江区云溪小学、衢江区高家小学、衢江区第四小学三所乡村学校，有效带动当地农村学校在教学理念、教学方式等方面的跨越式提升。截至2019年年底，鄞州区成功结对18所城乡学校，共开展城乡同步课堂265次，累计参与师生人数23345人；共开展网络教室研修活动149次，累计参与师生人数2676人。2020年，鄞州区将积极探索有效的城乡学校结对帮扶模式、探索优化满足城乡结对的技术环境、探索基于技术的"学共体"建设机制，探索"互联网+"的教师专业能力提升。同时，加强与"互联网+义务教育"实验区相匹配的教师队伍建设，依托"教师信息技术应用能力提升2.0工程"的实施，提高校长信息化领导力、教师信息技术应用力和团队信息化指导力，提高线上线下混合式教学水平。预计到2020年底，鄞州区所有农村学校"互联网+义务教育"结对帮扶将实现全覆盖。

第四，加强教师队伍建设。教师队伍建设是提高教育发展水平的基础，教育队伍素质水平的高低与当地教学质量的优劣有直接联系，因此，在区划调整后的 2017 年，鄞州区教育局就出台了《加强新时期教师队伍和人才队伍建设实施意见》，力图破解原教师队伍中存在的诸多问题。该《意见》的主要内容包括：一是开展教师"区管校聘"工作试点。组织区划调整以来首批区名校长、名教师、名班主任评选，启动市名校长、名教师、名班主任、省特级教师后备人才培养工作，加强教师队伍领军人物培养，大力引进教育人才，2017 年鄞州区引进上海市静安区教育学院附属学校校长（静安区教育学院前院长）张人利、虹口区教师进修学院前院长马骉担任鄞州区区域教育顾问，成立马骉特级教师工作室，引领教师发展。开办名优教师培养工程，当年鄞州区获评市名师 10 人，省教坛新秀 6 人，人数居宁波市各县（市）区首位。另招聘教师 122 名，交流教师 58 名，其中骨干教师交流 30 名。二是优化干部队伍培养。出台公开推荐选拔局管校（园）级后备干部实施方案，通过组织推荐、署名推荐、个人自荐三种推荐方式选拔一批校园（园）级后备干部。启动中小学校长创新力培训班，培养校长的创新领导力。三是完善义务教育经费保障机制、校舍安全长效机制，逐年提高中小学生人均公用经费，加强农村学校建设维修保障力度。四是加强教师关心关爱机制建设。当年鄞州区教育局出台《公办中小学人事代理制教师招录管理办法》，通过第三方招聘一批聘用制教师，待遇等同于编制教师的 60%，稳定、规范聘用制教师的管理和培养，弥补教师编制不足的问题。出台《公办幼儿园编外教师和普惠性幼儿园教师管理办法》，提高幼儿园非编教师的待遇，年薪达到 6～9 万元水平。幼儿园中的校医、保育员年收入也酌情提高。通过统一调整完善教师绩效工资方案，使得鄞州区教师工资水平处于全省前列。

2018 年在上一年改革的基础上鄞州区继续加强师德师风建设，主要工作有：出台《进一步加强和改进班主任队伍建设的意见》，使得名班主任与名师同等待遇。实施乡村教师支持计划，推进教师校长交流工作，在全省师训工作会议上作经验交流。2018 年着眼强动能，抓实教师发展，队伍培养喜获大丰收。赴华东师范大学、浙江师范大学吸纳重点大学毕业生进入教师队伍，招录新事业编教师 225 名，代理制教师 80 名。聘请张人利、马骉 2 位顶级专家为首批未来教育管理名家培养工程导师，安排 12 名初中校长跟班学习。持续推进高端教师培养工程，创建 2 所省级示范性教师发展学校，2018 年先有 4 名教师获评省特级教师，5 名教师获评正高级职称，9 名教师荣获市教坛新秀一等奖，14 名班主任获评首届宁波市新秀和骨干班主任，8 名教师获省级先进，18 名教师获市级先进，3 名教师获评区道德模范和提名奖，周秀芳老师获评"全国脱贫攻坚奉献奖""浙江骄傲"等荣誉称号。

2019年鄞州启动名校长名师名班主任培养工程。3月30日,区教育局启动"名校长、名师、名班主任"(简称"三名")培养工程,聘请区外教育界"大牛"对251名学员开展针对性培养。通过实施"三名"培养工程,鄞州区争取5年内新增省特级教师、正高级教师10名,市名校长、名师、名班主任35名,市学科骨干教师、骨干班主任25名,辐射引领全区教师队伍的专业成长,实现区级骨干教师及以上教师达到全区教师总数的20%。同时,鄞州区也高度重视优秀高级教师的再成长、再发展,早在2013年就出台《鄞州区高端教师培养方案》,至今自主培养正高级教师8人、省特级教师10人、市名校(园)长8人、市名师(专业首席教师)22人、市学科骨干教师31人、省教坛新秀12人、市教坛新秀168人。"三名"培养工程是高端教师培养工程的再深化。其中,名校长培养工程分近期和中期培养两个层次,名师、名班主任培养工程设置了冲击省特级教师、正高级教师、市名师、市学科骨干教师等子计划,名班主任培养首次纳入培养体系,分层设置了冲击市名班主任、市骨干班主任两大梯队。根据计划,区教育局每年安排100万元专项资金,用于"三名"培养工程培养对象的培训、访学、高层次学术交流等。启动仪式上,上海市特级校长、上海市名校长培养基地主持人、上海市静安区教育学院附属学校校长张人利,华东师范大学附属杭州学校校长、上海市著名特级教师马骉继续受聘为鄞州区教育顾问。区外的10位知名校(园)长和特级教师、正高教师代表受聘为"三名"培养工程导师。深入推进队伍建设,出台《加强新时期教师队伍和人才队伍建设实施意见》,破解教师队伍中存在的问题。继续开展教师"区管校聘"工作试点,进行组织区划调整以来首批区名校长、名教师、名班主任评选,启动市名校长、名教师、名班主任、省特级教师后备人才培养工作,加强教师队伍领军人物培养,大力引进教育人才。持续加大师德师风建设力度,加强教师关心关爱机制建设。深入推进立德树人,继续抓好中小学生习惯养成学段重点目标,开展学生德育主题教育活动,适时召开全区德育工作会议,探索研究学生合理惩戒教育。继续推进德育导师制建设,持续抓好班主任队伍建设。加强"四点钟学校"建设,进一步健全课后托管服务体系。深化全国青少年校园足球试点区、省艺术教育实验区、省旅行学研学试点区建设。

基础教育发展水平是衡量一个地区教育总体质量的基准。区划变革后,鄞州区大力推进本区的基础教育建设。一方面,着力解决基础性的教育问题;另一方面,着力推进本区基础教育水平的提高。在这个崭新的教育时代里,区教育工作者们秉承了鄞州崇文重教、大胆革新的优良精神,始终坚持推进本区教育事业的新发展,相信在接下来的"十四五"阶段,本区基础教育事业会有长足的进步。

二、特殊教育、终身教育与民办教育

办好教育,提高全区教育水平和质量,不仅要重点推进基础教育建设,更要关注到职业教育、特殊教育与社会教育。数据显示,2016 年,鄞州区拥有中等职业教育学校 8 所,在校学生 11 850 人。区划变革后(2017 年数据),鄞州区中等职业学校减少至 2 所(原鄞州区实力比较雄厚的古林职业高级中学区划变革后划归海曙),在校人数只有 551 人。纵观近年来鄞州区各项教育工作推进,可以看到区划变革后,鄞州区把基础教育外的教育资源和教育力量主要投放到特殊教育与社会教育(包括终身教育与民办教育)两块内容上。

(一)特殊教育

特殊教育是使用一般的或经过特别设计的课程、教材、教法和教学组织形式及教学设备,对有特殊需要的儿童进行旨在达到一般和特殊培养目标的教育,它的目的和任务是最大限度地满足社会的要求和特殊儿童的教育需要,发展他们的潜能,使他们增长知识、获得技能、完善人格,增强社会适应能力,成为对社会有用的人才。一个区域的特殊教育支持力度、发展水平也决定了该区域教育总体水平和公平性。

2016 年,鄞州区拥有特殊教育学校 1 所,在校学生 206 人。2017 年,鄞州区特殊教育学校增加至 2 所,在校学生 287 人。2017 年,区教育局着重强调要推进特殊教育发展,当年制订了《鄞州区特殊教育第二轮行动计划(2017—2020)》,督促相关部门做好残疾儿童排查、统计、入学工作,深化特教中心就读、随班就学、送教上门等形式,探索学前教育联合办学模式,引入职高师资,拓展特教向学前教育和职业教育延伸。建立特教工作联席会议制度,完善考核奖励机制,将特殊教育发展纳入对镇乡政府教育现代化考核内容。加强经费保障力度,推进资源教室建设,建成资源教室 38 个。2017 年 5 月 15 日,区特殊教育中心与朝阳小学联合建设卫星班,这是鄞州区设立的首个特教卫星班。卫星班即特殊教育学校在普通学校附设的班级,是特殊教育走向融合的新路径。根据计划,卫星班的课程管理由区特殊教育中心负责,每学期由区特殊教育中心联合卫星班所在普通学校一起制订课程计划,排定课程安排表;卫星班为每个学生制订个别化教育计划。首期 6 名特殊儿童在朝阳小学接受特殊教育。到 2018 年 11 月，鄞州区共建资源教室 40 个，实现各镇（街道）全覆盖，适龄残疾儿童少年入班（园）率在 85% 以上，义务教育入学率 100%，基本满足残疾儿童入学（园）需求。2018 年 6 月底，鄞州区接受省特殊教育督导评估，特殊教育工作举措和成效获评估组专家肯定。此外，2018 年 5 月，鄞州区牵头 13 家企事业单位与鄞州区特殊教育中心签订爱心联盟协议，设立 18 个实践融合项目。按照计划，这些企业将为鄞州区特殊儿童提供志愿服务平台，助力特殊儿童成长和融入社会，预计每年受益 600 人次。至年底，有 1200 人次受益。首批爱心联盟 13 家企事业单位涵盖高校、银行、医院、商店、电影院、社会公益机构等各个类别。根据协议，爱心联盟单位将免费为特殊儿童提供明确的实践或实习岗位，安排志愿者对特殊儿童给予培训和讲解，帮助他们掌握实践技能。

（二）终身教育与民办教育

终身教育国际上将其定义为与生命共有，外延扩展到社会各方面的连续性教育。终身教育在实现人与社会的协调发展、调节教育收入与资源方面发挥着重要作用。基于终身教育的重要性，区划调整后，鄞州区教育局加大终身教育建设力度。2017 年，鄞州区开展双证制培训、预备劳动力培训、扫盲培训、企业职工培训等，培训近 35 万人次，老年教育覆盖率在 35% 以上，各成人学校接受外来务工人员培训人次在 12% 及以上。2017 年 4 月 9 日在宁波市十五届人大一次会议通过的《政府工作报告》中，将老年服务列入十大民生实事工程，其中区社区学院、瞻岐镇成人文化技术学校、姜山镇成人文化技术学校、塘溪镇成人文化技术学校成为宁波市老年教育学校（学院）挂牌单位。共设立老年教育村（社区）教学点 32 个，成立实体班级 54 个班，培训老年学员 29 892 人次。咸祥镇成人文化技术学校获评省现代化成人学校，鄞州区社区学院获评全国首批城乡社区教育特色学校，鄞州区获评 2016 年度省级优秀学习型城市。2017 年 11 月 2 日，中国成人教育协会农村成人教育专业委员会、教育部社区教育研究培训中心公布全国"首批城乡社区教育特色学校"名单，鄞州区社区学院获评志愿服务特色学校。

2018 年，鄞州区继续推进相关建设：成立终身教育发展研究室，强化顶层设计，夯实社区教育发展基础；整合多方资源，推进成人学校、社区学校（院）、老年大学三校合一，构建区老年大学、老年开放大学、街镇老年大学三线推进的老年教育网络体系，实现鄞州区老年大学教学点全覆盖，成立城南成校（功能覆盖原鄞州中心城区 5 个街道）和城北成校（功能覆盖原江东 7 个街道），在首南、钟公庙、中河、潘火 4 个街道落实城南成校办学场地布点。其中 11 所镇（街道）老年大学（学院）达到市级挂牌标准，各镇（街道）老年大学在校学员 6 420 人，各类老年人学习团队 112 个，设立村居（社区）老年教学点 160 个。咸祥镇成人文化技术学校入选第二批全国城乡社区教育特色学校；姜山镇成人文化技术学校入选全国农村优秀学习型部门（成校）；云龙镇上李家村获评全国优秀学习型村居；塘溪镇成人文化技术学校获评 2017 年度省现代化成校。同时，鄞州区教育局落实《关于进一步加强全省成人学校社会培训工作规范管理的通知》精神，修订《鄞州区成人教育发展专项资金管理办法》，制定《鄞州区教育局关于进一步加强社会培训监管的意见》，实施成人学校社会培训月报制，分人次、人数单列老年人培训、外来务工人员培训数据统计。组织实施鄞州区企业职工培训、农村预备劳动力培训内审工作，做到边审查边整改。开展各类社会培训，下达"双证制"培训 1 220 人、预备劳动力培训 340 人、扫盲培训 180 人、企业职工培训 4 300 人等任务指标。完成各类社会培训 25 万人次，其中老年教育 8 万余人次，脱盲 101 人。

我国民办教育历史悠久，私学传统源远流长。鄞州区作为崇文重教之地，自然也对其颇为重视，针对区划调整前鄞州区民办教育的诸多短板，鄞州区教育局在区划调整后着力拉高民办教育短板。2017 年推动办学条件简陋的流动人口子女学校改建、撤并、关停工作，完成横溪新民学校、岐山初中、下应正腾学校、五乡启明学校、塘溪利民学校等撤并工作；潘火花园学校、云龙曙光学校、横溪岐山学校、五乡启明学校等实现独立运行。同时为提高外来人口吸引、提升民办学校教育质量、提升总体教育公平性，鄞州区政府融合原鄞州区、原江东区补助政策，制定《鄞州区外来务工人员子女教育专项资金管理办法》及《外来务工人员子女学校办学水平提升指导意见》，通过扩充硬件、补充师资、结对帮扶、公派校长等形式，提高办学质量水平。调整民办学校和普惠性幼儿园收费标准，以补助教师收入，稳定教师队伍。安排专项经费，利用暑期开展专项整改行动，改善民办幼儿园办学环境。2017 年在校学生有 2 103 人，教职工 347 人。民办外来务工人员子女学校 14 所，在校学生 9 744 人，专任教师 464 人。民办幼儿园 59 所，在园幼儿园 12 619 人，专任教师 945 人。民办教育培训机构 139 家。2018 年 10 月 29 日，鄞州区政府出台《鄞州区流动人口子女义务段积分入学管理办法》，该办法明确积分入学两个条件：一是父母双方在鄞州区有相对固定住所，截至适龄子女入学当年 3 月底，在鄞州区连续居住一年及以上且持有效居住证；二是父或母一方在鄞州区连续按月参保截至适龄子女入学当年3月底满一年及以上的，均可为其适龄子女申请入读区内学校的起始年级。根据申请，视综合积分排名安排入学。全区每年新入学的近万名学生中，流动人口子女占40%～50%，实行子女积分入学办法更能体现教育公平。至年底，提出积分入学申请3500人。此举有助于推进义务教育均衡发展，促进教育公平。

三、体育事业

鄞州区相当重视本区体育事业发展。截至2018年，鄞州区体育局已连续15年在全市体育工作考核中获一等奖。具体而言，变革后鄞州区体育事业发展主要集中在"群众体育""竞技体育"两个方面。

在群众体育建设方面。2015年鄞州区全面落实"全民健身"国家战略，已经取得一定的成绩。区划变革后，鄞州区抓住变革的机遇实施新一轮鄞州区全民健身计划，出台《鄞州区全民健身实施计划（2017—2020）》，明确2017—2020年期间鄞州区全民健身事业发展方向和主要指标量化要求，从实施全民健身设施优化工程、组织网络活力工程、全民健身活动特色工程、健身服务市场培育工程、青少年体育提升工程入手提出具体的工作任务，从加强组织领导、落实政策保障、营造健身氛围、加强督导考核四个方面提出五大工程具体保障措施，提出到2020年，建立起设施更均衡、组织更健全、活动更丰富、服务更优质、群众更满意的全民健身公共服务体系。

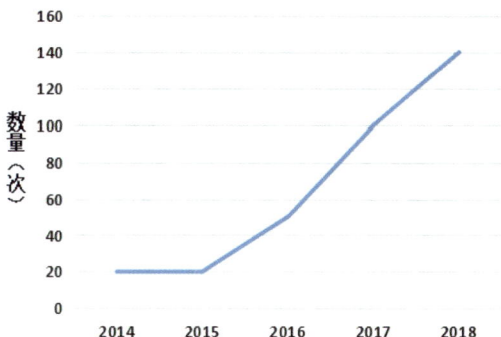

图3-15 2014—2018年鄞州区群体赛事和活动数量统计

资料来源：《鄞州年鉴》

2014年和2015年，全区举办区级群体赛事和活动均为20余次。2016年至2018年，全区举办区级群体赛事和活动分别为50余次、100余次、近140余次。从图3-15数据可直观看到，自2015年落实"全民健身"国家战略以来，鄞州区群众体育事业的发展程度与群众参与度有所提升。尤其是 2016 年至 2017 年，全区举办区级群体赛事和活动从 50 余次增长到 100 余次，是一个比较大的增长，说明 2017 年出台的相关政策对于鄞州区群众体育事业开展具有较大的推动作用。此外，2017 年至 2018 年也增加了近 40 次的活动数量，可以判断，近年来，鄞州区的群众体育事业有了长足的发展，鄞州民众的"全民运动"意识也在不断提升。

群众体育事业的发展离不开本区公共体育设施的建设与完善。2017 年鄞州区实施编制《鄞州城区"十三五"公共体育设施布局规划》，强调推进本区基础体育设施建设。2017 年，本区人均体育场地面积 2.30 平方米，新增和更新健身路径 37 条，新建村（社区）多功能运动场 2 座、笼式足球场 6 座、拆装式游泳池 2 座、中心村全民健身广场 2 座、体育休闲公园 6 座、城市健身步道 3 条；进行浙江省小康体育村（社区）设施提升工程 16 项。创建浙江省老年活动中心俱乐部 2 家、浙江省幼儿体育示范幼儿园 2 所、省级体育先进社区 5 个、省级现代化体育镇（街道）2 个、省级社区体育健身俱乐部 1 家、省村级体育俱乐部 1 家、"四提升四覆盖"镇（街道）15 个。2018 年，鄞州区有 17 个体育设施建设项目入选省、市民生实事工程，1 个游泳池、4 个社区多功能运动场和 10 个小康体育村升级工程为省民生实事工程，2 个村级全民健身场地建设项目入选 2018 年度市政府民生实事项目，并于年底全部通过验收。

图 3-16 2018 年"日月杯"宁波太白湖国际马拉松举行

推进经济社会的发展是进行区划变革的根本目的，而人民作为经济社会的主体更是需要被高度重视。鄞州区政府对于群众体育事业的投入是为了提高本区人民的体育运动参与度，增强全区人民身体素质，只有全民强身健体才能为经济社会的发展打下良好的基础。可喜的是，鄞州区的相关建设工作也取得了较为可观的成效，鄞州区 2018 全年对 6 000 余名 3～60 周岁的不同人群进行国民体质测试，全区体质合格率 95.20%，高于浙江省平均水平。

"竞技体育"事业在区划变革后，鄞州区也取得了不错的成绩。2017 年，鄞州区获"浙江省竞技体育贡献奖""宁波市承办大型体育赛事突出贡献单位"等称号。区体育中心被国家体育总局授予"全国群众体育先进单位"称号，区青少年业余体育学校被省体育局授予"浙江省竞技体育突出贡献奖"称号。2018 年，获得省体育局授予"浙江省群众体育工作成绩突出单位""2018 年度体育宣传工作卓越奖"称号。2018 年，鄞州区竞技体育工作围绕"备战市运、参战省运"的中心任务，优化业余训练网络，夯实备战基础，保障优势重点，挖掘潜在竞争力。备战宁波市第十八届运动会，参战浙江省第十六届省运会，保持鄞州区领先全省的优势。同年，省、市青少年运动员注册运动员超过 1000 人。组织参加 2018 年度市青少年系列比赛全部十三项赛事，取得足球、乒乓球、游泳、射箭、羽毛球 5 个项目团体第一，取得全市金牌总数第一名。鄞州区成为宁波市首批入选全国青少年校园足球试点县（市、区），新增鄞州区第二实验小学为全国青少年校园足球特色学校。另外，塘溪镇中心小学入选 2018 年省青少年校园足球特色学校。

自新一轮区划调整以来，鄞州区始终坚持"三个为本"的教育理念，在教育改革上推陈出新，力争实现省级教育现代化区，三年来鄞州教育事业取得了可喜的成绩，其所做的工作正是贯彻了党的十九大和全国教育大会精神，相信在今后，鄞州的教育事业会更上一个台阶。

本章参考文献

1. 叶夏主编：《鄞州教育志 1978—2008》，中国文史出版社 2016 年版。

2. 林拓、申力等：《中国行政区划改革再出发》，人民出版社 2019 年版。

3. 宁波市鄞州区人民政府地方志编研室：《鄞州年鉴》，方志出版社 2016—2019 年版。

4. 宁波市鄞州区人民政府地方志办公室：《鄞州年鉴》，浙江人民出版社 2015 年版。

5. 吴芝宇：《鄞州：人才招商加快"质量新鄞州"建设》，《今日科技》2019 年第 12 期。

6. 赵庭、赵广忠：《让"品质教育"成为一张亮丽的名片——访宁波市鄞州区教育局局长王建平》，《中国德育》2019 年第 8 期。

7. 方敏波：《宁波市鄞州区外来务工子女教育问题研究》，宁波大学硕士论文，2018 年。

8. 徐华：《社会力量参与公共文化服务的"鄞州模式"探析》，广西师范大学硕士论文，2017 年。

9. 中国政府网 http://www.gov.cn/zhuanti/19thcpc/baogao.htm

10. 宁波市人民政府 http://www.ningbo.gov.cn/

11. 宁波市非物质文化遗产网 http://www.ihningbo.cn/

12. 鄞州史志 http://yzsz.nbyz.cn/?tdsourcetag=s_pcqq_aiomsg

13. 鄞州区人民政府 http://www.nbyz.gov.cn/

14. 鄞州新闻网 http://www.yznews.net.cn/

15. 鄞州科技局 http://www.nbyz.gov.cn/col/col1229108479/index.html

第四章

鄞州区划变革与城乡管理建设

第一节

区划变革前后的城乡建设

　　为加快推进宁波城市化发展进程，确保现代化都市建设的提速提质，真正达到"十三五"规划期间，全市在经济社会各项工作中能够创新、协调、绿色、开放、共享发展，进一步提高城市规划、建设和管理水平，提高城市综合承载能力。2016年10月24日，宁波市委、市政府召开宁波市行政区域调整工作动员大会，会上，根据国务院函〔2016〕158号关于《国务院关于同意浙江省调整宁波市部分行政区划的批复》和9月28日浙江省人民政府关于调整宁波市部分行政区划的通知精神宣布撤销宁波市江东区，将原江东区管辖的行政区域划归宁波市鄞州区管辖。以奉化江为界，将原宁波市鄞州区鄞西片的集士港镇、古林镇、高桥镇、横街镇、鄞江镇、洞桥镇、章水镇、龙观乡、石碶街道划归宁波市海曙区管辖。

　　此次区划变革对于城乡建设的影响可以通过鄞州区2014—2018年度房屋征收改造管理、城区开发建设、镇村建设、公用事业、生态建设等方面的数据变化中体现出来，通过这些数据可以分析出建制变更与区划调整对鄞州区城乡建设产生的积极作用。

一、房屋征收改造管理

　　区划变革前，2014年鄞州区完成征迁签约5 276户，总计完成征迁面积207.8万平方米。其中，完成集体土地房屋拆迁4 687户（建筑面积83.9万平方米），国有土地房屋征迁589户（建筑面积123.9万平方米）。实际拆除4 442户，建筑面积176.6万平方米，其中拆除集体土地上房屋面积71.4万平方米，国有土地上房屋105.2万平方米。全年实施拆迁项目190个，其中重点项目65个、镇村自建项目125个，实现净地交付93块。全区安置房开工项目16个，总建筑面积178.7平方米，续建项目33个，建筑面积354万平方米。至年底，竣工25个，竣工总建筑面积约154万平方米。

　　2015年，鄞州区启动征收签约项目146个，签约户数4 159户（国有签约366户，集体签约3 793户），签约面积132.2万平方米（国有签约61万平方米，集体签约71.2万平方米），其中市、区重点项目签约65.6万平方米。拆除3 690户，拆除面积130.5万平方米。实现89个项目净地交付，净地交付面积292.4公顷。全区安置房续建项目 20 个，续建面积 210.4 万平方米；开工项目 17 个，开工面积 203.1 万平方米；竣工 17 个，竣工面积 231.3 万平方米，可安置套数 16 388 套。

实行区划变革当年，即 2016 年，鄞州区做出国有土地征收决定和报批集体土地房屋拆迁实施方案 11 个，征迁房屋 2840 户（国有 346 户、集体 2494 户），建筑面积 113.72 万平方米（国有 69.20 万平方米、集体 44.52 万平方米），88 个项目 433.40 公顷土地净地交付，安全拆除房屋 139.57 万平方米。安置在建项目 10 个，建筑面积 112 万平方米。开工项目 4 个，面积 40.60 万平方米；竣工项目 17 个，面积 167.60 万平方米，可安置套数 12076 套。3 月起，鄞州区开展征迁"清零攻坚"专项行动，下发《鄞州区征迁"清零攻坚"专项行动实施方案》，集中攻坚 117 个征迁"清零"项目。其中，机场三期扩建工程、宁波至奉化城际铁路等 18 个重点、难点项目，实行领导包干责任制，出台《鄞州区房屋征迁工作联系制度》，由区四套班子主要领导、区委常委作为包干组组长，到一线指导和帮助项目所在责任单位开展征迁"清零攻坚"工作。至年底，行动结束，完成签约 1129 户、"清零"项目 69 个，实现净地交付 425.80 公顷。

区划调整后的 2017 年，鄞州区全区征迁完成签约 6724 户（国有 4539 户，集体 2185 户），面积 130 万平方米（国有 52 万平方米，集体 78 万平方米），拆除 2440 户，拆除面积 101 万平方米。至 2017 年 12 月，鄞州区 7 个安置房项目建设总投资近 100 亿元，面积 150 余万平方米。其中，白鹤街道、百丈街道、东胜街道的 10 个项目签约率超 99%，王隘一村、二村等 4 个项目 100% 签约；姜山镇棚改 A 地块及五乡镇棚改项目均 100% 签约。2017 年，鄞州区完成"三改"383.46 万平方米，为全年目标任务的 273.90%；处置违法建筑 235.93 万平方米，为全年目标任务的 157.29%。城中村改造工作完成 253.05 万平方米，完成率 316.31%，其中拆迁改造类完成 26.04 万平方米，完成率 456.11%。

2018 年，鄞州区全区安排征迁计划项目 142 个 3721 户 157.80 万平方米，完成签约 2620 户 118.30 万平方米，净地交付 185 公顷。同时，鄞州区在建住宅安置房项目 7 个，累计完成投资 9.70 亿元。

从图 4-1 中的数据可以看出，2014 年至 2016 年底鄞州区房屋征收与安置房建设的逐年减少意味着全区城镇化进程的逐步推进与完善，离不开鄞州区政府及房屋征收管理办公室等部门的规划与管理，对城市的现代化建设具有积极意义。

而在行政区划调整之后，原江东区管辖的行政区域划归鄞州区管辖，于是征收数据在 2017 年度之后有一定提升，对于安置房屋建设的投资也有增加，原属江东

年度	2014年	2015年	2016年	2017年	2018年
签约户数（户）	5276	4159	2840	6724	2620
签约面积（万平方米）	207.8	132.2	113.72	130	118.3

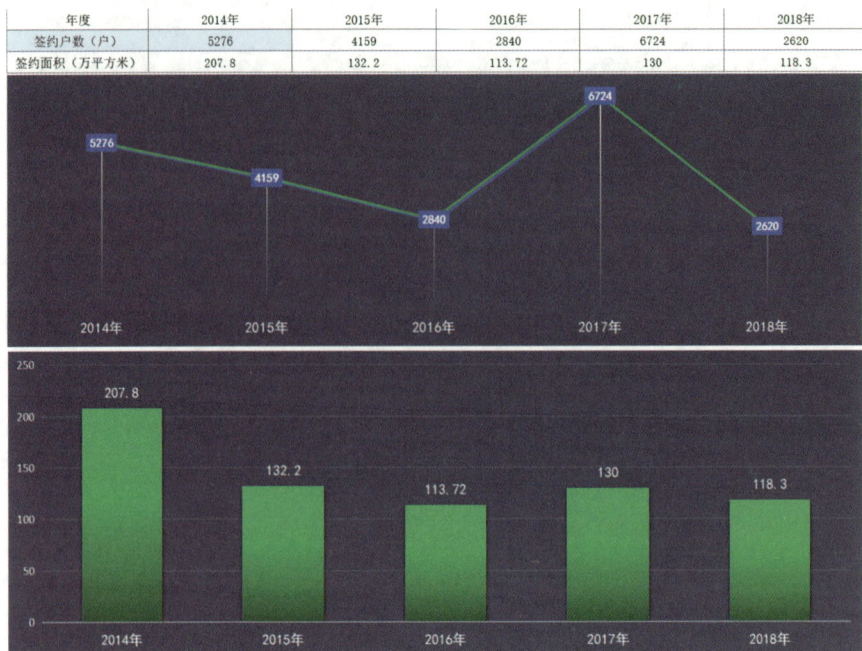

图 4-1 鄞州区房屋征收完成签约户数与签约面积对比图

资料来源：《鄞州年鉴》

区的百丈街道、东胜街道等亦纳入征收签约范围且签约率超 99%，安置效果较好；2018 年底，东郊街道、福明街道、百丈街道、东胜街道、明楼街道、东柳街道等六个后规划入鄞州区的街道创建为"无违建镇（街道）"，实际上能够证明区划的变革一定程度上能够推动下属街道、乡镇的建设与发展。

做好房屋征收改造工作，实际上对我国经济社会能否更好更快的发展有很大影响，这既是城市现代化的必然要求，亦是改善人民生活环境、提升人民生活水平的必要举措。相关部门在房屋征收与安置工作中要进一步完善实施意见，做到标准化、规范化、精细化和程序化，同时要强化宣传力度，形成上下联动、紧抓落实、合力推进的良好氛围。

二、城区开发建设

2014 年，鄞州区 "50100" 项目（50 个重点区块和 100 个重大项目）计划投资264.26 亿元，至 12 月底，完成年度投资 275.76 亿元。其中重点区块建设 44 个项目完成投资约 229.73 亿元；重大基础设施 20 个项目，完成投资约 46.03 亿元。区城市建设投资发展有限公司全年续建、新建的工程项目达 60 项（市政项目 36 项、房建项目 24 项），其中完工 25 项（市政项目 15 项、房建项目 10 项），增加道路里程 23 千米，增加建筑面积达 57 万平方千米；增加绿化面积约 4 万平方米。全年实际完成投资 27.6 亿元，其中市政 12.9 亿元、房建 14.7 亿元，进行公开招标 60 项，签订合同 900 份。

2015 年，鄞州区"50100"项目（50 个重点区块和 100 个重大项目）完成投资 279.43 亿元，占年度任务的 117.11%。区城市建设投资发展有限公司实施工程项目 44 项，其中市政项目 33 项（续建 18 项、新建 15 项）、房建项目 11 项（续建 7 项、新建 4 项），19 个项目完工（市政 17 项、房建 2 项），完成投资 18.2 亿元（其中市政 10.5 亿元，房建 7.7 亿元），招标项目 81 个，流转合同 924 份。

2016 年，即区划变革当年，鄞州区拆迁 65 万平方米（其中市级以上重点工程、东部新城项目 21.60 万平方米），投入 17.70 亿元；新建 175.50 万平方米（其中市级以上重点工程、东部新城项目 33.90 万平方米），投入 86 亿元。鄞州中心城区主要建设项目计划安排 72 个，计划投资 67.56 亿元，实际投资 68.44 亿元。其中，基础设施项目 27 个，实际投资 11.02 亿元，完工项目 8 个；产业项目 12 个，实际投资 27.32 亿元，完工项目 4 个；民生工程 33 个，实际投资 30.10 亿元，完工项目 11 个。区城市建设投资发展有限公司实施工程项目 104 项，其中市政项目 66 个、房建项目 38 个；完成投资 31.80 亿元，其中市政项目 21.68 亿元、房建项目 10.12 亿元。招标项目 138 个，流转合同 1 172 份。

区划调整后的 2017 年，"项目攻坚年"活动安排重大实施类项目 246 个，其中新开工项目 76 个、续建项目 170 个，包括重大基础设施项目 54 个、重大民生工程 66 个、重大工业项目 25 个、重大地块开发项目 101 个，年度计划投资 575 亿元。安排重大前期类项目 32 个，合计项目计划总投资 113 亿元。安排重大谋划类项目 42 个。中心城区品质提升暨美丽县城完成年度投资 132.81 亿元，三江六岸专项工作完成年度投资 25.70 亿元。新增公共停车位 1 090 个、专用汽车停车位 11 757 个、老旧小区停车位 1 895 个。区城市投资发展有限公司实施工程项目 96 个，其中市政项目 57 项、房建项目 39 个，完成投资 30.25 亿元，其中市政项目 14 亿元、房建项目 16.25 亿元。招标项目 129 个，流转合同 1 219 份。

从以上的数据变化可以看出，自 2014 年至区划改革当年（2016 年），鄞州区城区开发建设对于重点工程与重大项目的投资与重视程度皆较高，包括基础设施建设、民生建设、工业建设等方面，新建项目与续建项目的建设计划都在有条不紊地进行，相关建设投资数据到区划变革后的 2017 年达到一个高峰。2017 年 3 月 14 日，鄞州区公布《2017 年鄞州区"项目建设攻坚年"活动实施方案》，打响全区重大项目建设攻坚战的发令枪，年度计划投资达 575 亿元，重大实施类项目 246 个，表明在区划改革之后鄞州区积极展开了全新的建设目标与建设管理。为打响打好此次攻坚战，针对不同领域、不同进度的项目，区委区政府特别制定实施六项作战行动，包括以拔钉清零为抓手的征迁攻坚专项行动、以民生保障为抓手的治危拆违专项行动、以剿灭劣 V 类水体为抓手的治污治水专项行动、以美丽公路创建为抓手的交通保障专项行动、以产业牵引为抓手的功能平台建设专项行动、以城市双修为抓手的品质提升专项行动。

而以各年度区城市建设投资发展有限公司为例进行分析发现，投资金额与项目数据皆在 2016 年、2017 年有较大回升，表明在区划变革之后相关的市政项目与房建项目增加，市政投资的突增一定程度上也意味着改革后城市建设的进一步推进以及管理水平的提升。

截至 2018 年，鄞州区住建局编制形成《鄞州区推进"城乡争优"三年攻坚行动方案（2018—2020 年）》，三年攻坚重点项目共计 83 个，三年投资 400 亿元；成立推进"城乡争优"三年攻坚行动协调小组，统筹决策部署推进"城乡争优"三年攻坚行动。全区全年累计攻坚项目 66 个，计划投资 164.85 亿元。完成投资 178.16 亿元，完成年度计划的 108.07%。其中核心板块品质提升完成年度投资 111.54 亿元，基础设施联网提升完成年度投资 9.93 亿元；城市街区改造提升完成年度投资 26.37 亿元；乡村人居环境提升完成年度投资 24.53 亿元；城市管理精细化管理完成年度投资 5.79 亿元。谋划项目 244 个，拆迁及配套项目需投资约 700 亿元；结合"拥江发展"战略，牵头统筹甬江沿线区块开发建设工作，研究范围从 173.33 公顷扩至 320 公顷。市对区三江六岸考核项目为奉化江东岸绿化工程等 14 个项目，全年完成投资 13.20 亿元。打造城市品质 79 个项目中累计开工（实施）项目 77 个，完工项目 28 个，完成投资 28.28 亿元。

总体来说，行政区划的变革以及规划理念和标准的不断进步、变化使得鄞州区城区建设始终能够在统一明确的建设指导思想、全面创新的开发模式与灵活的机制之下取得长久的发展，亦推动了城市基础以及配套设施的建设、南部商务区的建设。在区划变革之后，城市建设的管理水平有了更好的提升，相关规划管理所、开发建设委员会等管理平台体系与审查与决策制度愈发创新完善。

以东部新城的建设为例，宁波东部新城处于宁波未来城市构架的几何中心，与以三江口为核心的老城区一起构成"一城二心"的总体空间格局，是宁波市城市向东发展最为重要的一个区域，也是宁波未来政治经济文化和商业中心。在 2016 年区划变革之前，东部新城（见图 4-2）的核心区共十大分区，同属于江东区与鄞州区，整个东部新城区在江东规划控制面积达 12.6 平方千米，超过了江东区总面积的三分之一，区划改革后皆属鄞州区行政区划，实际上将东部新城两区联动规划改变为一区的统一监管建设，自 2017 年版《鄞州年鉴》开始将"东部新城开发建设"作为一部分纳入"城区开发建设"板块。

图 4-2 东部新城

2016 年，宁波东部新城完成投资 159.41 亿元，其中功能性项目 125.45 亿元、基建项目 2.51 亿元、拆迁项目 31.45 亿元。开工建设城建档案馆等功能性项目 7 个，在建功能性项目 44 个，总建筑面积 531.74 万平方米。供应土地 15 宗 72.20 公顷。其中，出让 5 宗 38.50 公顷，划拨 10 宗 33.70 公顷，土地出让金收益 99.90 亿元。区域内住宅及公寓总销售 2975 套，销售面积超过 43 平方米。城市之光滨水商业项目开业试运营，宏泰广场项目北区建成交付。职工之家、市民广场、垃圾中转站等项目建成；盛梅路全线通车。

2017 年，东部新城完成投资 162.20 亿元，累计完成投资 1344 亿元。建成宁波报业传媒大厦、华东师范大学宁波艺术实验学校、海事法院等 10 个项目，建成建筑面积 97.20 万平方米。宏泰广场北区投用，城市之光滨水区投入使用，银泰城项目商业投用。主干道宁东路建设推进，中山东路延伸（福庆路—方庄路）、兴宁东路延伸（福庆路—邱隘大道）、水乡邻里配套、老盛梅路改造 4 条道路建成。

2018 年底，东部新城完成投资 160.40 亿元，其中，房建项目 142.35 亿元，基建项目 5.50 亿元，征地拆迁 12.55 亿元；房建项目开工 7 个建成 18 个，基建项目开工 6 个建成 14 个，完成拆迁面积 13.90 万平方米；供应土地 21 宗 92.37 公顷。实现营业收入 823.40 亿元，实现地区生产总值 150.30 亿元，贡献税收 39.60 亿元；区域内实际经营法人单位 3942 家，法人单位从业人员 8.93 万人，区域居住人口 9.12 万人。新开工项目 13 个（总投资 143 亿元）。宁东路延伸段、生态走廊二期、慢行系统提升、甬新河提升、中银大楼照明提升、中央商务区水街等 14 个项目建成，核心区大楼泛光照明、生态三期等 19 个项目推进。富邦大厦、邱隘镇九年一贯制学校等 7 个项目开工建设，新城机关幼儿园、效实中学东部校区、市眼科医院、鄞州医院东部分院等 18 个项目建成。

东部新城在拉近港口与城市的空间距离，促进港城联动，增强城市综合服务功能和港口的集聚和辐射能力中具有极大作用。整合城市东部地区近十年发展的资源（科技园区、大学城、旅游度假区），其中心地位无可替代。同时东部新城以国际贸易和三产服务业为重点发展产业，大力推进商贸兴市，在城市产业结构调整、升级中具战略地位。故行政区划的改革也使得东部新城区的建设更具有创新性与时代性，使其走向发展的新阶段，一定程度上也是对鄞州区建设的一大挑战。

三、镇村建设

2014 年，鄞州区小城镇建设成效显著。17 个镇乡和石碶街道完工"五个一"项目 159 个。完成拆旧 55.94 万平方米，其中完成市级以上重点工程、东部新城项目等拆迁任务数 9.54 万平方米。全区完成建新任务 277.35 万平方米，其中完成市级以上重点工程、东部新城项目等新建任务数 39.22 万平方米。全区小城镇建设完成投资 186.25 亿元。通过拆旧建新、项目带动、产业转型升级等手段，全区公共基础配套设施进一步完善和扩容提升，镇乡面貌明显改善。全年增加 31 个"美丽镇村幸福家园"建设实施村，全区累计 89 个，投入资金 55.3 亿元，拆除农村旧房 71.7 万平方米，开工 203.3 万平方米，主体结顶 154.4 万平方米。"三村一线"创建取得新成效，姜山镇、高桥镇为市级"幸福美丽家园"建设先进镇，东吴镇东村村、云龙镇荻江村、姜山镇郁家村为市级全面小康村，古林镇薛家村、姜山镇井亭村、姜山镇翻石渡村、东吴镇西村村创建为市级中心村，龙观乡李岙村、咸祥镇里蔡村、鄞江镇金陆村创建为市级特色村，东吴镇的小白一童——秦勇"太白农家"创建为市级幸福美丽新家园精品线。

2015 年，鄞州区 18 个镇乡列入考核的"五个一"项目有 54 个，开工 40 个，完工 9 个，完成投资 47.77 亿元；拆迁 78.85 万平方米，其中市级以上重点工程、东部新城项目31.43万平方米；新建面积247.95万平方米，其中市级以上重点工程、东部新城项目61.96万平方米，拆旧建新投入140.55亿元。新村开工123.5万平方米，拆除旧房60.8万平方米，主体结顶149.7万平方米，改建面积23万平方米，投入资金42.3亿元，安置4868户。姜山镇走马塘村、东吴镇小白村、咸祥镇南头村被列为省美丽宜居示范村试点，姜山镇井亭村、洞桥镇沙港村、鄞江镇它山堰村通过省美丽宜居示范考核组验收检查。鄞州区累计有国家级示范村2个、省级试点示范村9个。姜山镇走马塘村、东吴镇小白村、咸祥镇南头村被列为省美丽宜居示范村试点，姜山镇井亭村、洞桥镇沙港村、鄞江镇它山堰村通过省美丽宜居示范考核组验收检查。鄞州区累计有国家级示范村2个、省级试点示范村9个，同时鄞州区在"2015美丽乡村建设发展论坛"获评中国美丽乡村建设示范县。

2016年，鄞州区18个镇乡上报"五个一"项目54个。其中，开工40个，完工4个，完成投资60.47亿元。列入市环境提升综合行动项目19个，总投资22.29亿元，完成投资8.50亿元。新村建设开工153.50万平方米，主体结顶136.80万平方米，拆除旧房54.40万平方米，启动美丽镇村幸福家园建设村7个。创建宁波市幸福美丽新家园精品线1条（横溪镇境内的大岙村—上任村—金峨村）、中心村3个（瞻岐镇合一村、高桥镇江南村、集士港镇岳童村）、特色村3个（咸祥镇南头村、东吴镇勤勇村、古林镇蜃蛟村）、美丽乡村合格村38个，启动培育美丽乡村示范村5个（东吴镇的勤勇村、小白村、童一村和龙观乡的山下村、李岙村）、美丽乡村示范乡镇2个（东吴镇、龙观乡）、美丽乡村风景线2条（东吴镇的乐行太白、龙观乡的半山伴水）。

由以上数据可以看出，鄞州区城镇与村落的拆旧与新建在2016年区划改革之前便卓有成效，"五个一"项目即基础设施统筹、公共服务完善、城镇功能提升、生态环境优化4类和建设1条以上示范街区项目的开工与投资也在有计划地进行中，如在基础设施建设方面，加快道路、供水、电力、信息等公用设施向农村延伸，重点构建覆盖全市农村的道路交通网络、区域共享的供水网络，促进城乡基础设施联网共享等。其中的投资金额与项目数量逐年有一定程度的减少，表明鄞州区在这方面的建设趋向完善，也将开始探索新时代背景下的新建设、新发展路径。同时各类特色村庄、美丽宜居乡村示范村、幸福美丽新家园精品线的创建与启动培育也意味着鄞州区将村庄中的软硬件设施建设、文化建设等方面的建设作为村庄建设的风向标，科学地规划村镇定位与功能布局，统筹兼顾积极整合空间资源，培育出具有区位、人文优势和产业支撑的中心镇（村）、特色镇（村）。

　　行政区划变革后，2017 年当年，鄞州区住建局按照"一镇一规划"的要求，全面编制完成小城镇环境综合整治规划和"线乱拉"专项治理方案。实施省项目库项目 177 个，完工 108 个，完成投资 15.60 亿元。全区创建省级卫生镇 8 个。整治"道乱占"问题 826 个，整治"车乱开"问题 604 个。完成"上改下"（强电、弱电线下埋）线改总长度 31.30 千米。率先在全省开发"问题销号平台"，整治各镇建成区内存在的"脏乱差违污"等问题 2 060 个，处理率 58.40%。旧村改造纳入农村"三居"（安居、宜居、美居）专项行动，优化调整工作职能，成立专门的村镇管理中心。全区小城镇环境综合整治项目开工 182 个，完工项目 61 个，完成投资 11.50 亿元。2017 年 1 月 9 日，东吴镇勤勇村通过国家级美丽宜居示范村工作领导小组考核验收。12 月 21 日，省"千村示范、万村整治"工作协调小组办公室公布 2017 年度浙江省美丽乡村特色精品村名单，姜山镇奉先桥村、五乡镇明伦村和咸祥镇南头村入选。

　　2018 年，鄞州区按照规划全面推进镇村建设。五乡、横溪、姜山、塘溪 4 个镇完成省级验收（见图 4-3）；21 个村启动美丽宜居村建设；农村公厕改造完工 607 座。175 个省项目库项目全部开工，完工 162 个，完成投资 17.42 亿元。达标创建 4 个镇 83 个省项目库项目全部开工，完工 72 个，完成投资 7.82 亿元。鄞州区印发《鄞州区进一步推进农村环境卫生长效管理行动方案》，完善农村环境卫生长效化运作体系。在全区 9 个镇开展"共建洁净家园，共享美好生活"环境卫生整治专项行动，累计整治卫生死角 24 712 处，清理河道超 100 万米，清除垃圾近 17 万吨。印发《鄞州区进一步推进农村环境卫生长效管理行动方案》，完善农村环境卫生长效化运作体系。在全区 9 个镇开展"共建洁净家园，共享美好生活"环境卫生整治专项行动，累计整治卫生死角 24 712 处，清理河道超 100 万米，清除垃圾近 17 万吨。印发《鄞州区深入推进美丽宜居村建设专项行动实施意见》，实行项目化管理，建立工程项目库和问题

图 4-3 2018 年度浙江省美丽乡村特色精品村：姜山镇甬江村

销号库，明确项目建设内容和实施期限，做到具体化、项目化、清单化。编制鄞州区农村美丽宜居村技术导则和农房户型图集，加强农房管控和风貌引导，规范建设标准，提高项目建设效率。

这些数据与事例一定程度上能够表明，鄞州区区划变革之后有了更为综合全面的镇村建设方案与措施，统筹城乡以打造美丽乡村"新风貌"，从不同层面推进美丽乡村合格村、示范村、示范镇、风景线及示范县创建，打造新时代美丽乡村。同时农村的卫生环境综合整治与改造升级开始成为重点项目之一，特别是 2018 年以来，宁波市以高起点规划、高标准整治、高水平推进农村人居环境整治提升行动，聚焦生态宜居环境和大花园建设，不断提升农村环境品质与村庄精细化管理水平。鄞州区亦响应相关行动，开始印发各类行动的方案与实施意见以进行具体的、有目的、有规划的管理与实施体系，取得了十分优异的成果。在上述所提到的数据之外，2018 年鄞州区住建局出台《鄞州区农村公厕改造提升实施方案》，根据鄞州区实际情况，改造方式采取"对标"为主、"提升"为辅、"补缺"少量的工作原则，消除露天公厕和旱厕、棚厕，建立长效保洁维护机制，还对此实行项目清单管理，建立"一厕一档一表一案"制度，按照"四统一"标准启动公厕改造。至年底全区的农村公厕改造提升便已全部完工。

虽然行政区划决定中将原属集士港镇、古林镇、高桥镇、横街镇、鄞江镇、洞桥镇、章水镇、龙观乡和石碶街道划归海曙区，这实际上给了鄞州区其他乡镇更大的发展空间与投资空间，也能够将原江东区的乡镇进行同步的规划与建设，同时龙观乡作为"美丽乡村示范乡镇"、洞桥镇沙港村与鄞江镇它山堰村也通过了省美丽宜居示范考核组验收检查，这些或许对海曙区的镇村建设也有一定程度上的借鉴意义。

浙江省 2020 年度美丽城镇优秀样板创建乡镇行动方案名单中宁波 8 个乡镇上榜，鄞州区东钱湖镇为其中之一，鄞州区东钱湖镇将创建文旅特色型样板，目标远景是打造"开放、活力、智慧"绘就的国际化文旅融合新标杆，发展定位是引领宁波走向国际化的世界之窗、唤醒人居回归生态化的闲逸山湖和支撑都市升级品质化的创智储地。相信未来鄞州区的乡镇、村庄建设也将在符合时代规划背景的统筹管理下走向更好更新的发展。

四、公用事业

（一）天然气与液化气

2014 年，鄞州区有中压供气管道 663.18 千米，低压供气管道 435.02 千米，管道供气用户 137 522 户，13 家储配站销售液化气 47 241.12 吨，3 家管道公司销售液化气 192.35 吨，天然气 11 775.21 万立方米。

2015 年，鄞州区有中压供气管道 726.52 千米、低压供气管道 461.28 千米、管道供气用户 155 466 户，12 家储配站销售液化气 42 656.7 吨，3 家管道公司销售液化气 8.1 万立方米、天然气 11 691.71 万立方米。

2016 年，鄞州区有中压供气管道 813.03 千米、低压供气管道 549.53 千米，管道供气用户 184 900 户，12 家储配站销售液化气 45 988.30 吨，3 家管道公司销售液化气 8.10 万立方米、天然气 11 628.50 万立方米。

行政区划变革后的 2017 年，鄞州区有中压供气管道 679.78 千米、低压供气管道 432.49 千米、管道供气用户 183 185 户，7 家储配站销售液化气 23 623 吨，2 家管道公司销售液化气 16.70 万立方米、天然气 12 890 万立方米，6 家汽车加气站加气 2 763.48 万标立方米（不包括原江东区块）。

2018 年，鄞州区有中压供气管道 763.32 千米，低压供气管道 501.01 千米，管道供气用户 184 993 户。7 家储配站销售液化气 23 683 吨，2 家管道公司销售液化气 15.24 万立方米、天然气 14 690 万立方米，7 家汽车加气站加气 2 975.74 万立方米（不包括原江东区块）（见图 4-4）。

从上述数据变化可以分析出，由于区划变革政策的实施，原江东区划入鄞州区，而鄞州区部分划归海曙区，故鄞州区面积实际上小于 2016 年区划变革前，所以能够看出无论是区域内的中压供气管道还是低压供气管道的长度在 2017 年都减少了超过 100 千米，管道供气用户亦减少了约 1 700 户，但从 2017 年开始这些数据恢复增长趋势，管道供气用户数量已经超过 2016 年，一定程度上能够说明由于天然气的环保性、方便性与经济效益较高的特征，鄞州区内天然气的使用与供气管道的建设已然成为一种现代化建设中的趋势，同时从液化气销售数量逐年增长可以看出，即使区划变革使得鄞州区总体面积减少，但区域内管道输送、化工原料、燃料等方面的使用还是在增加，经济发展并未受到干扰。

（二）供水与积水、污水排放

2014 年，继云龙镇、集士港镇完成供水体制调整试点后，至年底下应街道、洞桥镇、高桥镇、横溪镇、钟公庙街道、潘火街道、古林镇、姜山镇、横街站和五乡镇 10 个镇（街道）完成供水体制调整，皆并入全市大管网。出台《鄞州区供水水质信息

年度	2014年	2015年	2016年	2017年	2018年
中压供气管道长度（千米）	663.18	726.52	813.03	679.78	763.32
低压供气管道长度（千米）	435.02	461.28	549.53	432.49	501.01
管道供气用户数量（户）	137522	155466	184900	183185	184993

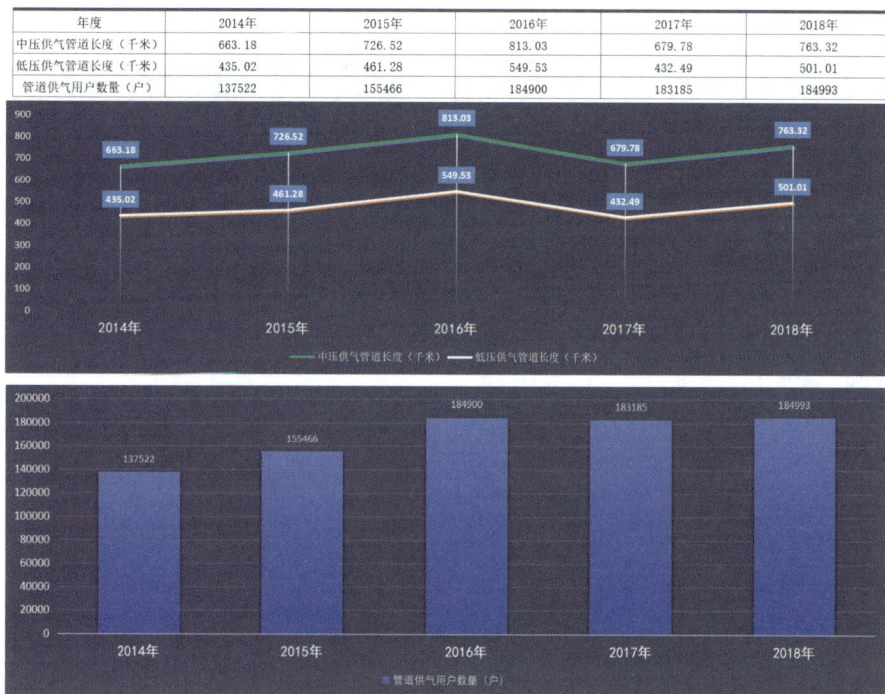

图 4-4 鄞州区中压、低压供气管道长度与管道供气用户统计图

资料来源：《鄞州年鉴》

公示实施方案》，委托水质检测单位对未并入大管网的 8 家镇乡水厂的供水水质进行检测（包括每月一次的 9 项常规指标检测和每年一次的 106 项水质指标全分析检测），及时公示检测结果，8 家镇乡水厂的出厂水水质合格率为 96%。全区建设污水主管道 25.2 千米、镇乡收集管 75.6 千米。全区纳入管理的重点排水户 1061 家，全年现场勘查排水户 594 次。完成城区 100 千米的雨污水管道修复、150 千米的雨污水管道检测等工程。

2015 年，委托第三方水质检测单位检测邱隘、东吴、瞻岐、咸祥、塘溪、鄞江、龙观、章水 8 个镇乡水厂的供水水质（包括每月一次的 9 项常规指标检测和每年一次的 106 项水质指标全分析检测），8 家镇乡水厂出厂水水质合格率 98.1%。全区建设污水主干管 29.3 千米、镇乡收集管 127.9 千米，鄞西污水处理厂投入使用。鄞州区率先启动发放镇乡排水许可证，累计发放排水许可证 425 家（其中镇乡 87 家），整治排水户 300 家。清淤中心城区管网 334 千米，检测管网 120 千米，修复管网 120 千米，提标改造管网 25 千米，改造道路积水点 47 个，增加应急排水能力 4710 立方米 / 小时，泵站全部实行市场化运作，获 2015 年宁波市"排水杯"排水设施养管工作优胜奖。

区划变革当年即 2016 年，委托第三方水质检测单位检测邱隘、东吴、瞻岐、咸祥、塘溪、鄞江、龙观、章水 8 个镇乡水厂的供水水质（包括每月一次的 9 项常规指标检测和每年一次的 106 项水质指标全分析检测），8 家镇乡水厂出厂水水质合格率为 98.51%。建设污水主干管 24.60 千米、镇乡收集管 82.50 千米。发放排水许可证 1 200 家（其中镇乡 581 家），整治排水户 500 家。清淤中心城区管网 364 千米，修复管网 50 千米，提标改造管网 9 千米，改造道路积水点 65 个，增加应急排水能力每小时 5 000 立方米。

2017 年，委托第三方水质检测单位检测邱隘、东吴、瞻岐、咸祥、塘溪 5 个镇水厂的供水水质（包括每月一次的 9 项常规指标检测和每年一次的 106 项水质指标全分析检测），5 家镇水厂的出厂水水质合格率为 99.02%。建成污水主干管 65.9 千米、镇乡收集管 284 千米。发放排水许可证 960 家，实施截污纳管工程 8 项、提标改造工程 1 项、非开挖修复工程 3 项和积水点改造工程 30 处，获 2016 年宁波市"排水杯"排水许可工作先进奖和污水处理污染物减排工作优胜奖。

2018 年，委托第三方水质检测单位对邱隘、东吴、瞻岐、咸祥、塘溪 5 个镇乡水厂的供水水质进行每月一次的 9 项常规指标检测，对邱隘、东吴天童分厂、瞻岐、咸祥 4 家水厂进行每年一次的 106 项水质指标全分析检测，5 家镇水厂的出厂水水质合格率为 99.06%。累计建成污水主干管 73.10 千米、镇乡收集管 284 千米。城区市政排水管网总长度 644 千米，其中污水管网 172 千米、雨水管网 472 千米。泵站总数 24 座，其中雨水泵站 18 座、污水泵站 6 座。发放排水许可证 1019 家，实施非开挖修复工程 2 项，改造积水点 30 处，获得 2018 年"宁波市排水行业排水杯"奖。

从以上的数据信息变化可以直观地看出，水质指标检测的结果在逐年稳定地进步，基本已达到 99% 以上，而污水主干管与城乡收集管的建设在区划变革的 2016 年至 2017 年也有大幅增加，同时污水、雨水、积水的排放与处理亦获得市内认可并取得更好发展，如 2016 年滨海污水处理厂获浙江省优秀安装质量奖，其污水处理采用 Carrousel2000 型氧化沟工艺，污泥处理采用机械浓缩脱水方案，污水厂出水水质执行一级 A 标准。

2017 年 3—6 月，区综合执法局（城市管理局）委托区规划设计院调整全区的排污专项规划。整合完善原鄞州区的排污规划和原江东区规划，形成新鄞州区的排污专项规划，明确 2018—2020 年全区排污规划方向，对新鄞州区排水系统现状、污水量预测、污水管网建设规划等进行详细说明。根据《鄞州区创建"污水零直排区"工作实施方案》要求，委托区测绘院对全区的雨污水管网进行摸底排查，重点排查原江东区管网，并形成全区管网普查报告。同年 5—6 月，区综合执法局（城市管理局）开展雨污水管网检测工作，范围主要包括原江东区主要道路、城区剿劣河道周边的管网和"污水零直排区"创建街道的管网。分两个标段实施，检测管网 120 千米，建立原江东区主要道路、城区剿劣河道周边的管网和"污水零直排区"创建街道的管网基础资料。由此也可以看出，在区划变革实行之后，鄞州区便开始着手重新整合与规划新的行政区划中排污规划与管网检测工作，三项工程投资共计 814 万元，为后期整个鄞州区的规划与建设打下良好基础。

（三）电网建设

2014 年，鄞州区电网建设完成固定资产投资 3.44 亿元。其中电网基建项目完成投资 3.42 亿元，资产零购 198 万元。科学规划电网布局，完成《鄞州区电缆管网适应性规划》《鄞州中心城区电网分层分区分片规划》等规划编制，启动《鄞州区配网理想分布图规划》编制，建立完备的规划库和储备库。运用里程碑计划加强项目管控，建成投产 500 千伏天春线，220 千伏澄浪变电所线路，110 千伏隐学变电所和瞻岐、新林、中河变电所扩建工程，35 千伏史家箱变电所 7 个项目，增加变电容量 28.2 千伏安、线路 74 千米。

2015 年，鄞州区电网建设完成固定资产投资 2.85 亿元。其中，电网基建项目完成投资 2.76 亿元，资产零购 177 万元。修编《鄞州区电力设施布局规划》《鄞州区"十三五"配网规划》和《鄞州区电缆管网适应性规划》。与政府沟通，促使镇乡（街道、园区）出资编制区域专项电力规划，推动建立政府部门为建设主体、电力部门负责运行维护的电缆管沟建设管理机制。建成投产 220 千伏潘桥变电站扩建工程、110 千伏长丰变电站、土桥变电站扩建工程 3 个项目（其中长丰变电站是宁波地区首个采用首检式验收的智能变电站），投产变电容量 33 万千伏安。

2016 年，区划变革当年，区供电公司编制完成鄞州区"十三五"电力设施布局规划、鄞州区"十三五"配网规划和分区域的配电网提升规划。通过规划库储备 2017 年配网可研项目 57 个，规模 3.29 亿元。完成《鄞州区"十三五"新一轮农网改造升级规划》，推动各镇乡政府编制区域专项电力规划。完成固定资产投资 2.33 亿元，其中电网基建项目投资 2.19 亿元，资产零购 517 万元。建成投产 500 千伏明州变电站、110 千伏新仕港变电站、110 千伏塘溪变电站、110 千伏前周变电站、110 千伏铜盆变电站扩建工程、110 千伏姜山变电站及 35 千伏线路改接工程、35 千伏樟村变电站第二回路工程 7 个项目，投产变电容量 235 万千伏安。

2017 年，区供电公司编制完成《鄞州工业园区等省级开发园区和特色小镇专项电力规划》。建成投产 500 千伏宁海电厂至明州线路、明州变 220 千伏配套送出和110 千伏岐阳变、聚贤变、莫枝变改造 5 个项目。建成配网工程 35 项。成立配电自动化建设办公室，新建配电自动化站点 88 个。完成东部新城、首南区域两个配网不停电作业示范区试点建设。组建配网工厂化装配配送中心，试点推行配网标准化施工。9 月 4 日，区供电公司营业厅作为全国首个"三型一化"（融合体验型服务、市场型业务、智能型管控和线上线下一体化）供电营业厅开业，成为全省首个 C 级社区型自助服务体验厅对外开放体验。

2018 年，区供电公司促成市供电公司与区政府签订电网高质量发展协议，2018—2022 年鄞州电网总投资 45 亿元。完成《鄞州区十三五电力设施布局规划》《鄞州区十三五配电网规划》修编。制订《鄞州电网提升三年行动计划》，开展电网补强专项行动，共建成投产 220 千伏鲍家至澄浪线路、220 千伏东展变、110 千伏海晏变、东柳变、姜村变、云龙变 6 个项目。推进世界一流配电网建设，完成双环网网架梳理 16 组、架空线路落地 30 千米，建成东部新城、南部商务区不停电作业示范区 2 个。《宁波市东部新城电网网格化规划》获中国电力规划设计协会2018 年电力工程优秀咨询成果一等奖。

从以上数据可以看出，鄞州区供电网络线路都在有规划的建设之中，每年在电网上的投资额逐渐增长，投产变电容量逐年增加，有多条线路项目在布局规划和经过工程核准之后开工建设，相关的办公室与自动化站点亦在逐步完善与建成。行政区划变革决定出台之后，鄞州区亦将原江东区的电力管网建设纳入全区电力设施布局规划之中，在 2017 年鄞州区开工建设 220 千伏福明变、东柳变项目，完成福明变110 千伏送出的工程核准，在 2018 年可行性研究核准了福明变 110 千伏送出、110千伏百丈变、福明至冬青线路等项目，可以看到其整体规划布局建设的积极性在区划变革之后有进一步提升，同时鄞州区在以 2016 年为基准年修编的鄞州区"十三五"规划下完成了对《鄞州区十三五电力设施布局规划》《鄞州区十三五配电网规划》的修编。

第二节

区划变革前后的交通、邮电、信息

一、交通运输与管理

2014 年,鄞州区完成交通建设投资 26 亿元。全区公路总里程达到 1941.68 千米,公路网密度每百平方千米达 114.26 千米。有公交企业 3 家,公交线路 182 条、营运车辆 1504 辆、营运线路总长度 4 417 千米,公交车通村率 100%。开辟公交线路 12 条,优化调整公交线路 43 条。有客运企业 5 家、出租车企业 10 家、货运企业 167 家、物流企业 57 家,有客运车辆 331 辆、出租车 1603 辆、货运车辆 18 107 辆。有各类机动车维修企业 877 家、驾培学校 16 家。有水上运输企业 12 家,运输船舶 58 艘、客运船舶 5 艘。新建、改建农村联网公路 33.2 千米。编制完成《县乡公路网调整规划》和《县道公路路况提升三年规划》,完成 329 国道路面中修提升等 11 个大中修工程建设任务,完成第二轮 70 千米乡村道"示范公路"创建,3 个工业园区公路养护站挂牌运行,实现全区乡村道公路管养全覆盖。

2015 年,鄞州区交通建设投资 25 亿元。全区公路总里程达到 2 028.1 千米,公路网面积密度每百平方千米 150.7 千米。有公交企业 3 家,公交车辆 1 630 辆,公交线路 199 条,公交运营线路总长度 4 642.4 千米。有公共自行车租赁点 207 个、桩位 6 184 个。有客运场站 2 家、客运企业 5 家、出租车企业 10 家、货运企业 175 家,有客运车辆 319 辆、出租车辆 1 594 辆、货运车辆 14 846 辆。有各类机动车维修企业 770 家、驾培学校 17 家。有水上运输企业 12 家,船舶 61 艘,水运运力净载重 38.5 万吨。全年新建、改建农村联网公路 30 千米,惠及全区 11 个镇乡(街道)28 个行政村。购置公交车辆 160 辆,开辟公交线路 11 条,调整优化公交线路 63 条。前河南路临时公交场站建成投用,永盛公交电镀城过渡场站基本建成,咸祥横码站、古林前虞站、姜山蔡郎桥站、石碶冯家站、横街站 5 座镇、村级公交场站建成投用。新建、扩建公共自行车租赁点 65 个,增加桩位 1 620 个。

2016 年,鄞州区交通建设投资 19.90 亿元,建成并投入使用主干道项目 2 个,新建、改建农村联网公路 21.60 千米,交通工程质量监督率、一次交验合格率、重点工程优良率均保持 100%。全区公路总里程 1 983.52 千米,公路网面积密度每百平方千米 147.36 千米。全区有公交企业 3 家、公交车辆 1 936 辆、公交线路 218 条,公交运营线路总长度4932.33千米，购置公交车345辆，开辟公交线路15条（含微51路、微52路），优化调整公交线路52条，延时12条；公共自行车租赁网点246个、桩位7385个；有客运场站2家、客运企业5家、客运车辆297辆；出租车企业10家、出租车辆1592辆；货运业户11287家，货运车辆13281辆，其中危化品运输企业12家171辆、集装箱运输企业11家116辆；各类机动车维修企业858家，其中4S店62家；驾培企业18家，教练车715辆；水上运输企业12家、船舶61艘，水运运力净载重38.50万吨。

2017年，鄞州区完成交通建设投资11.32亿元，新建、续建、启动主次干道项目12个，新建、改建农村公路12.10千米，全区公路总里程1010.44千米，公路网面积密度每百平方千米124.13千米。全区有客运场站2家、客运企业4家、客运车辆230辆；出租车企业13家、出租车辆1822辆；有货运业户6276家、货运车辆9474辆，其中危化品运输企业8家、危化品运输车辆188辆，集装箱运输企业25家、集装箱运输车辆207辆；各类机动车维修企业600家，其中4S店43家；驾驶培训企业18家，教练车辆1090辆；水上运输企业16家，船舶61艘，水运运力净载重33万吨。购置公交车64辆，开辟公交线路9条，优化调整公交线路23条，延时5条，建成投用超级电容无轨电车充电桩13个。

2018年，鄞州区完成交通建设投资14.40亿元，新建、续建、完成主次干道项目10个，主要有鄞城大道（洞桥至云龙段）工程、鄞州区美丽公路鄞横线提升工程等。全区公路总里程1015.13千米，公路网密度每百平方千米124.71千米。全区有客运场站2家（鄞州客运总站、宁波汽车东站）；客运企业5家，客运车辆231辆；出租车企业14家，巡游出租车辆1817辆；危化品运输企业8家，危化品运输车辆183辆；集装箱运输企业25家，集装箱运输车辆216辆；普通货运企业5761家，货运车辆7476辆；各类机动车维修企业602家；驾培学校18家，驾培车辆1150辆。管辖的国、省、县道公路里程239.67千米，桥梁192座（全部是三类以上），隧道5座。有15家水运企业，5家内河港口经营企业。有各类船舶59艘。其中，危险品运输企业6家，有21艘油品运输船，5艘液化气船。内河客运企业1家，3艘客船共160客位。全年受理监督新建和续建交通项目共45个，其中主干道项目2个、次干道项目8个、公路段大中修项目7个、绿化工程3个、小型农村公路25个（见图4-5）。

区划变革前后鄞州区全区公路总里程与公路网面积密度变化趋势相似，而2016至2017年数据有较大减少，这主要是由于区划变革后鄞州区面积与部分区域的变化

年度	2014年	2015年	2016年	2017年	2018年
公路总里程	1941.68	2028.1	1983.52	1010.44	1015.13
公路网面积密度	114.26	150.7	147.36	124.13	124.71

图 4-5 鄞州区全区公路总里程与公路网面积密度变化对比图

资料来源：《鄞州年鉴》

以及城市发展过程中部分道路的废止。但从以上的数据可以看出，鄞州区的交通供给能力不断提高，交通建设投资也在变革后有所增加，2017 年 12 月，区交通运输局制订印发《鄞州区综合交通规划（2017—2025 年）》。至"十三五"末，公路新增里程 75 千米，总里程达到 1083 千米；至"十四五"末，公路新增里程 196 千米，总里程达到 1204 千米，公路网密度达到每百平方千米 148 千米。规划期末新增高速公路 16 千米；新改建一级公路 106 千米；建成"美丽公路"75 千米；建成农村公路和次干道 135 千米；完成公路大中修项目投资 18 亿元；公路沥青混凝土路面占比达40%。

同时鄞州区交通服务与交通载体的建设亦在不断完善之中，为城市物流经济的发展以及城乡一体化水平的提升起到极为重要的作用。虽然 2016 年之后鄞州区面积减少，但货运等运输行业的企业以及相关车辆的数量有极大增长，而客运以及出租车、公交汽车等车辆数量及规模也并未受到较大影响，开通或调整优化多条公交线路，实际上解决了公交线网结构与公交需求不匹配、公交线路重复系数偏高等问题，这些方面皆在稳步的增长与发展之中。而面对当前能源资源短缺、生态环境恶化以及汽车尾气污染、噪声污染、交通拥堵等问题所带来的严峻挑战，交通运输体系应将绿色循环低碳发展作为建设的重点。

2017 年 7 月 31 日起，辖区内公共汽车行业的监督管理和应急管理、运营亏损补贴补偿等职能移交市公共交通客运管理局；辖区内巡游出租汽车企业、车辆的许可、停业审核及经营资格审验、驾驶员从业资格注册工作，出租汽车日常运营监管工作、服务中心等基础设施的建设、验收、运营、考核工作以及油价补贴发放和监督检查，出租汽车行业的行政执法、信访维稳、安全生产监督管理和应急管理、重大活动保障、文明创建等工作移交区交通运输局。2018 年初，区交通运输局印发《鄞州区交通运输局关于印发 2018 年安全生产宣传教育计划》《鄞州区交通运输系统安全生产宣传教育"七进"活动方案》等文件，明确年度、季度安全宣传内容和要求。以"进机关""进企业""进社会"等为系统"七进"活动重点，利用机关、企业办公场所，客运站、货运站、码头等人员聚集场所，采用电视、LED 屏、微信等平台开展安全生产法律法规、行车安全、消防安全、防恐反恐等知识宣传教育活动。可以看出在区划改革方案出台之后，鄞州区对相关交通运输部门职权管理划分更为清晰，而在顺应科技与通信技术发展的大背景之下，关于交通运输系统的安全生产教育亦开始成为重点之一，效果显著——2018 年事故发生数和死亡人数比上年下降 36.40%，道路运输事故发生数和死亡人数实现"双降"目标。港航方面，发生 1 起船舶单向碰撞事故和 1 起船舶自沉事故，无人员伤亡。公路、交通工程建设方面，无事故发生。

二、轨道交通

2014 年，宁波市轨道交通 2 号线一期工程鄞州段各站点、区间及黄隘车辆段总 28.03 公顷征地工作全部完成。完成拆迁面积 31 911 平方米。完成黄隘车辆段 10 千伏管线改迁，施工便道及村民出行道路修建；鄞州大道站江铃汽车销售有限公司政策处理工作和轻纺城站及出入口等附属工程政策处理工作完成；轨道交通 2 号线一期工程鄞州段工程保障工作基本完成。宁波市轨道交通 3 号线一期工程鄞州段在鄞州区范围内设 8 站 1 场，全长约 10 千米。鄞州段征地 24.37 公顷，总拆迁面积 3.06 万平方米。至年底，姜山停车场征地和青苗作物等附属物政策处理工作完成，车辆段内房屋基本拆除完毕，其他各处拆迁工作正在开展。

2015 年，宁波市轨道交通 3 号线工程鄞州段在鄞州区范围内设 8 站 1 场，全长约 10 千米。鄞州段征地 24.37 公顷，总拆迁面积 3.06 万平方米。高塘桥站、句章路站及两站区间全部交地，1 户钉子户签约，4 户谈判，2 家企业进行评估，集体出租厂房全部签约。鄞州客运总站所有政策处理完成，进行无障碍施工。南部商务区站地下通道地下停车场系统改造全部完工，实现无障碍施工。宁波轨道交通 4 号线在鄞州区长 8 千米左右，设车站 4 座，分别为环城南路站、嵩江东路站、学府路站、金达路站，全部采用地下线形式敷设。

2016 年，轨道交通 3 号线一期鄞州段工程除锦寓路站进行前期管线迁移工作外，其余 8 个站（场）开工建设。轨道交通 4 号线一期鄞州段工程环城南路站涉及潘火街道的宁波东方火柴机制造厂完成搬迁并开始拆除。9月28日，轨道交通5号线一期工程开工建设，鄞州区范围设站点14个和前殷车辆段，鄞州段长约17千米。至年底，鄞县大道、金达路管线改迁及拆复桥方案与区城市建设投资发展有限公司对接，部分工程委托其实施；前殷停车场建设及周边区块开发与邱隘镇初步对接。宁波至奉化城际线鄞州段工程涉及姜山站、鄞州工业园东站、甬江村站、鄞州工业园西站4座车站，线路过绕城高速后全部采用高架形式敷设。

2017年，轨道交通工作房屋签约33万平方米，拆除面积18万平方米。向沿线小区、企业等50家产权单位临时土地借用约12万平方米，绿化迁移约10万平方米。轨道交通3号线鄞州段各站点主体结构全部封顶。明楼站北侧惊驾村产权房屋、句高区间剩余行忠服装厂房屋拆除"清零"。完成体育馆站、四明中路站、鄞州区政府站、鄞州客运总站4个车站附属结构顶管施工涉及政策处理工作，完成所涉幸福苑小区、华茂外国语学校、广博大厦、南苑环球酒店、鄞州客运总站出入口等土地临时借用和绿化迁移。轨道交通4号线鄞州段各站点主体结构全部开工建设。至年底，完成金达南路站地块拆除"清零"工作。10月，轨道交通5号线鄞州段工程启动房屋拆迁和政策处理等工作。至年底，完成各站点及区间施工范围内房屋拆迁，推进金源路站、富强路站、海晏南路站、百丈路站、民安路站、会展中心站及海晏北路8座拆复桥的临时借地和绿化迁移政策处理，完成鄞县大道沿线临时借地和绿化迁移方案对接、审批资料上报，迁移施工进场。完成前殷地块停车场范围邱隘镇4家国有非住宅签约，集体非住宅正在开展相关承租户补偿处理，东郊街道3个村国有农场完成土地测绘及评估，启动研究补偿政策。启动前殷储备地块内房屋拆迁，涉及邱隘镇3家国有非住宅推进谈判，前殷村村民住宅完成丈量确权。宁奉城际铁路鄞州段完成连接段、站点及区间所涉房屋拆迁工作。开展涉及封门改道、河道改建、桥梁代建、高压线落地改造、农转用报批等政策处理工作，完成姜山站至鄞州工业园西站区间14家企业厂房临时封门改道工作；完成签订沿线所涉农用地临时借用协议，农用地临时占用报批及勘测界定等相关前期工作；完成中心架空高压线落地改造，雁湖路架空高压线落地临时借地及改造工程，完成环网及排管土建和设备安装施工。

2018年，轨道交通工作完成轨道4个站点拆迁清零，房屋签约、拆除面积分别为39.86万平方米、15.43万平方米。向沿线涉及小区、企业等23家产权单位临时土地借用13.93万平方米，完成绿化迁移工作。轨道交通3号线鄞州段各站点主体结构完成，11个盾构区间贯通，联络通道完成，车站机电设备开始安装，公共区实现电通。

轨道交通 4 号线鄞州段各站点拆迁及政策处理工作完成，鄞州段 6 个车站结构封顶，甬兴主变开工建设。轨道交通 5 号线一期鄞州段 10 个车站主体结构开工建设，其中 4 个车站基坑已开挖。

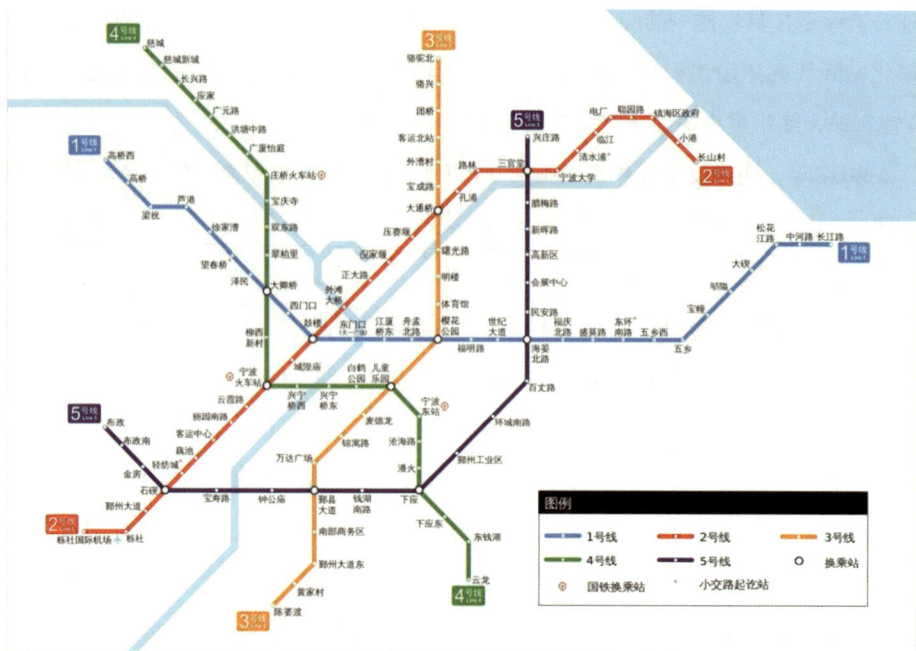

图 4-6　网络宁波轨道交通规划线网图 2020 年版

　　从以上几年的轨道交通建设发展来看，鄞州区段的工程正在有序进行中，主要有轨道交通 3 号线、4 号线以及区划改革 2016 年当年开始的 5 号线与宁奉城际铁路（见图 4-7）。3 号线全长 25.86 千米，线路自南向北，经过鄞州、江北和镇海三区，连接三江口核心区和宁波两个城市新区（镇海新城和鄞州中心区）；4 号线由江北慈城至东钱湖旅游度假区，横贯宁波中心城区，连接慈城、东钱湖两大规划新城，是宁波轨道交通骨干线网西北东南向的内部填充线，同时也是宁波轨道交通第二轮建设规划中的重要项目；5 号线一期工程是宁波市轨道交通远景线网规划的"一环两快七射"中环线的一部分，全长约为 27.945 千米，线路西起海曙区布政站，经石碶中心区、鄞州南部商务区、东部新城、宁波国家高新区，止于镇海区兴庄路站，并预留延伸成环条件；宁奉城际铁路宁波至奉化城际铁路首通段与 3 号线一期贯通运营后，与 1、2、3 号线 91 千米运营线网一并构建起城市轨道交通网络基础框架，作为南北交通大动脉、宁波首条开工建设的城际铁路，随着下一步宁波至奉化城际铁路后通段的开通，将更好地改善沿线区域的交通出行、生活及投资环境。

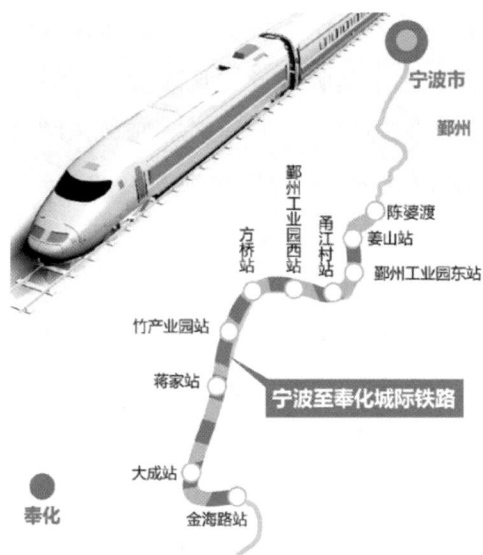

图 4-7 网络宁奉城际铁路路线图

轨道交通和城际铁路的建设实际上为宁波市现代化交通网络的构建起了巨大作用，服务人民群众安全便捷的出行，也一定程度上提高了鄞州区交通基础设施的建设水平，使得城市的空间布局得以优化，从而强化了中心城区的枢纽功能、服务功能和集聚辐射功能，如3号线规划经过鄞州中心区、5号线也经过鄞州南部商务区与东部新城等，实际上大大缩短了居民的出行时间，也缓解了高峰期道路交通的压力。区划变革之后，鄞州区段的轨道交通建设将一部分划归海曙区管理建设，并将原属于江东区工程范围纳入建设计划中——2017年白鹤站剩余未签约住宅司法强制腾空8幢1.20万平方米房屋；完成临时借地和绿化迁移政策处理，白鹤站方案调整后新增施工范围内机场集团白鹤停车场、白鹤公园临时借地和绿化迁移政策处理；完成百丈路站的临时借地和绿化迁移政策处理；完成东郊街道3个村国有农场土地测绘及评估，启动研究补偿政策；2018年，完成白鹤站8幢1.20万平方米房屋拆除交地。可以看出，在2016年底行政区划变革之后，鄞州区轨道交通与城际铁路并未受到影响，同时鄞州区也着手开展了对于原江东区区域的相关轨道交通建设工程，坚持统一、有序地依据近期建设规划推进工作以及高、精、细的原则，在协调统筹的管理与稳步发展之下，能够看出变革后鄞州区的经济活力以及区域的竞争力仍然较强。

三、邮政

2014年，中国邮政集团公司宁波市分公司鄞州分局（简称"区邮政分局"）实现邮政业务总收入5954万元。有从业人员380人,投递邮路131条,总长度6041千米。下辖16个支局、所,1个直属所,4个专业局(函件、发行、投递、金融),大小网点42个,其中开办储蓄业务网点20个。全区有邮政CRS机11台、ATM机19台。储蓄业务收入3070万元,至年底,邮储存款余额达12.23亿元,代理保费约1.5亿元。函件业务收入968万元,其中国际小包实现收入509万元,国内小包实现收入43万元。集邮业务实现收入283.9万元,重点开发银亿股份成立20周年纪念邮品、吴剑鸣医院纪念邮册等项目。报刊业务实现收入937万元,实现报刊流转额2880万元。鄞州区邮政局通过进企业、进学校等途径推进E邮柜、E邮站建设工作,全区建成25个。信息化村邮站安装商易通116台,实行全覆盖,对120个村邮站及便民服务点叠加安装"邮掌柜"系统,为农村居民提供网上购物新途径。

2015年,区邮政分局有从业人员415人,投递邮路137条,邮路总长度3201千米。下辖23个支局、所,6个专业局,大小网点41个,其中开办金融网点20个。有邮政CRS机11台、ATM机19台。邮政业务总量6438万元,代理金融业务收入3134万元。至年底,邮储存款余额13.56亿元,实现标保1.97亿元。国际小包、国内小包累计收入1204万元。函件业务收入968万元,增长45.7%。集邮业务实现收入206万元,重点开发宁波市爱城文化发展有限公司的青铜器个性化邮册、它山堰申遗成功首日纪念封等项目。报刊业务实现收入1049万元。全年建成E邮柜、E邮站19个,累计建成44个,为居民提供24小时快件提取业务,全年投件量7.25万余件。

区划变革当年,2016年8月8日,中国邮政集团公司宁波市分公司鄞州分局划分为鄞东、鄞中和鄞西3个分局。

2017年,中国邮政集团公司鄞州区分公司有从业人员402人,下辖中心支局10个、金融代办点20个,有邮政CRS机38台、ATM机21台。邮政业务收入4956.65万元,代理金融业务收入2796.13万元。邮储日均余额19.84亿元,包裹业务367.33万元,函件业务收入310万元,代理信息业务收入46.93万元,集邮业务收入85.35万元,报刊业务收入1146.72万元,分销业务收入187.33万元。

2018年,中国邮政集团公司鄞州区分公司有从业人员408人,下辖中心支局10个、金融代办点21个,有邮政CRS机35台、ATM机24台。邮政业务收入5553.10万元,代理金融业务收入3315.60万元,邮储日均余额24.25亿元,包裹业务335.20万元,函件业务收入357.30万元,代理信息业务收入38.70万元,集邮业务收入144.10万元,报刊业务收入1159.70万元,分销业务收入167.40

万元。2014—1018 年鄞州区邮政业务收入、从业人员数量变化如图 4-8、图 4-9 所示。）

图 4-8 2014—2018 年鄞州区邮政集团公司鄞州区分公司邮政业务收入变化对比

资料来源：《鄞州年鉴》

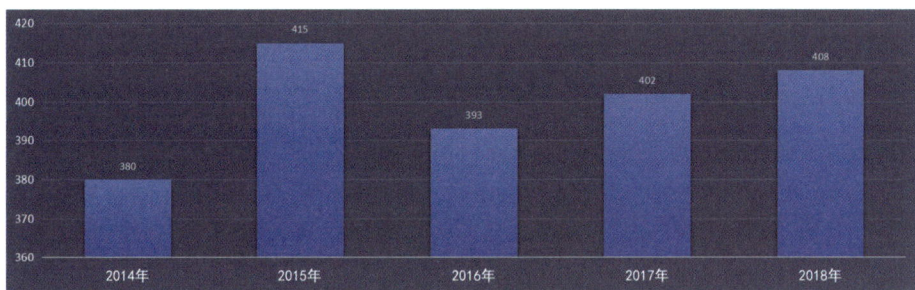

图 4-9 2014—2018 年中国邮政集团公司鄞州区分公司从业人员数量对比

资料来源：《鄞州年鉴》

邮政主要经营国内和国际邮件寄递、报刊等出版物发行、邮政汇兑、邮政储蓄、邮政物流、邮票发行等业务。根据国家有关规定，承担邮政普遍服务义务；受国家委托，承担机要通信业务、义务兵通信等特殊服务。邮政的发展可以说是一种生产力的发展，从 2016 年 8 月 8 日起，中国邮政集团公司宁波市分公司鄞州分局划分为鄞东、鄞中和鄞西 3 个分局，而在区划变革方案出台之后，根据新的地理区划更改为江东、鄞东、鄞中三个分局，并进行各类数据的分别统计与共同整合，实际上是对邮政产业的空间分布进行的合理规划。

从以上各年度的数据变化可以看出，由于行政区划改变后鄞州区总体面积是减少的，中国邮政集团公司鄞州区分公司在 2016 年的多项数据与前一年相比降幅较大，如从业人数、邮政业务收入、代理金融业务收入等方面皆有减少，但邮政 CRS 机、ATM 机的建设数量有所增加，能够看出鄞州区在合理规划发展区域内邮政业务的决心，于是在 2016 年之后的两年统计数据中，各邮政分局的各项业务收入与规模开始逐渐呈上升趋势，并未因区划变革而产生负面影响。

四、电子政务

2014 年 6 月 25 日，浙江省政务服务网鄞州站上线运行，网站利用"互联网+"的理念，实现权力事项集中进驻、网上服务集中提供、政务信息集中公开、数据资源集中共享，入驻政府部门 34 个。鄞州区政务外网接入各类单位 141 个，接入终端 7035 台、VPN 用户 2871 个。政务内网接入各类单位 63 家，接入终端 136 台；区数据中心机房为 112 家单位提供虚拟主机空间服务，托管网站 142 个，为 19 家区级单位提供服务器托管。政务骨干网络及中心机房全年运行平稳，全年政务网络安全运行率 99.99%。投入近 3000 万元进行电子政务项目建设。区政务数据交换平台、区政务视频会议系统、区政府应急平台项目、"智慧健康"预约挂号平台一期完成建设并投入使用；在原有视频监控资源的基础上，建立高清视频监控点位 1600 个，建成覆盖全区社会层面的视频监控体系。9 月 3 日，鄞州区政府办公室对镇乡（街道）、工业园区、区级机关进行分类考核，内容包括电子政务机制建设、公共服务能力、内部信息化应用、协同共享、网络及安全建设、视频会议等，对各单位电子政务进行细化评分，结合第三方单位专业测评、互评、自评等方式进行综合考评。

2015 年，浙江政务服务网鄞州平台建成并投入运行（见图 4–10），启动政务服务网镇乡（街道）延伸工作，23 个镇乡（街道）网上服务站全面上线。鄞州区政务外网及内网接入单位 215 个，终端 7817 台。区数据中心机房为 79 家单位提供虚拟主机空间服务，托管网站 112 个，为 19 家区级单位提供服务器托管。"中国鄞州"门户网站全新改版并投入使用。投入近 4000 万元进行电子政务项目建设。区智慧城管系统、区防汛防旱指挥中心、区企业基础信息交换与应用系统（二期）、区气象灾害防御会商等系统建成并投入使用。5 月，"中国鄞州"门户网站改版后投入使用，由透明政府和公共服务两个频道组成。其中，透明政府以政务视角进行内容展示和服务提供，主要包含政务公开、政务服务、政民互动、印象鄞州四大板块；公共服务频道以用户获取相应服务视角进行展示，包含教育、文化、医疗、社会保障、交通出行、旅游、住房、公共事业、司法、企业 10 个一级栏目。同时推出安卓和苹果两个版本的微门户，并实现与门户网站的内容同步更新。开展网站集约化建设，关停镇乡（街道）和部门独立网站 25 个，统一整合到改版后的"中国鄞州"门户网站。

2016 年，鄞州区政务外网接入单位 116 个，接入终端 6214 台；政务内网接入单位 70 个，接入终端 181 台。区数据中心机房为 66 家单位提供虚拟主机空间服务，

图 4-10 浙江政务服务网鄞州平台首页

托管网站 72 个；为 25 家区级单位提供服务器托管。政务骨干网络及中心机房全年运行平稳，政务视频（应急管理）会议系统、数据交换平台使用顺畅。推进行政权力和公共服务事项一站式网上运行。区投资项目在线审批监管平台建设与浙江政务服务网鄞州区平台无缝对接，实现非涉密投资项目平台受理、限时办结、依法监管、全程监察。搭建行政处罚平台系统，裁量梳理 2 990 项，有 18 家部门及单位的行政处罚结果实现网上公开。10 月 28 日，鄞州区政务协同办公平台通过验收并投入运行。政务协同办公平台覆盖全区各区级机关和镇（街道），接入节点单位 190 个，平台注册用户 7 161 个，为用户提供公文管理、信息管理、会议管理、督查管理、建议提案、重点工作、办公助理、系统管理等功能。

区划变革后的 2017 年，鄞州区升级改造市电子公文 41 家节点单位，与原江东区网络、机房整合，开展原江东区视联网平台节点会场的整合和迁移。鄞州区行政处罚平台建成。至年底，发布自由裁量 2 628 条，办理行政处罚 4 439 件。3 月 2 日，区政府办公室下发《宁波市鄞州区人民政府办公室关于做好近阶段政府网站建设管理工作的通知》，要求推动政府网站集约化建设。至年底，关停区内所有政府部门及镇（街道）独立网站并与中国鄞州门户网站进行整合，栏目设置、页面风格实现基本统一；完成中国鄞州门户网站向市平台的迁移工作并更名为"鄞州区人民政府网站"。7 月 24 日起，依托宁波市统一受理平台，开展"一窗受理、集成服务"，并向 21 个镇（街道）延伸，并推广到村（社区），通过一窗平台处理群众企业办件 106 510 件，区本级有 1 783 项事项入驻统一受理平台。推进权力运行系统建设并启动基层延伸工作，全区通过权力运行系统办件 386 178 件，覆盖 22 个部门、21 个镇（街道）及 200

余个村（社区）的 974 项事项。开展政务数据共享建设，通过省数据共享平台申请各类数据接口 12 个，发起数据调用 35 145 次。完成鄞州区政务地理信息采集，发布地理信息条目 4 599 条。

2018 年，鄞州区政务协同办公系统接入单位数 182 家；完成全区政务外网骨干改造、省交通专网鄞州区域整合及 360 天擎准入系统安装工作，全区政务骨干网络、中心机房及政务视频会议系统运行平稳。开展政务服务网数据共享工作，全年完成 801 个事项的数据共享平台对接与验收工作，入驻统一受理平台的 773 个事项的共享数据实现按需调用，数据共享调用总量 13.70 万条；全年统一受理平台处理办件 48.64 万件，入驻平台事项 1 154 件；实现公租房系统与"一窗受理"平台对接；实现政务服务依申请事项在浙江政务服务网上办事的全开通；启动移动办事建设，至年底，上线区级"浙里办"掌上办事服务事项 179 个；27 家单位申请 68 枚电子签章；政务钉钉实现政府系统全覆盖，全区注册用户超 1.70 万人；完成英文站迁移至市政务云平台工作，完成政府网站和信息公开平台两个项目集约化迁移和验收工作。

由此可以看出，由于信息技术和网络运营手段的飞速发展，鄞州区政务及其他部门的相关信息逐渐在电子网站上对公众透明化，能够更好地接受人民的监督也在大数据整合后使得民众能够便捷地查询到关于教育、文化、医疗、社会保障、交通出行、旅游、住房、公共事业、司法、企业的各种内容以及区投资项目的规划与进程等等，亦可以在平台上进行医疗预约等操作。同时鄞州区政务网站推出了手机客户端并与网站内容实时同步，能够看出在依托科技进步的大背景下鄞州区公开、规范、及时、有效的电子政务方式能够营造良好的社会环境。在 2016 年区划变革之后，鄞州区在 2017 年与原江东区网络、机房整合，开展原江东区视联网平台节点会场的整合和迁移，并于当年出台文件开始对政府网站进行集约化的管理建设，也完成了中国鄞州门户网站向市平台的迁移工作，表明区划变革并未对鄞州区电子政务的发展改革造成影响，甚至以其高度的办公效率完成了与原江东区数据和网络的合并。

在区划变革之前，鄞州区便对各单位的电子政务进行客观科学的考核与评估，推动建设以力促推广实行网上无纸化办公。而区划变革之后，鄞州区不仅开展了政务数据的共享，其启动的移动办事建设、政务钉钉等系统建设，一定程度上显示了区政府践行"立党为公，执政为民"的目标，使得阳光政府、诚信政府的定位更为准确，能够顺应时代的发展为群众提供优质的服务，为政务工作者提供更为简洁的办公方式，高效推动工作的开展。

五、智慧城市建设

2014 年，鄞州区智慧办制订出台《鄞州区政府投资类智慧城市建设项目管理实施细则》和《鄞州区 2014 年度政府投资性智慧城市项目建设计划》，严格按照标准规范，确保智慧城市建设项目按规划立项、按规范评审、按标准建设、按要求评估。统筹推进全区政府投资类智慧城市项目建设，包括 12 个部门的 17 个信息化项目。重点把关信息化资源重复建设情况，协调促进各部门之间的交流，逐步打破"信息孤岛"，实现信息数据共建共享。区公安、交警、应急办、城管、水利、交通等多个职能部门共同参与整合，以视频资源共建共享为目标，建设全区统一视频资源平台。智慧医疗体系完善，新增预约挂号平台、区域心电信息平台、区域影像升级平台。公共事务受理中心实现高效信息整合，鄞州区 80 余个部门的咨询、投诉电话及民生点点通、区长邮箱、网络问政等十余个网络平台整合，建立公共事务受理中心 App 应用项目。"爱鄞州"（iYinzhou）市民免费无线上网工程建设进入中期阶段，至年底，项目接入热点 214 个，无线 AP1210 个，覆盖点包括公园、医院、行政服务中心、客运中心、旅游景点等公共区域。

2015 年，鄞州区智慧办增加民生功能内容，节约财政资金 2000 万余元。整合公安、交警、应急办、城管、水利、交通等职能部门监控 3950 路，根据整合效果将监控资源按用途及权限进行分级共享，在区交通运输局、城管局、水利局、交警队成立应急指挥分中心。1 月，"智慧中河"系统初步建成，进行试运行。"智慧中河"项目主要由"一中心"加"一平台"组成，即"智慧中河"综合指挥中心和"智慧中河"平台，加上二级管控平台（社工、志愿者、城管）及民生服务平台（手机智终端），形成一个整体。12 月，由区智慧办牵头主导、鄞州移动具体承建的"爱鄞州"（iYinzhou）市民免费无线上网工程建设完工。至年底，"爱鄞州"（iYinzhou）项目接入热点 297 个、无线 AP1803 个。智慧中河平台点实施动态化的实时监控，网格化的精细管理，标准化的巡查模式，数据化的定量考核。平台全面启动后，吃、住、行、游、购、娱、健康生活七大要素全部实行数字化、网络化、智能化、互动化和协同化，居民可轻松获得社区通知、便民服务等各类信息。

2016 年，鄞州区推进智慧城市创建工作，启动建设政府投资类智慧城市建设项目 11 个，涉及财政资金 1728.50 万元，各部门信息化资金需求 2240 万元，节余财政资金 511.50 万元。建设"爱鄞州"（iYinzhou）热点 104 个、无线 AP164 个。鄞州区全年实现软件收入114.70亿元，比上年增长23.20%，约占全市比重的1/4，企业规模和软件收入居全市首位。累计9家企业被列入市重点软件（骨干）企业，20余家企业通过CMMI3软件成熟度国际认证。3月10日，省经济和信息化委员会和省财政厅联合发文，公布2016年浙江省软件和信息服务产业基地建设名单，鄞州区入选示范基地。

2017年，鄞州区启动建设政府投资类智慧城市建设项目7个，涉及财政资金4668.80万元，节余财政资金1900万元。建设"爱鄞州"（iYinzhou）热点374个、无线AP1670个。原江东区域在公共场所实现无线网络全覆盖的基础上，建成"爱宁波"（iNingbo）无线免费WiFi项目热点67个，建设AP1960个，实现全区范围内交通枢纽、大型商业广场、政府办事大厅、各类服务中心、医院、公园等重点公共场所的基本覆盖。"智慧楼宇"（Smartbuilding）在商务楼宇和街区开展免费无线WiFi建设工程，覆盖90幢楼宇的公共区域。鄞州区推动云应用软件和服务在企业中的应用，在区内及下属街道组织召开各类企业"上云"专题培训会议、座谈会近20次。围绕鄞州区产业特点，筛选"上云"试点企业12家。至年底，全区有4195家企业"上云"，数量居全市第一位。鄞州区智慧城管网格覆盖范围68平方千米，涵盖钟公庙、中河、首南、潘火、明楼、东胜、福明、东柳、东郊、白鹤、百丈11个街道，以及南部商务区、东部新城2个管委会。

2018年，鄞州区启动建设政府投资类智慧城市建设项目25个，涉及财政资金7172.24万元。印发《鄞州区政府投资类智慧城市建设项目管理实施细则》《鄞州区智慧城市建设项目专项资金管理办法》《鄞州区企业上云发展专项资金管理办法》，推进智慧健康等直接服务民生的项目，17家基层医疗机构与市级医院实现远程超声互联，区域超声诊断水平提升。18家基层医疗机构使用自助机开放银行卡、微信、支付宝等支付功能。实现基层云诊室全覆盖，全区医疗资源得到有效共享，推进区水利局水利工程视频监控、区城管局智慧城管二期、区市场监管局鄞州区食品安全追溯联动平台项目、区卫生计生局鄞州区智慧健康便民惠民信息化项目等关系政务管理民生服务的项目。同时鄞州区推动云应用软件和服务在企业中的应用，在区内及下属街道组织召开各类企业"上云"专题培训会议、座谈会20余次。至年底，全区新增"上云"企业3970家，数量居全市第一位，其中工业企业占比79.10%、服务业占比9.80%、商贸企业占比8%、科技企业占比2.80%。

从近几年的智慧城市建设发展中可以看出，鄞州区每年皆有开工投入多项政府投资类智慧城市建设项目，包括各类社会便民服务如医疗信息与资源的互通共享以及水利、道路、监控等基础建设，信息资源互通互联和整合的能力正在逐步加强。在区划变革之前，2015年底完工的"爱鄞州"（iYinzhou）免费上网项目功能便已初现，年底认证人数累计达420.5万人次，使用流量累计171.6万千兆，覆盖公园、医院、行政服务中心、客运中心、旅游景点、公共自行车点位等区域，可以说是智慧城市建设的基础之一。同年试运行的"智慧中河"综合指挥中心（见图4-11）是全区第一个街道层面的智慧管控平台，由占地面积200平方米的指挥中心、一个智慧管理平台加上二级管控平台（社工、志愿者、城管）以及民生服务平台（手机终端）构成。通过12块监控录像屏幕，工作人员发现跨门经营、违停、沿街晾挂等现象，可立即将详细情况发送至城管队员的手机中，网格员及时赶至现场并将处理后的图片发回控制中心。同时，控制中心通过GPS定位城管人员位置，对于较长时间没有处理问题的队员，控制中心会电话提醒。智慧中河平台点实施动态化的实时监控，网格化的精细管理，标准化的巡查模式，数据化的定量考核。"智慧中河"系统使得城市管理更为高效，结合实时的动态监控、网格化的精细管理，能够使得人力、物力得到更好的统筹分配，走进社区后也能让居民体会到人性化、智能化的服务体验。

图4-11 "智慧中河"城市管理项目指挥中心

区划变革之后，鄞州区的智慧城市建设开始将原江东区纳入建设范围，2017年，原江东区域在公共场所实现无线网络全覆盖的基础上，建成"爱宁波"（iNingbo）无线免费WiFi项目热点67个，建设AP1960个；在政府投资智慧城市建设项目中亦有；鄞州区智慧健康示范推广项目（一期）江东片区卫生机房迁移及IDC租赁部分，项目总投资99万元。能够看出，区划变革并未改变鄞州区智慧城市建设的进度，而是第二年便将改革后的新区域纳入规划建设范围，同年开始推动云应用软件和服务在企业中的应用，其中美康生物科技股份有限公司、浙江中车电车有限公司和浙江恒达高电器有限公司3家企业入选省首批"上云"标杆企业名单。

从建设发展中能够发现，网络平台的功能越发凸显并受到重视，统一的大数据资源中心以及智慧物流、智慧医疗、智慧教育、智慧交通、智慧城管等民生应用服务与城市运营应用逐渐成为民众日常生活不可或缺的一部分，互联网经济的推进亦使得不同类型企业实现融合发展，智能网络与信息技术的应用对促进产业升级具有积极作用。

第三节
区划变革前后的城市管理与生态环境管理

一、道路管理

2014年，鄞州区城管局管理城市道路总长122千米348万平方米，路灯11096盏，市政桥梁165座，城市公共消防栓823套，各类市政设施考核分值均在优良以上，照明设施平均亮灯率99.7%。实施7座桥梁栏杆提升改造工程，全年完成41处城区道路积水点改造。

2015年，鄞州区城管局管理城市道路总长137千米405万平方米，路灯12418盏，市政桥梁192座，城市公共消防栓873套，各类市政设施考核分值均在优良以上，照明设施平均亮灯99.7%。实施8座桥梁栏杆提升改造工程，委托专业检测机构检测城区内桥梁100座。

实行区划变革当年，2016年区城管局管理城市道路总长138千米410万平方米，路灯12839盏，市政桥梁199座，城市公共消防栓920套，各类市政设施考核分值均在优良以上。照明设施平均亮灯率99.7%。安排专业检测单位检测鄞县大桥、飞虹立交桥等9座桥梁技术状况，并进行荷载试验。

区划调整后的2017年，鄞州区综合执法局（城市管理局）管理城市道路总长翻了一番，增至284千米，面积798万平方米，路灯34808盏，市政桥梁400座，交通护栏清洗89706米，各类市政设施考核分值均在优良以上，照明设施平均亮灯率99.71%。开展退红空间整治试点工程综合整治彩虹北路区块9条道路。维修改造悦盛路、朝晖路、四明西路等 8 条道路。检测潘火立交桥等 75 座桥梁，维修改造四眼砚桥、宁兴桥等 8 座桥梁。

2018 年，鄞州区综合执法局（城市管理局）管理城市道路总长继续增长，达到 345 千米，面积 958 万平方米，路灯 39073 盏，市政桥梁 456 座，交通护栏清洗 94710 米，各类市政设施考核分值均在优良以上。照明设施平均亮灯率为 99.74%。开展退红空间整治试点工程，包括都市森林等 3 个小区的部分退红空间。维修改造飞虹立交桥、中兴立交桥等 22 座桥梁。安排专业检测单位对包括中兴立交桥在内的 103 座桥梁进行常规检测，对潘火高架桥等 21 座桥渠进行荷载试验。

从以上数据看出，2014 年至 2016 年底鄞州区城市道路建设增长较慢，意味着全区城镇化进程的逐步推进与完善，较为完善的城市道路建设取得了阶段性的成果（见图 4-12）。

图 4-12 鄞州区城市道路建设情况

资料来源：百度地图

而在行政区划调整之后，原江东区管辖的行政区域划归鄞州区管辖，于是城市道路数据在 2017 年发生突增。新的行政区划对于区内道路建设有着决定性的改变，对推动更加便利的区内出行与有效的经济发展有较大影响。从图中显然可以发现，改革后城市道路增速加快，那么区政府必然加大了对于城市道路建设的投资和发展力度，且原江东区及江东与鄞州交界处道路建设工程量增多，投资力度加快。实际上能够证明区划的变革一定程度上必然推动城市道路的融合与发展。做好城市道路建设工作，实际上对我国经济社会的变革起到一定的承载融合作用，这既是城市区划变革的必然，亦是人民更好生活及更好发展的必需。

二、绿化及垃圾管理

（一）绿化管理

2014年鄞州区绿地面积674.8万平方米，城区绿化覆盖率40.43%，人均公共绿地面积12.51平方米，区城管局管理的绿地总面积272.56万平方米、行道树26 295棵，其中一级绿地226.8万平方米，二级绿地30.2万平方米，三级绿地15.2万平方米。全年完成高教园区院士公园提升改造、前河公园二期基础设施改造、鄞州公园拓石假山修复和鄞州大道绿地恢复改造等工程，结合全国园林城市复查迎检，实施城区增绿增香工程，累计补种草坪、色块近1.5万平方米，改造复绿5 000平方米，完成机场路高架桥柱垂直绿化试点布置112个。

2015年，鄞州区绿地面积741万平方米，城区绿化覆盖44.18%，人均公共绿地面积12.73平方米，区城管局管理的绿地总面积约284万平方米、行道树27 737棵，其中一级绿地235.6万平方米，二级绿地33.7万平方米，三级绿地15万平方米。投入513万元开展"一路一品"工程。

2016年，鄞州区城区绿地面积754万平方米，城区绿化覆盖率44.87%，人均公共绿地面积12.73平方米，区城管局管理的绿地总面积281万平方米、行道树27 783棵，其中一级绿地234万平方米，二级绿地32万平方米，三级绿地15万平方米。总投入5 700万元建设院士公园二期一级"一路一品"景观，其中"一路一品"工程形成"新色钱湖""古韵宁南"等特色景观。

2017年，鄞州区城区绿地面积1 737.06万平方米，城区绿化覆盖率28.70%，人均公共绿化面积11.40平方米，区综合执法局（城市管理局）管理的绿地总面积455.40万平方米、行道树59 751棵，其中一级绿地377万平方米、二级绿地92.31万平方米，三级绿地2202万平方米。投入500余万元，打造镇安公园、黄鹏公园、丹凤公园主题公园。投入800余万元，打造"一路一品"，完成天童北路—膨虹路、朝晖路、姚隘路3条道路景观。完成鄞州公园二期、院士公园二期建设，新增绿地面积54.60公顷。院士公园被评为省城区优质综合公园，明安路被评为省街容示范街，院士公园校间林下裸地花海工程被评为宁波市最佳林下地被景观。

2018年，城区绿地面积2 159.55万平方米，城区绿化覆盖率32.10%，人均公共绿地面积9.91平方米。中心城区河道共计140条（不含东部新城），水城面积486万平方米，已实现保洁、养护、考核全覆盖。

在上述数据可以看出，在 2016 年区划变革之后，2017 年城区绿地面积较前一年增加近 1 000 万平方米，但城区绿化覆盖率却大大减少甚至低于 30%，某些数据较上年也有小幅降低，主要原因是在行政区划改革之后鄞州区总面积减少，原江东区区域及人口划归鄞州区管理，同时生产建设中可能会导致部分绿化覆盖减少，但 2017 年之后绿化数据便重新回归增长趋势，还是能够看出鄞州区对于城区环境建设与保护的决心。

（二）垃圾管理

2014 年，鄞州区城管局保洁的城区道路面积增加 90.5 万平方米，达到 630 万平方米，长效保洁覆盖率和机扫率分别达到 100% 和 80%。全区日处理生活垃圾达 1 450 吨，餐厨垃圾收运实现 6 个街道全覆盖，全年收运餐厨垃圾约 1.9 万吨，并在首南街道试点实施垃圾分类。8 月，启动世行贷款宁波市鄞州区城镇生活废弃物收集循环利用示范项目，以首南街道为垃圾分类先行试点区域开展生活垃圾分类工作。至年底，有金色水岸社区、陈婆渡社区、都市丽湾小区、宁波诺丁汉大学、浙江大学宁波理工学院、鄞州职教中心等 4587 户居民参与垃圾分类试点工作。

2015 年，鄞州区城管局保洁的城区道路面积增加 63 万平方米，总面积 693 万平方米，长效保洁覆盖率和机扫率分别达到 100% 和 80%。全区日均处理生活垃圾 1450 吨，餐厨垃圾收运实现 6 个街道全覆盖，全年收运餐厨垃圾约 2 万吨。鄞州区潘火街道德培幼儿园作为鄞州区垃圾分类试点学校单位，进行垃圾分类工作。5 月，区城市管理（行政执法）局作为垃圾分类试点机关单位，开展垃圾分类工作。首南街道全面铺开垃圾分类试点工作。根据《2015 年鄞州区城区生活垃圾分类处理与循环利用工作考核办法》以社区、学校、机关企事业单位为三大阵地，在鄞州中心城区全面推行垃圾分类。至年底，钟公庙、中河、首南 3 个街道有 46410 户小区居民、16 所中小学校、68 个机关单位、85 个事业单位和 9 个国企单位推行垃圾分类，下应街道景湖社区 700 户居民参与垃圾分类工作。

2016 年，鄞州区道路保洁面积增加 63 万平方米，总面积 693 万平方米，长效保洁覆盖率和机扫率分别达到 100 和 80%。日均处理生活垃圾 1680 吨，餐厨垃圾收运 5 个街道全覆盖，全年收运餐厨垃圾 2.70 万吨。选址首南街道高塘桥村一拆迁地块，启动装潢垃圾循环处置利用项目。鄞州区出台《2016 年鄞州区城区生活垃圾分类处理与循环利用工作实施方案》，钟公庙、中河、首南 3 个街道 101 个小区

94903 户家庭启动生活垃圾分类工作。

区划调整后的 2017 年，鄞州区道路保洁面积 637 万平方米，长效保洁覆盖率和机扫率分别为 100% 和 82%。全区日处理生活垃圾 1500 吨，餐厨垃圾日收运量 180 吨。垃圾分类实施覆盖小区新增 50 个，全区 289 个小区、213817 户居民开展垃圾分类，占全区总户数的 82%（潘火街道除外），居住小区生活垃圾分类覆盖率 80.10%，其中白鹤街道、明楼街道、百丈街道均实现垃圾分类全覆盖。机关事业单位、中小学校、国有企业垃圾分类覆盖率 100%；区每日厨余垃圾收运量约 150 吨，市民垃圾分类知晓率 85%，生活垃圾减量 7%。

2018 年，城区道路面积 640 万平方米，长效保洁覆盖率和机扫率分别达到 100% 和 83%。全区年生活垃圾收运量（包括餐厨垃圾）66.72 万吨。全区生活垃圾分类覆盖率 96%，累计有 337 个小区 2612 万户居民开展垃圾分类，居住小区生活垃圾分类覆盖率 93.3542%；机关事业单位、中小学校、国有企业垃圾分类覆盖率 100%；全区垃圾分类精准率 63.68%，市民垃圾分类知晓率 94%。共收运厨余垃圾 7.40 万吨，有害垃圾 7.01 吨，玻璃 1102.50 千克，城镇生活垃圾回收利用率 54.25%，资源化利用率在 99% 以上，城镇生活垃圾无害化处理率 100%，新改建垃圾房 30 座。

从 2014—2018 年垃圾管理的相关数据可以发现，区划调整前后几年鄞州区城区道路长效保洁覆盖率皆为 100%，机扫率也能达到 80% 及以上，城镇生活垃圾无害化处理率在 2018 年达到了 100%，证明行政区划的变革并未改变鄞州区对于垃圾管理的重视，同时自 2014 年开展垃圾分类试点以来，全区垃圾分类的覆盖率与精准率是上升的，公众对于垃圾管理的参与度是在不断加强的，原江东区区域纳入鄞州区范围后在垃圾管理方面也有不俗的成绩——2016 年白鹤街道、明楼街道、百丈街道均实现垃圾分类全覆盖；2019 年东柳街道开展各类宣传活动如有害垃圾换礼品活动、垃圾分类进校园活动等 1800 余场次、发放宣传资料 20 余万份，并利用电子屏、宣传栏、传单等方式对老年群体进行宣传推广，通过抖音、公众号、微信群等新媒体激发居民垃圾分类主动性。

自 2019 年 10 月 1 日《宁波市生活垃圾分类管理条例》实施以来，鄞州区分类管理中心与鄞州区综合行政执法部门推行"管罚联动"机制，进一步加大执法力度，累计出动执法队员 4300 余人次，教育劝导 5000 余次，下发责令整改通知单 516 份，立案 48 起，开出了全市首张商务楼宇、餐饮企业、建筑工地垃圾分类罚单，并联合媒体对部分典型案例进行了跟踪报道，切实提高了垃圾分类的严肃性和约束力，形成倒逼压力，推动垃圾分类从"要我分类"向"我要分类"转变。通过赋予相关部门行政强制权，对违规行为进行处罚、教育等措施强化环保法制，完善管理体制的同时，加强对基层相关机构的建设并进一步推进垃圾分类知识的宣传。

三、生态管理

随着鄞州经济的快速增长，可用的土地、水、能源等资源的供给体系比较脆弱，环境质量也在恶化，面临的压力越来越大，成为可能制约鄞州进一步发展的重要因素。只有在继承鄞州优秀传统文化的基础上，营造健康、和谐、安全的社会生活环境，使得社会进步、经济发展、生态环境三者协调一致，促进人与自然和谐相处，才能取得长久发展。

（一）内河管理及五水共治

2014 年，鄞州区城区内河管理从原来东起甬新河，西至奉化江，南起绕城高速，北与海曙、江东接壤，范围东扩至雨台温铁路，城区内河数量从 56 条（总长约 112 千米、面积约 289 万平方米）逐步扩大到 96 条（总长约 194 千米、面积约 379 万平方米）。按照《鄞州区城区内河移交标准》对新扩河道进行逐条验收移交，至年底完成 36 条新扩河道验收移交。全年完成 9 条城区内河疏浚整治（总长度 12 036 米，面积 25.1 万平方米，清淤量 23.6 万立方米），打通 3 号"断头河"节点，将水质养护河道从 12 条（养护总长度 8 860 米，面积 12.2 万平方米）扩大到 27 条（养护总长度 26 736 米，面积 45.2 万平方米），实施"清三河"、南区"清障"及内河沿岸违法建筑拆除等内河专项整治行动。

2015 年，鄞州区城区有内河 96 条（总长约 194 千米，面积约 379 万平方米）。清淤整治河道 22 条（总长度 23.3 千米，面积 46.8 万平方米，总清淤量 33.7 万立方米），打通文华河节点水质养护河道从 27 条（养护总长度 26 736 米，养护面积 45.2 万平方米）扩大到 56 条（养护总长度 46 822 米，养护面积 76.9 万平方米），小洋江、仇毕河等河道实施景观提升，种植杜英、春鹃等乔灌木 4 500 平方米。鄞州区打造两条Ⅳ类水河道，分别为院士公园河及万达环河。院士公园河位于鄞州高教园区，呈南北走向，途经求是路、首南东路、日丽东路汇入前塘河，河长 1 941 米，总水域面积约 65 000 平方米。万达环河北起四明中路，南到贸城中路，西至宁南北路，东与汪董河相连，贯穿鄞州万达广场，全长 758 米。院士公园河被评为宁波市唯一一条城区内河Ⅳ类水河道。

实行区划变革当年，2016年，鄞州区城区有内河96条（总长194千米，面积379万平方米）。其中水质养护河道54条，养护面积84万平方米。内河建设项目完工43项，其中核心城区河道整治工程14项，东区河道清淤工程26项，"断头河"打通工程3项。鄞州区将城区河道划分为北、中、东、南4个片区，分别由4家公司负责保洁，按每区3人配备人员进行常规巡查，保证每周每个片区至少巡查1次。养护公司成立专门巡查小组，由项目经理负责标段内河道巡查，发现异常情况及时上报。内河养护实行综合考核，并对高锰酸盐、氨氮、总磷、透明度4项一级指标划定达标等级进行单因子考核，对1条河道累计4次月度考核不合格者扣罚整个标段20%的养护款。约谈累计2次月度考核不合格或养护不力的责任单位，并按照要求提交书面整改方案；对连续3次水质综合考核不合格或单因子考核不合格的河道实行降级处理。全年约谈企业2家，6条河道实施降级。

2017年，中心城区河道140条（不含东部新城）水域面积486万平方米。清淤河道22条，长度16千米，方量20万立方米。鄞州区安排落实治水工程489项，投资15.80亿元，全区地表水环境质量明显改善，水质上升幅度居全市县（市、区）首位。推进"污水零直排区"创建，组织全区各镇（街道、园区）完成污染源及排水设施网格化普查工作。深化"河长制"工作，出台《关于进一步深化落实河长制全面推进治水工作的实施意见》和《宁波市鄞州区河长制工作实施方案（2017—2020年）》，组织开展业务培训，牵头完成区级和镇级河道"一河一档"编制，全面排查与规范全区河长牌和排口牌，系统开展入河排河（水）口整治行动。实施河道清淤疏浚工程，以区控及以上水质断面所在河道及劣Ⅴ类小量水体为重点，清淤河道约110千米，清污106万立方米。通过河岸湿地氮磷拦截吸收、曝气充氧、生态浮床等措施对城区内河140条实施生态化治理。鄞州区实施"污水零直排区"创建。潘火街道、钟公庙街道、百丈街道、东胜街道和鄞州经济开发区制订完善"污水零直排区"具体创建计划方案，建立"四张清单"（项目清单、责任清单、问题清单、任务清单）。组织城区市政排水设施现状普查，并组织各镇（街道、园区）开展辖区动态排摸，查清区域内的各类污染源及排水设施现状，对管网信息造册登记绘制地下管网地图，建立数据档案，并编制完成普查报告。推进污水治理设施建设，除在建工程外，基本实现污水主管全覆盖。

2018年，鄞州区安排落实"五水共治"项目209个，投资13.30亿元。通过国家城市黑臭水体专项督查，钟公庙街道、潘火街道、百丈街道、东胜街道 4 个街道和鄞州经济开发区通过市级验收并被命名为污水零直排街道（园区），云龙镇、五乡镇、东吴镇、瞻岐镇、咸祥镇、中河街道、下应街道、明楼街道、东柳街道和白鹤街道 10 个镇（街道）完成年度创建工作任务并接受市级验收。开展"美丽河湖"建设，后塘河（五乡段）和大嵩江（大闸段）两条河道创建为市级"美丽河湖"。实现区、镇、村三级污水管网、住宅小区和工业、农业、餐饮服务业各个领域的建设项目政策全覆盖。至年底，安排"污水零直排"项目 178 个，全部展开施工；落实住宅小区雨污分流改造工程和截污纳管工程 90 个，建成区级污水主干管网 7.51 千米（累计 7.51 千米），新建成镇级污水收集管网 43.39 千米（累计建成 367 千米），维修截污井 58 座，完成排水许可证发放 1019 家，并启动城区餐饮隔油池统一养护管理。

可以看出，无论是内河管理还是"五水共治"工作，都在近几年的发展推动中逐步建成一套鄞州区自有的体系，治理与保护效果十分显著，区划变革后，原江东区区划下的几个街道在鄞州区"五水共治"工作中也取得优异成果——2018 年百丈街道、东胜街道通过市级验收并被命名为污水零直排街道，东柳街道和白鹤街道完成年度创建工作任务并接受市级验收；2019 年，白鹤街道前塘河、新河（白鹤段）雨污混排口整治工程全面开工，东郊街道目前已累计完成排水许可证办理 33 家，超额完成年度目标任务的 110%。可以看出区划变革的实施并未使鄞州区"五水共治"工作受到阻碍，而在 2017 年后对这些新归入水域的整治可谓是卓有成效，鄞州区治理的发展脚步稳定而踏实。

同时，在基层民众中对"五水共治"工作进行宣传与报道，发动群众共同参与五水共治工程，社区工作人员积极深入社区，除了每家每户分发宣传资料外，还在人群密集处设置摊位，向过往居民讲解治水原理。2017 年在省、市、区媒体发表报道和文章 100 余条，设置宣传标牌 30 余块，道旗广告 200 余根，"鄞州发布"微信端吸引 2 万人次参与"五水共治"有奖问答活动。开展"六进"（进机关、进社区、进校园、进企业、进单位进公共场所）宣传工作，发放倡议书和纪念品 30 余万份。2018 年在各大媒体刊出报道 100 余条。推送治水动态信息 60 余条。在公交车、出租车、大范围投放移动性广告，依托短信、微信、钉钉、音信通播报等平台点对点推送宣传信息近 300 万户，设置路边灯箱、围挡、网络宣传广告 3000 余处，张贴海报 5 万份，悬挂横幅 1.2 万条。

从 2020 年 4 月开始至 7 月底，鄞州区再次开展"五水共治"百日攻坚行动，围绕"两升、三清、四提"攻坚目标，深入推进九项攻坚行动，着力治源头、提水质、促长效，努力持续改善城乡水环境面貌，不断提升群众治水获得感。本次百日攻坚行动分动员部署、集中攻坚、总结提高三个阶段进行。在集中攻坚阶段，全面深入开展河道河岸"清爽"、排口围挡"清除"、黑臭水体"清零"、治水工程"提速"、污水纳管"提率"、进网污水"提标"、设施养护"提质"、河湖长制"升级"、治水满意度"升位"九项行动，持续深化攻坚攻势（见图4-13）。

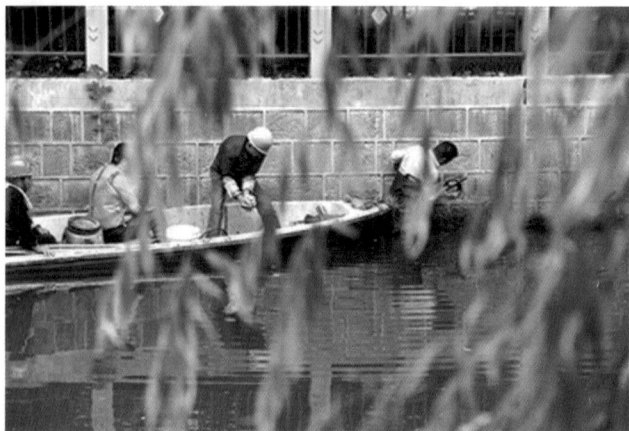

图4-13 鄞州污水零直排区建设深入推进

（二）噪音和气体排放管理

2015年，全区功能区区域环境噪声点位38个，平均值57.0分贝，超过GB3096-2008声环境质量标准规定的Ⅰ类标准55分贝，比上年平均值降低1.6分贝。功能区区域交通噪声点位15个，平均值67.8分贝，达到（CB3096—2008声环境质量标准）规定的标准70分贝，比上年平均值降低了1.9分贝。制定《2016年度鄞州区生态环保工作任务书》，将任务分解至36个生态区创建工作领导小组成员单位。重新修订《鄞州生态文明建设工作目标年度考核实施办法》。推进国家生态文明建设示范区创建规划编制等前期工作。累计有国家级生态镇8个、省级生态镇1个、国家级生态村1个、市级生态村171个。化学需氧量、氨氮、二氧化碗、氮氧化物排放量较上年分别削减3.2%、4.6%、4.10%和7.3%。

2016年，全区功能区区域环境噪声点位38个，平均值54.90分贝，达到《GB3096—2008声环境质量标准》规定的Ⅰ类标准55分贝，比上年平均值降低2.1分贝。功能区区域交通噪声点位15个，平均值68.20分贝，达到《CB3096—2008声环境质量标准》规定的标准70分贝，比上年平均值上升0.40分贝。制定《2016

年度鄞州区生态环保工作任务书》，将任务分解至 36 个生态区创建工作领导小组成员单位。重新修订《鄞州生态文明建设工作目标年度考核实施办法》。推进国家生态文明建设示范区创建规划编制等前期工作。累计有国家级生态镇 8 个、省级生态镇 1 个，国家级生态村 1 个、市级生态村 171 个。化学需氧量、氨氮、二氧化碗、氮氧化物排放量较上年分别削减 2.50%、3.10%、1.10% 和 0.90%。

2017 年，全区区域环境噪声监测点位调整为 38 个，减少原鄞西片区 16 个，增加原江东片区 14 个；交通噪声监测点位调整为 25 个点，减少原鄞西片区 1 个，增加原江东片区 10 个。功能区噪声监测点位调整为 5 个，增加原江东片区 2 个。其中，区域环境噪声、交通噪声监测次为每年 1 次，功能区噪声监测为每季度 1 次。区域环境噪声平均值 54.20 分贝，小于 55 分贝，达到《GR3096—2008 街环境质量标准》规定的Ⅰ类标准，下降 0.70 分贝。制定《2017 年度鄞州区美丽鄞州建设工作任务书》，将任务分解至 36 个美丽鄞州建设工作领导小组成员单位，细化考核评分标准，并重新修订《鄞州区美丽鄞州建设工作目标年度考核实施办法》《宁波市鄞州区生态文明建设规划 2017—2025 年》编制完成，通过省环境保护厅专家评审，并划定生态保护虹线。全区 9 个镇生态文明建设规划通过评审，2 个镇开始实施。全区累计有国家级生态镇 8 个、省级生态镇 1 个，国家级生态村 1 个、市级生态村 171 个。全区化学需氧量、氨氮、二氧化碗、氮氧化物排放量分别削减 492 吨、55 吨、33 吨、13 吨，分别减少 6%、3%、1%、1%。

2018 年，全区区域环境噪声监测点位调整为 38 个，交通噪声监测点位调整为 25 个点。功能区噪声监测点位调整为 5 个。其中，区域环境噪声、交通噪声监测频次为每年 1 次，功能区噪声监测为每季度 1 次。区域环境噪声平均值 53.90 分贝，小于 55 分贝，达《GR3096–2008 街环境质量标准》规定的Ⅰ类标准，下降 0.30 分贝。制定《2018 年度鄞州区美丽鄞州建设工作任务书》，将任务分解至 36 个美丽鄞州建设工作领导小组成员单位，细化考核评分标准，并重新修订《鄞州区美丽鄞州建设工作目标年度考核实施办法》《宁波市鄞州区生态文明建设规划 2017—2025 年》编制完成，通过省环境保护厅专家评审，并划定生态保护红线。全区 9 个镇生态文明建设规划通过评审并开始实施。全区累计有国家级生态镇 8 个、省级生态镇 1 个，国家级生态村 1 个、市级生态村 171 个。全区化学需氧量、氨氮、二氧化碗、氮氧化物排放量分别削减 938 吨、116 吨、205 吨、113 吨，分别减少 12.14%、6.05%、6.42%、9.91%。

绿水青山就是金山银山，高质量发展的同时更要以绿色经济、以人为本、可持续发展的思想为基本。由以上数据可以看出，区划变革对于鄞州区生态文明建设所带来的影响是缓慢但十分有必要的，鄞州的全区化学需氧量等指标在新区划调整下，获得有效的减少，尤其在变革后的 2018 年，原江东区的化学需氧量得到了重点安排。民生污染问题是必须要得到解决的，虽然过程伴随着经济发展的阵痛，但涉及民生就是头等大事。当前标准的提高和优化是对将来区域经济更快更好发展的前提。提升生活环境质量，如降低区域噪声。降低功能区噪声、减少化学需氧量排放，这些都对鄞州区的生态文明建设发展直接相关。近几年，鄞州区的经济发展一直处于宁波市首位，在省内也处于前列。如果鄞州现在减缓了生态文明建设的步伐，那么在大力发展绿色经济的不远处，经济发展势必会落后于他人。

四、法治管理

（一）执法专项整治

2014 年，鄞州区组织开展各类执法专项整治行动 85 次，参加整治人数约 4000 人次，查处一般程序案件 896 起，罚款 1806 万元。办理建筑垃圾类案件 469 起，罚款 657 万元；户外广告整治行动从 33 平方千米向 80 平方千米辐射，拆除违法户外广告 1220 块；推进集贸市场周边市容环境整治、福庆路环境综合整治、车棚车库和地下停车场整治等工作，改善市容环境秩序。鄞州区城管局在全区 28 个城管中队推行勤务机制改革。在全区范围内划分 87 个片区，明确 178 条实施规范化管控道路，落实"片长""路长"负责制。遵照"高峰定点、平峰巡线"的要求，灵活运用"弹性工作制""一线工作法""定点执勤、机动执勤、应急执勤"的勤务组合模式，使城管执法覆盖面、出勤率、管事率和见效率大幅提高。

2015 年，鄞州区组织开展各类执法专项整治行动 105 次，参加整治人数约 7000 人次，查处一般程序案件 1157 起，罚款 1377 万余元案件数量和罚款数额全市第一。开展中心城区流动摊贩集中整治行动，查处无照流动经营行为 340 起，暂扣经营工具 265 件。参与建筑垃圾路上运输百日整治行动，检查渣土车 1047 辆。推进车棚车库整治，整治任务和整治进度均居全市第一。区城管局按照"人力跟着勤务走，勤务跟着秩序走"的原则，深化勤务机制改革，适时调整优化路面勤务安排和执法力量配置，提高城管执法的出勤率、管事率和见效率。在原有管理网格基础上，在中心城区范围内建立起由 21 个管理片区、116 条责任道路构成的网格化层级管理体系。完善基础管理，将日常管控责任精细到每一条道路、每一个岗位、每一名队员，实现全时段监控和无缝隙管理。

2016年，鄞州区组织开展各类执法专项整治行动110次，参加整治人数约7500人次。查处一般程序案件1130起，罚款4402.3万元。区综合行政执法局调研单位部门职能、机构设置、人员编制等情况，研究制订"三定"（定职能、定机构、定编制）方案。梳理首批划转的水行政、人防、石油天然气管道保护、陆域渔政4个领域103项行政处罚权所涉及的法律法规，编印相关法条。成立工作小组，对行政、人防、石油天然气管道保护、陆域渔政、林业、体育、城乡规划、环保、旅游、安全生产、价格、教育12个领域的179项执法事项进行分类，并按类初步梳理职责边界和执法流程。区城管局以"资源整合、重心下移"为原则，支持、鼓励镇（街道）引进第三方力量辅助市容环境管理工作，构建"城管执法队员为主、协管员和特保人员为辅"的"三合一"城市管理格局。在中心城区主要道路、重要商圈附近试点设立城管执法岗亭，并予以推广，形成"中队—网格—岗亭"三级管理模式。至年底，中河、钟公庙、潘火街道设置标准化行政执法岗亭7个，驻点管理队员1~2人，实行24小时工作制，实现市容环境全时段、无缝隙管控。

区划变革后，2017年鄞州区组织开展各类执法专项整治行动120次，参加整治人数约8500人次，查处一般程序案1116起，罚款8025534元。教育处置无照流动经营行为87028起，教育纠正跨门占道经营行为59999起，劝阻制止"五乱"行为68974起、违停抄告60947辆，处理46500辆，抄告数和处理数均居全大市第一位。新增隔离墩（柱、球）90个，隔离护栏1500米。依法暂扣共享单车11137辆。区划变革后的新执法机构，宁波市鄞州区综合行政执法局挂牌成立，并挂宁波市鄞州区综合行政执法大队牌子，区城市管理局与其合署办公。区综合行政执法局（区城市管理局）主管全区综合行政执法和城市管理工作，内设办公室、组织宣传科、计划财务科（审计科）、执法督导科、法制案审科、公共秩序科、建设秩序科、生态秩序科、城市管理科、公共服务科（行政审批科）10个科室，下设市容环境卫生管理处市政公用。

2018年，鄞州区组织开展各类执法专项整治行动132次，累计参加整治人数约9400人次，查处一般程序案件2356起罚款1137.89万元。教育处置无照流动经营行为87200起，教育纠正跨门占道经营行为6800起，劝阻制止"五乱"行为70140起。委托第三方检测单位对156家餐饮企业进行油烟抽检181次，处置餐饮企业油烟投诉352起，检查餐饮企业482家，责令餐饮企业整改问题134件，餐饮油烟类案件8件，罚款 14 750 元。开展施工噪音"清耳"护考、服务行业"情水"护河、建筑工地"清源"排水执法行动,办理餐饮企业违法排水和违法乱倒污水案件 16 件,罚款 10.33 万元,处置建筑工地违法排水类案件 27 件,罚款 14.61 万元。开展城乡环境综合整治,协调各单位处置市"行走甬城"督办案件 10 291 起,解决率 98.79%,案件量、解决率为市五区第一。开展"鄞领城事、马路办公"专项行动,建立城市管理问题处置机制,发现问题 14 598 起,解决 14 489 起,解决率 99.25%。牵头开展鄞州区城乡环境问题积案攻坚处置月行动,重点督办、攻坚处置全区城乡环境问题积案近 4500 件。实施建筑垃圾管控,成立联合机动巡查组,加强执法力度。全年新增备案工地 254 个,办理清运卡 13 156 余张,发放建筑垃圾处置核准许可决定书 236 份,共核准处置建筑渣土 2 260.31 万吨(见图 4-14)。

年度	2014年	2015年	2016年	2017年	2018年
执法专项整治行动(次)	85	105	110	120	132
参加整治人数(人次)	4000	7000	7500	8500	9400

图 4-14 鄞州区开展各类执法专项整治行动及参与人数变化对比

资料来源:《鄞州年鉴》

从以上几年的数据与行动可以发现,鄞州区开展各类执法专项整治行动的次数与整治人数都呈现一个逐年上升的趋势,规模、罚款、种类与方式都有明显增加,区划变革的实施并未对此产生显著影响,但也能看出鄞州区综合行政执法局(区城市管理局)在几年中对勤务机制、城市管理格局、内设科室等方面的不断发展与改革,即使区域内管辖范围发生了改变,亦以更为顺应区域内的经济、社会、文化等多方面的发展,达到专项执法的目的。而随着智慧城市的建设与信息技术、互联网大数据的发展,智能化、电子化成为执法与服务的趋势,"智慧城管"也逐渐成为处理案件、受理投诉更为便捷有效的平台——2018 年鄞州区智慧城管网格覆盖 117 平方千米,东至东外环,西至奉化江,北至甬江,南至绕城高速,划分为 99 个网格,涵盖钟公庙、中河、首南、潘火、明楼、东胜、福明、东柳、东郊、白鹤、百丈、下应 12 个街道,南部商务区、东部新城及邱隘、姜山、云龙、五乡镇部分区域。区智慧城管中心处置平台案件 35.54 万件，解决率 100%，及时解决率 97.06%，受理热线投诉 17 355 起。

从行政区划改革当年即 2016 年开始，区划变革后的新执法机构宁波市鄞州区综合行政执法局挂牌成立，并挂宁波市鄞州区综合行政执法大队牌子，区城市管理局与其合署办公，自此，执法专项整治行动显得更为统筹且综合，从流动与占道经营、交通整治、餐饮问题、建筑垃圾管控到城乡环境综合整治，都能够看出加强执政能力、完善执政制度的重要性。

（二）违法排污整治

2015 年，区环保局联合鄞州公安分局、检察院、法院，开展环境违法整治采取重点企业摸底调查通过夜查、错时查异地执法查、突击检查等方式进行查处。处罚违法企业和经营者 200 余家，罚款金额 1 000 万余元。查封扣押 27 次，总数位列宁波市首位。因环境违法行为向公安部门移交刑事（治安）案件 17 起，行政拘留 2 人。

2016 年，区环保局开展重点区域、重点企业摸底调查通过夜查、错时查异地执法查、突击检查等方式打击违法排污现象。全年开展"亮创"执法行动。错时错地 联合）执法等 100 余次，检查企业 600 余家次，处罚违法企业和经营者 170 余家，罚款金额 1 300 余万元。采取查封扣押 36 次，报请区政府采取停水、停电措施 1 次，因环境违法行为向公安部门移交刑事（治安）案件 6 起，行政拘留 11 人。

2017 年，区环保局开展重点区域、重点企业摸底调查，通过夜查、错时查、异地执法查、突击检查等方式，开展环境违法整治。推进"亮剑"系列环境违法严打专项行动 10 次，检查对象涉及砖瓦行业、重点工业区企业等，并结合"双随机"抽查执法、邀请相关新闻媒体参与监督等方式进行执法大检查。受理群众环境问题投诉 2 326 件，处罚违法企业和经营者 248 家，罚款 1 352 万元；取缔关闭企业（加工点）25 家，停产停业 86 家，对违法企业采取查封扣押 31 次，因环境违法行为向公安部门移交刑事（治安）案件 10 起，采取刑事强制措施和行政拘留共 20 人。

2018 年，区环保局开展重点区域、重点企业摸底调查，通过夜查、错时查、异地执法查、突击检查等方式，开展环境违法整治。推进"亮剑"系列环境违法严打专项行动 12 次，检查对象涉及金属表面处理行业、涉辐射企业等，并结合"双随机"抽查执法，打击违法排污现象。全年累计处罚违法企业和经营者 248 家，罚款 1 807 万元。对违法企业采取查封扣押 53 次，因环境违法行为向公安部门移交刑事（治安）案件 2 起。

2016 年初，区环保局率先推行实施污染源日常环境监管随机抽查制度。所有污染源均被列入随机抽查对象，信访投诉举报多、存在严重违法违规记录、环境风险高等情况的污染源，提高随机抽查频率。从2015年至2018年区环保局整治违法排污情况来看，以"绿水青山就是金山银山"的理念为引领，区环保局在开展环境违法整治时既有相同的重点区域、重点企业摸底调查方式，在区划改革之后的2017年又开始有了创新性的抽查执法与媒体监督的执法大检查，按照法律法规通过与鄞州公安分局、检察院、法院等部门联合执法、联合处罚的方式将违法企业、加工点罚款、取缔或查封扣押，而刑事违法行为者则移交公安采取强制措施与行政拘留。能够看出，在2016年底行政区划变革之后，除刑事（治安）案件外，2017年与2018年区环保局对违法排污情况的整治结果与前一年相比有较大的增长，在区划变革之后区环保局对新划入的行政区域采取了相同的整治手段，导致数据有一定程度的增加。

（三）行政审批管理

鄞州区开展行政审批"两集中、两到位"（行政机关的审批事项向一个处室集中行政审批处室向行政审批服务中心集中，保障进驻行政审批服务中心的审批事项到位、审批权限到位）工作，2015年至2018年行政审批事项窗口进驻率皆达到100%。

2015年，鄞州区审批勘查项目1207个，因不符合环保条件被否决的项目330个，否决率27.3%。审查审批建设项目环境影响评价文件769件，发放排污许可证10家，其中A类排污许可证3家、B类排污许可证6家、变更排污许可证1家。开展"亮剑"专项行动16次，错时及联合执法行动近45次。受理领导批示，上级督办，来信来访来电环境信访3200余件，信访办结率100%，满意率98%以上。

2016年，鄞州区审批勘查项目993个，因不符合环保条件被否决的项目164个，否决率16.50%。审查审批建设项目环境影响评价文件790件，发放排污许可证43家。开展"亮剑"专项行动12次，错时及联合执法行动近20次。鄞州电镀园区17家重建企业主体工程完成土建，进行设备安装及周边水、电路等基础设施的配套建设，区环境建设服务有限公司移交首南街道。巩固印染、造纸、化工、食品加工等行业整治提升成果，开展非禁燃区燃煤锅炉淘汰改造，淘汰改造锅炉85台。淘汰"黄标车，老旧车"6693辆。受理领导批示、上级督办、来信来访来电环境信访3000余件，信访办结率100%，满意率99.10%。

2017年，鄞州区审批勘查项目753个，因不符合环保条件被否决的项目177个，否决率23.51%。审查审批建设项目环境影响评价文件200件，发放排污许可证30家。

审查审批建设项目环境影响评价文件 200 件，发放排污许可证 30 本，网上备案建设项目环境影响登记表 1953 件。环保许可事项"最多跑一次"改革，完成环评登记表网上备案制落地，实现所有环保许可事项全程网上申报。

2018 年，鄞州区全年审批勘查项目 794 个，因不符合环保条件被否决的项目 188 个，否决率 23.68%。审查审批建设项目环境影响评价文件 306 件，发放排污许可证 17 家，网上备案建设项目环境影响登记表 2250 件。推进环保许可事项"最多跑一次"改革，完成环评登记表网上备案制的落地，实现所有环保许可事项全程网上申报。

从鄞州区行政审批管理的发展情况来看，能够发现环保条件、项目环境影响对项目勘查审批通过的重要性，区划变革后的 2017 年与 2018 年项目否决率增加，可能原因之一在于区划变革后原江东区项目存在一定的环境影响而导致不符合环保条件，亦存在因经济发展或经济效益而一定程度上忽视了对环保问题的重视。

但近年来中央与省政府皆重视区域内的环保问题，并通过环保督察行动对鄞州区中的违规违法事务通过信访转办件进行处理——2017 年 8 月 11 日至 9 月 11 日，中央环保督察组进驻浙江省，鄞州区相应成立区迎接中央环境保护督察工作领导小组，建立"全天候"工作机制。中央环保督察组进驻浙江期间，鄞州区收到信访转办件 116 件，其中，重点件 5 件，全部调处反馈完毕，全区责令停产（或停止扩产项目生产）81 家，取缔关闭 17 家，查封 54 家，罚款 85 家，罚款 430 余万元，移交公安 4 起，行政拘留 4 人。2018 年 9 月 11—30 日，浙江省开展省级环保督察行动，浙江省第一环境保护督察组进驻宁波市，鄞州区相应成立区迎接省级环境保护督察工作领导小组，建立"全天候"工作机制。省级环保督察期间，鄞州区共收到信访转办件 99 件（其中重点件 9 件），全部调处反馈完毕，因环境违法全区行政处罚企业 21 家次，罚款总额 221.20 万元。鄞州区完成中央与省级环保督察组调阅资料报送任务，并对省级环保督察组转办的信访案件进行再次"回头看"。

绿色发展、循环发展、低碳发展史党的十八届五中全会提出的生态文明建设的重要任务，是加快转变经济发展方式的重要方向，也是当今世界科技进步和产业变革的大趋势。鄞州区要在高效的环境管理机构和完善的管理机制之下，落实节能降耗和污染物减排目标，实现统一的资源环境监管部门——鄞州区环境保护局统一考虑环境保护的综合决策。

本章参考文献

1. 程刚：《中国撤县建区的新探索：宁波鄞州模式实证研究（2002—2012）》，经济科学出版社 2011 年版。

2. 程刚：《中国新城区建设路径与模式创新——宁波鄞州改革发展的实践探索》，经济科学出版社 2016 年版。

3. 宁波市鄞州区人民政府地方志编研室：《鄞州年鉴》，方志出版社 2016—2019 年版。

4. 宁波市鄞州区人民政府地方志办公室：《鄞州年鉴》，浙江人民出版社 2015 年版。

5. 宁波市人民政府网，www.ningbo.gov.cn

6. 浙江政务服务网，http://www.zjzwfw.gov.cn

7. 鄞州新闻网，http://yz.cnnb.com.cn

8. 宁波轨道交通官网，http://www.nbmetro.com

第五章

鄞州区划变革与社会事业发展

区划变革前后的人力资源与社会保障

　　宁波市鄞州区人力资源和社会保障工作由鄞州区人力资源和社会保障局负责，2016 年宁波市进行区划变革，这次区划变革对鄞州区的人才人事、劳动就业和社会保障工作的影响可以通过区划变革前后几年的数据变化体现出来，通过这些数据可以看出在我国城镇化发展模式转型的大背景下发挥建制变更和区划调整的积极作用。

一、人才人事

　　2016 年 9 月 14 日，经国务院批准将原江东区管辖的行政区域划归宁波市鄞州区管辖。将宁波市原鄞州区管辖的集士港镇、古林镇、高桥镇、横街镇、鄞江镇、洞桥镇、章水镇、龙观乡、石碶街道划归宁波市海曙区管辖。这次区划变革给鄞州区在人才人事招聘、录用方面带来了一定的影响，以下通过对比区划变革前后几年的人才人事招聘信息，分析这次区划变革对鄞州区人才人事录用方面带来的影响。

　　区划变革前，2014 年，鄞州区各级机关招录公务员 76 人。落实 2013 年度个体考核和奖励工作，共嘉奖公务员 514 人，90 名公务员获记三等功。实行考核和考试相结合方式安置军转干部 20 人，其中营以下及技术干部 13 人。完善规范事业单位招考制度，对招聘计划实施、资格条件设置、考试命题方式、面试考官组织等各个环节进行细化。事业单位面试环节实行考官外聘制，卫生系统实行部分考官外聘。全年组织实施事业单位公开招聘 14 批次，推出招聘指标 456 人，接受 7 237 人报考，录用 378 人。创新开展公务员考核工作，按照"岗位对责、绩效对账"考核要求，建成"鄞州区机关工作人员考核系统"网上平台，在 61 家区级机关（含下属参公单位及管委会）试运行。应对事业单位养老制度改革，事业单位养老保险网上服务功能增强，对现有参保人员进行系统性梳理，为下一步机关事业单位养老保险制度改革奠定基础。

　　2014 年鄞州区引进各类人才 1.38 万余人，其中高层次人才 650 余人。全区投入人才经费达到 2.01 亿元。增加国家"千人计划" 2 人、省"千人计划" 3 人、市"3315"高端团队 8 个、市"3315"个人计划 2 人；受理申报区"创业鄞州·精英引领计划" 348 人，评选出区"创业鄞州·精英引领计划"人才项目 26 个（创业类 25 个、创新类 1

个）。组织第三届"创业鄞州·精英引领"活动周，邀请 100 余名海内外人才、海外人才工作站负责人和人才使者、高端人才中介机构和 100 余家区内企事业单位参加活动。鼓励企业引进"海外工程师"及国外智力项目，择优给予 18 家企业"海外工程师"年薪资助计划，有 8 家企业的 10 个项目被列入国家级外智引进项目，3 名外国专家获市"茶花奖"或"茶花纪念奖"。继续加强博士后工作站管理，引进 9 名博士后进站研究，4 名博士后出站，完成 23 项博士后项目需求征集，2 名博士后研究项目获省级以上博士后科学基金资助，奥克斯集团有限公司程德威获省级"优秀博士后"称号。增加市级企业技术创新团队 4 个，评选出首批区级企业技术创新团队 10 个。高级、中级、初级专业技术人员分别增加 366 人、1 331 人、3 543 人，增加高技能人才 2 143 人。组织开展第四届鄞州区杰出人才、优秀人才、重才爱才先进单位及首届优秀高技能人才选拔评审工作，通过资格审核、评审、考察、公示等程序，评选表彰 5 家重才爱才先进单位、5 名杰出人才、5 名优秀人才、5 名优秀高技能人才。区高层次人才服务中心开始运作，整合 29 个相关部门单位组建成立高层次人才创业创新服务联盟，为高层次人才提供配偶就业、子女就学、场地推荐等"一站式"便捷服务。继续实施高层次人才工作生活津贴发放政策，全年全区累计发放高层次人才工作生活津贴 592.6 万元，惠及 3 406 人次。

再看 2015 年，鄞州区报到录用公务员 74 人。其中，各级机关面向社会推出招录指标 62 人，公安院校学员 9 人、司法助理学员 3 人。嘉奖公务员（含参公）498 人，获记三等功公务员 96 人。安置军转干部 38 人。其中，实行考核和考试相结合方式安置军转干部 37 人、自主择业 1 人，营以下技术干部 23 人；首次安置现役军人随调家属 4 人，其中公务员 1 人、事业人员 3 人；退役士官安置 14 人，其中公务员和事业人员 4 人、政府投资企业 6 人、公共服务岗位 4 人。组织实施事业单位公开招聘 16 批次（以发布公告时间为准），推出招聘指标 551 人，录用 442 人。开展公务员"岗位对责、绩效对账"考核工作，公务员考核系统运用延伸至镇乡（街道），实现全区公务员考核工作电子化管理全覆盖。落实省、市有关机关事业单位养老保险制度改革工作要求，采集和核查全区 505 家单位、2.4 万名在职及退休人员的基础信息。

引进各类人才 1.3 万余人，其中高层次人才 600 余人。全区投入人才经费达到 2.15 亿元。增加国家"千人计划"1 人、省"千人计划"7 人（含直接认定 1 人）、市"3315 高端团队"6 个、市"3315 个人计划"4 人；受理申报区"创业鄞州·精英引领计划"237 人，评选出区"创业鄞州·精英引领计划"人才项目 16 个（创业类 12 个，创新类 4

个）。组织第四届"创业鄞州·精英引领"活动周，邀请60余名海内外人才、海外人才工作站负责人和人才使者参加活动。出台《关于实施各级千人计划人才项目联系走访制度的通知》《各级"千人计划"人才项目退出管理办法（试行）》，鼓励企业引进"海外工程师"及国外智力项目，择优给予12家企业"海外工程师"年薪资助计划，有5家企业的5个项目被列入国家级外智引进项目，2名外国专家获评市"茶花奖"或"茶花纪念奖"。组织召开2015年度全国博士后学术论坛暨鄞州区高端制造业博士后人才项目洽谈会，增加10家省级博士后工作站，引进9名博士后进站研究，4名博士后出站，征集37项博士后项目需求，2个博士后研究项目获省级以上博士后科学基金资助。增加市级企业技术创新团队4个，评选出首批区级企业技术创新团队10个。增加高级、中级、初级专业技术人员分别为311人、1622人、3447人。推进高层次人才创业创新服务联盟建设，推出以"便捷、真诚、满意"为目标的"3S"服务，办结人才服务事项50余项；推进"精英人才港"建设，在中心区打造1平方千米的高端人才创业社区，园区总入驻率达到50%。全年全区发放高层次人才工作生活津贴564万元，惠及2110人次。

2016年，鄞州区嘉奖公务员（含参公）503人，105人获记三等功。开展军转干部"双考"安置工作，安置营以下及技术军转干部20人。实施事业单位公开招聘11批次（以发布公告时间为准），推出招聘指标366人，接受报考3377人，录用213人。建立公务员管理信息系统，并进行日常维护。开展公务员"岗位对责、绩效对账"考核，优化升级考核系统，增加销假、各类数据统计等功能10余项，建立季度督查通报制度。排查各部门人员总数和基本情况，梳理各类人事政策，审核区划调整"两退"人员，核准61名科级及以下人员可办理提前退休手续，并享受相应待遇。机关事业单位养老保险制度改革完成180家，参保人员7013人（在职参保4853人、退休体领取待遇2160人）。试点期事业单位养老保险仍参保273家，参保人员21882人（在职人员16643人、离退休领取待遇5239人）。

引进培养各类人才1.30万人，其中高层次人才600余人，投入人才经费1.77亿元。开展市"3315计划"申报工作，受理申报个人计划项目14个、团队计划项目36个，入选个人计划项目3个、团队项目2个；申报省级以上"千人计划"，入选浙江省"千人计划"4人，入选市级以上"千人计划"总量位列全市各县（市、区）第一。开展第五届"创业鄞州·精英引领计划"，受理申报海内外高层次人才项目194个，精选资助高层次人才项目21个。在全省率先出台实用人才评价办法。落实《各级千人计划人才项目联系走访制度》,走访人才项目企业102家,统计归档"各级千人计划人才项目走访表"1442份。开展区第五届重才爱才先进单位、杰出人才、优秀人才及第二届优秀高技能人才评选工作,有15名人才和5家单位获奖。增加区级企业技术团队8家、市级企业技术团队4家,总量居全市第一。鼓励企业引进"海外工程师"及国外智力项目,择优给予11家企业"海外工程师"年薪资助计划,市、区两级资助经费300万元。发放高层次人才工作生活津贴533.66万元,惠及1774人次。累计培养专业技术人员2595人,其中高级职称477人、中级职称712人、助理级职称1376人。

从这些数据可以看出(见图5-1),鄞州区在2016年的人才人事招聘上,较区划调整前没有太大波动,虽然现在鄞州区的地域面积较之前有所缩小,但是对于人才的吸收和引进仍然没有减少,这说明鄞州区政府对于人才是十分重视的。鄞州区不仅进一步开展尊重知识人才先进单位和先进个人的评选等活动,而且大力宣传优秀专业人才,突出先进人才的优秀事迹,在全区形成"尊重知识、尊重人才"的良好社会氛围,努力营造出能够吸引优秀人才的社会环境。

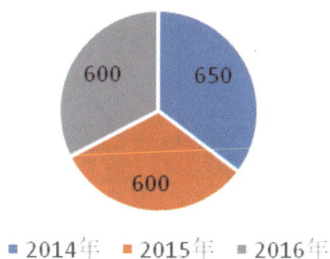

图5-1 鄞州区2014—2016年高层次人才引进数统计

资料来源:《鄞州年鉴》

区划调整后的2017年,全区各级机关单位计划考试招录公务员105人,其中区机关97人、镇(街道)8人;到西安、武汉、杭州、上海等地公开选拔2018届优秀高校毕业生,招聘人事单位工作人员29人。教育招聘3批次,推出招聘指标156人,报名人数3385人,录用153人;卫生系统招聘6批次,推出招聘指标324人,报名人数1856人,录用208人。落实公务员考核工作全区年度记三等功133人,嘉奖183人。接收安置营以下技术军转干部35人。2017年,全区引进各类人才2.3万人。新增国家、省、市高层次人才(团队)13人,市级以上"千人计划"人才总量保持全市第一。2017年鄞州区新增人才总量18.24万人,其中引进人才14.04万人;新增高技能人才4.2万人,总量达37.5万人。引进人才按学历分,博士、博士后691

人，硕士研究生 7 891 人，本科生 56 058 人，大专及以下 75 760 人；按专业技术人员职称和技能人员职业资格分，正高职称 62 人，副高职称 208 人，中级职称 1 609 人，高级技师 706 人，技师 873 人，高级工 1 158 人；按引进来源分，海外人才 1 981 人，省外在职人才 35 816 人，省内在职人才 28 967 人，省外生源大中专毕业生 22 070 人，省内生源大中专毕业生 51 556 人；按引进方式分，正式引进 123 847 人，柔性引进 16 553 人；按引进去向分，到行政机关 173 人，到事业单位 3 095 人，到国有企业 4 308 人，到非公企业等 125 832 人。

从上述数据我们可以发现，2017 年鄞州区计划招录的公务员人数明显增加了（见图 5-2），作为区划调整后的第一年，2017 年鄞州区在公务员和事业单位岗位的增加可以看出区政府对人才的重视，选拔好人才是使用好人才的前提和基础。鄞州区通过不断地创新人才发展规划、创新人才培养机制、创新人才工作政策机制、创新人才服务方式等，建立了充满升级与活力的人才市场，实现了市级以上"千人计划"人才总量保持全市第一，这说明区划调整对鄞州区人力资源的发展是起到了积极促进的作用的。

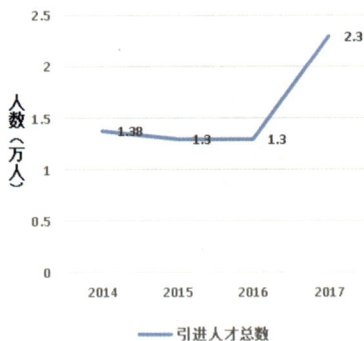

图 5-2 2014—2017 年鄞州区引进人才总数变化

资料来源：《鄞州年鉴》

2018 年，全区各级机关单位共推出公务员招考指标 105 人，其中区级机关（含参公单位）97 人，乡镇机关 8 人。报名 4 251 人次，资格审核通过 3 771 人，进入面试 270 人，最终录用 104 人。开展 2017 年度科级以下人员个体年度考核，全区年度记三等功和嘉奖公务员 563 人，其中三等功 112 人、嘉奖 451 人。落实"公务员学法用法三年轮训行动"，组织 3 个批次公务员参加专题学法用法培训，参加人数 1 791 人。开展区级单位和镇（街道）事业招考，共推出招聘指标 72 人，报名人数 6 200 人，录用 70 人。组织开展面向 2019 届优秀高校毕业生选聘高层次紧缺人才活动，推出招聘指标 30 人，录用 28 人。教育系统招聘 3 批次，推出招聘指标 138 人，报名人数 3716 人，录用 138 人；卫生系统招聘 8 批次，推出招聘指标 234 人，报名人数 1643 人，录用 234 人。落实新编外用工管理办法，做好编外用工招考和备案等相关工作，完成编外用工备案 149 家单位，涉及 8791 人次。组织编外用工招聘 21 批次，推出指标 165 人，录用 144 人。

2018 年，全区人才总量 37.80 万人，新增国家、省重点计划人才项目 16 个，其中新增入选国家重点计划人才 5 人、市级以上各级计划人才（团队）达到 93 人（个）。宁波市第六医院主任医师胡勇入选省"151"第一层次。市级以上重点计划人才项目、博士后工作站、海外工程师等重点指标总量均居全市第一位。推出人才新政 22 条，举办 2018 年鄞州人才科技智创周，吸引海内外人才 400 余人，落户项目 24 个。新增省级博士后工作站 3 家，总量居全市首位，在中物科技园建立 1 家园区类博士后工作站。成立鄞州区"大师联盟"，新建 5 家区级技能大师工作室。开展第二届企业实用人才评选，新评出"鄞州金匠""鄞州银匠"各 30 人，毛瑞定和陈明伟入选"浙江工匠"。举办第二届国际人才甄选洽谈会，为 33 家重点企业定向邀约 350 余名国际化人才到场洽谈，其中外籍人才 70 人，浙江（宁波）人力资源服务产业园实现税收 1.60 亿元，比上年增长 33%。人力资源机构为辖区骨干企业引进各类高管和技术人才 171 人，全区猎头机构为全市引进年薪 30 ~ 50 万元人才 620 人，50 万元以上人才 56 人。

截至 2019 年年底，鄞州区人才总量达 41.3 万人，其中国家和省重点人才计划专家 73 人，市"3315"系列计划以上的专家及团队数超过 120 人，数量占全市的 1/6。新增国家重点人才计划专家 15 人，省重点人才计划 8 人，市"3315"系列计划专家 16 人；享受国务院特殊津贴专家 15 人，省突出贡献专家 4 人，市领军和拔尖人才 42 人（第一、二层次），副高及以上职称 5293 人。市级以上"千人计划""万人计划"、市级以上企业工程中心、院士工作站、博士后工作站等重点指标总量均居全市第一（见图 5-3）。

可以看出，尽管 2016 年区划调整后整个鄞州区的占地面积有所减少，但是对人才的吸纳和引进并没有因此减少，反而在原有的基础上有所增加，并且人才的质量和层次都有较大的突破，这说明区划变革使鄞州更加重视人才、更加强调人才的重要性。从 2014 年以来的公务人员招纳总数来看，区划变革后，鄞州区招录公务员的名额明显增多，这也表现出了区政府对政务工作的重视，对区政府各部门职能的完善。人才就是效率，人才就是财富，人才资源是社会主义现代化建设的第一资源。鄞州区要致

图 5-3 鄞州区 2017—2019 年人才总量变化

数据来源:《鄞州年鉴》

力于成为创新动力最强、发展质量最好的都市经济核心区,建设管理品质最高的核心城区,协调均衡上走出新路子,早日跻身全国一流强区最前列,就需要不断加强对人才人事的重视,不断完善人才管理体制,吸引更多的优质人才共同参与鄞州的建设。

二、劳动就业

劳动就业与社会保障都是事关国民切身利益的基本民生问题,也是衡量民生福祉最重要的指标。2016 年鄞州区划调整对劳动就业也产生了十分显著的影响,对比区划变革前后几年的劳动就业方面的统计报告,可以看出区划调整前后的变化情况。

区划变革前,2014 年,鄞州区增加就业岗位 2.59 万个,增加创业实体 1.92 万家,开发(保持)公益性岗位 700 个,城镇失业人员实现再就业 6 754 人,其中就业困难人员实现再就业 1 396 人。城镇登记失业率控制在 1.81% 以内。全区实施扩大失业保险基金促进就业收策,全年城镇困难人员就业补贴发放 2.47 万人次,补贴金额 8 690.89 万元;被征地人员社保补贴企业 1.7 万家,发放补贴 4.9 万人次,补贴金额 7 855.57 万元;灵活就业补贴发放 2 万人次,补贴 574.44 万元;受理中小微企业稳定就业失业保险补贴 390 家,受惠职工 3.18 万人次,补贴金额 66.2 万元。小额贷款实际发放 501 笔,发放金额约 1.12 亿元;办理小额贷款贴息 442 笔,贴息金额 939.97 万元;落实各项创业扶持政策,其中创业者社保补贴 1 362 笔,补贴金额 354.96 万元;创业带动就业岗位补贴 531 人,补贴金额 119 万元;长期失业人员数量比上年减少 27.7%,创业带动就业指数 5.45,创业者指数 0.06,就业创业公共服务满意度超过合格地区平均水平,各项指标均高于全市平均水平,达到优秀级。

从人力资源调查报告看,2014 年省内、省外流动就业人员比上年减少 69 989 人,减幅达 8.72%。其原因主要有三点:一是实施"腾笼换鸟""机器换人"、淘汰落后产能等战略行动，企业减少了对低文化、低技能外来劳动力的依赖。二是出口对工业增长的拉动持续弱化，外向型企业用工需求减少，企业用工规模缩小。随着企业转型升级步伐加快，今后鄞州区外来劳动力可能还将减少。三是随着中西部地区的发展，大批外来流动人员返乡就业、创业。调查报告显示，2014年人力资源男女性别比基本保持不变，但"4050"（女40周岁，男50周岁）及以上人员所占比例较上年增加0.41%，人数超过人力资源总量的三分之一，人力资源老龄化趋势日益明显。

2015年，鄞州区增加就业岗位2.46万个，创业实体1.69万家，开发（保持）公益性岗位700个，城镇失业人员实现再就业7021人，其中就业困难人员实现再就业1354人。城镇登记失业率控制在2%以内。城镇就业困难人员灵活就业补贴发放2.55万人次，补贴金额9401.19万元；被征地人员社保补贴申报企业1.44万家，发放补贴4.25万人次，补贴金额6471.42万元；中小微企业招用高校毕业生社保补贴发放2688人次，发放金额1286.33万元；受理中小微企业稳定就业失业保险补贴769家，受惠职工达5.82万人次，补贴金额219.19万元。高校毕业生一次性就业补助发放1069人，发放金额559.08万元；首次实行高校毕业生购房补贴，发放1405人，金额1243万元；落实各项创业扶持政策，其中创业者社保补贴427人，补贴金额270.56万元；创业担保贷款实际发放427笔，发放金额约9133万元；办理创业担保贷款贴息506笔，贴息金额933.96万元；创业带动就业岗位补贴923人，补贴金额193.6万元。场租补贴11人，补贴金额3万元。推进"就业携行·创业圆梦计划"，登记高校毕业生就业信息，对当年离校未就业大学生提供至少3次就业推荐；开展人才夜市活动，创建"鄞州就业创业联盟YZEE"微信公众号，接收应届高校毕业生7707人，高校毕业生就业率达97.6%。组织11场394家用人单位参加毕业生专场招聘会，推出就业岗位0.7万个。386名大学生实现创业，4人获选"宁波市十佳创业新秀"。

鄞州区2015年人力资源调查报告指出，2015年鄞州区人力资源调查总量为111.1万人。其中城镇劳动力12.15万人，农村劳动力24.46万人，外来劳动力74.48万人。从人员结构来看，鄞州城乡劳动力为36.61万人，较上年减少了2.3万人；外来劳动力为74.48万人，较上年增加了1.1万人。从性别看，城乡劳动力中，男性占57.67%，女性占42.33%，男性劳动力数量明显多于女性。从技术特长看，城乡劳动力中，有技术特长劳动力达到8.88万人，占城乡劳动力总数24.26%，增幅1.09%，已经是连续3年增长了。报告显示，鄞州区域人力资源逐年减少已成为近年来人力资源调查中的显著特点，主要原因是不作统计范畴的在读学生等其他人员增多，客观上造成新成长劳动力资源减少，而人口老龄化现象不断加剧，退出劳动年龄人口增多，一增一减，差距拉大。另一显著特点是，省内、省外流动就业人员比上年增加1.1万人，一改往年减少的趋势。一定程度上补充了本地劳动力的不足，为鄞州经济发展起到积极作用。

可以看出，在区划变革前，鄞州区作为宁波市各区中人口数量较多的一个区，对本区劳动就业方面实行了诸多政策，以帮助解决本地常住人口的就业问题。劳动就业是民生之本，解决了就业问题便解决了国民稳定收入的来源问题，鄞州区正是看到这一问题的关键，对实业人员、就业困难人员所面临的困难实施针对性的解决办法，对高校毕业生、创业者提供帮助，这些都使得鄞州区十分有效地解决了该区的就业问题。

再看区划调整后的鄞州在劳动就业方面的成果。

区划变革当年（2016年），鄞州区增加就业岗位24221个、创业实体19396家，开发（保持）公益性岗位700个，城镇失业人员实现再就业7001人，其中就业困难人员实现再就业1352人。城镇登记失业率控制在1.80%以内。举办面向各类群体专场招聘会22场，推出高校毕业生就业岗位6018个，普通劳动力就业岗位24522个。依托宁波工业人才网（宁波鄞州人才网）等采集、发布求职者就业信息，在线推出岗位13250个。发放各类高校毕业生就业补助2234万元，发放就业困难人员各类补贴23448万元。全区累计有实践基地32家，其中国家级和省级1家（欧琳集团有限公司）、市级示范基地5家。"点对点"组织推荐毕业生到实践基地见习，1474名毕业生完成见习，其中留用629人。可见，相比2015年，失业率降低了0.2个百分点，区划变革前的各种就业政策仍在继续，并产生了相当显著的影响（见图5–4）。

鄞州区2016年人力资源调查报告进一步摸清了鄞州区各类劳动力现状和变化趋势，为助推企业转型升级，帮扶高校毕业生圆梦就业创业，提高就业创业工作的针对性和有效性，以及提升就业服务层次提供了重要参考。2016年度人力资源调查报告集中分析了劳动力资源基本情况和主要特点，调查涵盖了全区23个镇乡（街道），479个村（社区、城镇居委会），调查总量115.34万人。其中城镇劳动力14.85万人，农村劳动力25.02万人，省内、省外流动就业人员累计达75.47万人。鄞州户籍劳动力总量增加较多，增量3.25万人，有效劳动力资源占总户籍人口的50.06%。从性别和年龄分析来看，增量人员以城镇40周岁以下女性为主。2016年因调查总量增加明显，男女总量均呈增加趋势，男性22.66万人、女性17.20万人，女性所占比例

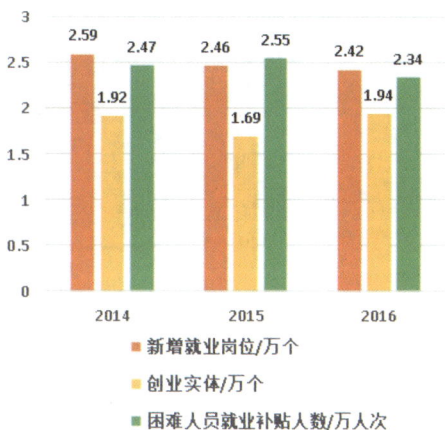

图 5-4 鄞州区 2014—2016 年就业情况统计

资料来源：《鄞州年鉴》

比上年增加 0.83%，但男性依然多于女性；年龄上，"4050"以下人员占比 65.83%，比上一年增加 2.73 个百分点。尽管鄞州区"4050"以上人员所占比例今年有所减少，但仍占三分之一以上，依然是老龄化社会。根据文化程度和技术特长两方面的数据显示，鄞州区劳动力自身素质总体有所提高。初中及以下毕业人员比上一年减少 7.55%，相应的大专及以上毕业人员增加了 6.36%、高中及中专毕业人员增加 1.19%。在调查中，全区有技术特长的人数达到 10.27 万人，增加 1.49%，实现了连续 4 年增长。其中城镇劳动力素质高于农村劳动力，但与目前用人需求和人才强区要求尚有较大差距，有待进一步提升。

2016 年鄞州区第三产业从业人员首次超过第二产业，成为全区吸纳就业的主力军；鄞州经济的产业构成，从"二三一"转向"三二一"。种种迹象显示，在制造业加速转型升级的同时，步入工业化中后期的鄞州经济，服务业正以一种全新的角色出现在发展舞台上。据鄞州区人社局近 4 年的人力资源调查报告显示，鄞州区第一、二产业从业人数逐年减少，第三产业从业人数逐年增加。2016 年第三产业从业人数为 200597 人，第一产业从业人数为 9735 人，第二产业从业人数为 186014 人，第三业产从业人数首次超过第一、二产业之和。数据显示（见图 5-5），2015 年第二产业仍是鄞州区吸纳就业的主力军，第一、二、三产业从业人数比为 1：18：15；2016 年，在第二产业从业人数同比减少 5.79% 的情况下，第三产业猛增 6.15%，第一、二、三产业分布比调整为 1：19：21，其中城镇劳动力表现得尤为明显，第二、三产业差距拉至 1：3。第三产业从业人员首超第一、二产业之和，标志着鄞州区经济社会发展进入新的阶段，产业结构和消费结构升级达到新的水平，服务业发展速度以及在经济增长中的贡献作用将明显提升。

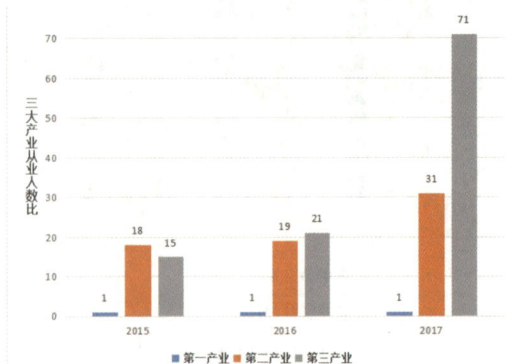

图 5-5 鄞州区产业从业人数占比对照

数据来源:《鄞州年鉴》

再看 2017 年,鄞州区新增城镇就业人员 25 764 人,城镇失业人员实现再就业 12 622 人,就业困难人员再就业 3 162 人。实施"困难群体精准帮扶工程",推出就业岗位 4.69 万个。全区就业扶持资金投入 9 000 万元,实现"零就业家庭"动态为零,城镇登记失业率控制在 2% 左右的低水平区。全区建立镇(街道)社会保障和公共就业服务所 22 家,建站率 100%;建立村(社区)劳动保障服务室 356 个,建室率 100%。城镇职工养老保险待遇领取人员纳入社会化管理率 100%。

区划调整后,鄞州区人口总量与人员类别均发生较大变化,全区市级户籍总人口 75.10 万人。按户籍制度改革以市级居住地划分人口的统计口径,城镇与农村人口之比为 2.17:1,城镇劳动明显增加,农村劳动力锐减 6 万余人,基本形成都市核心区新格局。区划调整后,全区产业结构和人力资源构成均发生明显变化:第一产业、第二产业、第三产业从业人数比为 1:31:71;城镇劳动力比例高于农村劳动力,劳动力文化程度及技术特长明显提高。新鄞州区外来劳动力文化程度高中以上人数明显增加,大专以上人数增长 4.25%。外来劳动力所从事的产业机构发生变化,第三产业人数增加,与当地劳动力产业结构相一致,其中 16 ~ 25 周岁年轻劳动力占外来流动就业人数的 54.26%。

2018 年鄞州区人力资源调查报告显示,目前全区劳动力总量为 88.45 万人,其中鄞州户籍劳动力 36.52 万人,外来劳动力 51.93 万人。全区 99.11% 的劳动力实现了充分就业,高程度的充分就业优势得到延续。随着鄞州区产业结构转型升级,深入实施"名城强区"战略,第三产业从业人员占比逐年提高。目前,全区产业结构已由制造业为主转变成了现代商贸、服务业为主,第三产业从业人员占比为 53.32%,

同比提升了 1.27 百分点。其中，本地劳动力从事第三产业的占比为 70.91%，远远高于外来劳动力的 40.92%，外来劳动力以从事第二产业为主，占比为 55.95%。本地劳动力与外来劳动力在从事行业的差异，也受其技能、文化程度、就业意愿等因素的影响。本地劳动力有技能的占比为 45.46%，而外来劳动力有技能的仅占 26.80%；本地劳动力大专及以上学历的占比 40.38%，而外来劳动力大专以上学历的仅占 11.71%。

2018 年鄞州户籍城镇劳动力 238 592 人，占比为 65.33%，农村劳动力 126 635 人，占比为 34.67%。城镇劳动力男女比例优于农村劳动男女比例，城镇男性劳动力与女性劳动力之比为 1.20:1，农村男性劳动力与女性劳动力之比为 1.44:1。城镇劳动力的年龄结构相较农村劳动力更趋于年轻化，城镇劳动力"4555"以下占比为 84.63%，高于农村的 79.63%。此外，城镇劳动力整体素质明显强于农村劳动力，城镇劳动力大专以上人员占比 52.87%、有技术特长人员占比 59.58%，远远高于农村的 16.87%、18.86%。全区 99.11% 的劳动力实现了充分就业，与上年基本持平。不充分就业中，失业人员和无就业意愿人数仅占 0.76%，就业局势保持平稳。与此同时，就业类型仍以企业为主，但城乡就业去向不同。城镇与总量劳动力保持一致，在机关事业和灵活就业的人数所占比例均有所增加，企业和个体经济就业人数所占比例略有减少，而农村劳动力的技能和意愿更偏向企业，在机关和灵活就业人数有所减少，企业、个体经济就业人数略有增加。

2018 年鄞州区委区政府还发布了《关于进一步激发人才创业创新活力加快建设国内一流人才强区的若干意见》，剑指国内一流人才强区建设，举全区之力打造人才高地，为贯彻落实"六争攻坚、三年攀高"专项部署，推进"六大专项行动"再放"大招"。"这是区划调整以来鄞州首个人才政策总规，全方位升级已有的人才计划、人才工程、人才平台等，力度之大、招数之新，前所未有。"区委人才办有关负责人这样评价新政。名城强区建设对人才队伍提出了更高要求，区委人才办、区人社局、区科技局等相关部门经过长达 6 个月的精心酝酿，其间数次走访调研，邀请企业、院校、平台、部门、镇街等代表召开座谈会，倾听吸纳各方的意见建议后出台新政。综观新政，最大的看点就在于聚力聚焦精准抢人才，重点主要包括延揽高精尖人才、培育本土骨干人才、完善双创生态、打造高端引才平台、完善管理服务机制、加强发展保障等六大领域共 22 条，事关全区各级各部门。人才引进后、培养后，还需要牢牢留住，这需要为人才搭建好舞台。新政提出全力打造宁波城南智创大走廊，构建"一廊三园三谷多点"空间布局,加大千人产业园、鄞南智造园、人力资源产业园、东部金融谷、大学科创谷和南商创意谷以及企业创新平台等事业型平台的建设力度,以加快人才发展平台建设,发挥虹吸效应形成强大磁场。

推动高质量发展,离不开人才支撑。由以上数据可以看出,区划调整对鄞州区劳动就业所带来的影响是长期且十分有益的,新的发展规划和相关政策不仅使更多的居民就业问题得到解决,而且也在逐步地实现就业标准的提高和优化,第一产业就业人员逐渐转向第二、第三产业,第二、第三产业的就业资源增多。提升公共就业服务、优化就业服务平台、加强职业教育和就业培训、增强劳动者的就业技能和创业能力等,这些都对鄞州区的经济发展及居民生活幸福度的提高直接相关,近几年来鄞州区GDP总量一直位于宁波市首位,与其在劳动就业方面所做的努力息息相关。

三、社会保障 / 保险

进入现代社会以后,对国民而言,最基本的问题莫过于有业可就和生活中的后顾之忧得到解除,最直接而现实的追求则是业有所就、劳有所得、病有所医、老有所养等。社会保障作为民生的安全网,关乎广大居民的切身利益,政府能够提供社会保障意味着为居民的基本生活构建了一个生活安全网,稳定的收入来源加上确定的社会保障,是民生得到保障与改善的可靠基石。2016年鄞州的区划变革对社会保障方面的影响可以从以下数据看出。

区划变革前,2014年鄞州区基本养老保险参保人数53.1万人,职工医疗保险63.7万人,工伤保险44.8万人,生育保险45.4万人,失业保险47.5万人,分别完成扩面指标的290.1%、298.12%、122.9%、139.8%、130.0%;城镇居民医疗保险参保16.3万人,完成扩面任务的110.91%。全区农村医疗保险人均筹资水平提高到1300元,统筹区内政策范围内住院报销比例在75%以上,门诊报销比例60%,年度最高报销金额15万元。全面实施城乡居民大病保险制度,有效提高城乡居民重特大疾病保障水平。整合医疗保险卡、社会保障卡业务经办,实施当地化制卡模式,全年发放城镇职工医疗保险和城镇居民医疗保险"一卡通"21万张。全区有4.5万被征地人员转换到城镇职工基本养老保险,转换率达48.4%,转换速度和人数在全市大幅领先。全区户籍人员各类养老保险参保率达到94.3%,人均养老金水平提高到1899元。工伤认定程序更加规范,联合认定模式创新开展,全年区本级工伤认定和伤残鉴定分别达到4639件和3870起,涉及行政复议及行政诉讼61起,没有出现行政败诉案件。2014 年 4 月 30 日，鄞州区城镇职工医疗保险参保人数达 60.69 万人，为全区自 2002 年实施城镇职工医疗保险制度始参保人数首次突破 60 万人。

2015 年，鄞州区城镇职工养老、医疗、失业、工伤、生育保险实际缴费人数分别达到 52.8 万人、52.8 万人、47.1 万人、47.8 万人、45.7 万人。6 万人参加被征地人员养老保障，10.6 万人参加城乡居民养老保险，鄞州区户籍养老保险参保率达 95.4%。农村医保参保户数 17.99 万户，户参保率达 99.2%；参保人数 27.8 万人，人参保率达 99.1%。城镇职工基本养老保险、被征地人员养老保障、城乡居民养老保险的享受人数分别达到 13.7 万人、5 万人和 8.5 万人，平均养老金每月分别达到 1998.53 元、677.66 元和 389.97 元，增幅均在 10% 以上。市区统筹职工医保住院和大病政策范围内医疗费基金支付比例在 86% 以上，农村医保统筹区内住院基金支付比例达 75%，区基层医疗机构普通门诊报销比例达 60%，市区城乡居民医保住院和大病政策范围内的医疗费基金支付比例达 75%。

2016 年区划变革当年，全区人力资源和社会保障工作的总体要求是：紧紧围绕区委、区政府"名城强区"战略，坚持以民生为本、人才优先为主线，补短板、强优势，努力达到登记失业率控制在 3.6% 以内，本地户籍参保率 95% 以上，人才工作争优引领，人事工作规范有序，社保服务体系稳步推进，在精准有效、落实有力中开创鄞州区人力资源和社会保障工作新局面。提出六点要求：①加大支持力度，深入构建"双创"工作服务体系。②深化城乡融合，稳步推进全民社保体系建设。③抢占人才高地，加快高层次人才引进培育步伐。④加强管理手段，继续规范公务员事业人员管理。⑤强化维稳维权，着力创新劳动权益保障工作方式。⑥规范内部管理，着力提升服务保障水平。

2016 年鄞州区基本养老保险、职工医疗保险、工伤保险、生育保险、失业保险参保人数分别为 52.29 万人、66.03 万人、49.63 万人、45.72 万人和 48.92 万人，户籍养老保险和医疗保险参保率分别为 95.60% 和 98%。推进外来务工人员社会保险与基本社保保险并轨，保障城镇职工社会保险参保形势基本稳定，参保人数基本与上年持平。开展被征地人员养老保障政策风险排查工作，制定防范和化解风险的措施和建议。2016 年 5 月 1 日起，45 岁以下在职职工个人账户每月按本人缴费基数的 3.40% 计入；45 岁（含）以上在职职工每月按本人缴费基数的 3.70% 计入。退休人员调整为按固定金额计入，70 岁以下退休人员每月 210 元，2016 年全年为 2520 元；70 岁（含）以上退休人员每月 235 元，2016 年全年为 2820 元，退休人员个人账户每年增加 120 元。2016 年 5 月 1 日起，宁波市 2008 年起实施的外来务工人员社会保险政策停止实施，并轨至社会保险制度。养老保险和失业保险的最低缴费基数从上年社会平均工资的 60% 以下调整为 60% 以上；医疗保险单位缴费费率从 5.50% 上调为 9%，个人从 1% 上调到 2%；工伤保险和生育保险费率的基数不变。

从以上数据可以看出（见图 5-6），相较于 2015 年，2016 年医疗保险的参保人数明显上升，总计增加 13.23 万人，这一增长无疑与政府的相关政策相关，医疗保险的单位缴费率的提升减轻了投保负担，这说明鄞州区在区划变革后更加注重医疗保险。建立健全的社会保障体系，不仅能够解除人们诸种生活后顾之忧，有利于提高劳动者的素质，从而是重要的人力资本投资，而且能够提高劳动者的就业质量，有利于建立规范、稳定、和谐的劳动关系，而这是整个社会和谐发展的重要基石。另外，2016 年起鄞州区政府还为社会保障工作实施了更多的新政策，如根据年龄段调整参保缴费基数、保障退休人员的生活水平等等。这些变化反映出鄞州区在区划变革之后更加注重社会保障工作的有序运行，以最大的努力解决居民的养老、工伤、疾病医疗、失业、生育等后顾之忧。

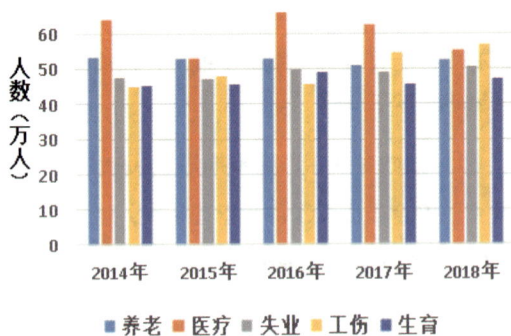

图 5-6 鄞州区 2014—2018 年参保人数统计

资料来源：《鄞州年鉴》

再看 2017 年，鄞州区城镇职工基本养老保险、城镇职工基本医疗保险、工伤保险、生育保险、失业保险参保人数分别为 50.81 万人、62.25 万人、54.37 万人、45.47 万人和 48.93 万人，当地户籍养老和医疗保险参保率分别为 96.08% 和 98.74%。全区建筑工程项目参保单位 380 家，参保人数 67 392 人。贯彻落实省内被征地人员转基本养老保险政策调整，全区 3 878 人办理"被转基"手续，养老金递增幅度在 100% 以上，转换人数名列全市第一。28.12 万人完成城乡居民参保缴费，其中 17.15 万人通过社保卡完成城乡医保参保缴费，比例居全市首位。社会保障卡"一卡通"持卡人数 150 万人。调整企业职工养老金，人均养老金水平增至 2 150 元；被征地人员养老保障待遇叠加享受城乡居民养老保险待遇后，月平均养老金增至 940 元。城乡居民基础养老金逐年提高，达到每月 230 元，基础养老金标准为全省最高。2017 年 1 月 1 日起，鄞州区调整提高退休（职）人员基本养老金，调整的基本养老金在 7 月底发放到位。2017 年 1 月 1 日起，鄞州区调整城乡居民基本养老保险待遇标准。城乡居民基本保险基础养老金标准从每人每月 220 元调整为每人每月 230 元。2017 年 1 月 1 日起，鄞州区调整被征地人员养老保障待遇标准调整为：一档从每人每月 780 元调整为每人每月 810 元，二档从每人每月 730 元调整为每人每月 760 元，三档从每人每月 680 元调整为每人每月 710 元（见图 5–7）。

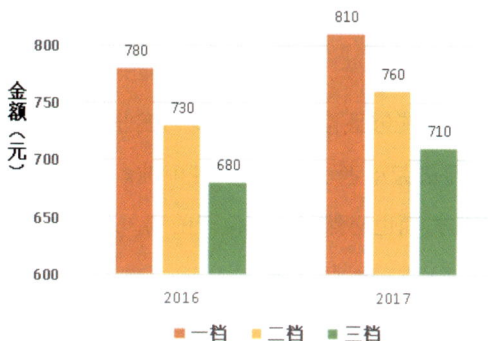

图 5-7 2016 年、2017 年鄞州区养老金调整变化

资料来源：《鄞州年鉴》

2018 年鄞州区就业与社会保障也不断强化，打造高质量就业促进体系，城镇登记失业率为 2.1%，全面实施失业保险城乡一体化政策，社保覆盖面持续扩大。2018 年鄞州区城镇职工基本养老保险、城镇职工基本医疗保险、工伤保险、生育保险、失业保险参保人数分别为 52.60 万人、55.27 万人、56.62 万人、47.21 万人和 50.37 万人。当地户籍人口养老保险、医疗保险参保率分别为 98%、99%。城乡居民基本养老保险待遇水平提高，基础养老金每人每月 240 元。推行工伤认定"边调查边调解"的工作机制，诉讼和复议发生率连续 2 年下降 30%。在全市首创引入商业保险公司参与对定点医疗机构的日常巡查，"点对点"监管范围扩大 50%。全区机关事业单位养老保险参保单位 427 家，其中机关（参公）单位 117 家、事业单位 310 家。在职参保缴费 19 084 人，退休享受养老待遇 7 791 人。城乡居民大病保险合规费用起付标准从 2 万元下调至 1.80 万元，各类参保（统筹）人员发生的特殊药品费起付标准从 2 万元下调为 1.80 万元。同时，提高报销比例，城乡居民大病保险合规费用起付标准至 10 万元

（含）部分，大病保险支付 60%；10 万元以上至最高限额部分（50 万元），大病保险支付 70%；城乡居民医保、职工医保参保（含医疗统筹）人员发生的特殊药品费起付标准至 10 万元（含）部分，大病保险支付 60%；10 万元以上至最高限额部分（50 万元），大病保险支付 70%。6 月，对符合"小升规"条件的企业，单位缴费比例实行临时性下浮，全区 224 家上规模小微企业享受减免政策优惠，减征 895 万元，其中基本养老保险 545 万元、基本医疗保险费 350 万元，涉及职工 1.14 万人。

可以看到，区划变革后鄞州区对社会保障问题的重视是显而易见的，鄞州在区划调整后的几年内颁布一系列政策来支持社会保障事业的发展，使人们享受到更加有利的参保条件和社会保障服务。同时，社会保障也为经济发展提供了稳定的社会环境，有利于消除社会矛盾，维护社会安全和社会稳定，现如今，社会保障制度健不健全已经成为地区乃至中国持续、健康、文明发展的重要问题。社会保障事业在满足国民福利需求的同时，能够直接创造出众多的就业机会，优良的社会保障制度安排还一定程度上能够促进劳动者积极、主动地就业。鄞州区作为宁波的经济发展核心区，在社会保障工作方面也必然要做到位于前列，为本地区居民做好保障工作，以提高地区居民总体的生活质量和幸福感。

第二节

区划变革前后的医疗卫生

医疗卫生事业关系到人民群众的身体健康和生老病死，与人民群众切身利益密切相关，也是社会高度关注的热点，同时，医疗资源优化和公共卫生投入对国家社会经济发展和政治及宏观经济的稳定具有不可忽视的作用和不可取代的贡献。医疗卫生工作是关乎国计民生的一件大事，与每个人的身体健康和生命息息相关，特别是基层医疗卫生工作的好坏，直接影响到广大农民群众的切身利益。可以说，医疗卫生事业的发展长期以来都是党和政府备受重视的问题之一，对比鄞州区区划变革前后几年的医疗卫生事业发展状况，可以看出区政府对这一问题的高度重视。

一、综述

医疗卫生事业一直是鄞州区政府高度重视的问题，区划变革前，2014年鄞州区在医疗卫生事业上取得的成果有：2014年鄞州区卫生局优化基本药物配备使用，确保基层医疗机构的药品供应；根据新版国家基本药物和省增补非基本药物目录，结合鄞州区基层实际用药情况，做好目录衔接准备工作；严查违反医保和物价管理规定的现象。区级公立医院改革继续深入，卫生信息化工作转型升级。强化影像诊断中心功能，对PACS系统进行升级，实现区域质控、典型病例库、远程视频教学和会诊、预约、统计分析等功能，对软件开放权限和安全性进行重新梳理和完善；筹建全区影像资料库，将全区各医院的影像资料集中存储；将鄞州人民医院一并纳入影像诊断中心，基层医院分成两个片区，分别由鄞州第二医院（简称"鄞州二院"）和鄞州人民医院承担诊断和复核功能。消毒供应中心重点规范内部质量管控流程，强化人员培训，加快追溯系统建设，纳入中心统一配送的有20家基层医疗机构，平均日配送2500余包，2家医院安装追溯系统。开展区域心电诊断会诊中心试点，建立区域药品供应实时信息系统，开展医院药品零库存试点。

卫生系统建设项目投资26510万元，增加建筑面积10644平方米。城乡医疗协作构建四级医疗卫生服务体系。选定集士港中心卫生院升格为鄞州区第六医院（简称"鄞州六院"）。统筹推进城市医院与城乡基层医疗机构间纵向分工协作项目，制定出台《关于建立城市医院与城乡基层医疗机构之间纵向分工协作机制的意见》，鄞州人民医院与横溪中心卫生院、石碶街道社区卫生服务中心建立纵向分工协作关系；鄞州二院与鄞州区第三医院（简称"鄞州三院"）、鄞州六院建立纵向分工协作关系；宁波明州医院与咸祥中心卫生院建立纵向分工协作关系；宁波市第一医院和宁波市妇儿医院分别与鄞江中心卫生院和茅山卫生院建立纵向分工协作关系。整合基层医院医疗资源，引进和扶持非公医疗机构，医疗设备配置更趋合理。鄞州人民医院、鄞州二院、宁波明州医院、鄞州三院、鄞州六院、石碶街道社区卫生服务中心、横溪中心卫生院安装使用住院电子病历。加强合理用药监管，完成区域阳光用药信息系统开发的前期调研工作。强化基层医疗机构院前急救能力，拟定《鄞州区基层医护人员院前急救技能培训方案》，把全区基层医疗卫生单位执业（助理）医师和护士（包括尚未取得执业资格的医师和护士）作为重点培训对象，每3年为1个培训周期，要求每个周期内培训率在90%以上，培训合格率100%。由鄞州区卫生技术培训中心和鄞州区红十字会联合组织实施，学员经培训、考核合格后，授予《红十字救护员证》和《鄞州区心肺复苏基本生命支持证书》。全年培训32个班，共800余人，考核通过率约95%。

再看2015年，鄞州区率先实施区级医院总会计师委派制度，规范医院经济核算制度，提升成本控制水平。鄞州人民医院通过JCI（国际医疗卫生机构认证联合委员会）评鉴，医院大数据集成平台实施安装并运营，启动新一轮绩效分配方案；鄞州第二医院医院信息化管理软件成功切换并投入使用，全市医院信息化推进现场会在鄞州第二医院召开。调整提升卫生队伍，两家医院实行中层竞聘上岗。推进临床路径管理工作，鄞州人民医院有23个专业89个病种7752例进入路径，鄞州第二医院有15个专业58个病种2583例进入路径。鼓励公立医院优先使用基本药物，两家医院基药使用金额占比在32%以上。率先在鄞州区第三医院试点绩效分配和人事聘用制度改革。推行基层名医年薪制改革，对符合条件的地方名医、基层学科带头人、基层急需引进的特殊人才推行年薪制，全区评定年薪制医生32人，发放年薪687万元。扶持社会力量办医，出台《进一步鼓励和引导社会资本举办医疗机构的实施意见》，实际开放床位802张，占全区医疗机构总开放床位数的23.8%。整合卫生局、人口和计划生育局，组建鄞州区卫生和计划生育局。整合区妇幼保健所与区计划生育宣传技术指导站，设立鄞州区妇幼保健计划生育服务中心，为群众提供"一站式"妇幼保健与生殖健康服务。整合共享基层妇幼保健和计生指导队伍，理顺工作职责。

卫生计划系统建设项目投资41 129万元，建设成果体现在：鄞州第二医院二期综合楼工程装修施工完成70%；浙江大学明州医院二期宿舍楼完工并交付使用，体检中心、病房楼装修基本完工；宁波西部医院完成地块农转用审批及招拍前期工作；石碶街道社区卫生服务中心迁建工程完成中间结构验收；姜山镇茅山卫生院扩建工程装修施工完成95%；鄞江中心卫生院后勤用房及CT机房扩建工程、龙观乡卫生院改造工程基本完成。招聘5批次，录用164人，其中硕士研究生43人、本科生88人、大专生33人。实施"奖医育才"政策，奖励16名符合条件的医生，其中7名高层次人才、2名大学生享受到人才引进补助。组织局管干部培训班，邀请省人民医院、丽水中心医院、协和医学院公共卫生学院等专家讲座，有4名基层院长到上级医院挂职锻炼。区培训中心根据不同专业、不同群体建立培训菜单，组织各类培训授课79场次2500人次。鄞州人民医院医联体首届"全科医生培训班"21名学员全部结业。浙江大学明州医院骨科学、普外科学被省卫生和计划生育委员会确定为第三批非公立医疗临床特色学科。开展基层名医和特色专科评选工作，产生基层名医10位，特色专科 6 个。有 23 项科研项目在省、市、区级立项，有 13 个项目通过验收。二级以上杂志发表各类论文 500 余篇，其中 SCI 论文 34 篇、国家一级杂志 68 篇。鄞州人民医院首次获得国家自然基金课题，有两个科研项目分别获省医药卫生科技进步三等奖和省中医药卫生科技三等奖。

2016 年，鄞州区初步形成基层首诊、双向转诊、急慢分治、上下联动的分级诊疗模式，实现基层医疗机构转诊大医院住院 726 条。其中，同意住院 601 条，同意率 82.80%。预约检查 1789 条，检查 1137 条，检查率 63.50%。通过平台诊间预约 984 条出院随访推送 1916 条，随访 1709 条，随访率 89.20%。累计组建家庭医生签约团队 278 个，参与签约卫技人员 1122 人，累计签约 8.30 万人，占户籍人口总数的 10.42%，其中重点人群签约 70428 人，占重点人群总数的 24.20%。

鄞州人民医院（见图 5-8）重症医学被列为第五批浙江省县级龙头学科，在全市率先实现基层医疗机构实施门诊电子病历全覆盖，门诊电子病历点评软件上线应用。拟定居民电子健康档案红黄绿等管理、档案二级点评和管理计划，全区 24 家社区卫生服务中心全部安装管理软件，实施分类管理和点评制度。完善免疫规划信息一体化平台功能，推广应用电子监管码系统和手机 App 软件。启动首届"万步有约"职业人群健走激励大奖赛，推广、培训《中国公民健康素养—基本知识与技能（2015年版）》。开展打击非法行医活动，查处非法行医 60 起，回头巡查 213 户次，上报"打非"黑名单 31 人。监管民营医疗机构，对 64 家医疗机构不良执业行为进行记分，立案 16 起，处罚 40800 元。星级孕产妇、儿童保健门诊评估验收完成，实现基层医疗卫生单位星级妇儿保门诊全覆盖。

图 5-8 鄞州人民医院外景

　　2017 年，鄞州区推进区级医院与基层医疗机构结对帮扶，鄞州人民医院与东部新城社区卫生服务中心、鄞州区第二医院与鄞州区第三医院、宁波市第六医院与姜山镇茅山卫生院、宁波市眼科医院与云龙镇卫生院、宁波市健民肛肠医院与横溪中心卫生院分别结对。调整独生子女奖励扶助政策。出台《深化医药卫生体制综合改革先行先试实施方案》及纠正不正之风、疾病应急救助、儿童医疗服务、薪酬制度改革、基层中医药工作等相关配套政策，区域 4 个医联体高质量运行，大医院优质医疗资源每周定期下沉 20 家基层医疗单位。全区 621 名基层医疗机构临床医生参与家庭医生签约服务，占比 83.92%，平均每个家庭医生签约居民 261 个，累计签约 24.69 万人，在签居民 16.23 万人，其中重点人群在签人数 14.22 万人，老年人、慢性病人、孕产妇、0 ~ 6 岁儿童、残疾人等 10 类重点人群签约服务率 64.61%。累计向签约居民提供年度体检 115 445 人次，提供健康诊断报告 115 445 份，提供健康管理方案 94 841 份，签约居民电子健康档案 A 级率 91.25%，续签率 73.53%，续签率居全市首位。

　　宁波市眼科医院和东部新城社区卫生服务中心建设项目装修工程完成 60%；宁波市中西医结合医院新建、明楼街道社区卫生服务中心和邱隘中心卫生院迁建工程初步确定项目建设用地并开始规划方案设计；鄞州人民医院整体改造项目落实。浙江大学明州医院牵头建设的鄞州妇女儿童医院项目启用。鄞州区通过国家慢性病综合防控示范区复评。全国中医药工作先进单位创建工作得到国家评审专家组肯定，代表市、省接受全省基本公共卫生检查和全国基本公共卫生项目现场考核。分级诊疗信息系统在全国基层卫生信息化应用创新大赛中获三等奖，宁波"云医院"项目获全球信息化领域最高级别奖项——"信息社会世界峰会（WSIS）奖"电子卫生类别大奖。创建以"全国百佳社区卫生服务中心"明楼街道社区卫生服务中心和"全国百佳卫生院"茅山卫生院为样本的优秀基层卫生单位代表。

　　区划变革以来，可以看到鄞州区在医疗卫生方面的一些重大改变，例如以深化医疗机构综合改革为导向，完善分级诊疗服务体系。在 2016 年基础上，继续深入推动"家庭医生签约—医联体—分级诊疗信息化"三位一体分级诊疗体系建设。深化家庭医生制服务，将家庭医生服务与中心整体工作进行有机结合，以卫生信息化为载体，将云医院、智能血压监控、双向转诊等实事工程项目纳入家庭医生服务范畴，提升签约居民的后续服务，丰富家庭医生服务内容，做实家庭医生精细化管理，吸引居民续签约。同时强化考核，健全完善家庭医生制签约绩效分配机制，通过绩效考核、合理分配充分调动职工参与签约的积极性，确保家庭医生服务工作的持续推进和健康发展，力争重点人群签约率在 60% 以上。其次，加强医联体建设，丰富完善医联体的服务内涵和运营方式。更新理念、开拓思路，扎实推进"双下沉、两提升"工作。将下沉坐诊、导师带教、双向转诊、医护轮训等医联体工作作为中心常态工作，切实推进基层小专科建设。这些政策都体现出区划变革后鄞州区在医疗卫生方面所做的努力。

2018 年，鄞州区印发《健康鄞州 2030 行动纲要》《健康鄞州建设领导小组及其办公室工作职责和工作制度》《健康鄞州考核办法（试行）》《2018 年健康鄞州建设工作要点》等文件。"健康鄞州"考核正式被列入镇（街道）年度目标管理考核。建立单位领导班子与村（社区）、上规模民营医院、民营企业家、医疗专家四结对联系沟通服务制度，在桃江村开展义诊 5 次、党员活动 3 次，为文华社区解决除"四害"难点问题，在大学园区开展 HIV 防制等活动。开展移动医疗车"进农村、进企业、进社区"三进服务，为偏远山区居民在家门口提供医疗、公共卫生服务。开展对口帮扶，选派 84 名医务人员到吉林省延吉市、和龙市和新疆维吾尔自治区库车县，以及贵州省兴义市、兴仁县开展医疗帮扶。"贫困人口白内障复明工程一期""先天性手足畸形贫困患者牵手工程""远程影像会诊平台"等项目获好评。全区居民在签 17.75 万人，重点人群签约 15.36 万人，重点人群在签率 69.81%，续签率 80%，超额完成省考核指标（续签率 60%）和市民生实事任务（重点人群签约 11.05 万人）。鄞州人民医院改造工程、鄞州区第二医院一期维修改造工程、宁波市第六医院老住院楼局部维修改造项目等按节点有序推进，市眼科医院迁建工程及东部新城社区卫生服务中心新建工程、茅山卫生院改造项目均竣工并投入使用，区妇幼保健院项目完成桩基施工，鄞州人民医院东院区建设项目、宁波市中西医结合医院、明楼街道社区卫生服务中心、东柳街道社区卫生服务中心迁址等有关工程顺利推进。明楼街道社区卫生服务中心获评浙江省优秀家庭医生签约服务培训基地。上海交通大学医学院附属第九人民医院整形科、口腔科、眼科长期在鄞州区驻点。邵逸夫医院在鄞州人民医院开设"蔡秀军专家工作站"，上海岳阳中西医结合医院与鄞州区第二人民医院缔结友好医院，"彭培初名中医工作室"开诊。创建成为"全国基层中医药工作先进单位""全国流动人口基本公共卫生计生服务均等化示范县（市、区）""全国生育状况抽样调查优秀单位"，获得全国红十字防灾避险知识竞赛二等奖，鄞州万达献血屋获评 2018 年全国最美献血点。瞻岐、五乡 2 家基层医疗机构获评全国"2016—2017 年度群众满意的卫生院"。

由此，通过区划变革前后几年鄞州区的医疗卫生发展情况来看，鄞州区一直十分重视本区医疗卫生事业，不断完善医疗卫生服务体系，目前，覆盖全区的医疗、预防、保健、监督等各级各类医疗卫生机构已经十分完善，这些成绩毫无疑问地与区政府的相关政策直接相关。以下就从鄞州区医疗卫生事业的各个具体方面来分析，归纳区划变革对鄞州区医疗卫生事业带来的影响。

二、医疗管理

医疗管理是指对医院医疗活动全过程所进行的组织、计划、协调和控制，使之处于应有的状态，并对变化了的客观环境有较强的适应性，达到最佳医疗效率和医疗效果的目的。改革开放以来，我国医疗卫生事业取得了十分显著的成就，基本建成覆盖城乡的医疗卫生体系。基层医疗事业单位的疾病防治能力也在不断加强，卫生科技水平也在迅速提高。鄞州区的医疗卫生事业也在不断地优化和提升，尤其在区划变革以后，加大对基层医疗事业单位的建设力度，以社区卫生服务为中心，主要面向社区、家庭和居民提供公共卫生服务和基本医疗服务，为鄞州区人民提供更加便利的医疗服务。

2014年，鄞州区（含东钱湖、高新区）有各级各类医疗卫生机构579家，其中综合医院8家（鄞州区公立4家、民营2家，属高新区公立1家、东钱湖公立1家），中医综合医院1家（民营），中西医结合医院1家，专科医院3家，临床检验机构1家，中心卫生院5家，乡镇卫生院11家，社区卫生服务中心7家（鄞州区6家，属高新区的1家），社区卫生服务站80家（鄞州区63家，属高新区的5家，属东钱湖的12家），村卫生室302家（鄞州区290家，属高新区的2家，属东钱湖的10家），门诊部19家，诊所87家（鄞州区民营76家、集体的1家，属高新区民营的8家，属东钱湖民营的2家），卫生所6家（鄞州区民营4家、集体的1家，属东钱湖民营的1家），医务室42家（鄞州区民营的29家，属高新区的9家，属东钱湖的4家），卫生站2家（鄞州区民营），其他医疗卫生机构4家。

全区（不含东钱湖、高新区）实有床位3390张，卫生技术人员7044人，其中执业医师（含助理）2832人，注册护士2495人，每千人口拥有床位4.33张、卫生技术人员8.99人、执业医师（含助理）3.62人、注册护士3.18人。医疗卫生机构业务总收入（不包括东钱湖、高新区及宁波明州医院外的其他民营医疗机构、诊所、医务室村卫生室，下同）27.19亿元，较上年增加12.44%；门诊1236万人次，上升

10.7%；总住院床日 106.9 万天，增长 2.49%；平均住院床日 9.26 天，降低 4.54%。居民期望寿命为 81.31 岁，其中男性 79.59 岁、女性为 83.10 岁。死因前三位依次为恶性肿瘤、脑血管病、呼吸系统疾病，分别占死亡总数的 33.47%、17.40%、15.00%。全区非公立医疗机构实际开放床位数 802 张，占医疗机构总开放床位数的 23.8%。宁波明州医院业务收入与结余继续增长，二期扩建工程建设推进。初步拟定《鄞州区进一步鼓励和引导社会资本举办医疗机构的指导意见》和《鄞州区民营医疗机构规划布局方案》，在"浙洽会"上重点推介向社会资本开放的医疗卫生项目，引进鄞州眼科医院、鄞州特种骨科医院和慈铭体检中心。全区 24 家社区卫生服务中心全部设置中医科、中药房。在基层医疗卫生机构中推广中医药适宜技术，各中心能开展 10 项左右中医药适宜技术，部分社区卫生服务站能开展针灸、推拿、拔火罐、刮痧 4 种以上中医药适宜技术。根据《鄞州区基层中医药服务能力提升工程实施方案》三年规划要求，重点是推动年度相关工作指标的落实，60 岁以上老年人中医体质辨识率、中医体质辨识表完整率、0～36 个月儿童中医调养服务率均达到 20%。中小学生口腔保健覆盖率和 60 岁以上老年人眼科保健覆盖率分别在 50% 以上。

2015 年，鄞州区（含东钱湖、高新区）有各级各类医疗卫生机构 579 家，其中综合医院 9 家（鄞州区公立 4 家、民营 2 家，属高新区公立 2 家，东钱湖公立 1 家）、中医综合医院 1 家（民营）、中西医结合医院 1 家、专科医院 6 家、临床检验机构 2 家（鄞州区和高新区各 1 家）、中心卫生院 5 家、乡镇卫生院 11 家、社区卫生服务中心 7 家（鄞州区 6 家、属高新区的 1 家）、社区卫生服务站 84 家（鄞州区的 66 家、属高新区的 5 家、属东钱湖的 13 家）、村卫生室 290 家（鄞州区的 282 家、属高新区的 2 家、属东钱湖的 6 家）、门诊部 26 家（鄞州区 22 家、高新区 2 家、东钱湖 2 家）、诊所 89 家（鄞州区民营的 78 家、集体的 1 家，属高新区民营的 8 家，属东钱湖民营的 2 家）、卫生所 4 家（民营）、医务室 39 家（鄞州区 27 家、属高新区的 9 家、属东钱湖的 3 家）、其他医疗卫生机构 4 家。

全区（不含东钱湖、高新区）实有床位 3390 张，卫技人员 7299 人，其中执业医师（含助理）2943 人、注册护士 2653 人，每千人口拥有床位 4.26 张、卫技人员 9.17 人、执业医师（含助理）3.70 人、注册护士 3.33 人。医疗卫生机构业务总收入（不包括东钱湖、高新区及浙江大学明州医院外的其他民营医疗机构、诊所、医务室村卫生室，下同）28.79 亿元，比上年增长 5.88%。门诊 1351 万人次，上升 9.3%。总住院床日 125.69 万天，增长 17.57%；平均住院床日 9.24 天，下降 0.2%。居民期望寿命 81.76 岁，其中男性 80.04 岁、女性 83.59 岁。死因前三位依次为恶性肿瘤、脑血管病、呼吸系统疾病，分别占死亡总数的 33.13%、29.53%、15.50%。鄞州人民医院与 8 家基层机构、鄞州第二医院与 12 家基层机构分别组建医联体，围绕区域资源整合共享开展紧密型合作，有 24 个临床医技科室、69 名专家定期为医联体成员单位提供专业指导和服务。开展居民电子健康档案质控检查，针对现状提出整改意见。开展群众满意卫生院和"两门诊一中心"创建活动，石碶、古林两家五星级全科门诊和石碶五星级中医药门诊通过市级评审。合理用药电子监管系统覆盖全区所有基层医疗单位，点评处方 29.8 万张，处方平均合格率 94.84%，一般缺陷率 5.09%，严重缺陷率 0.07%。全区基层医疗机构平均输液率、抗生素使用率、两联以上抗生素使用率和激素使用率（按人次数统计）分别为 9.77%、17.3%、1.31% 和 1.16%，分别比上年的 10.82%、18.45%、1.44% 和 1.25%，下降 1.05、1.15、0.13 和 0.09 个百分点。全年纠纷报案总数 115 起，终结 58 起（终结率 50.4%），调处中 57 起，赔款 454 万元。增加产科和血液管理质控，调整口腔、麻醉和医疗设备质控中心挂靠单位。

2016 年，全区（含东钱湖、高新区）有各级各类医疗卫生机构 579 家，其中综合医院 9 家（鄞州区公立 4 家、民营 2 家，属高新区公立 2 家，属东钱湖公立 1 家）、中医综合医院 1 家（民营）、中西医结合医院 1 家、专科医院 6 家、临床检验机构 2 家（鄞州区和高新区各 1 家）、中心卫生院 5 家、乡镇卫生院 11 家、社区卫生服务中心 7 家（鄞州区 6 家、属高新区 1 家）、社区卫生服务站 85 家（鄞州区 67 家、属高新区 5 家、属东钱湖 13 家）、村卫生室 286 家（鄞州区 278 家、属高新区 2 家、属东钱湖 6 家）、门诊部 29 家（鄞州区 24 家、属高新区 4 家、属东钱湖 1 家）、诊所 90 家（鄞州区民营 80 家、集体 1 家，属高新区民营 7 家，属东钱湖民营 2 家）、卫生所 5 家（鄞州区民营 4 家）、医务室 37 家（鄞州区 25 家、属高新区 9 家、属东钱湖 3 家）。

鄞州区（不含东钱湖、高新区）实有床位 3743 张，卫技人员 7602 人，其中执业医师（含助理）3083 人、注册护士 2846 人；每千人口拥有床位 3.01 张、卫技人员 6.11 人、执业医师（含助理）2.48 人、注册护士 229 人。医疗卫生机构业务总收入（不包括东钱湖、高新区及浙江大学明州医院外的其他民营医疗机构、诊所、医务室、村卫生室，下同）42.62 亿元，门诊 1257 万人次，比上年下降 6.96%；总住院床日 116.92 万天，下降 6.98%；平均住院床日 9.05 天，下降 2.06%。居民期望寿命81.62 岁，其中男性 79.97 岁、女性 83.32 岁。死因前三位依次为恶性肿瘤、脑血管病、呼吸系统疾病，分别占死亡总数的 33.30%、19.36% 和 16.02%。

招聘卫技人员 6 批次，全系统录用 200 人，包含临床医学等 16 个专业。鄞州人民医院和鄞州区第二医院的县级龙头学科完成省卫生和计划生育委员会验收，鄞州区第一批 4 个医学重点（扶植）学科通过考核、评估和验收，确定第二批区级医学重点（扶植）学科。全区有省区域专病中心 1 个、省市共建医学重点学科 1 个、市医学重点（扶持）学科 5 个、省县级医学龙头学科 5 个、非公立医疗机构临床特色学科 3 个、区医学重点（扶持）学科 8 个。科研立项 36 项，18 个科研项目通过验收。鄞州人民医院设立"中西医结合肿瘤病区"和"中医康复病区"。巩固第二批省级基层中医药适宜技术示范基地成果，在全区范围内推广应用 20 项以上的社区中医药适宜技术。全区 20 家基层医疗机构均掌握 6 种以上治疗基层常见病、多发病的中医药技术方法，能开展中药饮片、针刺、艾灸、拔罐、刮痧、推拿、熏洗等服务。

据区划变革前后五年鄞州区医疗卫生机构数量统计来看（见图 5-9），2016 年的区划变革虽然减少了鄞州区的地域面积，但医疗机构并没有减少，反而出现了增加的现象，这说明区政府对医疗卫生事业的重视，鄞州区的卫生改革与发展模式是政府主导、科学发展的样板，政府突出强化了发展卫生事业的意识和责任。当地党委、政府高度重视卫生事业发展，通过政府主导、统筹规划、加大投入，满足群众健康保障需求，顺应了人民过上更好生活的期待。鄞州的实践证明，解决群众看病难、看病贵问题，是一种政府责任，需要执政者在执政理念上切实转变，在执政能力上更好体现，真正把老百姓的利益放在心头，使发展成果为人民所共享。这些都是医疗卫生事业得发展、群众得实惠的实例，在发展理念、改革思路和工作举措等方面值得浙江省其他地方学习和借鉴。

图 5-9 2014-2018 年鄞州区医疗卫生机构统计

资料来源：《鄞州年鉴》

2017 年，全区（含东钱湖、高新区）有各级各类医疗机构 533 家，其中综合性医院 12 家（鄞州区公立 4 家、民营 5 家，属高新区公立 2 家，属东钱湖公立 1 家）、中医综合医院 2 家（其中公立 1 家）、中西医结合医院 1 家（私营）、专科医院 16 家、临床检验机构 2 家（鄞州区和高新区各 1 家）、中心卫生院 3 家、镇卫生院 6 家、社区卫生服务中心 12 家（鄞州区 11 家、高新区 1 家）、社区卫生服务站 101 家（鄞州区 83 家、高新区 5 家、东钱湖 13 家）、村卫生室 164 家（鄞州区 147 家、高新区 1 家、东钱湖 6 家）、诊所 88 家（鄞州区民营 82 家，高新区民营 5 家、东钱湖民营 1 家）、卫生所 23 家（鄞州区民营 6 家）、医务室 44 家（鄞州区 33 家、高新区 10 家、东钱湖 1 家）。鄞州区（不含东钱湖、高新区）实有床位 5 380 张，卫生技术人员 9 831 人，其中执业医师（含助理）3 865 人、注册护士 4 005 人，每千人拥有床位 4.95 张，卫技人员 9.05 人、执业医师（含助理）3.56 人、注册护士 3.69 人。医疗卫生机构业务总收入（不含东钱湖、高新区及浙江大学明州医院外的其他民营医疗机构、诊所、医务室、村卫生室，下同）71.15 亿元，门诊 1 167 万人次，总住院床日 170.94 万天，平均住院床日 8.43 天。居民期望寿命 83.33 岁，其中男性 81.37 岁、女性 85.39 岁。死因前三位依次为恶性肿瘤、脑血管病、呼吸系统疾病，分别占死亡总数的 34.39%、17.41% 和 14.29%。

区域信息平台覆盖全域，鄞州区被列为全省智慧健康示范推广区域，区卫生计生局被省卫生信息学会列为基层卫生信息化培训基地。17 家基层医疗机构与宁波市第一医院实现远程超声互联。"银医通"一期项目实施，18 家基层医疗单位实现银行卡、微信、支付宝等途径付费。居民利用智能终端通过"健康鄞州"公众服务平台可自助预约门诊号源，通过分级诊疗平台由医生辅助可快速预约门诊、检查和住院资源，"健康鄞州"公众服务平台有注册用户 14.40 万人，互联网有效预约就诊 14.30 万人次，通过分级诊疗有效转诊 13 848 人次。在全市率先建立"鄞州区公立医疗机构药品询价共同体"，对宁波市二次议价范围以外的 60% 药品进行鄞州模式"二次议价"。组织招录卫技人员 8 批次，录用 233 人，其中硕士研究生以上学历 51 人。引进各类人才 25 人，其中正高级职称 4 人、副高级职称 11 人。9 名高层次人才享受区政府人才引进津贴，40 余名医务人员受到"奖医育才"专项奖励。4 个临床学科成为第二轮市县级医学龙头学科，获科研项目立项 61 个，发表论文 362 篇，其中 SCI 论文 30 篇、一级期刊论文 93 篇。

由图 5-10 可以看出，鄞州区区划变革后，卫生技术人员明显大幅上升，实施卫生人才战略、努力建设高素质的卫生人才队伍，可以说是新医改形势下鄞州区卫生

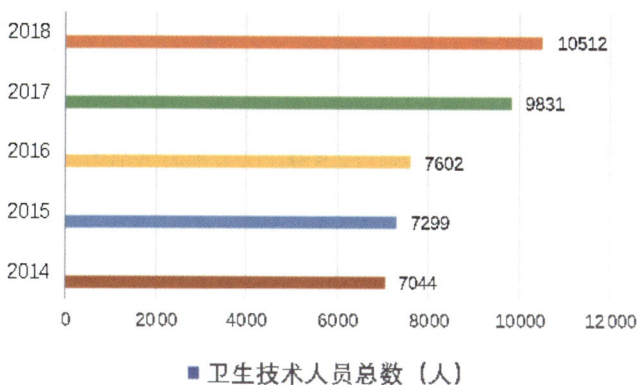

图 5-10 鄞州区医疗卫生技术人员统计

资料来源：《鄞州年鉴》

人才工作的根本任务。为全面加快鄞州区卫生人才事业发展，适应区经济发展和人民群众日益增长的预防、医疗、保健服务需求，区卫生系统从多方面着手加强卫生人才队伍建设，始终瞄准"内涵提升"总体目标，坚持"科技强医""人才兴医"战略，以提升卫生科技创新水平为抓手，强化科研和重点学科建设；以突出高端人才培养、基层人才建设、管理人才储备为重点，把握好人才引进、培养、使用和管理四个环节，使卫生人才的存量得到盘活、增量得到扩大，区域医疗水平得到显著提高。

2018 年，全区（含东钱湖、高新区）有各级各类医疗机构 581 家，其中综合性医院 13 家（鄞州公立 4 家民营 6 家，属高新区公立 2 家，属东钱湖公立 1 家）、中医综合医院 1 家（民营）、中西医结合医院 1 家（公立）、专科医院 18 家、临床检验机构 2 家（鄞州区和高新区各 1 家）、镇卫生院 9 家、社区卫生服务中心 12 家（鄞州区 11 家、高新区 1 家）、社区卫生服务站 102 家（鄞州区 87 家、高新区 3 家、东钱湖 12 家）、村卫生室 159 家（鄞州区 153 家、东钱湖 6 家）、诊所 112 家（鄞州区民营 102 家，高新区民营 8 家、东钱湖民营 2 家）、卫生所 25 家（鄞州区民营 6 家）、医务室 44 家（鄞州区 35 家、高新区 8 家、东钱湖 1 家）。鄞州区（不含东钱湖、高新区）实有床位 5 662 张，卫生技术人员 10 512 人，其中执业医师（含助理）4 178 人、注册护士 4 400 人，每千人拥有床位 5.07 张，卫技人员 9 042 人、执业医师（含助理）3.74 人，注册护士 3.94 人。医疗卫生机构业务总收入（不含东钱湖高新区及民州医院外的其他民营医疗机构、诊所、医务室村卫生室，下同）90.14 亿元，门诊 1289 万人次，总住院床日 167.5 万天，平均住院床日 8.16 天。居民期望寿命 83.54 岁，其中男性 81.72 岁、女性 85.44 岁。死因前三位依次为恶性肿瘤、脑血管病、呼吸系统疾病。区属公立医院同步执行首轮医疗服务价格调整政策，调整项目 528 项，其中调低 124 项（不含中药饮片）、调高 404 项。基层医疗单位"六门诊、二中心"星级创建 100%，全区 20 家基层医疗机构延伸下设社区卫生服务站和村卫生室 195 个，其中社区卫生服务站 103 个、村卫生室 92 个。

全区年急诊 1246.78 万人次，基层医疗机构和区级医院分别占 65.40% 和 34.60%；出院 16.65 万人次，基层医疗机构和区级医院分别占 6.13% 和 93.87%，初步实现"小病在社区，大病到医院"的目标。在建成十四大医疗质控平台的基础上，新建透析、体检 2 个区域质控平台，并加强对民营医疗机构的质控管理，建立起横向到边、纵向到底的质控管理网络。加快推进临床路径管理，二级以上医院临床路径开展率在 58% 以上，基本实现医院临床路径管理全覆盖，鄞州人民医院高分通过 JCI 复评。继续深入推进优质护理服务，二级以上医院优质护理服务实现全覆盖。智慧结算医疗服务实现区域全覆盖，高峰期门诊排队时间由 8.33 分钟缩短至 5 分钟，门诊智慧结算率 77.63%，病房智慧结算率 45.54%，检查智慧率 100%。统一公立医疗机构和基层医疗机构 251 种慢性病用药目录，部分医疗机构为患者提供中药代煎配送服务。完成智慧健康示范推广项目（一期）招标，推动区域综合监管服务平台、医疗风险预警监测平台、疾病诊断相关分类管理平台建设，并启动国家互联互通区域成熟度测评五级乙等创建申报，在国家项目汇报会上获得第一。启动第二阶段"云医院"试点工作，利用"云医院"平台重点推进家庭医生网上签约、互联网医保在线支付、偏远地区远程医疗服务三项试点，在全市率先实现互联网线上医保结算及线下药品配送。"互联网 + 医疗健康"模式在全省基层医疗机构院长高峰研讨会上作典型交流。组织高层次人才招聘 5 批次，招录博士 5 人、硕士 47 人。全区公立医疗机构有博士 33 人、硕士 550 人，正高 348 人、副高 964 人，高级职称人才占比 18.86%。有国务院特殊津贴、省市重点学科带头人、省市名（中）医和国家、省、市突出贡献人员等各类高层次人才近 40 人，入选省"151"人才工程第二层次 1 人、第三层次 7 人，推荐浙江省 151 人才工程 2 人，入选市领军和拔尖人才培养工程第一层次 4 人、第二层次 7 人、第三层次 11 人。宁波明州医院、宁波市第六医院作为合作单位完成的"严重脊柱创伤修复关键技术的创新与推广"获国家科技进步二等奖。鄞州人民医院眼底病的新突变基因检测技术项目获浙江省科技进步奖三等奖。

根据图 5-11 中的数据可以看出，自 2016 年鄞州区区划变革以来，鄞州医疗卫生机构业务总收入增长迅猛，可见区划变革对鄞州区医疗卫生事业的发展是具有重大影响的。鄞州区从卫生领域突出存在的体制性、结构性、素质性矛盾着手，以完善基层服务网络为基础，以破解卫生人才瓶颈为核心，以现代信息技术为手段，以区域医疗卫生资源优化整合和综合利用为重要着力点，紧紧依靠人才、科技、服务和管理创新，致力于卫生事业更长期、更优质、更高水平的发展，这些都完全符合科学发展的要义，符合新时期卫生工作的方向。鄞州区在 2016 年区划变革后在医疗卫生方面的改革取得的成功和效益不仅体现在表面呈现出的医疗卫生机构业务收入上，更深刻地体现在该地区人民所享受的更健全的医疗体系上。

图 5-11　2014—2018 年鄞州区医疗卫生机构业务收入统计图

资料来源：《鄞州年鉴》

三、公共卫生

公共卫生与普通意义上的医疗服务是有一定差距的，要了解鄞州区区划变革前后的公共卫生状况，首先必须要明确什么是公共卫生：公共卫生是通过评价、政策发展和保障措施来预防疾病、延长人寿命和促进人的身心健康的一门科学和艺术。公共卫生是关系到一国或一个地区人民大众健康的公共事业，公共卫生的具体内容包括对重大疾病尤其是传染病（如结核、艾滋病、SARS 等）的预防、监控和医治；对食品、药品、公共环境卫生的监督管制，以及相关的卫生宣传、健康教育、免疫接种等，例如对 SARS 的控制预防治疗属于典型的公共卫生职能范畴。鄞州区十分重视公共卫生事业的发展，在区划变革前后的几年中，用实际行动证明了对公共卫生问题的关注和重视，以下通过这几年鄞州区在医疗卫生方面的成就来分析区划变革对鄞州区在公共卫生方面带来的影响。

2014 年，鄞州区落实联防联控机制，有效控制 H7N9 型禽流感疫情。国家电子监管码项目试点运行，实现疫苗电子监管码的接种门诊应用和疫苗信息、冷链信息、儿童信息的对接关联。"浙江省慢性病防制研究基地"挂牌，在全国率先实现平台级传染病网络直报。启动 H 型高血压防控第二阶段项目工作，免费下发同型半胱氨酸试剂 170 余盒，结合农保体检经 H 型高血压筛查人数超过 5 万人，检出率超过60%，接受脑卒中预防和干预的人数增加。启动鄞州区健康教育网络电视直播平台项目，覆盖终端 300 余个。辖区 25 家预防接种门诊为辖区适龄儿童提供一类疫苗预防接种服务，常住人口、流动人口的基础免疫及加强免疫报告接种率均在 99% 以上。开展水痘疫苗、乙脑灭活疫苗、流感疫苗等 19 种国家二类疫苗接种工作，接种人次比上年增长 12.3%。报告法定传染病 17 种，其中乙类 11 种、丙类 6 种，共计 14 015 例，报告发病率为 793/10 万，其中手足口病发病数比上年上升 77%。明确以"医防合作、三位一体"模式开展社区艾滋病管理工作。高血压病人数 110 360 人，检出率 14.2%，规范管理率 64.74%；糖尿病 33 651 人，检出率 4.3%，规范管理率 77.23%。开展大中型公共场所卫生监督专项行动，检查 109 户次，立案 12 起。打击非法行医窝点 64 起，立案 57 起，移送公安机关处理 1 起，行政处罚 34.31 万元。创建为省卫生应急示范区。卫生监督协管实现全覆盖，5 家单位创建为省卫生监督协管示范站。妇女健康提升工程筛查率 49.1%，参加妇女病普查人数 75 647 人。其中，宫颈癌筛查 64 121 例，筛查出宫颈癌 9 例、CINI 级 31 例、CIN Ⅱ 级 49 例、CIN Ⅲ 级 27 例；乳腺彩超筛查73 783 例，筛查出乳腺癌 21 例；另筛查出输卵管癌 1 例。免费为生育期妇女补服叶酸，发放叶酸人数 4908 人。农村妇女住院分娩 3068 人，住院分娩补助人数 3258 人，补助率为 106.2%，补助经费 214.04 万元，当地补助人数 3065 人，补助率为 99.9%。全区首个爱心献血屋在鄞州万达西广场启用。实际参加无偿献血人数 8787 人次。累计献血量 111 005 单位（每单位 200 毫升），合计 22 201 升，一次性献血 400 毫升798 人次、300 毫升 3635 人次、200 毫升 3960 人次，机采成分血小板 394 人次5560 单位。

2015 年，鄞州区成功处置登革热、禽流感等突发公共卫生事件，免疫规划微信平台、App 软件以及成人预防接种服务网络基本建成。流动儿童"六位一体"管理模式进入效果评估阶段。"控制 H 型高血压，预防脑卒中"项目开展第三年，检测63 599 人，异常率 61.92%，服药率 6.64%。启动高血脂社区综合防控项目，综合管理人数达 9528 人。启动颈动脉筛查预防脑卒中项目，第一批筛查 8665 人，异常率在 90% 以上，均提供免费治疗和干预咨询。辖区 24 家预防接种门诊为辖区适龄儿童提供一类疫苗预防接种服务 494 938 人次，满周岁儿童的"五苗"全程接种率均在 99.75% 以上。高血压管理人数 11.64 万人，发现率 14.1%，控制率 68.08%；糖尿病管理人数 3.62 万人，发现率 4.4%，控制率 61.77%。

推进卫生监督协管省级示范创建工作，14 家单位创建为省卫生监督协管示范站。推动住宿场所分色管理示范区、市级公共场所文明示范街创建工作和游泳场所在线监测工作。开展医疗机构传染病防治分类监督综合评价试点、全区个体诊所拉网式检查，查处非法行医 42 户次，立案 34 起，罚款 16.9 万元，移送公安部门 3 起。检测 HPV4000 例，筛查出阳性人数 329 例。实施妇女健康提升工程，筛查出卵巢癌 3 例、宫颈癌 6 例、乳腺癌 29 例，均得到有效防治。第二轮窝沟封闭工作完成，封闭率达 72.28%。签约孕产妇 6 565 人，签约服务率在 80% 以上。开展儿童孤独症及婴幼儿髋关节发育筛查工作，7 557 名儿童筛查出儿童孤独症可疑人数 11 例，确诊 1 例，12 717 名儿童筛查确诊婴幼儿髋关节发育异常 5 人，均得到治疗。应急救治培训 82 个班次 2 000 余人次，培训覆盖率达 100%。急救站转送病患 12 117 人次，参与群体性突发伤亡事件救援 12 次，增设云龙急救点。全区当地户口及常住人口孕产妇出生活产数 6 844 人，产妇总数 6 753 人，孕产妇建卡人数 6 753 人，建卡率达 100%，早孕建卡率 97.25%，孕产妇系统管理率 97.03%。住院分娩活产数 6 753 人，住院分娩率达 100%，自然分娩率 54.06%，剖宫产率 45.94%。筛选出高危孕妇 4 105 人，管理人数 4 105 人，管理率 100%，高危孕产妇住院分娩率 100%。创新流动人口管理模式，落实"首查建册、有查有管、高危随访"制度，全年流动孕产妇 9 017 人，保健覆盖率达 95.82%。

2016 年，鄞州区试点开展第二类疫苗接种费用网上支付工作，推进糖尿病肾病筛查及高血脂综合管理工作。筛查摸底严重精神障碍患者，协调解决严重精神障碍患者救助问题，完成重症精神病人维稳管控工作方案。救治 H7N9 型禽流感患者 2 例。监管医疗美容机构，推进"口腔专项"和"母婴专项"工作，监督检查全区 76 家涉及口腔、28 家开展母婴保健技术服务的各级各类医疗机构。推进"文明示范街"和公共场所量化分级管理工作，推进卫生管理员制度。与区教育局联合推出学校卫生评价指数，评价结果向社会公示。

推进妇幼保健和计划生育技术服务资源整合。妇女健康提升工程筛查率 90.20%，婚检率 99.06%，免费孕前优生检查率 96.43%，产前筛查（21 三体、18- 三体、

NTD）血清筛查率 84.94%。新生儿疾病筛查 12 637 人，筛查率 99.85%。农村妇女住院分娩 3802 人，住院分娩补助 3802 人，补助率 100%。通过国家卫生城市复查迎检省级考核。开展小城镇环境综合整治工作，提升农村城镇环境卫生面貌。启动东吴和咸祥镇国家卫生镇创建，指导横溪、云龙和咸祥镇创建浙江省卫生镇，五乡、咸祥等 7 个镇乡创建浙江省、宁波市卫生镇复评工作。创建浙江省卫生村 3 个、宁波市卫生村 2 个、宁波市卫生先进单位 7 个。

2017 年，鄞州区推进预防接种信息化建设，建成一体化预防接种信息平台并与居民健康档案数据库联通，在茅山卫生院试点建立全省首家无纸化预防接种门诊。全省率先推行宫颈癌 HPV 疫苗接种。鄞州区通过国家慢性病综合防控示范区复评。启动实施社区人群糖尿病肾病早期筛查与干预二期项目，实现慢性病监测网络直报。推进市级精神病人综合管理试点工作，对 98 个严重精神障碍患者家庭以奖代补落实监护责任。落实危重孕产妇和儿童死亡评审制度，完善高危孕产妇管理，连续 11 年未发生户籍孕产妇、连续 4 年未发生流动孕产妇死亡。推进城乡适龄妇女"两癌"筛查项目，筛查 16 058 人。推广应用母子健康电子手册，婚检率 97.74%，孕前优生检查率 91.90%。实施妇幼保健重大公共卫生项目，开展儿童孤独症筛查、婴幼儿髋关节发育筛查工作，全面落实农村妇女叶酸增补和预防艾滋病、梅毒、乙肝母婴传播国家项目。

57 个行政权力项目全部实现"最多跑一次"，其中"公共场所卫生许可复核"子项实现"跑零次"。打击非法行医和"两非"行为，查处各类非法行医行为 39 起，移送 5 起，罚款 18 万元，没收违法所得 17.11 万元，没收药品药械 27 户，涉案金额 8.32 万元；对"两非"行为立案 11 起，结案 8 起，其中刑罚 2 起。对违反相关规定的医疗机构实施不良执业行为记分处理，全年记分 38 分。完成东柳省级卫生街道和东吴、瞻岐、邱隘 3 个省级卫生镇的复查评审，潘火、咸祥、云龙、横溪 4 个镇（街道）创建为省级卫生镇（街道）。创建健康促进金牌学校 1 家（董山小学）、省级卫生先进单位 4 家（中河街道宋诏桥社区居委会、中河街道锦寓社区居委会、首南街道首南学府实验幼儿园、潘火街道世纪社区居委会）、省卫生村 10 家（咸祥镇西宅村、咸一村、咸五村，瞻岐镇东一村、东二村、南一村、张东周村，塘溪镇施村，五乡镇涵玉村、姜山镇陆家堰村）、市级卫生先进单位 4 家（云龙镇云达社区居委会、姜山镇茅山幼儿园、首南街道文华社区居委会、潘火街道东方丽都社区居委会）、市卫生村 1 家（塘溪镇大碧浦村），完成 125 家省市级卫生先进单位复查。

2018 年，区卫生计生局推动部门联动，区域 3 起突发公共卫生事件及 62 起传染病聚集性疫情得到有效处置。结核、艾滋病等重大传染病防控得力，慢性病综合防控扎实开展，严重精神障碍患者的救助和管控切实加强。开发全国首个健康云地图，合作成立北京大学首个健康医疗大数据研究中心，区域健康大数据应用作为唯一县（市、区）级单位在全国疾控中心主任工作会议上作典型交流。全区 4 个镇被列入小城镇环境综合整治第二批达标乡镇，其中姜山镇和横溪镇获评省级"样板镇"，实现省卫生镇全覆盖。实施"两癌"（宫颈癌和乳腺癌）筛查、孕前优生检查、出生缺陷综合防治 3 大基本项目，"两癌"筛查 1.61 万人，超额完成任务（1.50 万人），孕前优生检查率 92.37%，出生缺陷综合防治率 96.57%。启动"绝经期妇女免费取出宫内节育器""人工流产后避孕""产后关爱"三大项目，进一步关爱妇女健康。推动公共场所母婴设施建设，全区公共场所母婴室 62 个，配置率 87%。开展家院互融医疗服务项目，白鹤、明楼两家中心开展医养结合工作，明楼建立全市首个社区临终关怀（安宁疗护）中心。推进医养结合工作开展，实现 90% 以上的养老机构为入住老年人提供医疗卫生服务、90% 以上的医疗机构开设为老年人就医便利服务的绿色通道，鄞州区 65 岁以上老年人健康管理率 69%。推进"最多跑一次"改革，57 个行政权力项目全部实现"最多跑一次"，其中"公共场所卫生许可复核"子项实现"跑零次"，居民办事时间大幅缩短。深化综合监管，重拳打击非法行医和"两非"行为，共查处各类非法行医行为 39 起，移送 5 起，罚款金额 18 万元，没收违法所得 17.11 万元，没收药品药械 27 户，涉案金额共计 8.32 万元。加强医疗机构不良执业行为监管，对违反相关规定医疗机构实施不良执业行为记分处理，全年记分 38 分。

由此可见，区划变革后鄞州区更加重视公共卫生事业的健全与发展，不仅从多方面加强了公共卫生体系，使得结核、艾滋病等重大传染病的防控得到显著成果，而且慢性病综合防控也逐渐扎实开展，严重精神障碍患者的救助和管控进一步得到加强。尤其是今年新冠疫情的爆发，再一次凸显出针对当前以及未来重大疫情带来的风险挑战，只有构建起强大的公共卫生体系，健全预警响应机制，全面提升防控和救治能力，织密防护网、筑牢筑实隔离墙，才能切实为维护人民健康提供有力保障。

四、红十字会工作

2014 年，鄞州区有基层红十字会 150 个，其中镇乡（街道）23 个、学校 90 个、医疗卫生单位 31 个、企业 6 个；村（社区）红十字会员小组 456 个；个人会员

52 027人，其中红十字青少年41 293人，红十字志愿者742人。实施区、镇乡（街道）、村（社区）三级管理体制，中小学校、医疗卫生单位红十字会实行属地管理与系统管理相结合的管理模式。中河街道春城社区、首南第一小学、鄞州高级中学、雅戈尔中学等示范创建单位发挥红十字文化传播和红十字基层组织交流平台作用。8所学校申报省级达标校创建。在鄞州电视台黄金时段每天播放红十字公益宣传片，制作特色专题片10部；在《鄞州日报》刊登"5·8"世界红十字日专版1期，新闻报道14篇；在鄞州广播电台播发红十字新闻5篇；在《中国红十字报》、中国红十字网站等国家、省、市媒体报道新闻38篇；在鄞州区新闻网、鄞州区政府网站发布红十字信息18篇；在鄞州区红十字会网站发布当地信息195条。全区有宣传传播、造血干细胞捐献、器官捐献、社区志愿服务、应急救护培训、应急救援6支志愿服务队。"5·8"红十字博爱周期间，各级红十字会2500余名志愿者参加志愿服务活动。利用世界急救日、世界艾滋病日、国际志愿者日、全国防灾减灾日等重要纪念日，开展红十字知识、健康知识、救护技能、红十字文化艺术进社区、进学校、进企业、进工地等志愿服务活动。增加红十字志愿者77人，登记注册的红十字志愿者达742人。

2015年，鄞州区有基层红十字会152个，其中镇乡（街道）23个、学校92个、医疗卫生单位31个、企业6个；村（社区）红十字会员小组456个；个人会员53 244人，其中红十字青少年40 385人、红十字志愿者943人（增加201人）。在"5·8"世界红十字日广场活动和妇联宣传活动中，有140名爱心人士成为造血干细胞捐献志愿者，全区造血干细胞捐献志愿者累计达669人；造血干细胞捐献2人，累计3人。接受器官捐献8例，累计22例；角膜捐献2例，累计5例；遗体捐献2例，累计6例。增加器官捐献志愿者33人，累计238人；增加角膜捐献志愿者16人，累计24人；增加遗体捐献志愿者15人，累计65人。全区有宣传传播、造血干细胞捐献、器官捐献、社区志愿服务、应急救护培训、应急救援6支志愿服务队，红十字心灵之家、红丝带之家、红色驿站和春城社区博爱之家4个红十字志愿服务基地，村（社区）红十字服务站24个。全区各级红十字志愿者利用世界红十字日、世界急救日、世界艾滋病日、国际志愿者日、全国防灾减灾日、学雷锋服务日等重要纪念日，开展红十字知识、健康知识、救护培训、红十字文化艺术进社区、进学校、进企业、进工地等志愿服务活动。开展红十字志愿者星级评定工作，其中1人被评定为四星级（累计志愿服务超过1000小时）、2人被评定为三星级（累计志愿服务超过600小时）。采购救生艇、应急背包、救灾帐篷等价值 11 万元的救灾物资。在全区 129 个行政村开展"红十字——人道的力量""中华骨髓库"影片宣传 296 场次，观众达 63 160 人次。

2016 年，鄞州区有红十字会基层组织 152 个，其中镇乡（街道）23 个学校 92 个、医疗卫生单位 31 个、企业 6 个；村（社区）红十字会员小组 445 个；个人会员 53 008 人，其中红十字青少年会员 41 928 人、红十字志愿者 1 058 人。增加造血干细胞捐献志愿者 130 人，累计 789 人；器官捐献志愿者 24 人，累计 262 人，实现器官捐献 10 例，累计 32 例；角膜捐献志愿者 24 人，累计 48 人，实现捐献 1 例，累计 6 例；遗体捐献志愿者 13 人，累计 78 人，实现遗体捐献 1 例，累计 7 例。与鄞州区蓝海救援中心合作，建立鄞州区红十字应急救援志愿服务队，各镇乡（街道）均建立应急救援志愿服务队。购置水泵、安全帽、救生衣、救生圈、冲锋衣、担架等价值 12 万元的救灾物资。购置两台 AED 放于区体育馆和罗蒙环球城用于院前急救。扶持镇乡（街道）红十字会，下拨备灾物资 6.80 万元。举办红十字救护员培训班 172 场，培训救护员 7 124 人，累计培训 23 865 人，占户籍人口的 3%。

2017 年，鄞州区有红十字会基层组织 476 个。其中，镇（街道）21 个，学校 70 个，医疗卫生单位 30 个，企业 4 个；村（社区）红十字会 351 个。个人会员 53 108 人，其中红十字青少年会员 40 389 人。红十字志愿者 1 163 人。完善区、镇（街道）、村（社区）三级报灾救灾管理体系，整合原江东备灾救灾物资库，采购价值 14 万元的发电机、抽水泵、电动橡皮艇、应急套装箱等应急救援救灾物资，区级备灾救灾物资库有备灾救灾物资价值 73 万元。装备价值 2.59 万元带动力的救援艇 2 艘，采购救援装备价值 7.50 万元。推进百丈、福明、东胜、东郊、东柳、白鹤、明楼 7 个街道红十字会建立红十字应急救援志愿服务队。实现造血干细胞捐献 1 例，累计 8 例；新增造血干细胞捐献志愿者 134 人，累计 1 372 人。实现器官捐献 11 例，累计 53 例；新增器官捐献志愿者 32 人，累计 356 人。实现角膜捐献 9 例，累计 69 例；新增角膜捐献志愿者 29 人，累计 245 人。实现遗体捐献 7 例，累计 19 例；新增遗体捐献志愿者 32 人，累计 235 人。举办红十字救护员培训班 111 期，培训救护员 4 077 人。在区体育馆、罗蒙环球乐园、春城社区、首南中学和首南第一小学新增自动体外除颤仪（AED）5 台。开展第三期"百场电影进农村·红会知识送万家"活动，播放红十字宣传光盘 216 次，观看群众 6 万余人次；在三江口、中心城区路口发布红十字公益广告；在《中国红十字报》、中国红十字会网站等国家及省、市媒体报道新闻 40 篇；在鄞州区红十字会网站发布当地信息 117 条。

2018 年，鄞州区有红十字会基层组织 441 个（见图 5-12），镇（街道）和村（社区）建会率 100%。有个人会员 47 330 人，其中学校会员 31 442 人（包括成人和红十字青少年）、红十字志愿者 1 268 人。区红十字会修订完善自然灾害应急预案，完成备灾救灾物资库搬迁，充实完善备灾救灾物资的结构和数量，采购抛投器、锂电木锯、抽水泵、套装应急包等价值 12 万元的救灾物资。加强对基层红会救灾物资支持，向百丈、福明、东胜、东郊、东柳、白鹤、明楼 7 个街道和 6 个市级博爱家园项目点发放备灾物资 950 万元。全年募集社会资金 295.11 万元，支出 440.02 万元，救助 1 万余人次。开展东西部扶贫工作，向和龙、延吉援助人道救助金 50 万元，物资 32.60 万元。推进救护培训"进学校、进机关、进村（社）、进企业、进军营"五进活动，举办红十字救护员培训班 120 场，培训救护员 5 030 人，累计培训 39 332 人，占户籍人口的 5.20%，普及培训 3 万余人次。新增 4 台 AED，布放在下应街道天宫社区、中河街道彩虹社区、东胜社区居家养老中心和宋诏桥中学。新增造血干细胞志愿者 126 人，累计 1 498 人，成功实现造血干细胞捐献 2 例，累计 10 例；新增器官捐献志愿者 36 人，累计 392 人，实现器官捐献 12 例，累计 65 例；新增角膜捐献志愿者 50 人，累计 295 人，实现角膜捐献 13 例（其中单捐角膜 2 例），累计 8 例；新增遗体捐献志愿者 29 人，累计 264 人，捐献 2 例，累计 21 例。利用清明节、"5•12"防震减灾日、世界急救日、"10•17"全国扶贫日等节日，传播红十字文化。开展"我是红十字人"主题宣誓、新会员入会仪式、主题黑板报评选、红十字知识书画展以及"我是红十字的故事"征文等活动，传播人道理念。

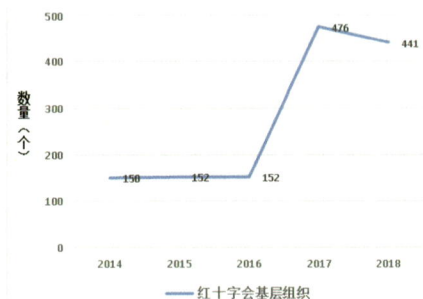

图 5-12 鄞州区红十字会基层组织数统计

资料来源：《鄞州年鉴》

红十字会是党和政府在人道领域联系群众的桥梁和纽带，其行为必须"接地气"，在理念、机制、措施、服务上贴近群众，适应群众需要。但事实上，一些地方红十字会是按照行政模式运行的，自上而下、群众被动接受，而不是按照群众需求提供服务，群众认可度不高、参与度不强。因此，创新首先从群众需求出发，改变工作运行机制，变群众被动参与为主动参与，增强群众的认知度和参与度。红十字会是党领导下的群众团体，群众工作是红十字事业的基础，也是一切工作的出发点，只有不断推进改革创新，始终聚焦"为了谁、围绕谁、服务谁"的问题，充分适应新时代，运用新技术，敢为天下先，才能为红十字事业发展带来不竭动力。

五、人口和计划生育

区域人口的规模、素质、分布情况等对该地区的发展具有重要影响作用，因此人口问题和计划生育问题也是地区不容忽视的方面。计划生育管理部门应创新管理模式，完善管理体系，细化规章制度。加强工作人员培训，强化其业务素质。加强对流动人口的动态化管控，将单一管理向服务型管理转变，提高计划生育管理工作的效率，促进社会和谐发展。在新的历史时期，计划生育管理工作面对新的问题与挑战。应转变管理思路，树立服务意识，实行部门联动，做好流动人口计划生育管理工作。以下是鄞州区区划变革前后在人口和计划生育方面的发展状况和成绩。

2014年，鄞州区出生人口8271人，出生率9.78‰；死亡人口4957人，死亡率5.86‰；自然增长3314人，人口自然增长率3.92‰。全区计划生育符合率为96.89%，出生人口性别比为109.41，国家免费孕前优生健康检查目标人群覆盖率91%，再生育全过程管理率保持在90%以上。审批再生育夫妻2507对，其中"单独两孩"1813对、特殊生育96对。查处"两非"（非医学需要的胎儿性别鉴定、非医学需要的选择性别人工妊娠）案件44起，办理市督办"两非"重大案件1起，没收B超机12台及医疗器械、大量药品等，7名当事人被行政处罚6.5万元，奖励"两非"举报人9万元。开展征收社会抚养费"清零"专项行动。落实"一票否决"制度，审核干部选拔任用各类评先评优活动中计划生育执行情况，审核13批次、119个单位和9名个人，20个社区、1个村被否决，并对13名中共党员及1名民建党员进行党纪处分。增加计划生育家庭享受奖励扶助政策对象6979人，累计28219人，下发资金3967.14万元。为9454人次计划怀孕夫妇开展孕前优生健康检查，国家孕前优生健康检查项目目标人群覆盖率达到91%。为10199人次进行孕前优生指导、咨询服务。出生缺陷一级预防知识群众知晓率在95%以上，高风险人群优生全程指导服务率达100%。发放叶酸及福施福复合维生素2552份，2014年度出生缺陷发生率为9.96‰。区计生指导站联合各镇乡（街道）服务站开展流动人口生殖健康检查服务 5 万余人次，各镇乡（街道）服务站结合妇女健康促进工程为辖区育龄妇女开展生殖健康检查 8 万余人次，区计生指导站为姜山镇、下应街道、瞻岐滨海开发区三地育龄妇女开展以"两癌筛查"为重点的生殖健康检查服务 15 093 人次。

2015 年，鄞州区出生人口 6 824 人，出生率 8.57‰；死亡人口 4 421 人，死亡率 5.54‰；自然增长 2 403 人，人口自然增长率 3.03‰。全区计划生育符合率 97.03%，出生人口性别比为 109.83。审核一般二胎生育 2 016 对，其中"单独两孩"1 425 对；特殊生育审批 86 对。孕前及 14 周前审批率达 81.91%，实地核实 56 例 14 周以上妊娠要求引产者，关注 20 例计划外引产者。孕产妇免费增补叶酸人数达 4 820 人，叶酸服用率达到 98.04%；免费检测艾滋病、梅毒、乙肝 16 542 人，免费注射免疫球蛋白 844 例；农村孕产妇住院分娩项目补助人数 3 620 人，住院分娩补助达 231.64 万元；婚前医学检查 10 276 人，婚前医学检查率 98.18%。

2016 年，鄞州区实施全面两孩政策，培训全区计生干部和优秀村（居委会、社区）计生服务人员 187 人。增加 7 786 名对象享受奖励扶助政策，为 12 422 人发放奖励扶助资金 5 871 万元。为 6 509 对夫妇实施生育登记服务，其中一孩 3 611 对、两孩 2 898 对。实施流动人口怀孕、生育动态核查制度和"一人一档"等制度，与河南省商城县、福建省晋江市两个流入大县的人口计生部门签订双向协作协议书，累计签订双向协作协议地区达到 78 个。安徽省淮北市在潘火街道成立宁波市淮北籍流动人口计划生育协会组织。联合区红十字会设立"博爱暖心基金"。为 297 名 60 周岁以上失独老人购买商业意外保险。组建专门服务于计生特殊家庭的社会组织"小棉袄"社区服务社，"贴心小棉袄"获评宁波市 2016 计划生育创新项目。在鄞州区第三医院内建立青春健康俱乐部，组建鄞州—霍邱流动人口计生协会。

2014 年，我国开始启动实施单独两孩政策。2016 年元旦开始，实施全面两孩政策，至此独生子女政策正式宣告终结。实际上，进入 21 世纪以来，我国的人口形势发生重大变化，人口发展的内在动力和外部条件都发生了显著的变化。处理好人口规模和结构的关系、努力实现适度生育水平，大力提高劳动者素质和技能，把全面两孩政策落到实处，是我国人口发展领域必须关注的三大问题。鄞州区也不例外，2016 年区划变革以来，鄞州区积极施行国家相关生育政策，落实全面两孩政策。

2017 年，各镇（街道）计生办更名为卫生计生办。落实"全面两孩"政策，完善再生育审批及生育登记办法，结合"最多跑一次"事项改革，推动生育登记和再生育审批办理由单一的"现场办证"向"网上申请＋现场办证"转变，办理场所从单一的卫生计生办拓宽为卫生计生办、办证窗口、卫计管理服务中心（姜山试点）兼可办理。对5633对夫妇实施生育登记服务，其中有"一孩"家庭3060对、"两孩"家庭2573对。建立健全计生特殊家庭联系人制度，开展相关扶助关怀活动，全区有失独对象445人、伤残对象522人，每个对象设立3个联系人。发挥"博爱暖心基金""幸福家庭"基金帮扶作用，走访24户特别困难的"失独家庭"，发放慰问金20万元。联合宁波市眼科医院对全区49周岁及以上"失独老人"提供常见眼病检查、健康咨询、白内障筛查和手术。扶持五乡镇绿洲果业专业合作社、首南街道美地农业园"结对帮扶——创建幸福家园"项目。开展区、镇（街道）、村（社区）三级协会干部轮训活动，举办培训班4期，参训人员200人。推进原春晓中学、钟公庙中学和云龙曙光中学青春健康家长培训项目，指导福明街道完成社区级青春健康俱乐部建设。

2018年，鄞州区新增计划生育奖扶人员37241人，奖扶满6000元后退出人员7049人，为61116人发放奖扶金7334万元。开展特殊计生对象帮扶工作，为1557人发放帮扶资金1272万元，对失独伤残家庭开展免费家庭医生签约服务，发放帮扶卡1700余份。加强出生人口性别比治理和出生人口监测，2018年共出生5862人，较上年减少1583人。利用信息化实现生育登记"零跑腿"，完成生育登记6128对、再生育审批121对。重点实施人口家庭"2356"、新市民优质服务促进、阳光计生三大类项目，提升流动人口基本公共卫生计生服务均等化水平。鄞州区培育的全市首家专门服务于失独家庭的民办非营利性组织"小棉袄"社区服务社创建为中国计划生育卫生与健康307协会"暖心家园"项目点。2个选送节目在省计划生育协会举办的全省青春健康舞台剧大赛上分获一等奖和三等奖。

根据以上数据可以看出，鄞州区每年的人口出生数是持续下降的，这与我国长期以来实行的计划生育政策密切相关，如今中国的计划生育国策不会变，但计划生育的政策变了，因此，随着生活环境发生深刻变化，计划生育工作进入了一个崭新的发展阶段。当然，计划生育工作仍面临着诸多矛盾和突出问题，面对新形势、新任务和新要求，计划生育工作的改革思路、发展路径和工作着力点应当推进"行业管理法治化、全民管理信息化、宣传教育创新化、生育政策有序化"的工作新思路，才能继续坚持并更好地落实计划生育基本国策。鄞州区在人口和计划生育方面所实施的一系列政策也体现出了区政府对国家政策的积极响应和配合，致力于提高居民生活的幸福指数、改善人口结构、提高人口增长比率、调整家庭成员结构等等。

第三节

区划变革前后的社会民生

民生问题，简单地说就是与百姓生活密切相关的问题，最主要表现在吃穿住行、养老就医、子女教育等生活必需方面上。民生问题也是人民群众最关心、最直接、最现实的利益问题。关注民生、重视民生、保障民生、改善民生，同党的性质、宗旨和目标一脉相承。教育是民生之基，就业是民生之本，收入分配是民生之源，社会保障是民生之安全网，这四大问题都是民生的基本问题。

一、居民生活

居民生活是指一地区居民的生活中的总体状况，一般用居民生活水平的高低来衡量地区居民的生活质量。居民生活水平是指在某一社会生产发展阶段中，居民用以满足物质、文化生活需要的社会产品和劳务的消费程度。具体内容包括：居民的实际收入水平、消费水平和消费结构、劳动的社会条件和生产条件、社会服务的发达程度、闲暇时间的占有量和结构、卫生保健和教育普及程度等。这些都是反映居民生活水平的重要因素，下面就来看看鄞州区区划变革前后居民生活的变化。

2014年，鄞州区全体居民人均可支配收入40242元，比上年增长10.2%，增幅比全市平均水平高0.3个百分点，比全省高0.5个百分点（不扣除物价指数）。其中，城镇常住居民人均可支配收入46324元，增加3980元，增长9.4%，增幅比全市平均水平高0.2个百分点，比全省高0.5个百分点；农村常住居民人均可支配收入为26682元，增加2634元，增长11.0%，增幅与全市持平，比全省高0.3个百分点。城乡收入比由上年的1.76:1缩小至1.74:1。城镇常住居民人均消费支出30307元，增长9.0%，恩格尔系数为32.33%，下降4.1%；农村常住居民人均消费支出18697元，增长11.2%，恩格尔系数为38.97%，下降4.2%。城乡居民基尼系数为0.34。

城乡居民收入增长的原因主要是经济发展奠定城乡居民收入增长基础，2014年鄞州区地区生产总值增长8.5%，经济总量快速增长，为居民收入稳步增长提供有效基础保障；其次，提高城镇职工养老保险待遇、调高最低月工资标准和非全日制工作最低小时工资标准等增收政策，带动加班工资和失业保险金增加，进而保证城乡居民收入稳步提高。但城乡居民收入分布重心依然偏低，分布不够合理，城镇常住居民可支配收入的中位数是 38 260 元，比平均 46 324 元低 17.4%，超六成（63.3%）居民收入在平均线以下，20% 的最高收入者平均收入 95 537 元，而 20% 的低收入者的平均收入仅 18 533 元；农村常住居民可支配收入的中位数是 24 097 元，比平均数 26 682 元低 9.7%，20% 的最高收入者平均收入 49 863 元，而 20% 的低收入者的平均收入仅 12 885 元。

2015 年，鄞州区全体居民人均可支配收入 43 743 元，比上年增长 8.7%，与全市平均水平持平。其中，城镇常住居民人均可支配收入 50 215 元，增加 3891 元，增长 8.4%，增幅与全市持平，比全省高 0.2 个百分点；农村常住居民人均可支配收入 29 110 元，增加 2428 元，增长 9.1%，增幅高于全省、全市 0.1 个百分点。城乡收入比达到 1.73:1，城乡居民收入差距进一步缩小。城镇常住居民人均消费支出 33 029 元，增长 9.0%；恩格尔系数为 31.51%，下降 2.5%。农村常住居民人均消费支出 20 470 元，增长 9.5%；恩格尔系数为 40.23%，上升 3.2%。城乡居民基尼系数为 0.31。

增收主要原因是经济发展奠定城乡居民收入增长的基础。2015 年鄞州区经济稳定增长，地区生产总值增长 8.1%；最低月工资标准由 1650 元调整至 1860 元，非全日制工作最低小时工资标准由 13.5 元调整为 17 元；退休养老金完善并提高，根据《关于明确完善城乡居民基本养老保险有关问题的通知》《关于 2015 年调整企业退休人员基本养老金的通知》等政策，鄞州区进一步完善城乡居民养老保险体制，逐步提高鄞州区居民养老保险待遇。城乡居民收入分布重心依然偏低，分布不够合理。2015 年，鄞州区城镇常住居民人均可支配收入的中位数是 41 516 元，比平均收入 50 215 元低 17.3%，超六成（65.8%）居民收入仍在平均线以下，20% 的最高收入者的平均收入达到 119 156 元，20% 的低收入者的平均收入只有 21 239 元；农村常住居民可支配收入超六成（64.4%）在平均线以下，20% 的低收入者的平均收入只有 14 852 元。

2016 年，鄞州区全体居民人均可支配收入 47 304 元，比上年增长 8.10%，增速高于全市平均水平 0.20 个百分点。其中，城镇常住居民人均可支配收入 54 199 元，增加 3984 元，增长 7.90%，增幅高于全市平均水平 0.20 个百分点，低于全省 0.20 个百分点；农村常住居民人均可支配收入为 31 568 元，增加 2458 元，增长 8.40%，增幅高于全市 0.50 个百分点，高于全省 0.20 个百分点。城乡收入比达到 1.72:1，城乡居民收入差距进一步缩小。城镇常住居民人均消费支出 35 714 元，增长 8.10%，恩格尔系数为 28.50%，上升 2.30 个百分点；农村常住居民人均消费支出 22 907 元，增长 11.90%，恩格尔系数为 36.70%，上升 1.20 个百分点。

城乡居民收入分布重心依然偏低，分布不够合理。鄞州区城镇常住居民中 65.90% 的居民收入处于平均线以下，20% 的最高收入者平均收入 124 831 元，20% 的低收入者平均收入仅 25 852 元。农村常住居民中 63.90% 的居民收入处于平均线以下，20% 的最高收入者平均收入 86 348 元，20% 的低收入者平均收入仅 17 790 元。中位数增速、低收入群体增速均高于全区平均水平。从人均可支配收入的中位数增速来看，城镇居民收入中位数增长 18.60%，农村居民增长 12.90%，分别比可支配收入增速高 10.70 个百分点和 4.50 个百分点。收入分层数据显示，鄞州区城乡 20% 最低收入组家庭人均可支配收入分别增长 21.70% 和 19.80%，增幅分别比全区平均水平高 13.80 个百分点和 11.40 个百分点。

从以上分析和数据可以看出（见图 5-13），城乡收入差距一直都是鄞州区不可忽视的问题。长期以来，收入分配问题一直颇为引人关注。这既表现在理论层面，应当确立怎样的分配原则与分配制度以符合基本社会制度的规定性，保障社会各主体在经济发展过程中正当、合理地共享发展成果，并为长期经济增长提供有效的激励；也表现在实践层面，收入差距及收入分配格局是否存在"公平""适度"的范围，以及是否存在相应的调控机制。在我国经济转型中，收入差距的变化最为明显。无论是在传统计划经济体制，还是经济转型过程中，围绕收入差距的讨论一直都是重要的热点问题。不同时期的经济体制差异及其转轨过程导致收入结构也发生相应转变，构成我国收入差距变动的基本背景和影响因素。自区划变革以来，鄞州区也一直十分重视城乡地区收入不平衡的问题，致力于缩小城乡收入差距。

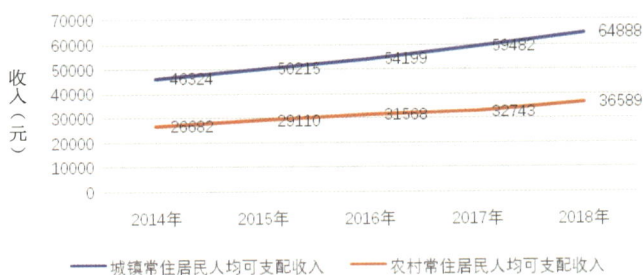

图 5-13 鄞州区城乡居民人均可支配收入统计图

资料来源：《鄞州年鉴》

2017 年，鄞州区城镇常住居民人均可支配收入 59 482 元，比上年增长 7.90%，与全市平均水平（7.90%）持平；农村常住居民人均可支配收入 32 743 元，增长 7.90%，低于全市平均水平（8%）0.10 个百分点。由于行政区域调整，鄞州区居民收支数据使用市区平均数。城乡居民收入分布重心依然偏低。城镇常住居民中，64.94% 居民的收入处于平均线以下，20% 的最高收入者平均收入达到 130 080 元，20% 的低收入者的平均收入只有 29 011 元。农村常住居民中，59.34% 居民的收入处于平均线以下，20% 的最高收入者平均收入达到 69 593 元，20% 的低收入者的平均收入只有 18 213 元。居民收入分组保持大的差距。城镇常住居民人均消费支出 36 036 元，增长 4.84%，恩格尔系数为 28.05%，下降 0.58 个百分点；农村常住居民人均消费支出 21 163 元，增长 5.32%，恩格尔系数为 38.12%，上升 1.05 个百分点。

2018 年，鄞州区城镇常住居民人均可支配收入 64 888 元，比上年增长 8.40%，高于全市平均水平（8%）0.40 个百分点；农村常住居民人均可支配收入 36 589 元，增长 8.80%，低于全市平均水平（8.90%）0.10 个百分点。城镇居民人均可支配收入高于全市平均 4 754 元，收入水平位居全市（市、区）第一；农村居民人均可支配收入高于全市平均 2 956 元，收入水平位居全市各县（市、区）第一。农村居民人均可支配收入增幅高于城镇居民 0.40 个百分点，城乡居民收入比从上年的 1.78∶1 缩小至 1.77∶1。城镇常住居民人均消费支出 42 027.19 元，增长 10.04%，恩格尔系数为 24.60%，下降 1.63 个百分点。农村常住居民人均消费支出 24 225.53 元，增长 9.05%，恩格尔系数为 29.86%，下降 2.56 个百分点，人均医疗保健支出 1670.63 元，增长 32.13%，拉动消费支出增长 1.83 个百分点。

城镇常住居民人均工资性收入 39 985.76 元，增长 4.99%，下降 2.44 个百分点，增收贡献率 37.97%，贡献率下降 20.10 个百分点；人均经营净收入 7 226.23 元，增长 8.91%，下降 1.89 个百分点，增收贡献率 11.82%，下降 4.37 个百分点。人均财产净收入 8 679.63 元，增长 13.39%，上升 9.26 个百分点，增收贡献率 20.49%，上升 13.56 个百分点；人均转移净收入 8 996.43 元，增长 19.79%，上升 8.94 个百分点，增收贡献率 29.72%，上升 10.91 个百分点。可支配收入的构成发生变化，工资性收入占比下降 1.98 个百分点。财产净收入受集体分红和房屋租金等收入影响，占比上升 0.59 个百分点；转移净收入受养老金和医疗报销等收入的影响，占比上升 1.25 个百分点。

由图 5-14 中的数据可以看出，鄞州区城乡居民家庭恩格尔系数总体呈现出下降趋势，尤其是 2016 年区划变革以后，农村常住居民家庭恩格尔系数变化较大，但是，面对"恩格尔系数再创新低"这一经济现象，既要肯定成绩，更要保持清醒头脑，看到经济运行稳中有变、变中有忧，不断增强忧患意识，抓住主要矛盾，看到城乡居民收入差距等问题，有针对性地加以解决。要坚持新发展理念，坚持高质量发展，大力破解区域经济发展不平衡不充分的问题。在稳步推进"提低、扩中、调高"为主线的收入分配制度改革的同时，应当顺应恩格尔系数变化及其背后的消费新趋势，大力推进供给侧结构性改革，提升消费能力，推动消费升级，让老百姓吃得放心、穿得称心、用得舒心，不断增强鄞州区人民群众的获得感、幸福感、安全感，为全面建成小康社会打下坚实基础。

图 5-14 2014—2018 年鄞州区城乡居民家庭恩格尔系数变化趋势

资料来源：《鄞州年鉴》

二、民政事务

民政是主管民间社会事务的行政部门，一般包括婚姻登记、区划地名、低保、福利、慈善、殡葬、救助等。民政事务是社会民生的重要组成部分，是保障居民幸福生活的重要因素。下面就来看一下鄞州区区划变革前后地区民政事务方面有哪些成绩和改变。

2014 年，鄞州区城乡居民最低生活保障标准由每人每月 588 元提高至 600 元。全区有城乡低保对象 2 039 户 3 289 人，发放低保金 1 983 万元。贫困重度残疾人保障对象 1 245 人，发放保障金 936.6 万元；残疾人基本生活保障对象 2 704 人，发放 1 610 万元。8 000 余名困难群众享受价格补贴 247.3 万元。元旦、春节期间开展解难帮困送温暖活动，全区各级各界各部门走访慰问困难群众 2 万余户（人），发放慰问金 2 300 万元。全区有 641 名"五保"供养对象，年供养支出 940.7 万元，人均年供养金 18 732 元，达到上年农民人均收入的 81%。组织全区养老机构安全生产管理培训，开展养老机构逃生应急演练，首次对养老机构安全生产工作责任人进行专题约谈。医疗救助 2 165 人次，发放 2 034.3 万元；教育救助 183 人次，发放 170.2 万元；住房救助 30 户，发放 8.7 万元；临时救助 2 433 人次，发放 1 446.7 万元；孤儿基本生活保障对象 46 人，发放 74.8 万元；精简职工 46 人，发放 62.4 万元；在乡革命老同志 80 人，发放 88.6 万元。

扩建养老床位数 822 张，启动建设镇级老年乐园 4 家、村级老年乐园 3 家。建成社区（村）居家养老服务站 92 个。全区有社会组织 3 000 余家，登记注册社会组织 588 家，其中社会团体 186 家、民办非企业单位 402 家、镇乡（街道）备案基层社会组织 2 500 余家。完善区级培育孵化平台，对初创期的公益组织进行场地、技术、项目等扶持。开展社会组织公益创投活动，投入 173 万元，扶持 63 个优质公益项目。实行行业协会商会类、科技类、公益慈善类、城乡社区服务类四大类社会组织直接登记制度，4 家社会组织直接登记注册。首次开展社会组织网上年检，513 家社会组织参加年检。等级评估社会组织 60 家，其中 22 家获 ＡＡＡ 级以上等级。建立社会组织具备承接政府职能转移和购买服务资质认定体系，首批 47 家社会组织通过资质认定，承接政府职能转移项目 5 个。

全区有福利企业 45 家,安置残疾员工 1 278 人。开展全区福利企业考勤系统工程，对残疾职工的上岗考勤进行网络化实时考勤管理。妥善处理福利企业退出后残疾职工后续保障问题。46 家福利企业获补贴与奖励资金 681 万元。对残疾职工岗位管理、无障碍设施安装、社会保险、工资发放、权益保障以及档案管理等进行实地检查。销售福利彩票 3.16 亿元，比上年增加 6 726 万元，增幅达 27%。其中，电脑票销售 2.39 亿元，网点即开票销售 3 285 万元，中福在线销售 4 423 万元，总销量排名全市第一。募集公益金 9 000 万余元，其中区本级留用约 2 600 万元，专项用于居家养老服务保障、福利机构改扩建、农村社会福利事业建设等各项民生工程，福彩公益金当年使用率达 98.3%。

结婚登记 7 394 对，离婚登记 2 009 对，补领婚姻证件 3 002 件，无婚姻记录证明 12 241 件，收养登记 93 件。实行婚姻登记现场预约、网上预约服务、工作日婚姻登记不午休办理制度。受理收养申请 89 件，受理寄养申请 14 件。免费火化遗体 4 514 具，免费入葬生态墓园 1 873 人次，区财政全额买单 601.8 万元。贯彻执行公墓价格管理文件，加强对经营性公墓价格管理。开展公益性生态墓园升级改造，加强对经营性公墓管理。清明节、冬至期间倡导文明丧葬。

2015 年,全区发放社会救助资金 1.48 亿元。开展元旦、春节解难帮困送温暖活动，走访慰问困难群众 2 万余户（人），发放慰问金 2 000 余万元。调整多项社会救助标准，其中城乡居民最低生活保障标准由每人每月 660 元提高至 744 元。升级居民经济状况核对信息平台，建立入户调查长效机制，新申请社会救助对象实行"逢进必核"，全年核对社会救助家庭 8 800 余户。至年底，全区有低保对象 1 866 户 2 937 人，发放低保金 1 942.4 万元；实施困难群众基本生活价格补贴，6 000 余名困难群众获价格补贴 223 万元。

组织开展纪念抗日战争胜利 70 周年系列活动。清明节和烈士纪念日在宁波樟村四明山烈士陵园举行社会各界悼念革命先烈活动。该烈士陵园全年接待 20 万余人次，被国务院确定为第二批国家级抗战纪念设施、遗址名录。发放高桥镇革命烈士纪念碑、龙观乡抗日解放战争革命遗址纪念碑等烈士零散纪念设施修缮资金 16 万元。第三批 169 户 430 名钦寸水库移民建房搬迁完成。钦寸水库移民安置任务全面完成，全区 16 个镇乡 53 个安置村实际安置移民 899 人，超额完成市政府 880 人的任务数。上报各类移民扶持项目 40 个，安排扶持资金 900 万余元。免费火化遗体 4 629 具，免费入葬生态墓园 1 851 人次，区财政全额买单 576.8 万元。生态墓园基础信息数据库录入完成。清明节、冬至期间，以"文明祭扫、生态安葬"为主题开展殡葬宣传，倡导骨灰撒海等生态葬法。

结婚登记 6 802 对，离婚登记 2 131 对，补领婚姻证件 3 407 件，无婚姻记录证明 10 469 件，收养登记 40 件。完善婚姻家庭辅导工作机制，开展"婚姻情感沙龙""亲子课堂"等活动。开展全国第二次地名普查资料补查与更新工作。推进地名文化与信息化建设，挖掘地名文化遗产，举办"我最喜爱的鄞州地名——优秀地名文化故事"，编写《宁波市鄞州地名故事大观》，申报千年古县地名文化遗产。《宁波市鄞州区地名志》获区地名史志优秀成果"金蝶奖"二等奖。指导钟公庙街道和首南街道行政区划调整。全年命名道路 49 条、小区 43 个、建筑物（群）23 座。

2016 年，鄞州区有低保对象 2 443 户，3 540 人，发放低保金 2 543.40 万元。5 700 余名困难群众享受价格补贴 295 万元。民政行政审批进驻区行政服务中心，承办社会组织、社会救助、地名命名等民政许可和审批事项全年审批 1.58 万件。创建市级及以上综合减灾示范社区 12 个，其中省级 4 个。全区有避灾场所 320 个，建筑面积 107 万平方米，可容纳灾民 20 余万人。清明节、烈士纪念日在樟村四明山烈士陵园举行社会各界悼念革命先烈活动。烈士陵园全年接待 20 余万人次，被民政部确定为"第六批国家级烈士纪念设施保护单位"。

此外，完成钦寸水库移民安置工作，全区16个镇乡53个安置村实际安置移民906人。开展钦寸水库移民安置评估验收工作，完成市对区初验。出台鄞州区水库移民专项资金管理办法、水库移民专项帮扶管理办法，上报移民扶持项目35个，安排扶持资金1544万元。全区有福利企业38家，安置残疾员工852人。建立福利企业考勤系统，对残疾职工上岗进行网络化实时考勤。开展福利企业年度专项督查工作，核查福利企业残疾员工岗位管理、无障碍设施安装、权益保障、档案管理等情况。落实福利企业补贴与奖励政策，向42家福利企业发放补贴68480万元。

结婚登记6012对，离婚登记2360对，补领婚姻证件3131件。开展"幸福讲堂""亲子课堂"等活动。收养登记12件。免费火化遗体4776具，免费入葬生态墓园1622穴。全区生态墓园投入管理绿化资金328.70万元，投入建设资金621.18万元。清明节、冬至日期间，以"文明祭扫、生态安葬"为主题开展殡葬宣传，倡导骨灰撒海等生态葬法。

图5-15　2014—2018年鄞州区结婚离婚登记数统计图

资料来源：《鄞州年鉴》

2017年，全区发放社会救助资金1.31亿元。元旦、春节期间，走访慰问困难群众1万余户（人），发放慰问金2000余万元。调整社会救助标准，其中2017年城乡居民最低生活保障标准为804元。健全完善镇（街道）"一门受理、协同办理"社会救助窗口。规范社会救助家庭经济状况认定流程，居民经济状况核对信息平台完善升级，核对18240户次33886人次。全区有低保对象3302户4086人，发放低保金4415万元。创建市级及以上综合减灾示范（社区）村10个。全区设置避灾场所264处，建筑面积44万平方米，可容纳灾民12.60万人。下拨姜山镇等9个受自然灾害影响的乡镇困难群众生活补助资金90万元，受惠2821人。

全区有福利企业 27 家，安置残疾人 611 人。建立残疾人集中就业联合共管工作机制。建立福利企业考勤系统，网络化实时考勤残疾职工上岗情况。开展福利企业年度专项督查工作，核查福利企业残疾员工岗位管理、无障碍设施安装、权益保障、档案管理等情况。落实福利企业补贴与奖励政策，向福利企业发放补贴 354.70 万元。销售福利彩票 1.17 亿元，使用福利彩票公益金 3615 万元，用于残疾人补贴、全区福利机构改扩建、居家养老服务补助、公益性社会组织扶持等项目。开展社会工作专业人才教育培训，举办社区干部培训班、新招录社工岗前培训班、俞复玲名师工作室鄞州专题培训班。5 名优秀社区书记、主任成为市级社区工作领头军人才，5 名优秀社区书记、主任被评为首批社会工作领域享受政府特殊津贴人才。审查社会工作师（助理）考试资格，组织社会工作者职业资格考试免费考前培训，总课时 30 学时，培训 3500 余人次，实施"T"人才社会工作人才督导项目。

结婚登记 5522 对，离婚登记 2654 对，补领婚姻证件 2011 件，收养登记 25 件。开展婚姻登记信息化建设，修正 1950 年后的婚姻历史数据 11 万条。实施殡葬惠民政策，补助 4000 人次 386 万元。清明、冬至期间以"文明祭扫、生态安葬"为主题，开展殡葬宣传，倡导海葬、树葬等生态葬法。

2018 年，全区发放社会救助资金 9000 万元。春节期间走访慰问困难群众 19584 户（人），发放慰问金 2728.65 万元。调整社会救助标准，其中 2018 年城乡居民最低生活保障标准为 885 元。全区有低保对象 2822 户 3517 人，发放低保金 3560 万元。健全完善镇（街道）"一门受理、协同办理"社会救助窗口。规范社会救助家庭经济状况认定流程，完善居民经济状况核对信息平台，核对 14 280 户次 25 901 人次。推进民政"最多跑一次"改革，全面实行"一网办理"，79 个民政事项进驻区行政服务中心民政窗口，16 个民政事项实现"一证通办"。全区有福利企业 27 家，安置残疾员工 569 人。建立残疾人集中就业联合共管工作机制。落实福利企业补贴与奖励政策，向福利企业发放补贴 405.50 万元。销售福利彩票 9890.69 万元，使用福利彩票公益金 1925.91 万元，用于残疾人补贴、全区福利机构改扩建、居家养老服务补助、公益性社会组织扶持等项目。

调整梅墟街道行政区划，增设聚贤街道。第二次全国地名普查数据部分工作结束，地名普查数据全部录入国家地名数据库。编撰《鄞州地名志》，发布《鄞州区第二批历史地名文化遗产保护名录》，印制《鄞州历史地名（古道）手绘图》。宣传地名文化，在《鄞州日报》开辟《漫步鄞州地名文化长廊》专栏。完成 117 个项目的门牌编制，新增楼（幢）牌 876 块，门牌 2 731 块。出具地名证明 70 份。全区有社工 1 418人，新招录社工 184 人，首次设立残疾人岗位及党务工作者岗位。春节、建军节等主要节日期间，区委、区政府向驻鄞州部队赠送慰问金及慰问品 289.60 万元。镇（街道）开展双拥慰问活动，举办多场军民文艺会演、拥军优属座谈会、茶话会等。解决驻鄞部队在后勤建设、子女就学等方面的实际困难，慈善"爱心固长城"项目资助驻鄞官兵家庭 20 万元。

结婚登记 5 622 对，离婚登记 2 752 对，补领婚姻证件 1 832 件，收养登记 10 件。开展婚姻登记信息化建设，完成 2006 年后婚姻登记数据电子签名工作。实施殡葬惠民政策，入葬生态墓园补助标准提高到 2 000 元每穴，全年殡葬惠民补助 4 000 余人次 438 万元。完成位于同泰嘉陵的省级树葬试点建设。清明、冬至期间以"文明祭扫、生态安葬"为主题，开展殡葬宣传，倡导海葬、树葬等生态葬法。

由图 5-16 中的数据可以看出，区划变革以后，鄞州区明显增加了低保投入金额，尤其是村级民政议事委员会在对低保、五保等社会救助对象的调查摸底、民主评议过程中，从事了大量基础性工作，有效解决了民政部门工作人员力量不足、对村情民意了解掌握不及时等问题，提高了民政工作效率和质量，保障了低保对象的利益。由此也可以看出，鄞州区在区划变革以后更加注重本地区人民群众的社会生活水平，努力提高本地区人民的生活质量和幸福指数，尤其重视社会救助事业的发展，这些都体现了鄞州区政府以人民为中心的发展理念。

图 5-16 2014—2018 年鄞州区低保人数及低保金发放统计

资料来源：《鄞州年鉴》

三、基层民主自治和社区建设

基层民主制度主要是指我国的基层群众性自治制度，是指基层群众性自治组织

217

形式及其运作方式，它是基层群众性自治组织自我教育、自我管理、自我服务、自我监督的方式、方法、程序的总和，是人民参与管理国家事务和社会事务的一种形式，是社会主义民主制度的一个重要方面。近年来，鄞州区深入推进民主法治村（社区）建设，走实、走好基层民主法治建设路，努力打造民主法治村（社区）创建"鄞州样板"。截至目前，已成功创建全国级、省级、市级民主法治示范村（社区）共 200 余个（见图 5-17）。这些都体现出了鄞州区在基层民主自治与社区建设上所做的努力。以下通过分析鄞州区区划变革前后在基层民主自治方面的建树，来看区划变革对鄞州区这些方面的影响。

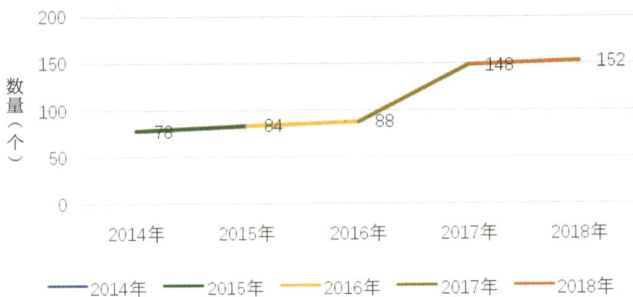

图 5-17 2014—2018 年鄞州区社区数量统计

资料来源：《鄞州年鉴》

2014 年，鄞州区有 78 个社区和 14 个城镇居委会，其中全国和谐社区建设示范社区 1 个、省级和谐社区 6 个、市级和谐社区 59 个。建立潘火桥、金桥花园、明南、宜家 4 个社区，参加小区建设项目会审 42 次。招考社区专职工作者 6 人。举办新一届社区（居委会）书记、主任培训班、新招录社区专职工作者岗前培训班及社会工作者职业水平考试考前培训班。235 名社区专职工作者通过国家社会工作者职业水平考试。评选 2014 年度优秀社区专职工作者 89 人，面向优秀社区干部定向招考公务员 1 人。

构建以社区党组织为核心、社区居委会为主体、社区服务中心为平台、社区社会组织为补充、社区居民广泛参与的社区治理机制。全区备案的社区社会组织 1900 余家。投入 173 万元，向专业的社会组织购买优质公益性社区服务项目 63 个，为居民提供扶老济困、心理调适、婚姻家庭、青少年教育等服务。推进社区减负增效改革。排摸区级机关各单位在社区的创建评比和工作准入项目，出台部门工作进社区指导目录，共 21 个部门 48 项。开展社区公章"减负惠民"专项整改，明确区级职能部门职责范围内的社会管理事务和证明核实事项，不得转嫁给社区，并把社区公章使用管理纳入社区"小微权力清单",形成长效监管机制,社区盖章证明项目减少71%。推进村(社区)"五多"清理整改,全区整改机构牌子81项,其中保留6项、取消23项、整合44项、作为荣誉类奖牌及奖状奖杯集中摆放展示8项;考核评比29项,其中保留5项、取消18项、不列入清理范围6项;创建准入目录101项,其中保留14项、取消67项、不列入清理范围20项。开展"阳光村务"建设,对全区村务公开情况进行检查4次,规范村务公开的形式、内容和程序等。配合区委组织部和区司法局开展行政村(社区)星级动态考评和民主法治村(社区)创建工作。

2015年,鄞州区有84个城市社区和14个城镇居委会,其中全国和谐社区建设示范社区1个、省级和谐社区6个、市级和谐社区59个。建立海创、文华、日丽、东方丽都、望府、云达6个城市社区,参加小区规划方案会审会议20次。推进"三社联动",都市森林社区和雅苑社区为区级"三社联动"观察点。实施城乡社区对口见学活动,湾底村等4个村(社区)被列为市级对口见学活动考察点。招录社工51人。5月,组织开展2015年(助理)社会工作师职称考试免费培训工作,委托专业培训机构分两期向报考(助理)社会工作师的考生提供5天的免费考前培训,讲授"社会工作综合能力""社会工作实务"与"社会工作政策法规"等课程,全区369名考生参加培训;6月,区委组织部、区委党校和区民政局联合举办全区社区干部集中培训;11月,举办新招录社区专职工作者岗前培训班,79名2015年招录的社区专职工作者与往年未经培训的老社区专职工作者参与培训,以"社区治理新形势下社工的能力提升与职责定位"为课题,邀请宁波大学和区委党校的教授专家进行社区创新治理、社区工作案例分析和社区公务礼仪等授课,安排社工参与社区主任经验分享会,并撰写"我眼中的社工"培训体悟,进行社工工作感想与学习经验交流。

105名社区专职工作者通过2015年国家社会工作者职业水平考试。评选2015年度优秀社区专职工作者95人,面向优秀社区干部定向招考公务员1人,首次面向优秀社区书记、主任定向招录事业编制人员2人。推动建立以社区为平台、社会组织为载体、社会工作专业人才队伍为支撑的社区服务新机制,全区备案的社区社会组织有2500余家。投入53万元,首次针对街道内社区社会组织开展公益创投活动,补助36个入围项目,涵盖亲老互助、邻里调解、亲子活动、法律健康等服务。完善社区民主自治制度,贯彻中共中央办公厅《关于加强城乡社区协商的意见》精神,健全社区党组织领导的基层群众自治机制,运用数字化平台有效整合社区资源,畅通民主渠道,推进基层协商制度化。开展"阳光村务"建设,一年四次对全区村务公开情况进行检查，全面规范村务公开的形式、内容和程序等。完善社区工作电子台账功能，推进"数字社区"、智慧便民服务平台和社区门户网站建设，开发运行社区专职工作者信息管理系统。

2016年，鄞州区有88个社区和7个城镇居委会，其中全国和谐社区建设示范社区1个、省级和谐社区6个、市级和谐社区59个。建成锦丽、建庄、泰悦和樟蜜4个社区。招录社区工作者85人，举办全区社区干部培训班及新招录社区专职工作者岗前培训班。评选2016年度先进社区27个、先进社区工作者37人。钟公庙街道都市森林社区主任许文君和首南街道九曲社区主任徐艳入选浙江省首批社区工作领军人才人选。

首次将5个镇乡社工纳入全区统招录平台。规范社工管理平台使用，实时更新社工基础信息、录用调动、工资变动等情况。统一印制社工工作证，实行佩证上岗制度，清理社区专职工作者混岗现象。与宁波社区参与行动中心合作，举办骨干社工能力建设系列沙龙5期，115名持证社工参加。探索创新"课题化+督导制"，由不同等级的督导就社区课题展开研究、制订方案并开展工作。

2017年，全区有行政村210个、社区148个、城镇居委会6个，其中全国和谐社区建设示范社区3个、省级和谐示范社区14个、市级和谐社区109个。撤销新乐、五都王两个行政村，新建金城、洋江水岸、海璟园、香园、欢乐海岸、宁广、明湖、银东和金竹社区9个。163名中青年和转业士官通过社会公开招考、择优录用的方式充实到社工队伍。举办俞复玲名师工作室、全区社区干部培训班及新招录社区专职工作者岗前培训班。9名书记、主任入选市级社区工作领军人才，5名优秀社区书记、主任被评选为区社会工作领域享受政府特殊津贴人才。评选2017年度区级先进社区28个、先进社区工作者73人。

2018年，全区有行政村201个、社区152个、城镇居委会6个，其中全国和谐社区建设示范社区3个、省级和谐示范社区14个、市级和谐社区109个。撤销钟公庙、铜盆闸、铜盆浦、新林、陈婆渡、石路头、李花桥、茶亭庵和前周9个行政村，新建何郁、和众、锦悦湾与和城4个社区。179名中青年通过社会公开招考、择优录用的方式充实到社工队伍。举办俞复玲名师工作室、全区社区干部培训班及新招录社区专职工作者岗前培训班。评选2018年度先进社区28个，先进专职社区工作者100人。5人获评区社会工作领域享受政府特殊津贴人才。

由以上数据可以看出，鄞州区在2016年区划变革以后，社区数量大幅度增加。

这说明鄞州区政府对基层民主自治的重视，保障人民享有更多的民主权利，保证人民群众依法管理自己的事情，创造自己的幸福生活。这些成就的实现都具体地体现在鄞州区日常开展的活动中，如2018年5月25日，全区社区建设大会在区文化艺术中心召开。会议回顾总结2017年度社区建设工作开展情况，部署今后三年社区工作任务。市委常委、区委书记胡军在会上强调，要以习近平新时代中国特色社会主义思想为指导，全面落实中央和省委关于加强和完善城乡社区治理的决策部署，全力促进鄞州社区建设再上新台阶、体现高质量。同时，实地考察东胜街道居家养老服务中心、白鹤街道丹顶鹤社区、百丈街道划船社区、钟公庙街道钟公庙社区随园之家居家养老服务中心。大会通报表彰2017年市、区级品质社区和区级先进社区：市级品质社区有钟公庙街道金色水岸社区、下应街道海创社区2个，区级品质社区有福明街道福城社区、东柳街道东海花园社区、中河街道剑桥社区等10个。因此，可以看到，鄞州区在区划变革后更加重视基层社区组织的建设，致力于最大限度地实现社区自治，立足于社区自身民意诉求，用实际行动回应居民群众的期待，保障人民权益，提高人民群众的生活质量。

四、老龄事业

老龄事业，是指在提高老年人生活生命质量的事业，提高老年人的生活质量，就是使老人幸福或更幸福；提高老年人的生命质量，就是强调人生价值的实现，强调对社会的贡献。党的十九大报告中提出，构建养老、孝老、敬老政策体系和社会环境，推进医养结合，加快老龄事业和产业发展。这为新时代中国特色养老事业指明了方向。人口老龄化是世界性问题，对人类社会产生的影响是深刻持久的。我国是世界上人口老龄化程度比较高的国家之一，老年人口数量最多，老龄化速度最快，应对人口老龄化任务最重。满足数量庞大的老年群众多方面需求、妥善解决人口老龄化带来的社会问题，事关国家发展全局，事关百姓福祉，需要党和政府下大气力来应对。鄞州区的老龄化问题也比较突出，通过鄞州区区划变革前后几年的老龄化问题及其解决方式，可以看出鄞州区在老龄问题上所做的努力。

2014年底，鄞州区有60岁以上老年人口165 105人，比上年增加10 777人。老年人口占总人口的21.07%，增长1.1个百分点。其中80岁以上高龄老年人23 240人，占老年人口的14.08%。年初增加百岁老人（虚岁）32人，年底实有百岁老人（虚岁）41人，其中100周岁及以上老人14人。全区有老年电大教学点147个，其中城市街道（含社区）教学点 35 个、农村乡镇（含行政村）教学点 111 个、养老机构教学点 1 个。征订省编老年电大教材《家庭安全用药指南》《走出锻炼误区》《延缓衰老有方法》《服饰文化——老年着装实用技巧》各 4400 本，计 17600 本，一次性下拨 10 万元办学补助经费。组织开展老年电大第二课堂讲座活动，服务全区镇乡（街道）老年电大教学点和部分行政村、社区老年电大教学点，涉及时政、文体、礼仪、维权、理财、心理、保健七大类内容的知识与技能讲座 100 场。

审核审批高龄津贴发放人数 6546 人。其中，增加 3336 人，注销 2192 人，调整 706 人，数据变更 312 条，发放高龄津贴 1482.2 万元，其中区级财政支出 825.45 万元。发放百岁老人长寿补助金 29.45 万元。免费安装老年人"一键通"电话机工作被列入政府年度工作中，并建立正常性的工作机制，全年审核、发放"一键通"电话机近 200 台。元旦、春节期间，组织开展慰问困难老年人活动，发放慰问物品 37.5 万元，慰问困难老年人 600 余人。联合区慈善总会在"敬老月"期间开展"助老济困送温暖"活动，为 200 名"三老人员"等生活困难老年人，送发慰问金 10 万元。5 月底、11 月底分批为 12052 人（60 岁以上 6659 人、70 岁以上 5393 人）制发《老年人优待证》。11—12 月，区、镇两级老龄工作部门配合宁波市民卡服务中心为高龄老人和残疾人办理公交免费乘车卡（爱心卡）年审业务，办理年审手续 1.9 万余个，办理乘车卡 500 余张。配合鄞州银行公益基金会、宁波眼科医院开展"送镜下乡"和"敬老亮眼行"活动。张之江等 21 名敬老模范人物被区老龄工作委员会表彰为"鄞州区孝亲敬老之星"，瞻岐镇人民政府等 25 个单位被表彰为鄞州区敬老模范单位。古林镇鄞夏村党支部书记鄞汇泉被全国敬老爱老助老主题教育活动组委会授予"全国孝亲敬老之星"称号，区人大常委会原副主任王佩被全国老龄工作委员会办公室授予"全国老有所为楷模"称号。

2015 年底，鄞州区有 60 岁以上老年人口 174285 人，比上年增加 9180 人。老年人口占总人口的 21.89%，提高 0.82 个百分点，其中 80 岁以上高龄老年人 24253 人，占老年人口的 13.92%。年底实有百岁老人（含虚岁）49 人，其中 100 周岁及以上 21 人。鄞州区老龄工作委员会办公室（简称"区老龄办"）在全省老龄工作考核中获评 2015 年度全省先进县（市、区）老龄办。

发放高龄老人生活津贴，审核审批老年人 7054 人。其中，增加 3435 人，注销 2374 人，调整 740 人，数据变更 505 条，发放高龄津贴 1570 万元（其中区级财政支出 896 万元）；发放百岁老人长寿保健补助金 35 万元；开展"复明工程·爱尔光明行"

送医下乡活动，检查老年人约 1.7 万人，查出白内障、胬肉或其他眼底疾病 4402 人；组织开展元旦、春节慰问困难老人活动，发放慰问物品 48.5 万元，慰问 970 余名老年人；制发老年人优待证 11 224 个（其中 60 岁以上 5829 人、70 岁以上 5395 人）；审核、发放"一键通"电话机近 200 台；配合开展高龄老人免费乘车卡年审工作，集体年审量超过 1.7 万个。区老龄办在全区开展优秀基层老年协会评选工作，择优推荐瞻岐镇西城村等 14 个老年协会为市级优秀。推动老年协会阵地建设，下拨资金 23 万元，补助部分新（改、扩）建老年活动室的村（社区），用于增添老年活动设施。实施经常性慰问机制，慰问 138 名老年协会骨干、老年志愿者等。

2016 年底，鄞州区有 60 岁以上老年人 185 019 人（不包括梅墟街道和东钱湖镇），比上年增加 10 734 人。老年人口占全区总人口的 22.76%，增长 0.87 个百分点，其中 80 岁以上高龄老年人 24 740 人，占老年人口的 13.37%。实有百岁老人（含虚岁）56 人，其中 100 周岁及以上老人 26 人。印发《高龄津贴办理指南》5 万份，审核审批 6609 人。其中，增加 2801 人，注销 2628 人，调整 808 人，数据变更 372 条，发放高龄津贴 1603.91 万元，其中区级财政支出 917.13 万元；发放百岁老人长寿补助金 38.85 万元。

区老促会按照省革命老区开发建设促进会"十三五"规划专项调研任务，到区人力社保局、财政局、民政局、慈善总会、残疾人联合会、红十字会、总工会、团区委、妇联等单位和章水、龙观、塘溪、咸祥、东吴等镇乡的革命老区行政村，走访尿毒症、肝硬化、癌症、重伤致残家庭，开展问卷调查，向省革命老区开发建设促进会提出 4 条建议；在区十五届政协五次会议上提交《关于加强对整合后的涉村财政补助资金管理的建议》，被区政府有关部门采纳。开展第二届"敬老文明号"创建活动，以"关爱老人、构建和谐"为主题，择优确定 12 家单位作为省、市级第二届"敬老文明号"重点争创对象，涉及民政、交通、卫生、供电、社会组织等系统。实施"双关爱"活动，为失能半失能老人、贫困老人开展物质帮扶和精神关爱，组织爱心捐赠、志愿结对等活动。健康家园公益服务中心推出的"益起来——社区交互式健康沙龙"获第二届全国创新为老服务大赛银奖。全区获得浙江省"敬老文明号"表彰 2 家、宁波市"敬老文明号"表彰 9 家。

2017 年底，鄞州区（不包括梅墟街道、新明街道、东钱湖镇）有 60 周岁以上老年人口 176 406 人（见图 5–18），占全区总人口的 22.73%，其中 80 周岁以上高龄老年人 24 632 人，占老年人口的 13.96%。实有百岁老人（含虚岁）56 人，其中 100 周岁及以上老人 32 人。完成《2016 年度高龄津贴绩效项目评估》,审核审批 6292 人(增加 3287 人,注销 2176 人,调整 829 人),发放高龄津贴 1600.62 万元,其中区级财政支出 1170.60 万元。发放百岁老人长寿补助金 24.22 万元。

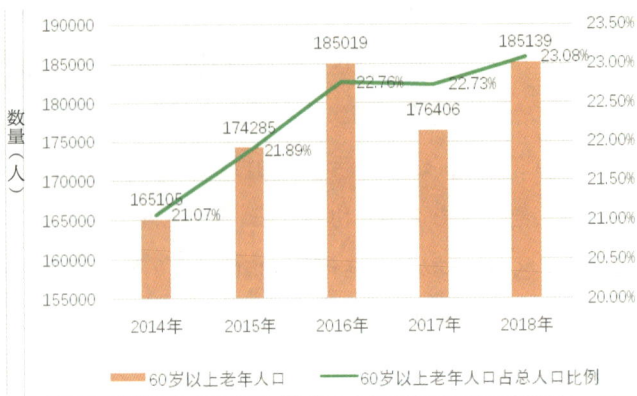

图 5-18 2014—2018 年鄞州区老年人口及其所占比例统计

资料来源:《鄞州年鉴》

全区创建老年电视大学省级示范点,区老年电视大学直属教学点与区老年大学开展联合办学,补充第二课堂面授教学,学期初召开开学典礼,期末进行学科测试和学员评比,建立完善教学台账,5 月底通过省考评组的实地考评。组织第二课堂送课活动,区老龄办与第三方文化公司合作,制定适合老年教学的 12 门菜单课程,供基层教学点自行选课,组织送课 50 场。开展老年人防诈骗宣教,与市公安局经侦支队、中国邮政储蓄银行等单位合作,开设"老年人如何防范电信网络诈骗""金融理财防骗"等专题讲座。春秋两季征订《体质与养生》《四季花卉家庭栽培》《实用保健养生操》《清歌漫漫大家唱》等省老年电大教材 13600 本,分发到 70 个教学点。落实教学点日常运作补助,区老龄办与区财政局联合发文,一次性下拨补助经费 9.40 万元。

2018 年底,鄞州区(不包括梅墟街道、新明街道、东钱湖镇)有 60 周岁以上老年人口 185139 人,占全区户籍总人口的 23.08%,其中 80 周岁以上高龄老年人 25445 人,占老年人口的 13.74%。全区实有百岁老人(含虚岁)65 人,其中 100 周岁及以上老人 38 人。鄞州区老龄办获评 2018 年度全省先进县(市、区)老龄办。鄞州区做好高龄津贴发放,自 1 月开始实施区域融合后新的高龄津贴政策,印发《鄞州区高龄老年人生活津贴资金管理办法》,将百岁老人长寿补贴并入高龄津贴发放(见图 5-19)。完成《高龄老人生活津贴发放项目专项资金财政支出绩效评价报告》。全年审核审批 6448 人,其中增加 3280 人、注销 2465 人、信息变更 703 人,发放高龄津贴 1717.98 万元，其中区级财政支出 1332.43 万元。加快老年优待证办理，在原先"提前办理，到龄发放"批量制作的基础上，购置一卡机落实两个即办网点，到龄和补证老人实施优待证即办即领，全年共制作优待证 7000 余个。组织传统节日慰问活动，元旦、春节和敬老月期间，分两次组织开展困难老人慰问，合计慰问困难老年人 560 人，发放慰问金 28 万元。联合鄞州人民医院开展"老年人用眼健康"活动，与 8 家 AAA 级以上居家养老中心进行签约服务。

图 5-19　2014—2018 年鄞州区高龄津贴发放金额统计

资料来源：《鄞州年鉴》

全区创建老年电大示范点，现有省级示范教学点 2 家、市级示范点 6 家，区老龄办统一设计制作鄞州区老年电视大学校徽。整合资源实现联合办学，区老年电大与区老年大学携手办学，在省、市老年电大 5 门远程教育课程的基础上，补充智能手机操作、剪纸、太极拳、交谊舞等面授课程，组织志愿团队与老年学员进行结对帮学。开展第二课堂送课活动，区老龄办与社会组织合作，制定"老龄化国情教育""老年人应急救护"等 21 门菜单课程，供基层教学点选课，全年送课 60 场。抓好教材征订及日常收视，春、秋两季共征订《老年人安全与防范》等省老年电大教材 13700本，发放至 63 家基层教学点，示范教学点开展网上学员注册。落实教学点日常运作补助，根据实体化办学和示范教学点创建情况，区老龄办补助 23 家教学点 18.40 万元。区老年电大获评省级办学先进单位，并在浙江老年电视大学建校 20 周年暨年中工作会议上作交流。

由以上的事例和数据可以看出，鄞州区十分重视该地区人口老龄化形势、老龄工作机构改革情况、老龄健康工作等问题。从目前趋势看，未来鄞州区老龄化速度会以较高斜率上升，养老和退休保障体系负担加重，财政补贴金额不断上升，养老金短缺将成为区政府必然面临的困难和问题，这就要求区政府积极应对人口老龄化，加快老龄事业和产业发展，为人民群众提供全方位全周期健康服务。同时，也要完善相应政策保障文件和政策体系，稳固健全老年健康、老年养老、老年保障三大体系，老年教育、老年社会参与、老年权益保障等各方需求需要逐步满足。

五、慈善事业

慈善事业是经济发展取得一定成就后精神文明建设重要内容，是国民素质提高的反映，同时，慈善事业也是社会财富再分配的一种方式，有利于促进社会公平。当今社会要大力发展慈善事业，因为它既起着安老助孤、扶贫济困的作用，同时又起着梳理社会人际关系、缓解社会矛盾、稳定社会秩序的作用。下面就来具体看一下鄞州区区划变革前后在慈善事业方面的成就与突破。

2014年，鄞州区慈善募集善款9600万元。其中，全区第十四次"慈善一日捐"活动募集慈善资金4228万余元，26万户参与，占区总户数的近80%。发放各类救助款1亿余元，2万余户贫困家庭和一批公益项目受惠。区物资募救中心（慈善超市）募集物资折价29万余元，发放救助物资86万余元（含旧存）。活动充实"镇乡街道慈善扶贫基金"230万元，基金总额达1.5亿元。其中，石碶街道"慈善扶贫基金"1770万元，位列全区第一。下应街道1140万元，邱隘镇1030万元，高桥镇1029万元，云龙镇、姜山镇、五乡镇均为1000万元。"村级慈善扶贫基金"扩增801万元，累计1.27亿元。受经济下滑、"五水共治"善款分流和部分企业家慈善意识有待提高等因素影响，部分企业缓交、终止续签，"企业留本冠名基金"规模有所缩减，新建、扩建该类基金1930万元，基金总数为393个，总额8.04亿元。

慈善"四助一赈"项目中助困1118万余元，扶助7088户次；助医245万余元，扶助1719户次；扶助公益项目3182万余元，扶助24家公益福利单位和敬老院。赈灾扶助93万余元，扶助区内受灾困难户59户。雅戈尔集团股份有限公司、郑世明、区慈善总会分别获第二届中华慈善突出贡献奖的单位奖、个人奖、组织奖。奥克斯集团有限公司获浙江慈善奖机构捐赠奖，区慈善总会开展的鄞州慈善扶贫产业基地救助项目获慈善项目奖。丁国年获浙江"十大慈善之星"称号。雅戈尔集团股份有限公司获市"十大最具爱心捐赠企业"特别奖，宁波帅特龙集团有限公司获市"十大最具爱心捐赠企业"称号。国骅集团有限公司董事长丁国年、区红色力量献血义工队队长郑世明获市"十大慈善之星"称号。全区有147个镇（街道）、村（社区）获"慈善镇村"称号。其中，89个村（社区）被宁波市慈善总会命名为市慈善村（社区），7个镇（街道）获首批区慈善镇（街道）称号，51个村（社区）获区慈善村（社区）称号。

2015 年，鄞州慈善募集善款 8 827 万元，其中全区第十五次"慈善一日捐"活动募集慈善资金 5 267 万元，比上年增长 24.6%。向 2.8 万余户次困难群众及 12 家单位发放各类救助款 7 119 万元。区物资募救中心（慈善超市）募集物资折价 4.9 万余元，发放救助物资 42 万余元。扩增"企业留本冠名基金" 4 620 万元。其中，建立、扩建基金 23 个，基金总规模达 7.35 亿元。"村级慈善扶贫基金"扩增 1 713 万元，累计 1.44 亿元。助困 1 067 万余元，扶助 6 786 户次；助医 244 万余元，扶助 1 776 户次；扶助公益项目 545 万余元，扶助 19 家公益福利单位和敬老院；助孤支出 5 万余元，扶助孤儿 15 人。赈灾扶助 362 万余元，扶助受灾 63 户及 18 个镇乡。

鄞州区参加浙江农信杯"万村慈善帮扶基金工程"评选，古林镇张家潭村获慈善村称号，石碶街道获优胜单位称号。郑世明、项志美获浙江省五星级义工称号。参加第四届宁波慈善奖评选，鄞州区"妙音"（隐名捐款人）、卢先锋、广修、孙正浩获最具爱心捐赠个人奖；宁波培罗成股份有限公司、三生（中国）健康产业有限公司获最具爱心捐赠企业奖；区慈善总会的"爱心书库"扶助项目和同一片蓝天工程获最具影响力慈善项目奖。对 2014 年度的财务收支情况进行审计，并将审计结果以及 2014 年度各类救助情况在《鄞州日报》上刊登。开通支付宝平台，方便社会各界爱心人士捐赠善款。

2016 年，鄞州慈善募集善款 7 524 万元，其中全区第十六次"慈善一日捐"活动募集慈善资金 4 725 万元。发放各类救助款 7 918 万元。区物资募救中心（慈善超市）募集物资折价 11.70 万元，发放救助物资 36 万元。助困 1 300 余万元，扶助 7 002 户次；助医 435 万元，扶助 2 175 户次；扶助公益项目 432 万元，扶助公益福利单位和敬老院 17 家：助孤支出 6 万元，扶助孤儿 11 人。赈灾扶助 28 万元，扶助受灾 35 户。

在国家、省、市级媒体上报道近百篇次，在《鄞州日报》上刊登《寻找空间发挥优势搭好慈善扶贫平台》慈善专版。开展慈善进社区活动，在 6 个社区建立慈善爱心书库。由省慈善总会主办的《浙江慈善》通讯员培训班在鄞州举办，全省 40 余名通讯员参加培训。雅戈尔集团股份有限公司、奥克斯集团有限公司获第四届宁波市"十大最具爱心捐赠企业"称号，陆信国、吴志光获第四届宁波市"十大慈善之星"称号。三生（中国）健康产业有限公司、雅戈尔集团股份有限公司获第五届浙江慈善奖"机构捐赠奖"。公布"企业留本冠名基金"和"冠名基金" 2015 年度使用情况，及时向捐赠人（单位）汇报，接受捐赠人（单位）监督。审计 2015 年度的财务收支情况，并将审计结果以及 2015 年度各类救助情况在《鄞州日报》上刊登。

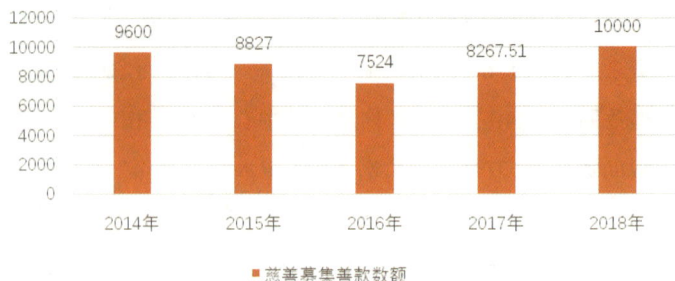

图 5-20 2014—2018 年鄞州区慈善募集善款数额统计

资料来源：《鄞州年鉴》

2017 年,原属区慈善总会的西乡片 9 个镇乡(街道)慈善分会划归海曙区慈善总会,原江东区慈善总会并入。召开第五次会员代表大会, 选举产生新的理事会及领导班子。慈善资金收入 8267.51 万元, 其中区第十七次"慈善一日捐"活动募集慈善资金 5079.24 万元。发放各类救助款 5822.26 万元。区物资募救中心（慈善超市）募集物资折价 34.48 万元, 发放救助物资 122.43 万元。助困 1195 万元, 扶助 7731 户次;助医 348 万元, 扶助 1819 户次；扶助公益项目 522 万元, 扶助公益福利单位和敬老院 25 家；助孤支出 3 万元, 扶助孤儿 19 人。赈灾扶助 17 万元, 扶助受灾户 26 户。

由区慈善总会、区总工会、区农林局联合开展的"创业脱贫扶一把工程",向 52 户受助对象发放创业扶助金 210.70 万元。在该工程基础上进行的慈善扶贫产业基地救助模式,11 家慈善扶贫产业基地年投入 285.80 万元, 帮扶困难家庭 198 户。"关爱生命工程"对 334 户贫困重大病患者家庭发放助医金 291.20 万元。"同一片蓝天工程"发放 78.44 万元, 扶助贫困外来民工家庭 676 户, 其中爱心午餐项目出资 72 万元, 为全区 516 名贫困学生免费提供爱心午餐。"阳光育才工程"支出助学奖学金 181.02 万元, 扶助贫困生 503 人。"慈爱光明工程"支出 43.90 万元, 扶助贫困患者 439 人。"慈善夕阳工程"支出 50.87 万元,扶助贫困老人 2940 人。"爱心固长城工程"支出 22.15 万元, 扶助 68 人。公布"企业留本冠名基金"和"冠名基金"2016 年度使用情况, 及时向捐赠人（单位）汇报, 接受捐赠人（单位）监督。审计 2016 年度财务收支情况, 并将审计结果以及 2016 年度各类救助情况在《鄞州日报》上刊登。

2018 年,"企业留本冠名基金"总数 286 个, 总规模 6.56 亿元。全区共有 1000 万元以上规模的"企业留本冠名基金"23 个, 最高额度的基金 3000 万元。宁波好阳光集团有限公司一次性捐款 1250 万元, 用于扶助全区贫困家庭。区慈善总会慈善资金收入 1 亿余元, 其中区第十八次"慈善一日捐"活动募集慈善资金 6040.45

万元。发放各类救助款6650.75万元。区物资募救中心（慈善超市）募集物资折价103万元，发放救助物资114.18万元。助困1533.77万元，扶助8564户次；助医338.71万元，扶助1554户次；扶助公益项目690.84万元，扶助50家公益福利单位和敬老院；助孤、助残支出12.30万元，扶助孤儿4人、残疾人251人。赈灾扶助37.95万元，扶助受灾60户。公布"企业留本冠名基金"和"冠名基金"2017年度使用情况，及时向捐赠人（单位）汇报，接受捐赠人（单位）监督。同时，对2017年度的财务收支情况进行审计。

区慈善总会联合区总工会、区农林局开展"创业脱贫扶一把工程"，向28户受助对象发放创业扶助金39.80万元。在该工程基础上进行的慈善扶贫产业基地救助模式，15家慈善扶贫产业基地年投入248.70万元，帮扶困难家庭200户困难家庭。"关爱生命工程"发放助医金396.09万元，扶助454户贫困重大病患者家庭。"同一片蓝天工程"发放107.78万元，扶助贫困外来民工家庭753户。"阳光育才工程"支出助学奖学金182.35万元，扶助661名贫困生。"慈爱光明工程"支出5430万元，扶助539名贫困患者。"慈善夕阳工程"支出61.30万元，扶助贫困老人4879人。"善园"项目获第十届"中华慈善奖"，宁波市善园公益基金会入选"中国慈善信用榜TOP30"。

通过以上鄞州区在慈善事业方面的成就可以看出，鄞州区十分重视慈善事业的发展，尤其是区划变革以后，鄞州区在慈善事业的发展上更注重慈善文化发展理念的创新，如创新慈善思想发展的新理念，要求捐赠者将捐赠款物交给慈善组织而不是个人，使捐助者与受助者之间处于"双盲"，从而消除受助者"知恩图报"的心理压力，个人的尊严得到保障；尊重捐赠者个人或团体自愿的理念，不以简单粗暴的以捐赠数量多少定高下的方式对慈善捐赠主体特别是对企业评头论足和道德绑架，慈善救助的初衷，是缓解处于困难之中的社会成员的生存境况，不是劫富济贫，更不是彻底解决社会中存在的贫富差距；提倡追求慈善纯粹性的理念，慈善的真正动机应该是"利他"，而不是为了"利己"才去"利他"。正是这些慈善发展理念的创新，使得鄞州区的慈善事业蓬勃发展，从而更好地促进社会的稳定与和谐。

本章参考文献

1. 林拓、申力等:《中国行政区划改革再出发》,人民出版社 2019 年版。

2. 宁波市鄞州区人民政府地方志编研室:《鄞州年鉴》,方志出版社 2016—2019 年版。

3. 宁波市鄞州区人民政府地方志办公室:《鄞州年鉴》,浙江人民出版社 2015 年版。

4. 刘德峰:《新中国成立后沧州的区划变革》,《党史博采》2018 年第 2 期。

5. 李学明:《近十年中国人力资源状况与开发展望》,《中国人事科学》2020 年第 9 期。

6. 俞曹平、朱宇、王飞:《基层医疗卫生服务改革实践与思考》,《中国医院》2013 年第 11 期。

7. 王飞、陆国咪、陈川:《宁波市鄞州区区域卫生信息化建设实践与成效》,《中国数字医学》2016 年第 7 期。

8. 叶敏峰:《中国行政区划变革研究》,上海交通大学硕士论文,2009 年。

9. 丁洲:《宁波市鄞州区民营医疗机构监管研究》,宁波大学硕士论文,2014 年。

10. 翁姜佳:《宁波市鄞州区人才高地建设存在的问题及对策研究》,宁波大学硕士论文,2015 年。

11. 宁波市人民政府 http://www.ningbo.gov.cn/

12. 鄞州史志 http://yzsz.nbyz.cn/?tdsourcetag=s_pcqq_aiomsg

13. 鄞州区人民政府 http://www.nbyz.gov.cn/

14. 宁波市鄞州区大数据发展服务中心 https://www.nbxinxi.com

第六章

鄞州区划变革总体评价与远景目标构建

第一节

提升城市首位度："宁波—鄞州"区划调整的评价

为了显示区划调整的效果，当前学术界做了一些评估的工作，既有定性研究，也有部分定量的研究。有研究指出，行政区划调整能够实现市场整合，优化内部资源配置，加快地方经济社会的发展。尤其是在东部地区，行政区划调整对区域经济增长的促进效应还是非常明显的。这为我国地级层面近年出现的"撤县（市）建区"行政区划调整提供了一个合理的解释。而复旦大学的研究人员通过定量研究发现，2001年杭州市的余杭和萧山撤市设区后，二者经济绩效差别很大，即撤市设区对余杭的经济绩效影响是不利的，而对萧山的经济绩效影响是非常有利的。作者研究的时间区间是1993年到2012年，并以产业聚集和工业东进来解释造成二者差异的根源。但是，到了2018、2019年，余杭就把萧山甩在了后面，一举成为浙江省GDP最高的市辖区。这告诉我们，评估区划调整的绩效需要一段较长的时间，其政策红利才能释放出来。余杭区培育以数字经济、信息经济和科创为龙头的都市经济，最终逆袭了一直在全省领跑的萧山区。

近些年来，越来越多的人使用"城市首位度"的概念来指称城市发展的状况。城市首位度（也叫首位律 law of the primate city, first degree），原来是指在一个国家中，首位城市与第二位城市的人口、经济之比（人口聚集和经济绩效）。但这种计算方法的结果是能统计的城市数量很少。后来，人们更多从一个城市的GDP在某个区域GDP的占比来计算，这样一来，能计算任何一个城市在所属区域的实力和地位。因此，现在"首位度"这个概念强调一个城市的中心性和龙头作用，是否有辐射和聚集能力。许多地方政府已经把提升"城市首位度"写进了十三五、十四五规划之中。

本书以城市首位度为核心概念，来探索鄞州区在区划调整后对所在城市首位度的贡献。2017年宁波市的首位度是19%，到2020年（18.8%）比杭州（24%）要低一些（见图6–1）。

本书从城市首位度概念出发，建立一个更加综合的区划变更的评价指标：空间形态、经济形态、治理形态、社会形态、心理形态来观察区划调整的绩效。

由于城市行政区划调整并非一种随机性选择，本身受到上级政府的高度控制

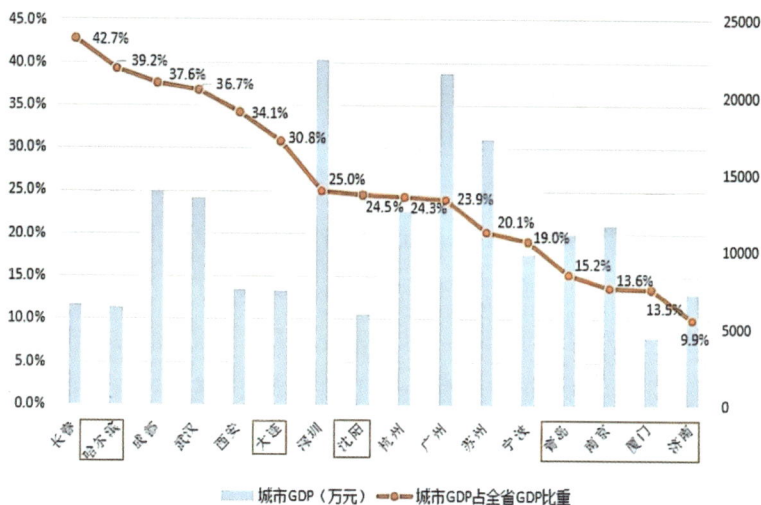

图 6-1 部分城市首位度情况

资料来源：2017年各市、各省国民经济与社会发展统计公报

并需要经历严格的调查论证过程，因此那些最终能够实行行政区划调整的县市很可能自身就具备着巨大的发展优势或潜力，故发展成绩未必能归功于行政区划的调整。尤其是改为市辖区的一些县市，本身就具有非常强的实力，如萧山、余杭、柯桥、鄞县等，都是浙江省的最强县。那么，如何来探讨区划调整的效应呢？

我们将从定性结合定量的方式来进行绩效评判，具体来说，综合运用"社会实验研究法"和"双重差分法"（倍差法）、合成控制法的思路，将区分为实验组和对照组，将鄞州视为"实验组"，将其他没有"撤县设区""区界重组"的同类城市视为"对照组"，用"面板数据"比较"区划调整"发生后的实验组和对照组的差异，从而检验"区划调整"对人口集聚和经济绩效的影响。

一、区划调整遵循了社会历史发展的规律

不管是撤县设区还是后来的区界重组，都遵循了社会历史发展的规律，以战略发展驱动，解决社会经济发展不平衡不充分的社会矛盾，推进市域一体化。

行政区划是国家政权建设的重要组成部分，理论上而言是属于上层建筑，它必须呼应经济基础的变动，即要顺应时代发展，符合经济发展规律。不难发现，工业化、市场化一直是区划调整的原动力。因此一个地方总是要随着时代的变迁而不断调整区划，以求解决新问题、适应新情况、获得新发展。比如，1990年代之前流行的县辖区和区公所，所对应的情形是通讯不畅、交通不便、人口不流动、行政效能不高等

状况。但是，随着社会科技发展，时空压缩加速，政府就应该收缩管理层级，撤回其派出机构，扩大管理层级，让渡自主管理权，1990 年代大规模的"撤区、并乡、扩镇"应运而生。

同理，进入千禧年之后的鄞州设区，实际上也是宁波加快城市化步伐的必然选择。面对经济全球化和信息化时代的到来，社会经济发展的规律是什么？那就是以城市为核心的竞争。城市是一个区域经济的发动机，依靠其强大的经济辐射和扩散能力推动区域经济的进一步发展。可以说，城市体系是最重要的国家体系之一，建设"国际城市"、增强"城市竞争力"迅速成为这一阶段许多大城市的发展定位和目标。

2016 年的区划再调整，反映的是国家层面对治理优化的诉求，即"经历着空间—体制的双重转变：空间维度从城市自发需求向全国战略布局引领的提升，体制维度从局部性变化向全面结构性优化的转型。"近些年以来，"长三角区域一体化""一带一路"发展上升为国家战略，宁波作为计划单列市、长三角南翼主要节点城市，势必要抢抓重大机遇，并在产业升级、功能提升、都市发展等各个领域进行回应。那么，在空间区划问题上，只有把区划"尺度重构与优化"当做核心政策手段，做大做强城市，才能呼应社会发展变化的规律，才能在新的地区竞争中立于不败之地。

政府作为区划调整的执行者，一旦认清社会经济发展规律，从而合理运用区划调整的政策工具，顺应时代的潮流而动，就能获得丰富的政策红利。比如，新鄞州成立之后，城区面积扩大，农村地区缩小，鄞州迅速成为宁波的核心城区。在发展路径的选择上，将"自主创新"（2009 年）、"创新驱动"等"五大路径"（2018 年）摆在发展全局的核心位置，让鄞州又快又好地发展起来。

二、都市化步伐加快，城市聚集度、承载力和资源统筹力明显提升

当代中国有四类政区：地域型（普通型）、城市型、民族型和特殊型。就宁波而言，只有前二种，地域型和城市型。从历史来看，浙东地区，除了宁波市区之外，主要是地域型的县乡政区，实际上就是农民、农业、农村为主的社会经济格局主导。撤县设区以及后来的区界重组，使得宁波和鄞州重新融为一体，不断崛起的鄞州新城区成为宁波核心城区的重要组成部分。

首先，建成区规模扩大，都市化水平提高。

在设区前，有县无城的鄞县城市化水平落后于宁波市平均水平十余个百分点，落后慈溪市近 20 个百分点。设区后的 2010 年，鄞州区城市化水平达到 67.8%，但还

是比宁波市水平（68.6%）要低一些。究其原因，城市化相对滞后在很大程度上缘于鄞县特殊的区位以及以乡村工业为主导的县域经济模式的影响。因此，"宁波—鄞州"提高都市化水平首先要扩大都市核心建成区空间。

从空间形态而言，从老三区到五区再到六区，直至现在的新六区，"宁波—鄞州"的城市型政区在不断调整中逐步扩大，中心城市用地与功能重组的空间增幅明显，空间统筹水平得以提高，放射状的行政区划格局形成。2018 年宁波市中心城区建成区面积约 345 平方千米，比 2008 年增加了 120 平方千米，排名全省第 2 位、全国第 27 位。而新鄞州区拥有了东部新城和南部新城，加上江东老城，形成了"多中心"都市结构，建成区面积迅速增加，达 171 平方千米，拓展并优化了宁波整体的城市空间格局。

其次，城市的聚集效应明显加速。与经济地位不相称的是宁波人口的聚集度不高。2016 年底住建部的数据显示，宁波主城区常住非农人口数量为 284.57 万人，占比 36.14%。2017 年宁波市六区的常住人口是 420 万人。在宁波六区中，鄞县 2000 年城市化率才只有 41%，2002 设区后有一波快速上升，到 2010 年，鄞州区城市化水平已经达到 67.8%。2016 年因为并入了城市化率达 100% 的江东区，迅速升至 81.3%，2019 年常住人口城市化率高达 82.5%，与发达国家的城市化水平相当（见图 6-2）。区域内居住人口总量也是全市区最高，约 126 万，尤其是东部和南部两个新城区，建设了大量新住宅和商业综合体，吸引大量的中等收入者阶层迁移，人口向中心城区集聚的态势十分明显，密度快速提高，达 2 200 人 / 平方千米；如果按照建成区计算，人口密度接近 1 万，其中东胜街道人口密度达到 2.7 万人 / 平方千米。人口集聚本质是一个经济现象，带来了规模效应，提升了经济发展效率。

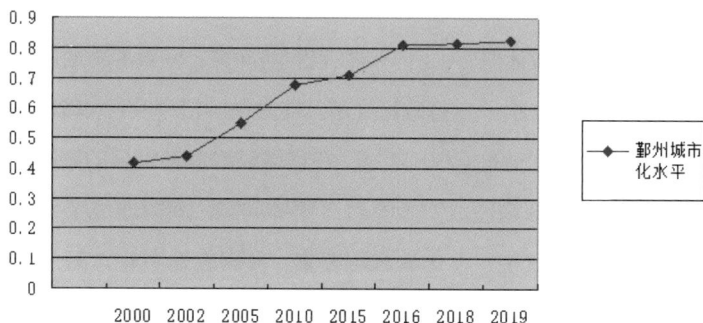

图 6-2 鄞州区历年城市化水平

资料来源：《鄞州年鉴》

可以认为，鄞州区最近两次区划的调整直接导致城市化水平快速上升，就业导入性增强，成为吸引人口流动的一块热土。

城市因人而旺、因才而兴。持续增加的人口净流入带来了源源不断的人口红利，特别是高素质人才的纷纷涌入鄞州，发生了从"劳动密集—资金密集—技术（智力）密集"的转变，为全区经济增长提供了新动力。至 2019 年底，全区人才总量 41.3 万人，一年来增加 3.5 万人，其中国家和省重点人才计划专家 73 人，增加 23 人，市"3315"系列计划以上的专家（团队）数超过 120 人，全区共有市级院士工作站 21 家，省级院士工作站 7 家，全国示范院士工作站 2 家。

第三，在区划的调整与优化中，推动鄞州拥有了东部新城和南部新城，有城有乡、半城半乡、双核驱动、双翼齐飞，成为宁波的都市核心区，有较强的可持续发展潜力，有较强的承载能力，有较强的资源统筹配置能力，不断产生虹吸效应，投资主体不断增加，航运中心、总部经济不断聚集，后发优势十分明显。

三、产业升级换代，经济腾飞，城市竞争力增强

经济学家霍利斯·钱纳里（Hollis B.Chenery）等人对 90 多个国家统计资料的计量分析证明了人均国民生产总值与城市人口占总人口的百分比之间，具有稳定的正相关关系。即，城市化与经济发展互为因果。另外还有实证研究指出，2001—2012 年间进行的行政区划调整对区域经济增长有较强的正面促进作用。鄞州设区以来，坚持"科学发展观"，能审时度势，实现了产业结构从"工业独秀"到"三产崛起"、产业层次从"传统低端"到"高新高端"、发展动力从"资源消耗"向"创新驱动"的成功跃升，经济增长势头强劲，走出了一条具有鄞州特色的新型城市经济发展之路。

第一，突破了"行政区经济"，打破区划的壁垒。

在中国的行政分权体制下，由于存在着利益冲突，导致不同地区间出现了市场壁垒，形成明显的市场分割——行政区经济。作为全国最早实行"省管县"体制的省份，浙江树立了县域经济发展的标杆。不过，在县域经济蓬勃发展的同时，也出现了资源整合能力有限、行政分割造成资源浪费严重等问题，同时造成了中心城市弱小，综合服务功能不完善等状况，在集聚高端要素、发展高端产业方面，与其他城市存在不小的差距。

"撤县设区""区界重组"后，市级政府可以优化城市功能布局，在更大范围内统筹资源配置，制定更为统一的城市规划，包括产业布局政策、交通与通信网络等基

础设施建设。鄞州城区承接了宁波城市核心功能，包括商贸、高教、金融等，实现了鄞州从一般城区向现代化核心城区转变。2019 年,鄞州区排名全国"新型城镇化质量"百强区第五位。

第二,在区划调整中谋求"产城融合"。

在知识经济、数字经济时代,都市经济成为区域发展与竞争的主要形态。在从地域型—城市型政区的区划变更中,鄞州区完成了从"农业经济—工业经济—都市经济"以及从"社队、乡镇企业—个私、民营企业—跨国、总部企业"的三级跳,还从"要素驱动"发展到"效率驱动"和"创新驱动"的阶段。

其实,即使是红红火火的乡镇企业时期,以资源要素投入为主的"县域经济"、第二产业,实际上在土地、劳动力等方面已经难以持续。1995 年后,鄞县占宁波市的经济比重发生突然下降,从 15.92% 掉到 12.88%,此后 8 年间一直徘徊在 13% 左右。2002 年建区后,鄞州提出要绿色的 GDP,形成了"优化增长方式、优化经济结构"的"双优"战略,以壮士断腕的决心对 126 家"三高"铸造企业进行关停,剩下的进行升级换代。到了 2014 年,规模以上工业企业万元工业总产值等价能耗同比下降 11%。2016 年,根据市水利局最新公布的《2015 年宁波市水资源公报》,区内单位工业增加值用水量为全市最低,仅为全市平均水平的 60%,这意味着鄞州区的工业用水效率全市最高。

有破就有立。在 2011 年鄞州就提出要构筑现代产业体系,出台了《鄞州区现代服务业发展规划》,大力发展智能经济,大力鼓励以金融服务、信息服务、航运物流、文化创意、现代商贸、商务服务、旅游休闲、公共服务八大现代服务业为主"都市经济",践行了科学发展观,实现从"鄞县制造"到"鄞州智造与服务"的转变。比如,鄞州区以四明金融小镇为中心的金融服务业发展很快,而文化创意产业也有了很大的突破。

实际上,第三产业对 GDP 的贡献比工业要高得多。在设区后的 15 年间,鄞州区大力实施"退二进三",效果明显,三产比重 2001 年为 7.3:68.1:24.6,2010 年为 3.7:63:33.3,2016 年为 1.9:36.1:62,2019 年为 1.2:28.5:70.3,从图 6-3 清晰可见第二产业的逐步缩减与第三产业的快速增长,在一进一退中完成了产业结构根本的转换。2016 年合并了江东区的新鄞州,其第三产业比重大幅超过了第二产业,现代服务业增加值对 GDP 增长贡献率超七成。这标志着全区经济由工业主导向现代服务业主导转变,迈入了都市经济主导的时代,三产结构的优化实现了鄞州经济转型升级。可以设想一下,如果鄞州区还是抱着原来的制造业不放的话,很可能成为第二个萧山,在工业化路径依赖下被余杭赶超。从这一点而言，2016 年宁波市的区界重组，对划出了 9 个镇街的鄞州区却是利大于弊的。

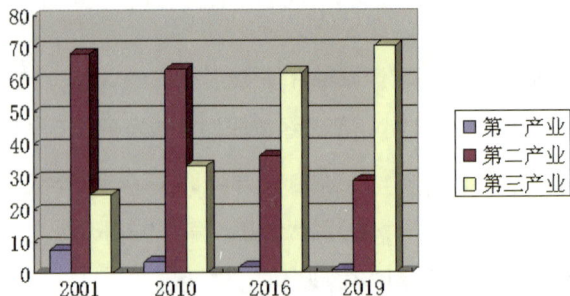

图 6-3 鄞州区历年产业对比情况

资料来源：《鄞州年鉴》

第三，经济实力大幅增强，区域竞争力提升。

从 1980 年代到 1990 年代，鄞县的乡镇企业发展得很好。对外开放和对内产权变革是县域经济时期经济发展的动力来源。1993 年，据《中国年鉴》记载，1992 年的鄞县综合经济实力居全国"百强县"第 19 位（同期的绍兴县和萧山县都进入全国前 10 位），在宁波市名列第一。我们可以运用差异比较的方法进行一些验证。

首先，进行纵向比较。

在 2002 年鄞州设区后，经济发展的方向发生了显著的变化，开始谋求突破县域工业经济的狭小格局，注重高新技术、第三产业的发展，国民生产总值快速增长，2010 年达 817 亿元，2012 年突破了千亿大关，人均 GDP 突破 1.5 万美元，比起设区前 2001 年的 2802 美元，翻了 5 番。

从表 6-1 可见，从 2003 年到 2015 年的 13 年间，鄞州区占宁波全大市比例只上升了 2.4 个百分点。可见，原有以制造业为主的产业结构的惯性很大。而 2016 年区界重组之后，2017 年到 2019 年的短短 3 年，新鄞州区占全大市比例上升了 3.1 个百分点。鄞州区已经连续五年位居全国综合实力百强区第四位，超越了萧山区，位居浙江省第二。2019 年，新鄞州区实现地区生产总值（GDP）达到 2211 亿元，将近占宁波市的五分之一，依旧位列全国第四。[①]

其次，可以进行横向比较。

从县域经济的角度看，余姚市一直很稳健，工农业实力强大，在 2003 年的时候各方面与鄞州区相差不大。但是作为远郊市，余姚一直享有比较独立的县级市权力，

①《人民日报》，2019 年 10 月 8 日。

而与宁波城区较远，无法接轨都市经济，主要还是以制造业为主，目前为止还没有一所高等院校落户，经济上缺乏持续增长的后劲。从表6—1可以发现，余姚市经济总量占宁波全大市的比例一直在下降：从2003年的12.1%降到了2019年的9.7%，多达2个百分点。相反，鄞州区在设区后产业结构有了新的调整，便与余姚市逐步拉开了距离，2019年已经占宁波市经济总量的18.5%，二者相差9个百分点。这种发展逻辑与杭州市的余杭区如出一辙，设区后经济发展非常强劲，超越萧山区成为浙江第一区。

表6-1 鄞州和余姚GDP比较

	2002年	2003年	2010年	2015年	2016年	2017年	2019年
宁波市		1 749亿元	5 163亿元	8 003亿元		9 847亿元	11 985亿元
鄞州区（占全大市比例）	鄞县撤县设区之年	242亿元（13.8%）	817亿元（15.9%）	1 300亿元（16.2%）	区界重组之年	1 514亿元（15.4%）	2 211亿元（18.5%）
余姚市（占全大市比例）		213亿元（12.1%）	567亿元（10.9%）	826亿元（10.3%）		1 008亿元（10.2%）	1 166亿元（9.7%）

资料来源：《宁波市统计年鉴》

最后，我们还可以把鄞州经济体量与浙江省经济总体量进行一下纵贯比较，探究一下鄞州到底是变强还是变弱了。从图6-4中折线的走向可见，从2002年到2019年这18年间，鄞州区经济总量占浙江省的比例有两次明显的提升，时间节点恰恰都在区划变动之后发生：分别是2002年鄞州设区后，从2.41%增加到3%左右；2016年的宁波市辖区区界再调整后又增加到3.54%。浙江省目前一共有县市区89个，而鄞州区在十多年的时间中通过二次区划调整就把经济总量的占比整整提高了一个百分点，相当于增加了一个中等县的经济体量。

由此可见，鄞州区的区划调整不但对城市化具有推动力，而且还具有很强的经

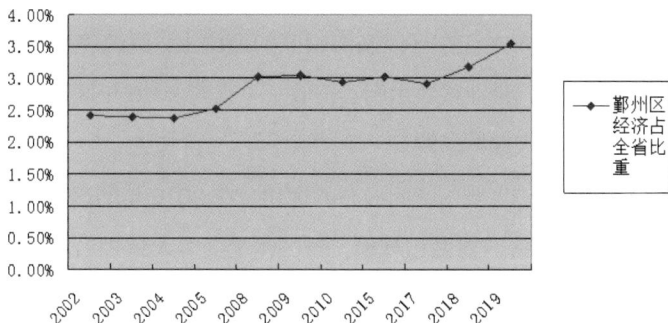

图6-4 鄞州区经济总量占浙江省的历年比例

资料来源：《宁波统计年鉴》

济绩效。这二者，恰恰是区划调整非常重要的目标。

四、城市空间逐步优化，得以纵深发展

政区的撤并整合与优化重组，深刻影响空间治理体系的运行和成效。1997–2007 年作为中国都市区化的第一阶段，中心城市不断向外扩张以获取新的发展空间，进而调整功能布局、实现增量拓展，这是许多城市管理者的主要诉求。2000 年以后，浙江进入一个大规模设立市辖区的阶段，希望把城市做大、做强。2002 年，鄞县设区，迅速扩大了宁波市辖区的面积。这可谓国家层面长期抑制大城市发展方针得到转变后的一次大释放。

鄞州是一个近郊区，与宁波老城区空间上紧密相连。因此，行政区划的调整让宁波城市建设从原来的"三江口"片区跳了出来，向周边快速延伸，城市空间结构发生了巨大变化，即以三条江为轴，形成"二心三带"，这样就拉大了城市框架，各方面功能舒展开来，格局变大，竞争力明显增强。用城市社会学"芝加哥学派"的话讲，就是从"同心圆"结构走向"多核心"结构。

理论上而言，政区变更后，由易到难，一般会先经历"空间形态优化"，如拆迁城中村、撤镇村改街居；其次是"空间功能优化"，比如开展合理的规划和建设；最后是"空间品质优化"。鄞州撤县建区后，从一开始就提出"拓展空间、完善功能、提升品位、增强后劲"的方针，强调空间形态优化、功能优化、品质优化三者并重，并与行政区划要素的优化配置相辅相成。

首先，2002 年设区，基本上解决了"一城多府""有县无城"的状况，解决了"飞地"问题，也开启了从城乡分治到城乡融合的进程。在原江东区域内，既驻有江东区人民政府，也驻有鄞县人民政府，这种奇特的空间布局造成了诸多的历史遗留问题，比如，鄞县许多企事业单位分布在江东区以及海曙区的地块上，医院等鄞县所属事业单位主要为老市区群众服务，企业税收由鄞县征收。一直到 2016 年区界调整后，鄞州人民医院才真正成为鄞州人民的医院。

其次，区划调整促进了城市空间形态的优化。在 2016 年的这一轮调整中，确定了鄞州、海曙区合适的管理幅度和规模，各区体量变得大致相当，进一步完善了城市空间布局，有效提升了空间治理的效率。同时，鄞州不断拓展优化自身的空间形态，推动城郊镇发展提质，统筹优化邱隘、五乡、云龙和姜山等镇功能布局，通过连续的"撤镇设街"，先后设立了五个新的街道以及一批居委会，城市核心区扩大到 80 平方

千米，形成了放射状的基层建制格局，确立了街居制的社会空间格局。显然，唯有形成一个大城市的骨骼架构，鄞州才能承担起一个大城市核心区的发展重任。

再次，区划调整使得空间功能和城市生产力布局得到了进一步优化。鄞州自设区以来，"市—区"二级体制逐步并轨，有利于城市生产力的合理布局和空间功能的提升。鄞州乘势而上，着力调整空间用途，以"亩产论英雄"，构建和打造核心商贸圈、中央商务区、行政中心区、高档住宅区、高教园区和高新技术产业园区等"十大功能区块"，承接中心城区的都市功能，实现空间功能优化。此外，自 2019 年开始，鄞州在全区规划建设"一滩、一带、一城、一廊、一圈、一区"等六大城市新空间，形成"江城""湖城""海城"三位一体的格局，促进城市向更高能级发展（见图 6-5）。

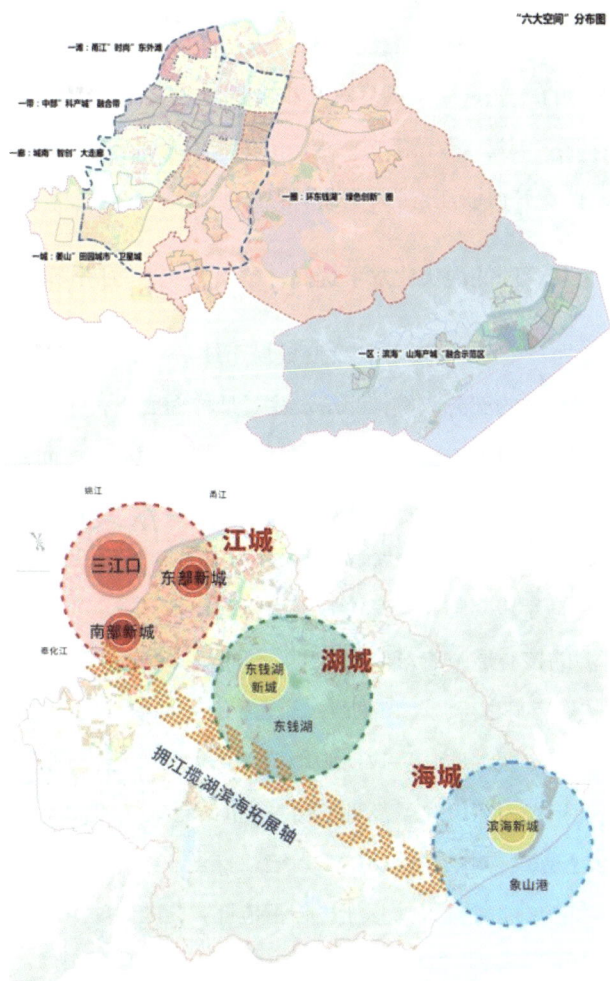

图 6-5　鄞州区六大空间分布图及江城湖城海城三位一体格局

最后，空间品质优化，打造品质新鄞州。

自从设区以来，鄞州设定的目标之一是建设品质最高的核心城区。由于鄞州新城区是田野上矗立起来的一座新城，做好高水平的城市规划是极其重要的一个环节。2003 年设区后，鄞州按照国际第三代"新城"模式、城市化战略核心等理念和要求进行集中规划与建设，引进国际著名规划设计单位和建筑师，地标建筑不断涌现，城市美学感提升，宁波博物馆、鄞州公园、生态走廊绿道、南部商务区楼群等成为市民津津乐道的对象和对外宣传的名片，彰显"城在绿中、水在城中"的别样风貌。同时，在并入原江东区之后，大力实施"三改一拆"，提升城市品质，以此推进城市有机更新。近五年，全区完成拆迁上百万平方米，完成棚户区、危房改造 36.8 万和 3 万平方米，还改造了一批城区公园。此外，空间品质还包括生态环境品质，鄞州区不断强化生态建设，发展循环经济，提升人居环境，关闭许多高能耗高污染的企业，不断淘汰落后的产能，鼓励全区生态农业大循环，百丈、钟公庙等 5 个街道（园区）完成"污水零直排区"创建，改善工农业生产的生态和人居环境。2015 年、2020 年，鄞州"五水共治"两次获得浙江省"大禹鼎"的奖项。

五、社会治理与公共管理的现代化水平提高，拿出了一批"鄞州解法"

从一个县转变为一个区，从农村社会变成城市社会，这不单是行政区划的调整，也不单是区级政府权力的部分收缩，而是发生了某种程度上工作中心的转移，即经济事务有所减少，非经济性的社会事务显著增多。因此，就鄞州区而言，区划调整意味着政府要加大公共服务的力度，在经济调节、市场监管、社会管理、公共服务方面下功夫、创机制、抓突破，带动社会治理迈向现代化。现在，越来越多人的认识到，城市政府管理与治理手段对城市竞争力、吸引力的贡献度是非常大的。可以说，一个城市的人文环境的核心是政府形象和行为。随着新鄞州逐步建成宁波市的都市核心区，势必要求政府自身进行调整和改革，以适应时代变革。

首先，鄞州区适应区划调整后政府职能的变化，深化"放管服"改革，实施政务公开、行政审批和权力清单改革，精简权力，依法行政。1999 年和 2003 年经过二轮行政审批制度改革，对各部门审批、审核、核准等项目进行了清理和削减，削减审批、核准事项的减幅高达 70% 以上，保留审批、核准事项 162 项，大力规范行政许可行为，开展重大行政决策事项第三方评估，率先推出政务服务"好差评"体系，推行权力清单、负面清单、责任清单"三清单"一体运行法，规范基层公权力，不断进行基层改革与建设，比如：做好共青团基层组织、地方青联组织改革等国家级试点和街道人大建设、政协"请你来协商"、工商联基层商会改革等省级试点工作。近年来，政务改革取得了一些成绩，如政府数字化转型工作评估位列全市第一，政务公开指数评估全省第一；"三清单"运行法获评 2019 年全国创新社会治理十佳案例，成为受国务院督查激励的"双创"（创业创新）示范基地，等等。

其次，"最多跑一次"改革，倒逼政府服务效能提升。鄞州区化繁为简，不断改革行政服务，行政服务中心已集中全区 36 个部门的 1 354 项政务服务事项，事项进驻率为 100%。2018 年，鄞州区创新建立行政服务"微审批"平台，建立健全"十微服务"机制，实现了窗口审批到部门监管的一体化"批管"体系，实现群众"零跑腿"，由此荣获第四届中国"互联网＋政务"50 强。2019 年，行政服务中心实施"审核一体"的"审批官"机制，进一步提升窗口的审批效率；甚至还推出了"周二夜市"，窗口延时服务至 19:30。由此，鄞州的政务服务事项 99% 实现掌上办，"跑零次"事项超过 97%，即办件超过 80%，民生事项"一证通办"达到 100%，这些都是以"便民利民"为导向的精准设计结果，也是政府转变职能、打造服务型政府的一个缩影。

再次，发力社会建设，创建和谐鄞州。鄞州区工会普遍建立法律顾问制度，促进劳动关系和谐与社会稳定，成功创建"无欠薪"区。同时，在全国首创公益性"食品安全预防措施保险"实践，取得积极成效。食品安全责任保险作为一种有效的责任补偿机制，可以借助经济杠杆和市场化机制，协助政府化解食品安全纠纷，最大程度发挥保险的经济补偿作用和社会管理功能。另外，针对非法网贷，鄞州重拳出击，118 家 P2P 机构实现"清零"，并把"类金融"机构纳入宁波市基层社会服务管理综合信息系统，确保投资者合法利益。此外，鄞州区在全省率先建设社会风险评估工作服务网，建成投用区社会矛盾纠纷调处化解中心（信访超市），有效化解信访积案；努力落实"执法进小区"，把 22 项突出问题实行重点执法监管，物业管理、全装修质量监管进一步加强。

2019 年，鄞州成功夺取平安金鼎——省平安"十一连冠"，入选"2019 中国最具幸福感城市"全域治理优秀案例，成为全国基层治理的模范生。

六、居民生活质量提高，获得感增强

民生幸福是经济社会发展的落脚点与最终归宿。区划调整如果没有带来民生的收益和社会的进步，那是无意义的。可以说，民生事业是衡量包括区划调整在内的行政管理质量关键。

第一，城乡统筹发展水平，是衡量一个区域科学发展水平的重要标尺。鄞县撤县设区抓住了宁波大都市区拓展机遇，随着生产总值的快速增长和城市功能的完善，区政府坚持共建共享、惠民富民、同城同待遇，开始向乡村地区辐射，推进了城乡一体的新型城市化，城乡统筹发展水平连续四年位居全省首位，率先进入全面融合阶段。城乡居民收入基尼系数约为 0.46（2010 年数据），明显低于全省、全国水平。从城乡收入比看，从 2000 年的 2.072:1，再到 2007 年的 1.881:1，2019 年城乡居民收入比降到 1.75:1，城镇和农村居民人均可支配收入总量均位居全市首位。

第二，进入高质量小康阶段，居民收入不断增加，恩格尔系数不断降低，消费品质逐步提升。恩格尔系数是指居民食物支出占其消费总支出的比例，系数越低，居民的生活水平就越高。恩格尔系数低于 0.4，意味着进入从小康到富裕的过渡阶段。

2019 年鄞州人均 GDP 达到 22 686 美元，比起设区前 2001 年的 2802 美元，翻了 8 番，全区居民人均可支配收入 63 386 元，位居全市首位。城镇居民的收入也逐年提高，1978 年只有 478 元，2002 年职工年平均工资 20 872 元，2003 年为 23 946 元，2004 年 27 201 元，2008 年 35 938 元，2017 年达 59 482 元。

改革开放初期，鄞县居民恩格尔系数较高，为 52.3%，处于温饱水平，一直到 2000 年，恩格尔系数才降为 49.5%，进入小康阶段，但二十年时间变化并不大。然而在设区以后，恩格尔系数进入快速下降通道。2004 年农村居民恩格尔系数为 47.6%，2008 为 45.1%，2010 年 39.98%，2018 年为 29.9%；城镇居民恩格尔系数更低，2004 年为 37%，2008 年为 35.1%，2010 年 32.1%，2018 年为 24.6%。所有居民的恩格尔系数在 2010 年低于 0.4，都进入富裕阶段。尤其是 2016 年区划调整以后，新鄞州居民的恩格尔系数下降得更快，于 2018 年全部居民都低于 0.3，进入最富裕阶段（见图 6-6）。

第三，鄞州区大力推进教育、医疗、就业公平，实施普惠福利，提高城市的包容性。鄞州区从 2008 年秋季起全面实施十二年免费教育，成为全国首创；实现养老、医疗保障城乡并轨，户籍人口养老和医疗保险参保率提高到 96% 和 98.7%，由全民医保向"质量医保"迈进。另外，还率先启动"救助+保险"精准帮扶模式，通过与保险公司签订"精准帮扶"综合保险合同，为全区低保、低保边缘、孤儿、困境儿童等对象提供保险服务。在就业方面，加大就业帮扶、鄞企稳岗保障力度，新增就业 3.5 万人，城镇登记失业率控制在 1.34%。

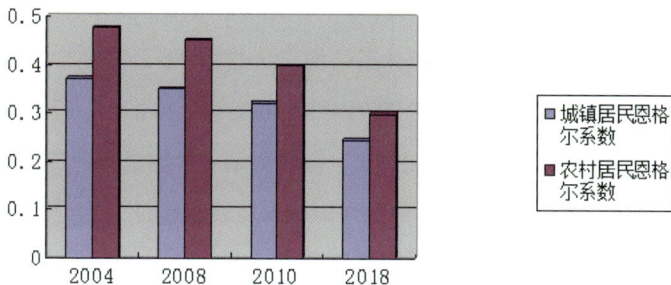

图 6-6 鄞州区居民恩格尔系数

资料来源：《宁波统计年鉴》

第四，鄞州区把"公共服务"作为现代都市八大现代服务业之一进行培育。高标准通过国家公共文化服务体系示范区创建验收。鄞州"三大馆群"——文化馆群、博物馆群、体育馆群的全免费开放，带动了鄞州镇（乡）街道和农村（社区）的公共文化设施、文化活动、文化服务的全免费开放，连续 11 年位居全省公共文化服务综合评估第一。2019 年，首次入选中国最具幸福感城市（县级）。

大城市在全球化过程中如何维持和提升城市区域的竞争能力？"撤县并区"是全球化过程中中国大城市管治的本能反应和共同愿望。行政区划调整，成为宁波城市扩能升级的助推器，成为集聚发展新动能、厚植发展新优势、再创发展新辉煌的新引擎。总之，宁波区划的调整使得城市的能级、首位度不断提高。

第二节

借鉴与思考：区划调整成功案例对鄞州发展的启示

一、各地城市区划调整的历史回顾

行政区划是国家政权建设的重要组成部分，是治国理政的基础制度框架，行政区划改革与众多领域改革紧密相关。这不仅要求行政区划在相关改革中发挥更加突出的支撑作用，也要求区划管理本身更加科学高效。行政区划作为基础性的空间安排，与国家建设密切相关，尤其是现代国家建立初期与经济社会发展的转型期以及工业化城镇化的关键阶段，往往引发行政区划的深度重塑。

改革开放以来，围绕以经济建设为中心的战略决策，国家确立了市管县体制，创新了设市设区模式，完善了城镇体系结构，促进了城乡经济社会协调发展。2014年2月，习近平总书记在北京市考察工作结束时的讲话中指出，行政区划并不必然就是区域合作和协同发展的障碍和壁垒，行政区划本身也是一种资源，用得好是推动区域协同发展的更大优势，用不好则可能成为发展的掣肘；要自觉打破自家"一亩三分地"的思维定式，大家抱成团朝着顶层设计的目标一起做。这一新理念的引领使得行政区划改革从全局入手，充分彰显了行政区划的重要作用。一方面，行政区划调整正在塑造更趋合理的协同格局，着力增强核心城市的辐射带动作用，同时，引导资源向发展轴聚集，破除区域合作的体制障碍；另一方面，行政区划调整正在催化更趋突出的协同效应，以往省际边界对互联互通具有"屏蔽效应"，且长期处于薄弱地带，但近年这一格局已发生深刻变化，省际边界政区调整已超过1/5，正在成为省际联动协同的重要枢纽，甚至出现了跨地级市域的行政区划格局重组现象。

正是在这样一种行政区划新型发展理念的指导下，中国的许多大中城市在十八大以来的五年里开始了全方位、开创性、深层次的行政区划变革。由于种种历史原因，许多大城市的各个市辖区在管辖面积、人口规模、经济总量等方面差异巨大。最常见的情况是核心城区的经济发展水平较高，但辖区范围过小、缺少发展空间，无法满足日益增长的人口、产业、基础设施等要素集聚的需要；而外围城区虽然经济发展水平较低，但辖区范围广阔，土地资源丰富。为了打破各个市辖区这种"有钱没地""有地没钱"的僵局，整合区域资源优势、激活发展潜能，市级政府便通过区划调整来拓展核心城区空间。以疏解老城区人口压力、缓解经济瓶颈、加强各区经济联系、促进要素突破行政区边界自由流通、实现各区公共服务均等化。

事实上，21世纪以后中国几个一线城市就已率先开始了区划变革，也取得了相应的成效。2005年，在推动经济增长的导向下，广州市设市辖区，即在广州经济技术开发区的基础上新设了萝岗区，在南沙开发区的基础上新设了南沙区。2010年，北京市将崇文区、东城区合并为新的东城区，宣武区与西城区合并为新的西城区，这是市级政府对一些承担城市功能相近、同时各自辖区范围均较小的市辖区进行合并，以提高行政管理效能为导向。上海黄浦区也先后于2000年和2011年合并了周边的南市区和卢湾区，经两次合并后，新黄浦区面积超过20平方千米，辖区内聚集了外滩、南京东路、淮海中路等商业中心和旅游景点，成为商贸服务业职能集聚的中心城区。2016年，深圳"坪山新区"转变为"坪山区"后，对外联动性、桥头堡作用增强，深圳向东部辐射引领作用也得到提升。

继一线城市之后，2012 年，苏州市将其古城内的沧浪、平江、金阊三个区合并为姑苏区，也是为了解决部分市辖区规模较小、财政实力偏弱的问题，同时也希望发展主体的统一能够促进古城保护。2013 年，南京合并 4 区组成新的秦淮区、新的鼓楼区，通过优化中心城区行政资源，提升城市综合实力和首位度，强化了长三角城市群副中心地位。2016 年，在优化发展空间的导向下，宁波撤销江东区，将原江东区管辖区域划归鄞州区；将鄞州区 9 个街道乡镇划归海曙区。21 世纪以来的杭州市也经历了几番区划调整，这使得杭州市区面积和城市综合实力大大增强，2001 年萧山、余杭 "撤市设区"，杭州市区面积达 3 068 平方千米；2014 年富阳 "撤市设区"，杭州市区面积达 4 876 平方千米；2017 年临安 "撤市设区"，杭州市区面积猛增至 8 289 平方千米。经过多年来的区划调整后，2019 年杭州 GDP 为 15 373 亿元，同比增长 6.8%，人均 GDP 2.2 万美元，达到发达国家水平。一般公共预算收入 1 966 亿元，增长 7.7%，居省会城市第一。

二、各地城市区划调整的效应与红利

行政区划对于经济社会的发展具有重要的推动作用。适时适度地对行政区划作出符合时代发展要求的调整，既是党和政府履行领导经济社会发展职能的需要，也是提高和检验执政能力与水平的重要方面。

以北京为例。从 1949 年 1 月和平解放至今，北京市经历了 70 年的发展变化，辖区面积由 707 平方千米扩大到 1.64 万平方千米，人口数量从 156 万增长到 2018 年底的 2 154.2 万。区县建制最多时为 1949 年初的 32 个，最少时为 1952 年至 1955 年的 13 个，目前全市共有 16 个区。20 世纪 90 年代以来，为顺应首都经济社会发展的需要，进一步发挥首都服务功能，北京市有步骤地开展了撤县设区工作。现在的通州、顺义、昌平、大兴、怀柔、平谷等区都是从县演变而来。2015 年 10 月 16 日，国务院批准北京市调整行政区划，密云、延庆两县撤县设区。同年 12 月，撤县设区各项工作完成。至此，北京实现 "无县化"，北京也成了我国第一个告别县治时代的直辖市。

综观北京市 "全区化" 的进程及其社会各方面发展情况，可以看到：首先，全区化的实现使得县体制转变为区体制，促进了全市域统筹规划、有利于功能区域划分及疏解中心城功能，整合北京市内部各项优质资源、引领京津冀城市群走向新征程；其次，通过撤县设区的顶层设计，助推生态环保工作有力推进，撤县设区之后，林木覆盖率逐年增加，首都生态环境治理正在实现一体化；再次，尽管总体上北京市人均 GDP 增速放缓，但被撤县经济发展速率并非垫底，发展势头强劲，尤其是密云、延庆的旅游业前景甚好，当地居民受益逐年提升；最后，全区化有利于增强北京城市的辐射能力，促进首都经济圈的发展，撤县社区增强了密云、延庆的发展活力，市辖区在招商引资、经济结构转型及其他方面更具有优势和动力。凡此种种，很大程度上源于撤县设区后市级统筹加强、发展思维转变、总体规划修编等，从而加强了撤县设区这一空间治理方式的作用，使得人力、财力、物力在市域范围内整合，优化功能布局，促进共同增长。作为国家中心城市，北京的区划调整增加了城市对全市各个层面、各个空间的统筹能力，区划调整也给予北京提升治理能力、优化治理结构的广阔空间，保障首都的可持续有效发展。

在行政区划调整过程中，尽管"撤县设区"是最主要的变革方向，但是"中心城区变动"这一趋向已成为近年来城市行政区划调整的重要问题之一。通过城区合并、城区拆分等城区重组手段，有效地解决了城区规模不平衡和空间布局不合理等问题。

以上海为例。21 世纪以来，上海市共进行了四次中心城区变动。为进一步提升和完善中心城区的城市功能，提高行政效能，促进区域协调可持续发展，摒弃中心城区区划面积过小、资源分布不够科学的弊端，2000 年黄浦区与南市区"撤二建一"，2011 年黄浦区与卢湾区"撤二建一"，形成现有的黄浦区划范围；静安区和闸北区也于 2015 年实现强强联合、优势互补，通过"撤二建一"成为新的静安区。为提升浦东开发国家战略的承载能力，提供转型发展新空间，2009 年，国务院批准撤销南汇区，将其行政区域并入浦东新区。由此，目前上海市辖有浦东新区和黄浦、徐汇、长宁、静安、普陀、虹口、杨浦、闵行、宝山、嘉定、金山、松江、青浦、奉贤、崇明 16 个区。

综观上海市静安区与闸北区两区合并的案例，对城市区域发展带来了以下积极效应：一是促进资源重新分配，在更大范围内统筹配置资源。静安区财力雄厚，但是缺少发展空间；闸北区财力相对薄弱，但具有一定的发展潜力与空间。静安区弥补了发展空间的不足，闸北区弥补了优势资源的不足，克服了各自发展短板。二是在区域层面进一步优化产业规划和功能布局。静安区、闸北区均在上海城市中心区域，在产业发展和城市建设上存在功能重叠现象，两区合并有利于增强核心城区的辐射面和发展力，也有利于"先富带动后富"，增强城区发展后劲（见图 6—7）。三是有利于公共服务均等化。由于历史原因，两区发展差距较大，政府在公共服务层面存在地域不均衡性。两区合并有利于静安区优质资源辐射闸北地区，均衡社会资源，有

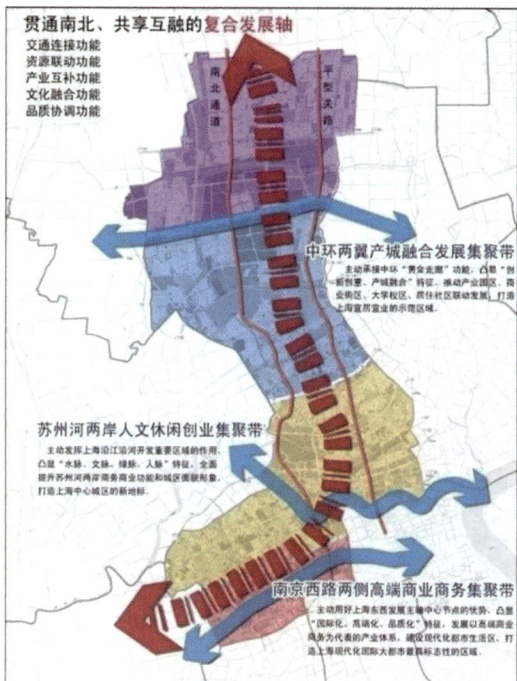

图 6—7 行政区划调整后静安区"一轴三带"城市功能区布局

效提高社会资源的利用效率，实现中心城区公共服务的均等化。不过，空间重组与经济重构之外，两区合并后的文化重塑问题仍需要较长时间才能解决。

生产力决定生产关系，经济基础决定上层建筑。行政区划属于上层建筑（生产关系）的范畴，是国家根据政治建设、经济建设和社会管理的需要，充分考虑到本国历史、地理、人口、经济等客观因素的影响，划分为若干等级、不同大小空间的行政区域，并在各级行政区域设置行政管理机构，实施对该地域的行政管理。作为上层建筑（生产关系）的重要组成部分，行政区划对于一个地区的经济、社会发展起着重要的能动作用。正因如此，行政区划调整成为影响我国城市社会经济发展的重要举措，与当下快速的城市化有着紧密的关联。行政区划调整的主要目的就是为了适应区域与城市经济的快速发展、城市化与工业化的快速推进所引致的经济空间结构的演变，以进一步提高行政管理效率、便于社会管理，促进各方面全面发展，提升城市区域竞争力。

再以广州为例。1949 年以来，广州市共历经了 20 多次行政区划调整，其中以 2000 年、2005 年、2014 年的三轮调整影响最大。2000 年，撤销番禺市、花都市设立番禺区、花都区；2005 年，将原东山区行政区域以及白云区、天河区的部分区域划归越秀区管辖,撤销芳村区划归荔湾区管辖,设立广州市南沙区、萝岗区;2014年,将原萝岗区和原黄埔区合并为新的黄埔区,同时从化市、增城市"撤市设区"(见图6—8)。这三次行政区划调整也正是处于一定工业化发展阶段和区域竞争力发展阶段环境下的调整策略,其本质是上层建筑进一步适应经济发展的客观需求。

图6—8 2014年广州市行政区划调整后变十一区

广州市的三次区划调整对于促进地方经济发展做出了积极的贡献,其成效与红利可以概括为以下三点。

其一,拓展:扩大城市发展空间,适应城市发展战略的需要。2000年之前,广州经济社会与城市建设持续高速发展,但由于自然地理条件及行政区划等的限制,城市发展中遇到越来越多的瓶颈。2000年、2005年广州市分别进行了一轮行政区划调整,由此中心城区得到优化,"南拓""东进"得以加强。2012年,广州市编制了新一轮的总体发展战略规划,提出了"一个都会区、两个新城区、三个副中心"的(简称"123")功能布局。2014年萝岗区和黄埔区的合并,从化、增城的"撤市设区",正是适应"123"发展战略的进一步优化调整,对从化和增城的副中心建设,中心区的功能外溢,对全市范围内的城市空间拓展起到重要的推动作用。三次行政区划调整确立了广州市以组团式位置的跨越式城市发展战略,逐步拉大广州市的城市空间架构，促使城市空间结构由单中心逐步向多中心、多组团、开放式、网络型的城市空间发展模式演变。

其二，整合：优化生产要素配置，促进区域协调发展的需要。由于历史的原因，各行政区往往差距悬殊，行政区划设置不尽合理，地域空间、行政管理资源、产业结构、人口结构、社会管理等功能缺位、管理不顺、同质竞争现象时有发生，给城市管理带来极大困难。一是行政资源的整合，有利于理顺行政管理体制，强化重点区域管理。最为典型的是广州开发区和南沙开发区的管理体制问题。两个开发区发展势头强劲，但行政管理体制不顺，对区域的人口、教育等社会事务管理有限。2005 年南沙区和萝岗区的设立正是基于加强经济社会的全面有效管理，促进区域协调发展的有力举措。二是生产要素的整合。2005 年东山区并入越秀区，芳村区并入荔湾区是"相似相融"的行政调整手段，有利于将旧城区的商贸旅游、教育医疗资源以及文化底蕴有机协调，便于统一高效地进行管理，强化"中调"的战略意义；增城、从化的"撤市设区"也同样有利于交通、教育、就业等福利保障水平和公共服务水平的同城同待遇。

其三，提升：构筑产业发展平台，提升城市综合竞争力的需要。随着经济全球化进程的快速演进，区域城市的竞争也日趋激烈。通过行政区划的调整，可以进一步理顺行政体制关系、拓展城市发展空间、整合生产要素资源，壮大自身整体的人口、土地和经济规模，提高经济运行效率和城市竞争力。2014 年黄埔区和萝岗区的合并正是基于此类考虑。行政区的合并让地广人稀的萝岗区和地少人多的黄埔区"优势重组"，促进了区域更好更快发展。在行政区划调整的推动下，对各区域、各组团之间的功能定位的交叉进行重新梳理和完善，有效地避免了中心组团与其他周边组团在功能上的重叠和恶性竞争，土地利用和城市运行效率得以提高，进而辐射和带动所在周边地区的发展，为之后广州市区域经济发展集聚新的能量。

北上广一线城市区划调整后所产生的积极效应给宁波的区划调整带来自信与期望，他们的经验也是宁波区划调整后续工作的绝好示范。作为浙江的省会城市，杭州在一路的区划调整过程中也积累了不少经验并取得了相应的成效，同样值得宁波借鉴学习。尤其是杭州在面对萧山撤县建市、从博弈到共赢的撤市设区与都市化战略的转变过程中，体现了一个"大杭州"的规划与气度。萧山在县域经济实力日渐强大之后，开始与杭州及周边中心城市进行资源要素的竞争。萧山借助与杭州在经济和市场上的博弈，希望提升其行政管辖权限，以便更好地与杭州及周边地级中心城市抗衡。面对双方竞争与发展所处的两难相持，杭州与萧山的博弈策略逐步开始转变，由竞争性博弈转变为合作共赢。2001年，萧山与余杭两县级市撤销建制并入杭州，增设为萧山区与余杭区；至此，萧山实现了由县域经济强市战略向都市化战略的转变。萧山"撤市设区"的华丽转身对于推动"大杭州"的发展与集聚产生了积极的效应，主要体现在以下两方面：

其一，萧山撤市设区并入杭州，城市规模集聚功能显著提升。萧山实施撤市设区并入杭州大都市以后，其区域经济空间得到空前拓展，经济发展的大都市能级得到很好释放，城市经济社会发展趋于集约高效。撤市设区的经济规模集聚效应使大杭州的区域与城市经济空间在长三角经济区中更具竞争力。杭州由一直以来城市规模偏小的省会城市，如今一跃成为长三角地区在城区面积和人口上仅次于上海的中心城市。相较调整前，大杭州经济结构更加完善合理，工业比重明显上升；服务于生产和生活的服务业发展空间相应得到了延伸；杭州-萧山大都市的综合经济效能、社会效能和人才集聚优势大大提升，极大地促进了知识经济的生产与传播。

其二，撤市设区的都市化战略，增强中心城市功能并实现区域协调发展。萧山从行政区划上撤市建区并入杭州大都市以后，由县域城市经济空间转而成为都市经济空间，提升了萧山的城市能级。萧山原来的县域城市工业开始在都市化战略下得以创新、提升和转型。在大杭州的发展概念下，人才、资金、技术、信息等生产要素开始更多地向萧山流动和集中，这一切直接有助于提升萧山的工业档次，实现传统工业制造向现代先进工业制造的转变。此外，萧山诸多的经济、商务、金融、科技等行政服务及管理权限得到实质的提升，这对于萧山企业做精、做优、做大、做强都有非常大的支持，是萧山撤市设区并入杭州后的经济空间优化和层级提升的重要内容，也是杭州城市增强综合实力、提高城市能级的重要途径。

市场与政府是调节经济发展的两个重要手段。政府与市场之间就要经过博弈，博弈的结果则对区域与城市经济的发展起决定性作用。比较博弈的成本和收益以后，当萧山在21世纪初意识到并入杭州的"都市化战略"符合萧山发展的根本利益后，即开始主动策应杭州的大都市战略，撤市设区。杭州与萧山之间的政府博弈和最终行政区划的调整就是市场与政府博弈的结果。

区划调整也给新鄞州区带来了发展机遇与红利效应。以鄞州区市场监管局为例，2017年在区划调整的大背景下，市场监管局按照"最多跑一次"的要求，不断推进商事制度改革，营造良好的区域准入环境。2017年全年，全区新设内资企业（含分支机构）11062户，注册资本（金）8786594万元，其中私营企业10788户，注册资本（金）8311 136 万元，新设个体工商户 12 516 户，资金数额 144 759 万元。新设农民专业合作社 8 户，成员出资总额 737 万元。

鄞州区划调整一年后经济主体呈三大特征。

一是新设企业继续提质提量。2017 年鄞州区新设企业各项数据都再创新高，区划调整后的新鄞州区，新设企业总数继续领跑宁波各县市区。其中有限合伙企业表现亮眼，新设企业数虽然只有 293 户，占新设总量的 2.65%，但却贡献了 46.25% 的出资数，其中不乏出资额几十亿的航母型企业；与上年同期相比新设数增长 66.48%，出资总额增长 95.96%。有限合伙企业以投资类企业为主，2017 年区政府推出积极引导政策并进行奖励扶持，促使投资类企业纷纷加快落户鄞州的步伐，进一步推进了区金融小镇的正式成立。

二是产业结构持续优化升级。区划调整后，鄞州区划出集士港、古林、高桥等"工业重镇"，划入原传统服务行业强区江东区，导致第三产业新设数占比为 84.46%，新设企业注册资本占比更是达到了 93.1%，以压倒性优势继续占据产业排行榜首位。

三是简易注销助企业便利化退出。2017 年 3 月 1 日起鄞州区根据各级文件要求，正式推出企业简易注销制度，简化了注销流程，到 2017 年年底，鄞州区共注销企业 3 354 户，同比增长 51.42%；其中简易注销企业 1 235 户，占原需一般流程注销企业数的 55%。简易注销目前已成为鄞州区企业注销的首选。

三、各地城市区划调整的经验与得失

行政区划调整是当前拓展城市空间、整合社会资源、提升城市综合竞争力的战略手段之一。但是，任何一个事物都有利弊两方面，各地在进行区划调整的同时也要谨防以下相关问题的出现：

（一）防止陷入"虚假城市化"的误区

"撤市设区"的行政区划调整，虽然能够在较短时间寻求到更大的发展权限、更大的发展空间，获得更多的财政资源用以壮大自身的经济实力，使城市化进程发生突变，但是这种调整将冲击以县制为基础的行政治理制度，与加大县城和小城镇建设的战略意图有所冲突。在这一进程中，只是将大面积的农村地区纳入了城区化的管理，但是农民并没有真正从生产生活、经济和文化上得以城市化，造成市区农村人口比重过大，城郊比例失调，城乡概念模糊等问题，在一定程度上可能侵害了农民利益，使

得城中村问题和失地农民的市民化问题更加凸显。例如，在临安成为杭州的第十个区后，杭州市区增至约 8 289 平方千米，几乎占全市总面积的一半（见表 6-2）。

表 6-2　2018 年杭州市辖区土地面积和人口密度统计

地区	土地面积（平方千米）	年末总人口（万人）	人口密度（人/平方千米）
全　市	16850	980.6	582
市　区	8289	857.0	1034
上城区	26	34.5	13260
下城区	29	52.6	17954
江干区	200	118.6	5922
拱墅区	69	57.4	8294
西湖区	309	89.0	2876
高新(滨江)	72	39.2	5428
萧山区	1414	171.9	1216
余杭区	1228	160.3	1305
富阳区	1821	74.2	407
临安区	3119	59.3	190

注：土地面积取自2017年土地变更调查成果数据，萧山区含大江东产业集聚区、江干区含经济技术开发区、西湖区含风景名胜区。

同样，随着 2016 年鄞州区划调整的实施，随着全区城市化的不断推进，农村的土地被大量征用，村级留用地的问题就成为一个十分突出的问题。据笔者了解，5% ~ 10% 留用地的合理使用，已成为保障失地农民长远生计、促进村级集体经济长远发展、缓解征地各类矛盾、构建和谐社会的重要途径。但是，由于种种原因，鄞州区下应街道绝大多数村级留用地指标未兑现，以下应街道东兴社区柴家、袁家、岙里王、团桥等四个股份经济合作社为例，该四个行政村自 2003 年被征用土地后，目前仍有 76 亩的村级留用地由于指标尚未兑现，潘火投创中心这几年都是按照 3 万元/ 亩支付村级留用地租赁费，几次要求上调均未得到解决。据了解，全区类似这样的情况不在少数。

针对上述矛盾和问题，相关代表建议区委、区政府要对留用地开发建设工作引起高度重视，把这项工作放到壮大农村经济，增加农民收入，统筹城乡协调发展的重要位置上来。一是建立村级留用地协商、协调机制。从鄞州全区来看，目前村级留用地尚未解决的问题普遍存在，而原鄞州区更为突出。2016 年区划调整后，这一问题成老大难问题，基层呼声十分强烈。由于村级留用地关系到被征地农民的切身利益，尤其是鄞州区全面实施股份制改造以后，村级留用地的兑现直接关系到股金分红，因此，代表建议全区建立一个协商、协调机制，统筹解决原历史遗留下来的村级留用地问题。二是尽量以实物留地的方式解决全区存在的留用地问题，若在确实无法落实村级留用地的情况下，再考虑提高货币补偿标准的方式，根据土地市场价考虑支付相应费用。如确实在土地用地指标无法兑现的情况下，将留用地指标折算成商务楼或安置房多余房源指标，尽快安排建设好商务楼。同时，在商务楼尚未建设好期间，根据目前同地块商务楼市场价，支付留用地补偿金。

（二）切忌盲目求大而造成城市空间蔓延

行政区划的调整，大多是以行政力量为主导的推动，缺少经济力量的支撑，使得许多行政区划调整容易造成短时期达不到预想效果。尤其是"撤市设区"的行政区域，往往地域面积较大，其中还包含大部分农村地区，造成城市空间的蔓延现象，同时与原有市辖区不匹配，不利于各个市辖区统一管理。例如，2000年，广州市番禺、花都同时撤市设区，广州城市发展的空间结构随即发生新变化，广州变身为滨海城市，市区面积由原来的1443.6平方千米扩大到3718.5平方千米。但与此同时，旧城区的优化调整、城中村的改造也面临着诸多问题。于是，2005年广州市又进行了一轮行政区划调整，将中心区的东山、芳村、越秀和荔湾进行了重新调整，并设立了南沙区、萝岗区。由此，中心城区得到优化，"南拓""东进"得以加强。

鄞州区在区划调整后，城镇范围扩大，然而区块之间的不平衡发展也是客观存在的，这就需要政府从宏观规划出发，尽量缩小区域间的差距，加快对相对发展缓慢地区的扶植。例如，横溪镇有着丰富的生态人文景观资源，乡村旅游也初步发展，生态旅游是未来横溪镇产业发展的主旋律。2008版总规划对与生态型旅游城镇定位相关的旅游产业用地未明确。相关旅游配套设施建设较为滞后，与目前横溪镇旅游发展势头不同步，与旅游业相关的配套方面需要进一步加强。同时，横溪镇紧邻东钱湖片区，而现行总规对东钱湖片区这一区位因子未考虑。随着东钱湖片区区域地位的提升，横溪镇未来应加快融入都市旅游板块、东钱湖旅游度假廊道、东南部山水旅游带等区域旅游范畴，积极推动旅游产业进一步发展，对接东钱湖片区，互动互补发展。

《宁波市城市总体规划（2006—2020年）》（2015年修订）、《宁波市城市轨道交通线网规划（修编）》《宁波市城市综合交通规划（2015—2020年）》《宁波市"十三五"综合交通规划》等上述相关规划综合交通设施（包括轨道交通、区域性干道等）在现行横溪镇总规中未反映，因此，有必要研究城镇发展与区域性干道、轨道交通线网及站点之间的衔接关系，对现行横溪镇总规进行进一步修改，以落实规划重大基础设施的相关内容。

鄞州区行政区划调整以来，外部城乡规划环境发生一定变化，城镇发展对村庄建设提出了新的思路和要求，村庄布局规划有必要针对当前城乡规划发展趋势及村庄的具体建设实施状况做出相应的调整修改，为利于整体城乡生态空间环境的管控与个体村庄开发建设之间的协调，同时考虑到在上一轮村庄建设规划实施过程中村民对于村庄撤并的相关意愿，宁波市规划局鄞州分局已于 2017 年委托区规划设计院对原有的《鄞州区村庄布局规划》进行修编，该规划已于 2018 年 5 月获宁波市政府审批通过。相关代表在区人大十八届二次会议上提出的"关于调整完善城镇规划的建议"的提案中"要求调整'梅岭片区 7 个行政村逐步搬迁到横溪镇区形成镇北、果艺场两个集聚点'"的建议在此次规划修编过程中已被鄞州规划局采纳，这充分说明区政府对调整完善城镇规划工作的重视。这样一来，横溪镇吴徐村（徐家、吴家）、金山村（金山）、梅福村（邬姚、上山坑）、杨山村（夏凉、清塘）、梅溪村（下山坑）、梅山村（俞山）、梅岭村（芝山）等村庄已由原来的撤并型调整为"特色型"，并对村庄特色进行了深度挖掘。

2018 年，鄞州规划局也会同横溪镇人民政府启动横溪镇总体规划修编工作，从大区域旅游统筹发展的角度，与东钱湖片区互动互补发展，落实旅游产业用地，完善相关旅游配套设施，延伸旅游产业链，并对城镇综合交通系统进行完善优化，在此次修编调整过程中将针对村庄布局规划中作出的调整内容予以落实。

（三）谨防对城市历史文脉的破坏

行政区划调整带来的撤市设区、市辖区合并、局部地域空间调整等，使得一些有历史影响的地名或品牌效应逐渐淡化消失。如广州市的东山区并入越秀区，使得与"西关小姐"并称的"东山少爷"之名失去了其原有的地域依托；芳村的种花业最早可追溯到 2000 年前，被誉为"岭南第一花乡"，是最能体现广州花城特色的地域，将芳村并入荔湾，芳村的花乡、花市也必然受到影响。番禺和花都是广州最具悠久建城史的地方，设区后对城市发展的历史文脉造成一定影响。原萝岗区和原黄埔区合并后采用黄埔区的命名也是兼顾到"黄埔"历史文化积淀的影响效应。

结合对照宁波鄞州 2016 年区划调整来看，区划调整后将原鄞州区西部基本上划归海曙区管辖，而鄞州西部实际上是鄞州区历史文化积淀较深厚的区域，也是鄞州区非物质文化遗产较为集中的区域。例如位于原鄞州西部高桥镇以梁山伯墓遗址为中心而形成的"梁祝传说"国家级非物质文化遗产（原鄞州区因此称作"中国梁祝文化之乡"），区划调整后高桥镇划归海曙区，这一文脉的传承受到一定的影响。又如原鄞州西部千年古镇鄞江镇的"十月十"庙会文化（是宁波庙会文化的重要代表）等文化遗产原先也是鄞州区非物质文化遗产工作的重点，是老鄞州文化的"珍宝"，而2016年区划调整后，鄞西的一些文化保护成果全数划归海曙区，这显然对鄞州区的非物质文化遗产保护与传承产生了不小的冲击。好在鄞州区对非物质文化遗产保护工作历来十分重视，鄞州在非遗"三位一体"保护体系、民间文艺之乡、生产性传承基地、非遗生态区保护、非遗宣传展示基地、教学传承基地、非遗小镇建设等方面进行探索和创新，非遗工作成果显著，走在省市前列。目前，鄞州区的朱金漆木雕（见图6—9）、骨木镶嵌、宁波走书、金银彩绣4个项目已被列入国家级保护名录，灰雕制作、内家拳、甬式家具制作技艺等20个项目被列入省级保护名录，50个项目被列入市级保护名录，101个项目被列入区级保护名录。

图6—9 朱金漆木雕代表作《万工轿》

在中国市场化改革推动农村工业化和区域城市化的进程中，行政区划调整是伴随市场经济的发展演进需要反复进行的功课。时至今日，全国范围以北京、上海、广州、深圳、天津、重庆、杭州、沈阳、厦门、宁波等大中城市为代表的市辖区合并调整，都是调整行政区划以适应经济空间拓展的举措，是行政区划改革的创新。在全国区划调整的滚滚洪流中，鄞州区划调整虽只是其中的一朵浪花，但对宁波经济支流的发展与走向却产生着不可低估的影响。当然，必须指出的是，行政区划调整可以在经济转型的过程中暂时解决"行政区经济"阻碍城市联合和区域一体化的问题，但却不可能根本解决"行政区经济"这一顽症。要从根本上突破行政区划制约，使中国不再频受"行政区经济"问题困扰，必须从体制上整体去推进改革。

第三节

鄞州区远景目标构建与社会发展规划

一、鄞州区"十四五"规划整体展望

2019 年 11 月，从鄞州区发改局了解到，《宁波市鄞州区"十四五"规划编制工作方案》（以下简称《方案》）已正式印发，这标志着鄞州已全面启动"十四五"规划编制工作。这是继"十三五"鄞州进行区划调整后的又一轮重要的发展规划。

回顾"十三五"，鄞州在宁波市委市政府领导下确立了"十三五"时期政府工作指导思想，即以"四个全面"战略布局为统领，以创新、协调、绿色、开放、共享五大发展理念为引领，按照"领跑领先、创新创优"要求，紧扣融入宁波都市区、接轨长三角这一方向，抓牢转型升级、提质增效这一主线，把握创新驱动、改革推动这一关键，突出共建共享、惠民富民这一根本，强化依法行政、高效服务这一理念，大力实施"名城强区"战略，全力打造"浙江两富两美先行区、宁波港口经济圈核心区"，努力实现区域综合实力全国领先、全面小康水平全国领先。

在这一指导思想的总体调控下，2016 年，宁波进行了较大规模的区划调整与优化，撤销宁波市江东区建制，整体划归鄞州区管辖；而鄞州区西片区的集士港镇、古林镇、高桥镇、横街镇、鄞江镇、洞桥镇、章水镇、龙观乡、石碶街道划归宁波市海曙区管辖。区划调整后的新鄞州区占地面积 817.1 平方千米，户籍人口 84.2 万人，下辖 10 个镇、14 个街道，全区发展基础、产业结构、空间格局发生了重大而深远的变化，鄞州发展开启了新的历史篇章。事实证明，2016 年区划调整后的新鄞州区无论是在经济发展、文化教育，还是城乡管理、社会事业发展方面都取得了一系列卓有成效的业绩，值得可圈可点。

如果说"十三五"期间鄞州经历了跨越式的发展，那么"十四五"的蓝图更是鄞州保持持久活力与生命力的关键时期。《宁波市鄞州区"十四五"规划编制工作方案》明确，在"坚持全局谋划、突出重点""坚持全球视野、发挥优势""坚持战略引领、务实创新""坚持上下联动、多方参与"的原则中，以供给侧结构性改革为主线，紧紧围绕建设"两高四好"示范区，把握时代特征，强化战略思维，创新工作方法，努力编制一个顺应新时代要求、符合鄞州实际、反映人民意愿的高质量发展规划。

该《方案》提出了开展重大问题研究、建立"十四五"规划体系、落实资源要素保障等 3 项主要任务。一方面，结合鄞州经济社会发展实际，重点加强对鄞州区"十四五"时期的发展环境、思路目标、产业升级、空间布局、城乡统筹、民生福祉、改革深化、资源环境和生态保护等重大问题前瞻性研究，厘清长远发展思路。另一方面，按照统一规划体系的要求，进一步强化发展规划的战略导向作用，构建以发展规划为统领、空间规划为基础、专项规划和片区规划为支撑的区级规划体系。同时，坚持规划定方向、财政做保障、资源要素为支撑、金融为血脉、其他政策相协调，保障各类规划顺利实施。

区发改局有关负责人表示，"十四五"时期（2021—2025 年），是我国由全面建成小康社会向基本实现社会主义现代化迈进的关键时期，也是鄞州以新发展理念引领高质量发展的重要战略机遇期，科学编制和实施好第十四个五年规划，意义重大而深远。

鄞州区的成长速度是有目共睹的。从 1995 年初步建设的 12 平方千米开发地块开始，一路发展到 2003 年的基建初具规模，再到之后的改名为新城区，核心区面积扩大至 33 平方千米，功能定位调整到鄞州区政治、商贸、居住、科技和教育中心。这期间 20 多年沧海桑田，鄞州区实现了新城区华丽崛起，更实现了县域文化向都市文化的转型。

鄞州区城市开发规划（以下简称"开发规划"）是"十四五"规划的重要组成部分，也是实现"十四五"规划发展目标的重要抓手，"十三五"期间，鄞州区实行行政区划调整后，中心城区面积由 80 平方千米增加至 117 平方千米，地位由宁波中心城区提升为宁波都市核心区，由县域经济发展模式转变为高度集聚开放的都市经济模式。

在此背景下鄞州区顺势而为，一方面紧扣宁波市委市政府提出的"拥江揽湖滨海"战略，另一方面对城市空间资源重新整合，先期谋划提出了打造"六大新空间"战略部署，并取得了一定成果，为"十四五"期间的城市开发奠定了坚实的基础。随着甬江科创大走廊等新的市级重大战略部署、新一轮国土空间规划布局以及市级财政体制调整，鄞州区"十四五"期间城市开发工作面临新的形势，需要调整发展思路，统筹配置资源要素，谋划打造新的城市经济增长极，从而进一步放大都市核心区的综合能级和极核效应。

鄞州区要紧密结合国家、省、市近期相关重大战略、思路和举措，分析归纳长三角一体化、浙江省四大建设、甬舟一体化、宁波 2049 城市发展战略等新阶段城市发展思路，依托现有战略优势、展望未来宏观趋势，"十四五"期间鄞州区应顺势而为，更加关注城市高质量发展，更加关注绿色发展（图 6-10），更加关注创新驱动发展，更加关注区域协同发展，更加重视城乡融合发展等几个方面。

图 6-10 2018 年东钱湖环湖绿道入选第二届"浙江最美十佳绿道"

与此同时，鄞州区相关部门也应总结"十三五"阶段鄞州区社会经济和城市开发发展情况，对"六大新空间"和重点功能区块实施成效评估，分析目前开发策略存在的优势，以及新形势下鄞州区城市开发工作面临的主要问题和矛盾，为下一步"十四五"城市开发提出思路建议等。针对近几年的一些重要的规划，如新一轮《鄞州区国土空间总体规划 2020—2035》《东钱湖地区总体城市设计》《宁波甬江科创大走廊空间规划》等进行解读，研究借鉴国内外先进地区案例，探索鄞州区未来转型发展的目标定位、实现路径和重点发展方向，并提出总体开发策略。

要聚焦大平台建设，梳理重点战略空间。开发规划在区域发展总体战略、重大战略布局上应保持与国土空间规划相统一。因此需要在"六大空间"基础上，与国土空间规划划定的"三线""三区"等战略空间格局进行比对，进一步优化和聚焦鄞州区重大功能板块的范围，增强可操作性，并且有针对性地提出各板块的功能定位及空间发展策略。

要聚焦高质量开发，谋划项目前期工作。按照大区块、组团化、成片区协同推进的思路，在提出的重大板块基础上，以重点功能区块高质量开发为目标，深入谋划"十四五"期间重点项目前期工作，明确区块内重点项目和开发时序，完成责任分解。

二、鄞州区未来发展的行动纲要

2020 年是高水平全面建成小康社会目标实现之年、"十三五"规划收官之年、脱贫攻坚决战决胜之年，也是鄞州推进高质量发展、建设"两高四好"示范区的关键之年。2020 年 3 月，习近平总书记亲临浙江考察，第一站就来到宁波，这是新时代浙江、宁波发展进程中具有里程碑意义的一件大事。鄞州区把习总书记重要讲话精神作为统揽一切工作的总纲，把总书记的亲切关怀和殷切期望转化为开创发展新局面的强大动力，用奋进体现忠诚、用实干体现担当，在践行习近平总书记赋予浙江、宁波的新使命中走在前列、当好标兵。鄞州区要在应对危机、六稳六保、高质量发展、治理创新、协调共享等方面交出满意的答卷，构建好未来发展的行动纲要。今后重点要开展以下几方面的工作。

（一）聚焦领跑领先，加速闯出特色发展之路

科学修编发展规划。按照"一核三区"定位，高标准编制"十四五"发展规划、新一轮国土空间总规、鄞州对接大上海和融入长三角专项规划、完善镇（街道）控规详规、村庄建设规划和"四大产业工程"鄞州行动、"六大新空间"开发、乡村振兴发展、基础设施配套、公共服务供给等专项规划，深入谋划重大项目、重大平台、重大改革、重大政策，明确近期重点、开发时序，构建形成适度超前、多规合一、精准精细的规划体系。

推进土地集约利用。实施制约破解提效行动，重点通过体制机制创新，破解产业用地不足问题。以规划修编为契机，整合调整一批布局不合理的永久基本农田和生态管控区域。扩大全域土地综合整治范围，实施工业土地全域治理提升工程，建立健全土地权属主体收益保障和利益分配、工业用地二级市场交易等机制，通过工业棚改、低效工业区块连片改造等模式，抓好 20 个新型小微企业园区建设。深化"亩均论英雄"改革，把评价排序作为要素配置、政策支持和行政监管的重要依据，新增工业用地全面推行"标准地"。坚决淘汰落后产能，重拳整治亩均税收 3 万元以下的"散乱污"低效企业。

提升产业平台能级。着眼"空间大整合、产出大提升"，加快打造特色产业集聚区。以争创全省"万亩千亿"平台为目标，扩大鄞州工业园区规模，提升经济开发区能级，加快投资创业中心、中车产业基地提质增效。围绕"工业形态城市化、产城研融合发展"，谋划建设中河都市工业社区、江湾时尚产业社区、东外滩软件产业社区、姜山智创工业园、金童山工业园、云龙微电子工业园等未来工业社区。以东部新城、南部新城两大楼宇圈为核心，做强软件信息服务示范基地、跨境电商园、国际航运

物流产业集聚区等特色平台，着力打造一批专业楼宇。启动楼宇经济发展"品质提升年"行动，推进楼宇整规向街区、园区、厂区覆盖，提升楼宇单位面积贡献率，税收亿元楼宇达到 25 幢。

深化关键领域改革。开展改革动力倍增行动，推动"最多跑一次"覆盖到各领域。推进共青团基层组织、地方青联组织和综合行政执法体制等改革试点。调整优化经济发展政策，深入落实减税降费措施，深化"证照分离"等商事登记制度改革，推进"一事联办"、审批中介联合体组建等工作，进一步优化营商环境。做好区人大国有资产特定问题调查后半篇文章，推进区属国企以片区特许经营、混合所有制、政府购买服务等模式参与区块开发、园区建设、城市管理、公共服务，谋划组建鄞州金融控股有限公司。抢抓财政、货币等宏观政策变化机遇，全力争取专项债券，加快推进国企资产证券化。探索建立"多元投资、管用分离"的政府数字化项目运营体系，建设区公共数据共享与开放平台。抓好机构改革后续工作，加强事业单位清理规范整合和编外用工管理。开展未来社区建设试点。推进安置房"限房价、竞地价"模式。组织开展第七次全国人口普查。

（二）聚焦实体经济，积极构筑现代产业高地

开展产业能级倍增行动。坚持实业强区，聚焦细分行业，抢抓战略机遇，加快发展医疗健康、工业互联网、5G+、数字经济、智能物流等重点领域新兴产业，系统构建以数字经济"一号工程"为引领，以"专精特"优势产业、"高新尖"战略产业为两翼，以千亿级产业链、企业群、楼宇圈和大平台为支撑的"1+2+X"产业体系，数字经济占地区生产总值比重达到 52.5%。争做宁波"246"万千亿级产业集群建设全优生，加快打造软件与新兴服务 1 个千亿级产业集群，汽车、高端装备、新材料、电子信息、智能家电 5 个五百亿级产业集群，关键基础件、时尚纺织服装、生物医药、节能环保 4 个百亿级产业集群，规模以上工业增加值增长 5%。推进现代服务业跨越攀高，做大做强现代金融、现代贸易、航运物流、国际会展、创意设计等优势产业。实施提信心促消费行动，全面开展特色商圈改造、放心消费创建，大力发展社区商业、夜间经济、首店经济，提振发展住宿餐饮、文化旅游等服务业，支持发展电子商务、网络教育、网络娱乐等消费新业态新模式，社会消费品零售总额增长 8.5%。积极引进金融保险法人机构，金融业增加值增长 7%。

精准施策壮大企业集群。大力实施"五减"共克时艰行动，着力帮扶企业渡过难关。

实施"鄞企舰队"扶持计划，扎实推进"名企攀高、名家争先"。引导龙头骨干企业实施国际化战略，大力引进知名企业区域性总部，优势总部企业突破 70 家。做好"四经普"后半篇文章，加快企业上规模步伐，扶持"小巨人"企业、"瞪羚企业"和小微企业健康发展，新增市场主体 2.5 万户、"四上"单位 500 家、市级以上单项冠军 4 家，产值（销售）上 10 亿元工业企业，批零企业分别达到 17 家、63 家，进出口上亿美元企业达到 28 家。推进企业参与利用资本市场，引导金融机构增加实业中长期融资，提升担保平台服务能力，新增直接融资 200 亿元。

全力以赴扩大有效投资。加大重大项目攻坚力度，滚动实施省市区长工程，安排政府投资项目 560 个，固定资产投资达到 695 亿元。实施重大产业项目培育计划和跟踪管理机制，积极推进海尔创智港、智能医疗科技园、TFT 电子纸等重大项目，加快建设宁波中心、城市之光、新世界广场、宝龙一城等高端综合体，引导传统优势制造业开展技改，工业投资达到 60 亿元。加大特色小镇培育力度，引导社会资本参与城市更新、公共服务，民间投资、建安工程投资分别达到 468 亿元、305 亿元。

推动更高水平对外开放。充分发挥天南海北鄞州人优势，以攻坚姿态稳外资稳外贸。加强精准招商，重视增资扩股，做好留商安商，全面推进"云洽谈""云考察""云招商""云签约""云服务"，新招引 1 个百亿以上项目、5 个 50 亿以上项目、10 个 20 亿以上项目，实到外资 4.3 亿美元、内资 144 亿元、浙商回归资金 150 亿元。落实宁波"225"外贸双万亿行动计划，重点发展机电及高新技术产品出口、进口贸易、跨境电商、数字贸易、服务贸易，鼓励企业网上参展、转战内销，坚决稳住外贸基本盘，稳住出口占全市份额。深度融入"一带一路"建设、长三角区域一体化、甬舟一体化、"四大建设"等上级重大战略，谋划实施鄞州融入长三角一体化发展专项行动，积极参与浙江自贸试验区宁波联动创新区建设，谋划建设综合保税区、中东欧商品集散中心、航运金融服务集聚区等重大平台。

（三）聚焦成果转化，实施创新活力倍增行动

打通创新链条。主动融入宁波甬江科创大走廊建设，高水平建设国家双创示范基地、省级军民融合创新示范区，强化主体链、平台链、人才链、金融链、生态链和服务链"六链协同"，着力打造"热带雨林式"创新生态。全力争取重大科技基础设施落户鄞州，做强中物院宁波军转民科技园、清华长三角研究院宁波分院等科创平台，创建市级以上产业创新服务综合体 2 家。加强科技大市场和技术转移中心建设，

提高科技成果转化率，高新技术产业增加值突破 200 亿元，规模以上科技服务业营业收入突破 40 亿元，军民融合产业产值突破 140 亿元。

壮大创新主体。完善科技企业梯队培育机制，高新技术企业达到 400 家，创新型初创企业超过 2000 家。鼓励科技领军企业牵头组建企业研究院、产业技术研究院等载体，聚焦细分领域攻克关键核心技术，研究与试验发展经费投入超过 40 亿元，建成市级以上企业工程中心 250 家、企业研究院 30 家。加强知识产权、商业秘密等涉企权益保护，实现发明专利授权量 1650 件，新增省级以上专利奖 3 项、专利贯标认证企业 10 家。

优化人才环境。深入实施"万有鄞力"人才倍增计划，铸强"浙江模范生·鄞揽新青年"青年人才招引品牌，大力开展人才靶向招引、鄞智回归、以才引才、柔性引才，深化院士、博士后工作站品牌建设，力争引进培育初级技能人才 1 万名、高校毕业生和高技能人才 3 万名，人才总量达到 44 万人，省级以上领军人才和高端创新人才团队达到 75 个和 180 个。以宁波城南智创大走廊开发建设为载体，加快打造鄞州人才产业园，做强国家级人力资源服务产业园等人才创业平台（如图 6-11）。

图 6-11 2018 年宁波独角兽创新峰会在鄞州区举行

（四）聚焦引流汇流，着力增强城区极核功能

组团推进全域开发。深入实施一体化极核打造行动，建设宁波都市圈核心区。切实加强与东部新城、高新区对接合作，深化云龙、横溪、东吴等环湖区域与东钱湖一体发展，理顺优化大嵩新区、南部商务区开发建设体制。坚持两大新城错位联动，加快开发东部新城东片区，积极推进南部商务区三期、四期建设，建成欢乐海岸等项目。坚持成片区推进"六大新空间"开发，中部科产城融合带重点做好中河工业区改造和金钟、仇毕、前殷等区块土地出让工作；甬江时尚东外滩要完成庆丰桥以北

区域城中村改造、庆丰桥以南区域棚改地块清零等工作；姜山田园城市卫星城要扮靓狮山公园北侧鄞南门户；滨海山海产城融合示范区要优化完善大嵩新区规划，整合利用山海旅游资源，推动产城融合，打造宁波蓝色美丽湾区；环东钱湖绿色创新圈要积极谋划推进会展综合配套区、五乡轨道收储地块等开发建设。

加快完善功能配套。强化支撑型、网络型基础设施建设，配合做好金甬铁路、象山湾疏港高速、东钱湖快速路、轨道交通等项目建设，谋划开展云龙综合交通枢纽、滨海万吨码头、滨海高速、湖海路等前期工作，努力打造长三角战略性交通枢纽区。扎实推进主次干道建设，加快建设鄞县大道改造提升、东钱湖南路延伸段等工程，开工建设宁裘线、姜茅路等改造提升工程，启动宁横路拓宽改建、中兴路整治等项目，打通滨江路等"断头路"。推进"一河四泵闸"建设，实施"清水环通"、打通"河梗阻"等工程，清淤河道 30 万立方米，全面完成中高层住宅小区二次供水改造，改造提升雨污水泵站 6 座，大河泵站建成投用。建成福明变、全地下大河变等变电所 5 座。改造提升农贸市场 18 家，星级市场覆盖率达 96%，新增邻里中心（街区）2 个。

持续推进品质提档。开展幸福城市提质行动，深化有机更新、四保联动，积极回应加装电梯、增加停车位等民生需求，全面推广"最多改一次"和插花式、街区式、参与式改造。实施老旧小区片区化改造，完成改造 67 万平方米。强化征迁清零，加强拆后利用，完成征迁 152.8 万平方米、清零 39 个地块，建成仇毕等安置房项目 5 个。启动城中村改造 37 万平方米，完成 20.1 万平方米。推进城市精细化管理示范区提标扩面，深化城市道路"最多挖一次"行动，切实抓好屋顶垃圾整治、桥下空间利用、闲置地块临时绿化、垃圾中转站布局优化、违章停车整治、餐饮油烟长效治理等工作，开展生活垃圾分类"全民参与、自觉参与、精准参与，全面提质"专项行动，启用区循环资源处置中心，新建改建城区公厕 25 座。促进房地产市场健康有序发展，推行全装修住宅分户检验、准业主参与监督等制度。

（五）聚焦短板补齐，全面推动镇村振兴发展

建设宜居乡村。开展新时代美丽乡村创建，实施"百镇样板、千镇美丽"工程，深化"千村示范、万村整治"工程，高水平建设美丽城镇。注重因地制宜、连线成片，突出"一镇一特""一村一韵"，启动建设美丽宜居村 13 个，建成省级美丽乡村示范镇 1 个、特色精品村 2 个及市级示范镇村 7 个、风景线 2 条，创建市级水环境示范镇村 3 个。着力推进"城郊十园"建设，打造美丽外围组团。积极改善农村道路、停车场地、农田水利、

垃圾处理、教育医疗和养老服务等基础设施，新建改建农村公厕70座、旅游公厕20座，建设镇级污水收集管网10千米，农村生活垃圾分类实现建制村全覆盖。

壮大美丽经济。主攻现代农业、旅游休闲，推动农业"接二连三"。稳定粮食生产，提高农产品本地自给率，蔬菜种植面积保持稳中有增，粮食种植面积达到18.8万亩，生猪产能达到2.6万头。实施农业品牌提升行动，推进适度规模经营，提升现代农业产业园6个，打造三大万亩基地，创建市级多彩农业美丽田园示范基地2个，新增省级特色农业强镇1个。着力打造种业强区，推进粮食、蔬果、水产、畜牧等现代种业集聚区建设。围绕创建省全域旅游示范区，深入推进农旅融合、文旅融合，积极争创高等级旅游景区、旅游小镇、旅游基地，加快建设横溪农旅小镇，启动实施石里花岛小镇建设，谋划大梅山区域旅游开发，新增A级景区村11个。

推进富民强村。全面完成精准脱贫任务，高标准做好东西部扶贫协作、山海协作升级版等工作，创新产业基金扶贫模式，深化消费扶贫、劳务协作、技术帮扶。建立健全"两进两回""五金富民"长效机制，全力帮扶低收入农户奔小康，大力发展家庭农场、农村电商等项目，培育一批农创客、新农人等高素质新型农民群体，新建产业农合联1家。稳妥推进农村土地经营权流转交易、闲置农房盘活、行政村规模调整等工作，完善股份经济合作社资产管理、收益分配等制度，支持集体经济薄弱村共建"飞地产业园"。

（六）聚焦共同缔造，争当治理现代化排头兵

坚持"三治融合"，当好基层治理模范生。积极推进全国乡村治理体系建设试点示范区、省社区治理和服务创新实验区创建相关工作，实施社会治理提能行动，健全基层群众、社会组织、群团组织参与治理的制度和渠道，打造全国全域治理创新标杆区。深化"三清单"运行法、村（居）民说事、村级事务阳光票决制、民情恳谈协商、乡村德治"双清单一机制"等举措，全面完成社区服务中心标准化改造，建成"说事长廊"60条。加强基层社区建设，健全居委会、业委会和物业服务企业议事协调机制，着力构建社区党组织领导下的"社区主导、业主主体、企业主责"三位一体物业管理模式。创建省级民主法治村（社区）4个，村级公共法律服务点实现全覆盖。继续抓好基层减负，切实提高减负实效。加强信用鄞州建设，深入推进流动人口量化积分管理。

践行"两山理念"，创建生态文明示范区。持续做好生态环保督察相关工作，健

全环境治理长效机制和河长、湖长、路长等制度。完善空气质量监测网络，加强大气污染防治。推进"数字化＋网格化"精细治水，积极推动镇（街道）争创省级"污水零直排区"，统筹抓好河道清淤、近岸海域污染整治、调水活水、排污许可、排水许可等工作，区控以上地表水断面水质全部达标。全面管控新增违建，成为省"基本无违建区"。推进殡葬改革，提高生态入葬率。力争全面完成永久基本农田内经营性花木迁移清理工作。

秉承"枫桥经验"，构建平安建设共同体。开展社会安全稳定隐患大排查大整治大化解专项行动，深化社会矛盾纠纷调处化解中心、"基层治理四平台""全科网格"建设，健全社会风险预测预警预防和管控体系，完善问题联治、工作联动、平安联创的工作机制，争创省无信访积案区。打好扫黑除恶专项斗争治本之战，坚持"智慧警务＋群防群治"，重拳打击黄赌毒、盗抢骗和电信网络诈骗等违法犯罪，全面推广出租房旅馆式管理和智慧安防小区建设模式。健全安全生产监管、应急管理综合协调等机制，深入开展食品药品、道路交通、消防安全、"两小一危"等领域安全隐患专项治理，加快实施天童片区小流域及山体防护体系综合治理工程，提升气象、地质等自然灾害防治能力，推进微型消防站、避灾安置场所建设。

弘扬"鄞州精神"，凝聚文化文明正能量。深化群众性精神文明创建，深入开展"品质社区""洁美村庄"创建等活动，顺利通过省文明区复评，助力宁波通过全国文明城市"六连冠"复评。推进融媒体中心建设，加强自媒体管理，健全舆情引导机制，巩固团结奋斗的思想文化基础。打响"义乡鄞州"品牌，推进农村移风易俗，推广"鄞领志愿银行"等模式，持续开展道德典型选树活动，扎实推进新时代文明实践中心建设省级试点工作，实现村（社区）新时代文明实践站全覆盖。以迎接国家公共文化服务体系示范区复查为抓手，做强海丝等文化品牌，优化公共文化服务体系，提升文体中心和文化礼堂运营管理水平，推出一批雅俗共赏、百花齐放的文化活动、文艺作品。积极推进周尧昆虫博物馆迁建等工程，新增文化礼堂40家。

（七）聚焦群众关切，不断提高公共服务质量

提升社会保障精准度。坚持稳就业促发展，加大援企稳岗力度，做好高校毕业生、退役军人等重点群体就业工作，推进"云招聘""云求职"，新增就业3万人。坚持不懈推进社保全覆盖，深化医保支付方式改革，扩大异地就医直接结算定点医院范围。动态调整低保标准，加大相对贫困家庭救助力度，加强未成年人、残疾人救助保障

和关爱保护，推进公租房保障扩面。推广居家适老化改造，实现区域性居家养老服务中心全覆盖。大力发展慈善、红十字等公益事业，扩大"爱心车轮"老年助餐服务慈善项目覆盖面。提升退役军人和妇女儿童权益维护、服务保障等水平。

提升教育事业均衡度。深化集团化办学，扩大名校名园覆盖率，促进城乡教育优质均衡发展。加快建设中河初中、钟公庙第二中学等工程，启动建设波波城区块学校、首南保障房配套学校等项目，建成幼儿园 4 所，打造"最美上学路"5 条。健全基础教育提质减负有效机制，提升学生身心健康水平。积极培养名校长、名教师、名班主任，打造高素质专业化教师队伍。完善招生政策，稳妥做好流动人口子女积分入学和军人子女、人才子女入学工作。提升特殊教育、民办教育质量，规范校外培训机构发展。

提升健康服务满意度。完善重大疫情防控体制机制，坚持收放结合、平战结合，抓实抓细精密智控、闭环管理等措施，坚决做到"外防输入、内防反弹"。健全公共卫生应急管理体系，加强疾控中心力量配备，抓好传染病、职业病防治工作。全面推进健康鄞州建设，加快促进医共体资源融合、人员融合，抓好鄞州人民医院东院区、宁波中西医结合医院、区公共卫生服务中心、明楼和潘火社区卫生服务中心等项目建设，争创国家卫生镇 2 个、省卫生村 15 个。以等级医院创建复评为契机，主动对接区外优质医疗资源，实施"医学重点学科攀高计划"，提升区域医疗服务水平。加强妇幼健康和 3 岁以下婴幼儿照护服务，抓实学生视力健康、脊柱健康、心理健康等工作。大力开展全民健身活动，培育发展一批体育公园，争创首批省体育现代化区。

提升智慧民生普及度。围绕打造掌上办事之区目标，依托"浙里办"鄞州专区，全面推行"证照电子化""全城通办""刷脸办"。推进智慧教育、智慧养老、医共体信息、志愿者服务和涉企、涉社、涉农资金管理等平台建设，布设综合性政务服务自助终端机 200 台。加快 5G 基础设施建设，扩大无线宽带信号优质覆盖区域，提升市民信息服务品质。

（八）聚焦提效提质，努力建设担当有为政府

牢记初心使命。始终把党的政治建设放在首位，增强"四个意识"、坚定"四个自信"、做到"两个维护"，全面落实上级和区委决策部署，确保习近平新时代中国特色社会主义思想在鄞州落地生根、结出丰硕成果。强化问题导向、目标导向、效果导向，常态开展"三进""三服务"活动，下大力气解决群众、企业、基层反映强烈的突出问

题。加强学习型政府建设，完善学习培训、实践锻炼等机制，打造"周二夜学"升级版。聚焦形式主义、官僚主义问题，开展全面检视、靶向治疗。

打造现代政府。牢固树立整体智治、唯实惟先理念，统筹推动数字技术应用和制度创新，加快构建职责明确、依法行政、协同高效的政府治理体系。聚焦多业务协同流程再造、数字化平台综合集成，实施政府数字化转型三年行动计划，落地贯通机关内部"最多跑一次"平台，拓展"浙政钉"应用，努力打造全省政府数字化转型先行区、数字赋能全域治理试验区。大兴实干之风，严格执行分级负责、协同推进、狠抓落实的工作机制，全面推行"四必五法""三办两不过"，加强对督查考核的计划管理，完善正向激励、容错纠错等机制，更好激发干部知行合一、攻坚破难的责任担当。

强化依法履职。自觉接受人大法律监督、政协民主监督，主动参加人大"向人民报告"、政协"请你来协商"等活动，高质量办好建议提案。严格遵守行政决策相关程序，充分发挥政府法律顾问作用，认真听取民主党派、工商联、人民团体和咨询委、社科院、美丽乡村建设研究会等各方意见。完善行政执法决定法制审核、电视问政等机制，全面推进政务公开标准化规范化。

厉行勤俭节约。坚持"过紧日子"，严格控制公共工程建设，大幅压减非刚性、非重点项目支出，一般性支出压减5%。集中财力办大事、办实事，加大财政资金统筹力度，盘活结余资金、存量资产，优化财政支出结构，强化财政预算约束，提高资金使用效益。稳妥有序化解政府债务，切实加强政府采购管理。

建设清廉政府。强化政府系统党风廉政建设，刚性落实全面从严治党、中央八项规定及其实施细则精神，切实加强对重点部门、重点岗位、重点项目的监察监督、审计监督和廉政风险防控，严管小微权力，严查违法违纪，力争清新型政商关系全国先行示范，大力营造风清气正的干事创业环境。

以上八大块的具体工作可以说是囊括了鄞州经济、文化、城建、民生等方方面面工作，对于创建活力鄞州、人文鄞州、幸福鄞州具有重要的指导意义。这一行动纲要也能促使鄞州加快跻身全国综合实力百强区前三，为宁波唱好"双城记"、当好浙江建设"重要窗口"模范生交出鄞州答卷。

三、融入宁波城市整体发展的蓝图

根据《中华人民共和国城乡规划法》，城市总体规划的规划期限一般为二十年，在城市发展中，具有战略引领和刚性控制作用，是合理配置城乡资源、优化空间布局、指导城乡建设和管理的基本依据。城乡规划法规定，直辖市、省会城市以及国务院确定的城市，其总体规划必须上报国务院批复。

从 2001 年迄今，宁波共编制了 3 轮城市发展战略，包括《宁波城市发展战略规划》（2001 版）、《宁波 2030 城市发展战略》（2010 年编制）和《宁波 2049 城市发展战略》（2017 年编制）。2017 年 6 月，宁波市委市政府决定：启动宁波新一轮城市总体规划编制工作，启动 2049 城市发展战略规划。2018 年 7 月，《宁波 2049 城市发展战略》出台（见图 6-12），宁波表达了城市的决心：梦圆 2049，至 21 世纪中叶建成开放创新、幸福宜居的全球门户城市。分目标为建成具有较强国际影响力的开放世界港城、创新活力智城、宜居文化名城。目前，宁波已进入到规划编制阶段。

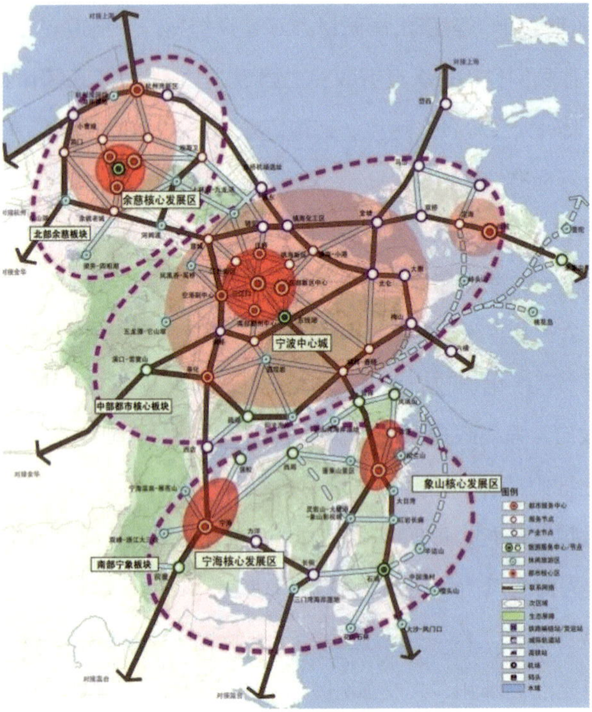

图 6-12 宁波未来城市发展战略

为把握新一轮科技和产业革命机遇，浙江省第十四次党代会明确提出，加强全省重点湾区互联互通，推进沿海大平台深度开发，大力发展湾区经济。宁波市的甬江科创大走廊是大湾区规划三大走廊之一，是湾区经济的核心载体。未来，按照宁波全市"打造高素质人才发展重要首选地、优势领域科技创新策源地、国际智能制造新高地、优质创新资源集成地、创新创业生态示范市"的总体要求，聚焦甬江科创大走廊范围（见图6-13），将甬江科创大走廊打造成为长三角地区具有全球影响力的引领性科创策源地，聚焦建设全球新材料创新中心、全国工业互联网与智能制造发展高地、创新创业生态最优区三大战略高地。

图6-13 宁波甬江科创大走廊

建设宁波甬江科创大走廊，是推动宁波融入全球创新网络、提升在全球城市体系中发展能级的重大举措，对提升宁波应用研究和科技成果转化能力、培育"246"高端产业生态圈、打造促进动能升级的核心引擎具有重大意义。

正是在这样的背景和意义下，2020年11月26日，宁波市自然资源和规划局发布《宁波甬江科创大走廊空间规划（2019—2035）》（以下简称《规划》），科学谋划甬江科创大走廊发展愿景，明确要将甬江科创大走廊建设成为"长三角地区具有全球影响力的引领性科创策源地"。

宁波作为浙江省第二大城市，在未来的发展中又有着怎样的机遇呢？宁波是长江经济带、长三角城市群、上海大都市圈的重要节点，拥有宁波舟山港，具备内外资源双向带动优势。在长三角区域制造产业发展占据较大优势，有较强的技术转化能力，具有典型的技术创新与成果转化型创新特征。宁波的创新主体中60%以上是企业，由若干发展成熟的大中型企业＋大量中小企初步构成宁波的创新网络，同时具有拥江、揽湖、滨海鲜明的生态特色和山水林田岛、江河湖海湾丰富多元的自然资源，也有着"港通天下、书藏古今"的独特文化魅力，集聚了国家重点实验室、省重点实验室等一批科技创新资源，具备科创发展的基础和环境。此外，未来随着多个跨海通道建成，宁波与上海将实现直联直通，将引起区域创新格局的变化，尤其上海作为区域第一层级"创新中心"，宁波与上海之间的直联直通后将进一步促进宁波创新发展。

机遇与挑战并存。在 2019 年度全国综合实力百强区排名中，鄞州位于第 4，是宁波四个入选百强区中排名最前的（鄞州区第 4 位，镇海区第 44 位，江北区第 54 位，奉化区第 71 位），也是浙江省十八个入选百强区中排名最前的。在宁波新一轮的城市大跨越发展进程中，鄞州区作为百强区的"典范"，该以怎样的姿态去迎接新的挑战呢？

（一）构建"一廊双片"的空间结构，以生态基础设施优化创新空间组织

一廊：甬江—姚江创新走廊，是产业联动、空间联结、功能融合、开放共享的创新发展走廊。依托走廊的吸附与辐射带动，对位于走廊周边或延伸端，创新能力突出、关联紧密的创新平台及创新节点，待发展成熟后适时纳入。

双片：整合各类创新载体，沿甬江两岸及东钱湖地区构建南北两大创新圈，强化新材料应用技术研发、工业互联网研发应用和智能制造技术研发等创新方向。突出北部知识转化创新、南部知识生产创新两大互补功能，并发挥东部新城中介、信息、应用、生活配套等支撑服务，形成两大创新引擎为龙头、各类创新载体联动的创新网络。

北片：以宁波新材料研发园、宁波大学以及中官路双创大街为核心，打造高磁性材料、合成新材料、高性能金属材料三条优势产业链和集成电路材料、石墨烯两条先导产业链，突出科技成果转化功能。北部创新圈未来以知识与技术转化为重心，抢占新材料科研高地。

南片：以创智钱湖创新交流区块为核心，重点攻关人工智能、信息通信、智能装备、生物医药等领域的理论创新及技术应用。南部创新圈未来以知识生产和技术研发为重点，打造智能制造研发高地。

从以上宁波总体布局的"一廊双片"的空间结构可以看到，鄞州区在"甬江—姚江创新走廊""南片"发展中占据着重要的位置，尤其是以创智钱湖创新交流区块为核心的"南片"，今后大有文章可做，也是鄞州区未来要发展人工智能、信息通信、智能装备、生物医药等领域的智能制造研发高地，必将汇聚宁波市的大批精英人才。

在走廊核心区内，也将规划知识生产型区块 2 处、创新交流型区块 1 处，技术转化型区块 7 处、创新服务型区块 5 处、智能制造型区块 1 处，共 16 处（见图 6-14）。

其中，鄞州区拥有知识生产型区块——南高教园区，以理论创新、科技研发功能为主；拥有创新交流型区块——创智钱湖创新交流片区，以学术交流、国际会议功能为主；拥有技术转化型区块——宁波软件园、鄞州投资创业中心、下应片区等，以产品研发、试验等功能为主；拥有创新服务型区块——时尚东外滩、云龙片区等，以金融、法律、咨询、创意等服务功能为主。以上 16 个各种功能的区块中，仅鄞州区就占据了 7 席，可谓是坐拥了宁波走廊核心区的"半壁江山"，当然在未来 10 ~ 15 年的发展规划中，鄞州区也是任重道远。

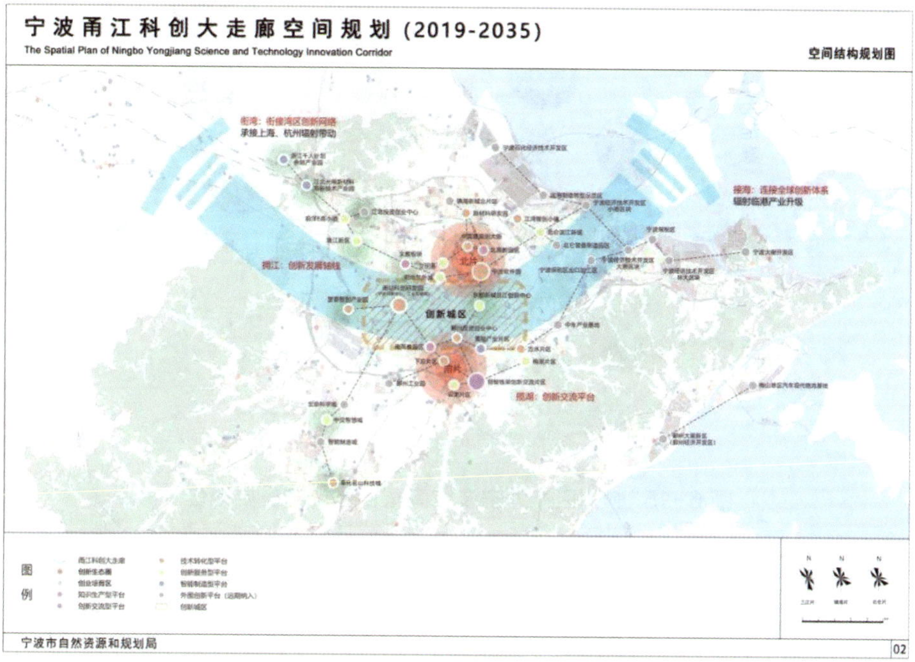

图 6-14 宁波"一廊双片"空间布局

此外，《规划》中还明确了"拥江揽湖"的具体空间，特别提到鄞州区范畴内的东钱湖生态与景观品质提升问题，以及隶属于鄞州区的南高教园区建设创新创业中心问题，这些对于未来鄞州区的空间发展都具有积极的推动作用。《规划》的相关部分原文表述如下：

1. 拥江：打造甬江活力带，创造优质交流空间

走廊北部以甬江为带，利用滨水绿道、带状公园等串联沿江各类功能空间，整合服务设施与人文景观资源，并通过南北向水系、城市道路等向走廊内部渗透。引导科创、文化、娱乐、商业等各类设施向滨江地区集聚布局，打造集聚人气的沿江活力科创走廊。

2. 揽湖：提升东钱湖生态与景观品质，建立知识生产新空间

推进东钱湖及周边地区生态环境修复，提升人居环境和景观品质；布局宁波院士之家、国际会议中心，打造宁波对外开展知识交流的重要窗口；依托南高教园区建设创新创业中心，探索"科研院校＋孵化器＋新兴产业基地"发展模式，预留大型龙头企业入驻空间（见图6-15）。

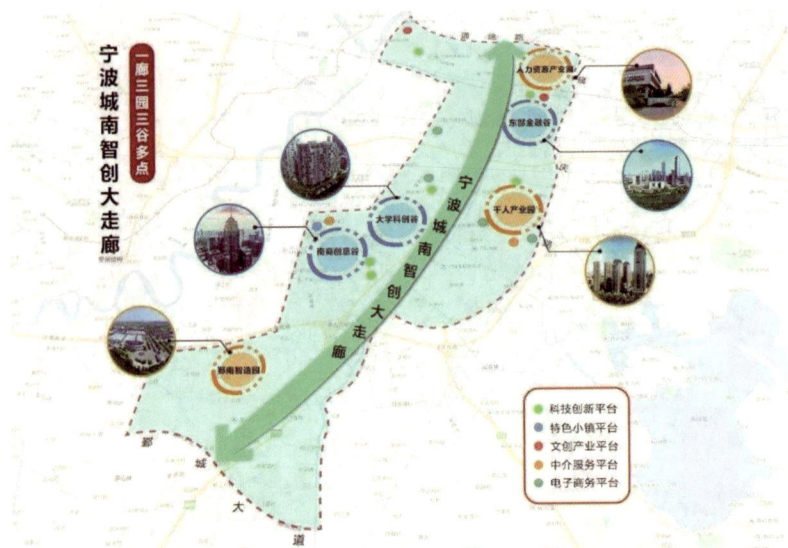

图 6-15 鄞州区作为宁波城南智创区块的重要地位

（二）优化科技创新设施布局，促进创新创业资源整合

鄞州区下辖的南片依托东钱湖和南高教园，聚焦科技研发创新功能，将重点建设院士之家、国际会议中心、科技产品体验中心、国家级/省级重点实验室等战略性科技设施。南片也要着力打造创新交流平台、创投创融平台，具体路径有：①做强对外知识交流窗口。利用东钱湖优质生态资源，在陶公岛布局院士之家，吸引院士资源；在陶公岛奕大山南侧建设国际会议中心，两者共同构成宁波对外知识交流的核心窗口。②完善创投创融体系建设。重点在鄞州创业投资中心片区引进创投孵化器，解决"创业者多，创投者少"的难题；加快引进创投创融企业，促进金融为创新赋能；引入投资中介，提升创投效率。

此外，围绕吸引国内外顶尖人才，鄞州区在未来也要建设国际一流水准的公共服务设施和工作生活环境，提高城市治理能力和治理体系现代化。加强东部新城、东钱湖新城等周边服务型平台的辅助功能，为吸引人才提供有力支撑。具体做法有：

1. 强化公共服务配套体系

鄞州区要以东部新城和东钱湖新城为核心，建设包括行政办公、会议会展、商务商业、教育医疗、文化体育、休闲娱乐等在内的区域性公共服务功能。完善服务办事机构，注重遵循国际规则和管理，提升建设品位和品质，满足高层次、国际化人才的高端生产、生活服务需求，打造科创大走廊高能级的综合性公共服务中心和区域形象标志性中心。

2. 优先发展现代化国际教育

继续做强做优南高教园区，联动新材料科技城建设，积极争取 2～3 家高水平高校、院所落户，带动高教园区跨越发展。将陶公山宁波师范学院东西楼改建为院士之家（CIM 中枢），引进一批一流大学和科研机构。在全区范围内，积极布局 2～3 家民办高端国际教育机构，引进先进的国际教育理念，重点满足高端创新人才子女的教育需求。

3. 完善基础教育服务设施

建设高质量公立教育设施体系。按照适度超前原则，以 15 分钟生活圈建设为契机，重点完善南北两大创新圈的中小学配套设施。对于科创走廊内学校的建设、重点学校的申报适当给予政策倾斜，引导优质教育资源向走廊内集聚。同时为远期教育设施建设充分预留空间，实现区域内的教育水平全面提高。

4. 高标准配置医疗卫生资源

在南片谋划新建或改建一家国际一流的综合性医院，满足高端人才的医疗服务需求。积极争取通过 JCI 认证（国际医疗卫生机构认证联合委员会）的知名医疗机构设立国际医疗服务中心，构建国际优质医疗资源的入驻平台。加大名医名家的引进，积极以托管、集团化、共建等形式与省市级医院合作，形成高品质的"15 分钟"基层医疗服务圈。

5. 建设特色化文体休闲设施

建设特色化的文体休闲设施，满足高素质年轻人群释放工作压力的需求及对生活质量的追求。完善东钱湖环湖绿道工程，以国际标准新建宁波文化艺术中心、河海博物馆、宁波国际会议中心等一批高水平、特色化的文体休闲设施。建立学校、机关、企事业单位的文化体育场馆错时共享的机制。

6. 打造样板国际社区

按照政府引导、企业开发的原则，在广泛借鉴一些发达国家和国内一线国际化城市的先进经验的基础上，加快建设一批具有宁波运营特色、与国际接轨的、和谐幸福的国际化社区样板，满足海归及境外人士、企业管理层、技术专家等高端人才住房需求。建议围绕高教园区、东部新城、东钱湖新城等片区建设一批高端人才集聚、设施配套完善、山水环境优美的国际社区。

宁波市委十三届八次全会通过的加快建设高水平创新型城市的决定里，明确了要把甬江科创大走廊作为宁波市全面创新改革的主引擎，构建以甬江科创大走廊为核心的创新体系。未来的"十四五"，大走廊作为宁波开启未来之门的"创新之钥"，将从高质量科创资源加速集聚、高水平科创成果加速产出、高品质科创生态加速形成、高效率科创机制加速构建等四个方面进行深入推进。建成投用甬江实验室、宁波软件园等重大科创平台，初步建成全球新材料创新中心、全国工业互联网与智能制造发展高地与创新创业生态最优区；以浙江创新中心、宁波院士中心为载体，集结一批顶尖人才、领军人才和青年人才，从而打造一批未来工厂、数字工厂样板；着力实现重要科创指标大幅提升计划，在新材料、数字经济、智能制造、生命健康、创意设计等领域，突破一批关键核心技术（产品），形成一批具有国际竞争力的创新群体。而在绘制宁波这张宏伟发展蓝图的过程中，鄞州区作为宁波各县市区的"领头羊"作用是需要一如既往地积极发挥的，这也是历史和人民赋予鄞州区的光荣使命。

"长风破浪会有时，直挂云帆济沧海"，如果说 2016 年宁波的区划调整给鄞州区一次"蝶变"的提升，那么 2019-2035 甬江科创大走廊的打造将极大地激发鄞州区的内在潜能，鄞州区将以蛟龙入海之势投入到创新创业、改革发展的浪潮中，融入这意义重大、千载难逢的宁波经济社会发展洪流中，抓住机遇，砥砺前行，去书写新鄞州的华美历史篇章！

本章参考文献

1. 林拓、申力等：《中国行政区划改革再出发》，人民出版社 2019 年版。

2. 宁波市鄞州区人民政府地方志编研室：《鄞州年鉴》，方志出版社 2019 年版。

3. 王志凯、史晋川：《行政区划调整与城市化经济空间——杭州、萧山地方政府博弈的实证》，《浙江大学学报》（人文社会科学版）2015 年第 3 期。

4. 林拓：《国家治理现代化下的行政区划重构逻辑》，《社会科学》2017 年第 7 期。

5. 高玲玲、孙海鸣：《行政区划调整如何影响区域经济增长——来自中国地级以上行政区划调整的证据》，《经济体制改革》2015 年第 5 期。

6. 于志强：《大城市撤县设区经济绩效的异质性研究——基于合成控制的实证分析》，《上海城市管理》2016 年第 6 期。

7. 王贤彬等：《区域市场的行政整合与经济增长》，《南方经济》2012 年第 3 期。

8. 王国定：《城市化：鄞县面临的挑战和抉择》，《浙江经济》2000 年 09 期。

9. 周春山、朱孟珏：《超级大广州：大调整促进大发展》，《广东经济》2014 年 3 月。

10. 鄞州区科学技术局：《鄞州：谋布局强主体搭平台，为建设"名城强区"提供支撑》，《今日科技》2018 年第 10 期。

11. 鄞州区经信局：《鄞州工业用水效率全市最高》，《宁波节能》2016 年第 3 期。

12. 《宁波鄞州试行铸造行业准入制度——126 家企业退出，30 余家上规模企业保留》，《铸造纵横》2008 年第 8 期。

13. 林拓：《新时代行政区划改革再出发：全面健全完善中国特色行政区划体系与体制》，《中国社会科学报》2018 年 03 月 13 日。

14. 《余杭 GDP 反超萧山，上演华丽逆袭之路，从最差到最强！》https://www.sohu.com/a/278396171_100165354

15. 任斌斌、张文胜、林银海、王凯艺：《GDP2211 亿！跃上新台阶的鄞州何以持续发力》，https://zj.zjol.com.cn/news.html?id=1414659

16. 王兆波：《宁波市鄞州区第十八届人民代表大会第四次会议上的工作报告》，2020 年 5 月 8 日。

17. 搜狐城市：《区划调整传闻又起，杭州辖区会重新"拼图"吗》。

18. 北京市民政局信息中心：《你所不知道的——北京行政区划调整变更史》，2019 年 12 月 17 日。

19. 上海徐汇：《新中国成立以来，上海行政区划这样变迁》，2019 年 9 月 24 日。

20. 宁波市自然资源和规划局 http://zgj.ningbo.gov.cn/，《宁波甬江科创大走廊空间规划（2019-2035）批后公布》，2020 年 11 月 26 日。

21. 鄞州区人民政府 http://www.nbyz.gov.cn/

附

录

附录一 鄞州行政区划调整文件

浙江省人民政府关于调整宁波市部分行政区划的通知

各市、县（市、区）人民政府，省政府直属各单位：

根据《国务院关于同意浙江省调整宁波市部分行政区划的批复》（国函〔2016〕158 号）精神，现就有关事项通知如下：

一、撤销宁波市江东区，将原江东区管辖的行政区域划归宁波市鄞州区管辖。

二、将宁波市鄞州区的集士港镇、古林镇、高桥镇、横街镇、鄞江镇、洞桥镇、章水镇、龙观乡、石碶街道划归宁波市海曙区管辖。

三、撤销县级奉化市，设立宁波市奉化区，以原县级奉化市的行政区域为奉化区的行政区域，区政府驻锦屏街道锦屏南路 1 号。

此次行政区划调整涉及的各类机构要按照"精简、统一、效能"的原则设置，涉及的行政区域界线要按规定及时勘定，所需人员编制和经费由宁波市自行解决。要牢固树立创新、协调、绿色、开放、共享的发展理念、坚持走以人为本、四化同步、优化布局、生态文明、文化传承的中国特色新型城镇化道路，创新体制机制，进一步提高城市规划、建设、管理水平，提高城市综合承载能力。要严格按照国务院"约法三章"的要求，不新建政府性楼堂馆所，不增加财政供养人员，不增加"三公"经费。要严格执行中央关于厉行节约的规定和国家土地管理法规政策，加大区域资源整合力度，促进区域经济社会协调健康发展。要强化组织领导，明确工作责任，强化行政区划调整的社会稳定风险评估，落实各项工作措施，确保行政区划调整有序稳妥实施。

浙江省人民政府

2016 年 9 月 28 日

附录二 鄞州行政区划调整前后地图

2014 年区划调整前的宁波市鄞州区地图

2016 年区划调整后的宁波市鄞州区地图

附录三 鄞州区行政区划名录

鄞州区下辖 10 个镇、15 个街道办事处、204 个行政村、179 个社区、8 个城镇居委会，区域总面积为 814.2 平方千米（以上数据包含东钱湖镇、高新区）。

全区 2020 年末总户数 38.1 万户，户籍总人口 95.5 万人，其中城镇人口 77.0 万人，乡村人口 18.5 万人；男性 46.5 万人，女性 49.0 万人。按户籍人口计算的人口密度为 1173.3 人／平方公里。全年出生 8387 人，人口出生率为 8.9‰；死亡 4574 人，人口死亡率为 4.9‰，人口自然增长率为 4.0‰。区本级年末总户数 35.9 万户，户籍总人口 89.9 万人。

鄞州区行政区划名录（截至 2020 年 7 月底）	
镇（街道）名称	村社名单
瞻岐镇	卢一村、合一村、东一村、东二村、南一村、南二村、岐西村、唐家村、姚家村、岐化村、方桥村、东城村、周一村、嵩一村、岐下洋村、张东周村、西城村、瞻虹社区
咸祥镇	咸一村、咸二村、咸三村、咸四村、咸五村、咸六村、西宅村、王家村、里蔡村、外蔡村、球东村、海南村、南头村、龚犊村、芦浦村、横山村、球山村、金竹社区
东吴镇	东村村、南村村、生姜村、北村村、天童村、小白村、西村村、平塘村、童一村、三塘村、勤勇村、画龙村
塘溪镇	上城村、管江村、前溪头村、鹡山村、大碧浦村、沙村村、上周村、童村村、童夏家村、东山村、华山村、北岙村、育碶村、东西岙村、邹溪村、塘头村、施村村
五乡镇	钟家沙村、李家洋村、仁久村、蟠龙村、汇纤村、四安村、天童庄村、新诚村、明堂岙村、沙堰村、明伦村、永乐村、石山弄村、皎碶何村、龙兴村、项隘村、宝同村、联合村、涵玉村、泰悦社区
邱隘镇	邱一村、邱二村、沈家村、后殷村、前殷村、渔金村、回龙村、田郑村、张家瀛村、东雅村、汇头村、上万龄村、下万龄村、横泾村、镇南社区、镇北社区、方庄社区、明湖社区、银东社区、盛莫社区
云龙镇	王夹岙村、云龙村、荻江村、姚家浦村、前后陈村、园土龚村、前徐村、冠英村、顿岙村、上李家村、徐东埭村、荷花桥村、石桥村、甲村村、陈黄村、任新村、云达社区、双桥社区
横溪镇	吴徐村、金山村、上任村、横溪村、梅福村、梅溪村、梅山村、梅岭村、大岙村、金溪村、周夹村、栎斜村、金峨村、道成岙村、杨山村、丰乐社区、正始社区

281

鄞州区行政区划名录（截至 2020 年 7 月底）	
镇（街道）名称	村社名单
姜山镇	张村庙村、顾家村、甬江村、蓉江村、山西村、张华山村、励江岸村、陆家堰村、井亭村、上张村、陈鑑桥村、周韩村、翻石渡村、奉先桥村、东光村、仪门村、墙弄村、曙光村、后鄑村、景江岸村、陈家团村、蔡郎桥村、上游村、董家跳村、花园村、胡家坟村、杨家弄村、王伯桥村、东林寺村、狮山渔业村、东西郑村、和益村、新张俞村、五龙桥村、定桥村、宏洲村、新汪村、联荣村、黎山后村、阳府兴村、姜南村、同三村、沈风水村、走马塘村、茅山村、唐叶村、南林村、虎啸漕村、茅东村、星城社区、小城春秋社区、姜山社区、狮山社区、明南社区、望府社区、何郁社区
潘火街道	雅苑社区、东莺社区、紫郡社区、东南社区、同欣社区、世纪社区、尚诚社区、星苑社区、殷家社区、金谷社区、潘火桥社区、金桥花园社区、宜家社区、东方丽都社区、海璟园社区、香园社区、王家弄社区
福明街道	福明家园社区、新源社区、陆嘉社区、波波城社区、碧城社区、新城社区、福城社区、东城社区、江城社区、宁城社区、明城社区、和城社区
东柳街道	安居社区、东海花园社区、东柳坊社区、华光城社区、华侨城社区、锦苑社区、太古城社区、幸福社区、园丁社区、月季社区、中兴社区
中河街道	宋诏桥村、凤凰社区、飞虹社区、彩虹社区、桑菊社区、剑桥社区、东湖社区、东裕社区、汪董社区、宋诏桥社区、兴裕社区、东城社区、金馨社区、城兴社区、春城社区、天城社区、锦寓社区、金城社区
东郊街道	宁丰社区、海悦社区、江丰社区
下应街道	河东村、湾底村、东兴社区、天宫社区、景湖社区、海创社区、洋江水岸社区、银桂社区、君睿社区
明楼街道	明东社区、明南社区、明北社区、常青藤社区、朝晖社区、徐家社区、徐戎社区、东海社区、惊驾社区、庆丰社区、和丰社区
百丈街道	朱雀社区、宁舟社区、舟孟社区、划船社区、华严社区、演武社区、中山社区、潜龙社区、七塔社区
东胜街道	曙光社区、史家社区、庆安社区、大河社区、王家社区、戎家社区、泰和社区、张斌社区、樱花社区
白鹤街道	紫鹃社区、丹顶鹤社区、黄鹂社区、日月星城社区、王隘社区、白鹤社区、周宿渡社区、贺丞社区、镇安社区、孔雀社区、丹凤社区
首南街道	桃江村、傅家村、高塘桥村、石家村、三里村、南裕社区、陈婆渡社区、九曲社区、格兰春天社区、鲍家耷社区、学府社区、文华社区、日丽社区、和众社区、锦悦湾社区、雍城社区、和顺社区
钟公庙街道	长丰社区、金家漕社区、钟公庙社区、繁裕社区、后庙社区、都市森林社区、金色水岸社区、凌江社区、泰安社区、钟裕社区、金宁社区、惠风社区、欢乐海岸社区、宁广社区、泰康社区
鄞州经济开发区	滨海社区

注：该数据由鄞州区民政局提供；东钱湖镇、高新区具体区划名录请前往相应网站查看

参考文献

著作类

1. 林拓、申力 等：《中国行政区划改革再出发》，人民出版社 2019 年版。

2. 浦善新：《中国行政区划改革研究》，商务印书馆 2006 年版。

3. 李强：《政策创新与浙江发展》，浙江人民出版社 2009 年版。

4. 吕以春：《浙江省建制沿革表》，浙江人民出版社 1983 年版。

5. 卓勇良：《浙江制度变迁与经济发展》，中国社会科学出版社 2004 年版。

6. 冯俏彬：《新型城镇化进程中的行政层级与行政区划改革研究》，商务印书馆 2015 年版。

7. 戴光中：《天童禅寺史话》，社会科学文献出版社 2016 年版。

8. 戴光中：《浙江籍港台巨商》，中国社会科学出版社 2008 年版。

9. 俞福海主编：《宁波市志》，中华书局 1995 年版。

10. 叶夏主编：《鄞州教育志 1978—2008》，中国文史出版社 2016 年版。

11. 顾益康主编：《共创共富的鄞州道路：1978—2008》，中共中央党校出版社 2008 年版。

12. 程刚：《中国撤县建区的新探索：宁波鄞州模式实证研究（2002—2012）》，经济科学出版社 2011 年版。

13. 程刚：《中国新城区建设路径与模式创新——宁波鄞州改革发展的实践探索》，经济科学出版 2016
    年版。

14. 鄞州区地方志编纂委员会：《鄞州区志（1978—2008）》，浙江古籍出版社 2016 年版。

15. 宁波市鄞州区人民政府地方志办公室：《鄞州年鉴》，浙江人民出版社 2014 年版。

16. 宁波市鄞州区人民政府地方志办公室：《鄞州年鉴》，浙江人民出版社 2015 年版。

17. 宁波市鄞州区人民政府地方志编研室：《鄞州年鉴》，方志出版社 2016 年版。

18. 宁波市鄞州区人民政府地方志编研室：《鄞州年鉴》，方志出版社 2017 年版。

19. 宁波市鄞州区人民政府地方志编研室：《鄞州年鉴》，方志出版社 2018 年版。

20. 宁波市鄞州区人民政府地方志编研室：《鄞州年鉴》，方志出版社 2019 年版。

期刊类

1. 罗浩：《地域型政区和聚落型政区刍议》，《中国方域》1999 年第 5 期。

2. 王国定：《城市化：鄞县面临的挑战和抉择》，《浙江经济》2000 年第 9 期。

3. 查志强：《区划调整与城市产业规划》，《现代城市研究》2002 年第 6 期。

4. 寿永年：《鄞州：全面建设创新型城区》，《今日浙江》2006 年第 9 期。

5. 薛维海：《转型升级是鄞州经济发展的根本出路》，《宁波经济》2010 年第 6 期。

6. 王贤彬等：《区域市场的行政整合与经济增长》，《南方经济》2012 年第 3 期。

7. 林拓、申立、虞阳：《撤县建区：从政区调整到战略创新——以宁波鄞州为例》，《宁波大学学报》
    2013 年第 1 期。

8. 蒋晓岚夏琦《区划调整后巢湖空间资源整合战略与产业发展》，《合肥学院学报》2013 年 3 月第 2 期。

9. 殷洁、罗小龙：《从撤县设区到区界重组——我国区县级行政区划调整的新趋势》，《城市规划》

2013 年第 6 期。

10. 俞曹平、朱宇、王飞：《基层医疗卫生服务改革实践与思考》，《中国医院》2013 年第 11 期。

11. 周春山、朱孟珏：《超级大广州：大调整促进大发展》，《广东经济》2014 年 3 月。

12. 陈锦其、盛世豪：《推动县域经济向城市经济转型发展》，《浙江经济》2014 年第 21 期。

13. 刘云刚、靳杰：《区划调整的城市化效应——中山市的案例研究》，《地理科学进展》2014 年第 8 期。

14. 王志凯、史晋川：《行政区划调整与城市化经济空间——杭州、萧山地方政府博弈的实证》，《浙江大学学报》（人文社会科学版）2015 年第 3 期。

15. 高玲玲、孙海鸣：《行政区划调整如何影响区域经济增长——来自中国地级以上行政区划调整的证据》，《经济体制改革》2015 年第 5 期。

16. 王飞、陆国咪、陈川：《宁波市鄞州区区域卫生信息化建设实践与成效》，《中国数字医学》2016 年第 7 期。

17. 于志强：《大城市撤县设区经济绩效的异质性研究——基于合成控制的实证分析》，《上海城市管理》2016 年第 6 期。

18. 鄞州区经信局：《鄞州工业用水效率全市最高》，《宁波节能》2016 年第 3 期。

19. 国务院：《关于加强城市建设工作的意见》，1978 年，参见《中国共产党历史上召开的历次城市工作会议》，《党史博采》2016 年第 7 期（上）。

20. 林拓：《国家治理现代化下的行政区划重构逻辑》，《社会科学》2017 年第 7 期。

21. 吴剑：《奋力谱写"名城名都"建设的鄞州篇章》，《宁波通讯》2017 年第 6 期。

22. 林拓：《新时代行政区划改革再出发：全面健全完善中国特色行政区划体系与体制》，《中国社会科学报》2018 年 03 月 13 日。

23. 黄金秀、彭庆、熊雅丽：《区划调整对农业产业结构的影响分析》，《中共南昌时委党校学报》2018 年第 1 期。

24. 刘德峰：《新中国成立后沧州的区划变革》，《党史博采》2018 年第 2 期。

25. 鄞州区科学技术局：《鄞州：谋布局强主体搭平台，为建设"名城强区"提供支撑》，《今日科技》2018 年第 10 期。

26. 吴芝宇：《鄞州：人才招商加快"质量新鄞州"建设》，《今日科技》2019 年第 12 期。

27. 赵庭、赵广忠：《让"品质教育"成为一张亮丽的名片——访宁波市鄞州区教育局局长王建平》，《中国德育》2019 年第 8 期。

28. 李学明：《近十年中国人力资源状况与开发展望》，《中国人事科学》2020 年第 9 期。

学位论文类

1. 甄小燕：《当代中国城市化进程中的行政区划调整》，南京师范硕士论文，2004 年。

2. 叶敏峰：《中国行政区划变革研究》，上海交通大学硕士论文，2009 年。

3. 张泽鹏：《基于 GIS 的鄞州区小城镇绿地景观格局分析与评价》，浙江农林大学硕士论文，2012 年 6 月。

4. 张丹萍：《宁波城市化对鄞州区产业结构的影响》，宁波大学硕士论文，2013 年 6 月。

5. 丁洲：《宁波市鄞州区民营医疗机构监管研究》，宁波大学硕士论文，2014 年。

6. 翁姜佳：《宁波市鄞州区人才高地建设存在的问题及对策研究》，宁波大学硕士论文，2015 年。

7. 徐华：《社会力量参与公共文化服务的"鄞州模式"探析》，广西师范大学硕士论文，2017年。

8. 方敏波：《宁波市鄞州区外来务工子女教育问题研究》，宁波大学硕士论文，2018年。

网站类

1. 中国政府网 http://www.gov.cn/zhuanti/19thcpc/baogao.htm

2. 宁波市人民政府 http://www.ningbo.gov.cn/

3. 鄞州区人民政府 http://www.nbyz.gov.cn/

4. 鄞州史志 http://yzsz.nbyz.cn/?tdsourcetag=s_pcqq_aiomsg

5. 鄞州新闻网 http://www.yznews.net.cn/

6. 宁波市鄞州区大数据发展服务中心 https://www.nbxinxi.com

7. 鄞州科技局 http://www.nbyz.gov.cn/col/col1229108479/index.html

8. 鄞州教育 https://www.nbyzedu.cn/

9. 浙江政务服务网 http://www.zjzwfw.gov.cn

10. 宁波市非物质文化遗产网 http://www.ihningbo.cn/

11. 宁波轨道交通官网 http://www.nbmetro.com

12. 数据宁波 https://www.sohu.com/a/277402182_650480

13. 宁波市自然资源和规划局 http://zgj.ningbo.gov.cn/，《宁波甬江科创大走廊空间规划（2019—2035）批后公布》，2020年11月26日。

14. 聚焦杭州湾 https://www.sohu.com/a/278396171_100165354

15. 浙江新闻 https://zj.zjol.com.cn/news.html?id=1414659

16. 《余杭 GDP 反超萧山，上演华丽逆袭之路，从最差到最强！》https://www.sohu.com/a/278396171_100165354

17. 任斌斌、张文胜、林银海、王凯艺：《GDP2211亿！跃上新台阶的鄞州何以持续发力》，https://zj.zjol.com.cn/news.html?id=1414659

18. 搜狐城市：《区划调整传闻又起，杭州辖区会重新"拼图"吗》。

19. 上海徐汇：《新中国成立以来，上海行政区划这样变迁》，2019年9月24日。

20. 北京市民政局信息中心：《你所不知道的——北京行政区划调整变更史》，2019年12月17日。

索引

后 记

　　《鄞之足迹——鄞州区划变革与宁波经济社会发展》一书历时近三年，现在即将付梓，很是欣慰。从总体构思、框架搭建到搜集资料、书稿撰写，每一步都凝聚着作者和团队成员的心血。

　　首先要感谢本书顾问戴光中教授。戴老师是宁波地方文化研究专家，也是鄞州人，他深谙宁波文化并对家乡鄞州有特殊的感情，因此三年来对我们的项目十分关注并给予及时有效的指导。戴老师就像船长一样，给我们领航把舵，使我们的航船能不偏离航道，较为顺利地驶向既定目标。

　　本书也是一个跨学科的综合性研究，因此对我本人的知识结构、学术视野也提出了新的挑战，好在博士期间我所受的学术训练和学术研究方法迄今依然受用。本书的顺利完成也得益于三年来大量的文献阅读和深入的田野调查，我带领团队成员不仅亲自熟悉了解新鄞州的新面貌、新发展，而且还深入鄞州区档案馆、鄞州区党史年鉴科以及鄞州区委办、区政府办及相关部门进行调研访谈，搜集珍贵的史实资料与地方文献，对于上述部门提供的部分数据与图片表示诚挚谢意。对鄞州区文化界、教育界以及其他领域的人才进行个案访谈，了解鄞州区划变革前后的个体感受与变化，以充实鲜活的个案资料。本书是基于数据资料进行相关分析，因此也要特别感谢鄞州区委党史研究室李学忠先生的大力支持。数据与个案有机结合，文字与图片相得益彰，可以说是本书的一大特点。

　　本书在撰写过程中力求内容充实、表述准确，科学性与可读性融合，涉及了文化学、社会学以及经济、教育、城建、公共事业等领域的知识。项目组成员发挥专长、刻苦钻研，克服了撰写过程中的许多难点。汪居扬博士倾心倾力撰写部分书稿。刘爱杰、娄佳施、袁竹、罗夕雨、徐正韬等同学协助搜集资料、整理部分文献，对他们的辛勤付出也表示感谢。

　　此外，本书的顺利出版也离不开鄞州区社科院傅怀锋、鲁霜霜、惠河源、肖康焕、胡佩涛、邬晨平、陈喜等领导的悉心关怀与大力支持！特别要感谢具体负责项目联系的邬晨平老师，他工作严谨细心，每次有问题他总能耐心解答，为项目的顺利实施提供了优良的保障。

由于本书作者水平有限，书中难免有疏漏或不当之处，敬请专家读者批评指正。鄞州区划变革对于宁波整个城市的经济社会发展都会产生积极的正面影响，本书权当抛砖引玉，期待更多区划变革研究丛书的面世。

毛海莹

于 2021 年初夏